Ernst Strouhal

VIER SCHWESTERN

FERNES WIEN, FREMDE WELT

Paul Zsolnay Verlag

Mit freundlicher Unterstützung der Kulturabteilung der Stadt Wien,
Literatur und Wissenschaft, und des Zukunftsfonds der Republik Österreich

Stadt Wien
ZukunftsFonds
der Republik Österreich

1. Auflage 2022

ISBN 978-3-552-07312-8

Textnachweise: S. 262: Suhrkamp Peter Weiss: Fluchtpunkt. Roman.
Suhrkamp, Frankfurt / Main, S. 258; S. 348 f.: Robert Neumann:
An den Wassern von Babylon. Roman. Desch, Wien 1954, S. 257 f.;
S. 374: Kaléko, Mascha: Emigranten-Monolog, in: Mascha Kaléko: Sämtliche Werke
und Briefe in vier Bänden. Herausgegeben und kommentiert von Jutta Rosenkranz
© 2012 dtv Verlagsgesellschaft mbH & Co. KG, München, S. 186;
Bildnachweis: S. 43 (Irma Benedikt 1914): © Bildarchiv der
Österreichischen Nationalbibliothek; alle anderen: Privatbesitz
Umschlag: Anzinger und Rasp, München
Foto: Privatbesitz
Satz: Nadine Clemens, München
Druck und Bindung: CPI books GmbH, Leck
Printed in Germany

FSC
www.fsc.org
MIX
Papier | Fördert
gute Waldnutzung
FSC® C083411

INHALT

Vorwort 7

1 Himmel fünfundfünfzig 11
2 Der lange Schatten des Großvaters 56
3 Turbulenzen 71
4 Vertreibung und Flucht 94
5 Novemberpogrom 112
6 Krieg 133
7 »Es ist alles unbestimmt« 219
8 »Schreibt's, schreibt's, schreibt's!« 329
9 »Auch ich habe ein gutes Gedächtnis« 389

Nachtrag 395

Anmerkungen 397
Dank 407
Register 408

VORWORT

Als Susanne, wenige Monate vor ihrem Tod, im Sommer 2014 Bordeaux besuchte, stieg sie im Hôtel des Quatre Sœurs (Hotel zu den Vier Schwestern) ab, ein Zufall gewiss, aber vielleicht auch nicht.

Susanne, geboren am 13. September 1923, ist die jüngste von vier Schwestern aus der Familie Benedikt. Gerda, die älteste, wird am 20. Juni 1915 geboren, Friedl folgt ein Jahr danach am 9. November 1916, Ilse am 14. August 1918.

Alle vier Schwestern sind in Wien aufgewachsen, als die Töchter von Irma und Ernst Benedikt. Der Vater war ab 1920 Chefredakteur und Herausgeber der *Neuen Freien Presse*, Nachfolger seines Vaters Moriz Benedikt, des wohl einflussreichsten und umstrittensten Journalisten der Donaumonarchie.

Ihre Heimat war das Haus der Familie in der Himmelstraße in Grinzing, der »Himmel 55«, wie Susanne in ihren Erinnerungen den Ort ihrer Kindheit am Fuße des Wienerwalds nennt. Das Haus wurde 1938 arisiert. Dass die vier Grinzinger Kinder jüdischer Herkunft waren, machten ihnen erst die Nazis klar. Alle vier mussten fliehen, um sich zu retten.

Ihre Flucht zwischen 1938 und 1939 erfolgte in unterschiedliche Richtungen: Susanne entkam gemeinsam mit den Eltern nach Stockholm, sie lebte danach in Paris, Ilse floh nach Zürich, um zu studieren, Gerda emigrierte nach New York, Friedl nach London.

Alle vier wählten unterschiedliche Berufe – Schriftstellerin, Sozialarbeiterin, Journalistin, Ärztin –, alle vier hatten unterschiedliche politische Einstellungen und wählten höchst unterschiedliche Partner. Nur eine der

Schwestern Benedikt kam nach dem Zweiten Weltkrieg nach Wien zurück, sie stritt über viele Jahre um die Restitution des Hauses der Familie.

Dieses Buch zeichnet die Lebensgeschichten der vier Schwestern Benedikt auf. Grundlage dafür waren vor allem Texte und Dokumente aus ihren Nachlässen, die ich in den letzten Jahren in Wien, Paris, Zürich und New York zusammengetragen habe. Es handelt sich um Ausweise, Publikationen, Zeichnungen, Fotografien, Zeugnisse und Tagebücher, vor allem aber um mehrere Tausend Briefe, die sie einander und an andere im Laufe von fast fünf Jahrzehnten geschrieben haben.

Die Briefe der Schwestern bilden ein Netzwerk aus Nachrichten, das zwischen den Städten aufgespannt wird. Die Nachrichten überschneiden sich mitunter zeitlich, mitunter widersprechen sie einander, doch momenthaft entstehen in den Briefen Bilder von den Lebensumständen der Schwestern in der Fremde: ihr Ringen um eine Existenz in fremden Ländern und Sprachen, ihre Lust und Neugier auf das Neue, ihre Furcht davor und zugleich ihre Sehnsucht nach einem Ende der »Schwesternlosigkeit« und nach dem »Himmel 55« in Wien.

In ihren Briefen und Erinnerungen wird ihre Kindheit in Wien beleuchtet, ihre turbulente Jugend in großbürgerlichen, aber ungewöhnlichen Verhältnissen, die Vertreibung aus Wien, das Überleben im Krieg, sie erzählen schließlich über ihre Versuche, sich in den veränderten Lebenssituationen zurechtzufinden und eine Existenz in der Nachkriegszeit aufzubauen.

Die Briefe sind launig, versehen mit galligem Humor und unsentimentalem Witz, bisweilen verzweifelt und von brutaler Offenheit. Alle vier Schwestern verfügen über einen je eigenen Stil und sind selbstbewusste Briefstellerinnen, wenngleich nicht immer zuverlässige Erzählerinnen. Diese Lust am Schreiben verdanken sie zwei weiblichen Vorbildern aus ihrer Kindheit, einer hochgebildeten Großmutter und einer Tante, die als Übersetzerin arbeitete, allein lebte und reiste. Keine der vier Benedikt-Schwestern entspricht dabei dem Klischee der Frau im Exil: still an der Seite eines Mannes, sich aufopfernd für die Familie usw. usf. Ihre Briefe zeichnen ein gänzlich anderes Bild.

Nach 1938 trafen sie nie mehr zu viert zusammen, der familiäre Zusammenhalt verlagerte sich während und nach dem Krieg in die Briefe, und es gelingt ihnen, über das Medium Brief so etwas wie Familiarität in der Diaspora herzustellen. Briefe sind bekanntlich in vielerlei Hinsicht ambivalent: Sie sind mehr Monologe als Dialoge (man muss nicht fürchten, unterbrochen zu werden), sie schaffen durch die Schriftlichkeit des Mediums gleichermaßen Nähe wie Distanz. Vielleicht gelang es in diesem Fall, Nähe *durch* Distanz herzustellen.

Ergänzt wurden die Briefe durch viele Gespräche und Nachforschungen über die zeitgeschichtlichen Bezüge und über die Orte, an denen sie in Schweden, Frankreich, England, in der Schweiz und den USA gelebt haben. Eine wichtige Quelle bildeten die Tagebücher von Elias Canetti und die Erinnerungen von Paul Steiner.

Ich habe mich bei der Darstellung auf Kommentare beschränkt, die das Verständnis der Briefe der vier Schwestern ermöglichen. Ziel war es, ihre Stimmen hörbar werden zu lassen, als Klang einer Kultur, die zwar vor Ort unwiederbringlich zerstört wurde, dessen Echo sich aber in verschiedene Richtungen fortsetzte und – wenn man es will – bis heute gehört werden kann. Es sind Spuren eines selbstbestimmten und aktiven Lebens.

Dass drei der vier Schwestern meine Tanten waren (und die vierte meine Mutter), erleichterte das Verständnis in vielerlei Hinsicht. Und erschwerte anderes.

Ernst Strouhal

1

HIMMEL FÜNFUNDFÜNFZIG

Das letzte Foto, das die vier Schwestern gemeinsam zeigt, stammt aus den späten 1920er Jahren. Sie sind noch Kinder. Die Familie Benedikt ist im Wiener Atelier von Hermann Clemens Kosel um einen Tisch versammelt. Das Bild ist geschickt arrangiert, alle Personen sind miteinander verbunden. Die jüngste Tochter Susanne sitzt auf dem Schoß der Mutter Irma, die rechte Hand von Friedl liegt auf der Schulter der Mutter, neben ihr stehend Gerda, sie berührt sanft den Arm ihres Vaters Ernst. Der lächelt zufrieden, seine Hand greift wie zufällig nach der Hasenfigur auf dem Tisch, daneben steht ein kleiner Hahn; Tochter Ilse sitzt entspannt ganz rechts auf der Stuhllehne, den Arm auf der Schulter des Vaters. Auf dem Tisch liegt ein aufgeschlagenes Buch, um das die ganze Familie gruppiert ist.

Das Bild der adrett gekleideten Familie und der großbürgerlichen Idylle täuscht. Die *Neue Freie Presse*, die der Vater als Herausgeber und Chefredakteur leitete, steckte in der tiefsten Krise ihres Bestehens, und betrachtet man den skeptischen Blick der beiden älteren Töchter Friedl und Gerda und das etwas bemühte Lächeln der Mutter, lässt sich erahnen, dass das Zusammenleben in der Familie nicht so harmonisch war, wie es uns das Bild weismachen will. Susanne, die Jüngste, erinnerte sich an täglichen Streit, an den Vater, der wütend vom gemeinsamen Essen aufsprang und für Stunden in seiner Bibliothek verschwand, an Szenen der Eifersucht, an Zank zwischen den Schwestern, an Schläge und wilde Raufereien.

Und dennoch: Blättert man in den Briefen, die sich die Schwestern über fünf Jahrzehnte aus der Fremde in die Fremde geschrieben haben, ist vom ersten bis zum letzten von Sehnsucht die Rede. Sehnsucht nach den

Susi, Irma, Friedl, Gerda, Ernst und Ilse Benedikt, um 1927

»gemeinsamen Mittag- und Abendessen«, nach den Zeichnungen, die der Vater für die Kinder anfertigte, nach dem Kuchen der Frau Langbein, nach den Klaviersonaten, die am Flügel im großen Salon gespielt wurden. In London träume sie, schreibt Friedl 1941 an Ilse nach Zürich, von daheim, und zwar »unheimlich viel« vom Haus und vom Garten.

Gegen Ende der 1990er Jahre verfasst Susanne eine Reihe langer Briefe mit Erinnerungen über ihre Kindheit für ihre Tochter in Paris und ihren Neffen in New York; an die Tochter schreibt sie auf Deutsch, an ihren Neffen auf Englisch. Sie erzählt vom Garten, von den Korridoren, in denen gespielt wurde, vom Zimmer der Mutter, vom geliebten Kindermädchen (»Bambi«), von ihrer Angst und vom Glück ihrer Kindheit, das sie ein Leben lang begleitet hat. Die Erinnerung an das »Viermäderlhaus« verbindet die Schwestern miteinander. Nachdem sich die Schwestern 1938 auf der Flucht vor den Nazis trennen mussten, werden die Briefe das Medium seiner Beschwörung und seiner Rettung in der Erinnerung.

Ohne Hitler wäre das »Viermäderlhaus« (zum Unterschied von Schuberts »Dreimäderlhaus«) bestimmt und wahrscheinlich tragisch explodiert: Unsere unterschiedlichen Rivalitäten, Eifersüchteleien und Aggres-

sivitäten waren tiefgehend und gross. Jede wollte die anderen wegzaubern können, um die Einzige, die Geliebteste, die Schönste, die Gescheiteste zu sein.

Aber dank unserer Familien-Diaspora – die Gerdl in New York, die Friedl in London, die Ilse in Zürich und die Eltern und ich in Stockholm – wurden wir wieder eine Familie. In den armseligen Resten eines nie sehr regen Briefwechsels mit den Schwestern lesen sich früher nie geäusserte Sorgen um mich und meine Zukunft. Grobe Grinzinger Schimpfwörter, wie »verfluchte Drecksau« oder »blöde Gans« verwandelten sich in Schmeicheleien und nostalgisch-vertraute Liebesbeteuerungen.

Nach dem Krieg, also nach sechs, sieben Jahren von sehr verschiedenen Erfahrungen, die jede von uns schwesternlos durchstehen musste, war das Wiedersehen ein langersehntes Wunder, eine Freude, ein unendliches Glück. Aus den oft wuterfüllten Rivalinnen wurden wir vier beste Freundinnen. Vielleicht empfand ich die Freude des Wiederfindens noch stärker als »die Grossen«; ich war schliesslich ein Kind, als ich die Familie verlassen musste. In der Zwischenzeit wurde ich selber eine Erwachsene, eine »Grosse«.

Susanne ist mit ihrer Sehnsucht nicht allein. »Ach Gott«, schreibt die in ihren Briefen für gewöhnlich betont sachliche Ilse 1941 aus Zürich an die Mutter in Stockholm, »Ach Gott, du hast keine Ahnung, was ich für Sehnsucht habe, unterzukriechen, zu wissen, da bist du daheim.« Und Gerda gesteht kurz nach dem Zweiten Weltkrieg in einem Brief aus New York, wie sehr sie sich nach dem Ende der »Schwesternlosigkeit«, in die sie verbannt wurde, sehnt. »Mein Geliebtes, Blödes«, schreibt sie 1955 an Susanne in Paris, »du fehlst mir derartig, dass es zum Kotzen ist …« Die »Schwesternsehnsucht« (Gerda), die alle vier in ihren Briefen teilen, und die Erinnerung an die Kindheit verbinden sich allerdings noch Jahrzehnte später bei Ilse mit einer »unbestimmten Angst, die mich an die Zeit erinnert, als wir noch in einem Zimmer geschlafen haben …« Woher die Angst, welche Angst?

Die Erinnerungen der Schwestern an Wien sind mit den Klängen und Gerüchen der Stadt, mit den Eltern und Freundinnen verbunden. Im Mittelpunkt steht jedoch die Erinnerung an einen realen Ort, das Haus der Familie in der Himmelstraße 55 im Wiener Vorort Grinzing. Einen der langen, späten Briefe für ihre Tochter titelt Susanne denn auch mit »Himmel fünfundfünfzig«:

Himmel fünfundfünfzig: Das Haus stand hoch auf der Himmelstrasse, so genannt, weil sie sehr steil war – noch immer ist. Es war damals fast das letzte Haus auf der linken Seite, umgeben von Weingärten. Ein anderes Haus war viel weiter oben, so weit, dass man es von uns aus gar nicht sehen konnte. Ein Gymnasiumlehrer wohnte dort mit seiner Familie. Wir hatten keinen Verkehr mit ihnen.

Zum Hauseingang gingen von der Himmelstrasse ein paar Stufen zu einem erhöhten Trottoir – Sand und Erde – und hinter unserem offenen Eisengitter gab es weitere Stufen in den sogenannten Vorgarten mit rechts und links eingezäunten Rosenbeeten – vielleicht wegen dem »von Rosen« der Mutti. Auf alle Fälle waren die vielen und wirklich schönen Rosen die einzigen Blumen, um die sich die Mutti selber gekümmert hat, wenn sie mir nicht ein paar Schillinge gab, dafür dass ich ihr beim Unkrautjäten half.*

Irma und Ernst Benedikt hatten die Villa in der Himmelstraße 55 im September 1917 von Andreas und Maria Bibza erworben und waren von der Wohnung in der Wohllebengasse 6 im heutigen vierten Bezirk hinaus nach Grinzing gezogen. Grinzing ist heute ein Nobelbezirk im Nordwesten Wiens, damals war es noch Vorstadt. Erst 1890/92 war das Dorf am Fuß des Kahlenbergs Teil von Wien geworden. Das Ortsbild von Grinzing war von Weinhauerhäusern mit schattigen Höfen und alten Buschenschenken geprägt, seit dem Biedermeier war der Ort ein beliebtes Ausflugsziel, manche Mietgäste blieben »der guten Luft«, aber vor allem des Weines wegen über den ganzen Sommer. Die Fahrt mit dem Stellwagen

* von Rosen war der Mädchenname der Mutter.

von der Innenstadt hinaus nach Grinzing dauerte fast eine Stunde. Die Straßenbahnlinie 38, die vom Grinzinger Platz zum Schottentor führt, war erst zehn Jahre vor dem Einzug der Benedikts in Betrieb gegangen.

Ab der Jahrhundertwende siedelten sich in Grinzing viele Künstler, Ärzte und Industrielle an. Die alten Presshäuser wurden abgerissen oder umgestaltet und durch moderne Gründerzeithäuser ersetzt. Schräg gegenüber im Haus Himmelstraße 30 eröffnete Alois Delug, Professor an der Akademie der bildenden Künste, 1911 seine Malerakademie. Veza und Elias Canetti werden Mitte der 1930er Jahren hier eine Wohnung beziehen. Bergaufwärts führte die Himmelstraße entlang der Weingärten zum Schloss Bellevue »am Himmel«, das als Erholungsheim für Lungenkranke diente – es wurde in den 1950er Jahren abgerissen. Nur ein paar Häuser die Himmelstraße hinunter, auf Nummer 45, wohnten die Großeltern Moriz und Adele Benedikt in einer von Heinrich von Ferstel errichteten Villa. Auf ihrem Schulweg in die kaum fünf Minuten entfernte öffentliche Volksschule in der Mannagettagasse kamen die Schwestern an der großelterlichen Villa vorbei.

Zur Himmelstraße 55 gehörte eine fast zweihundert Meter lange, tief in die Weingärten hineinragende Parzelle mit Blick auf die Kaasgrabenkirche und Wien. Die Benedikts setzten das Haus instand und errichteten einen Zubau, später wurde der Garten durch den Ankauf des Nachbargrundstücks erweitert. Die Eltern teilten eine Leidenschaft: Sie nahmen täglich um die Mittagszeit »Luftbäder«. Sie turnen nackt hinter einem Verschlag im Garten, allerdings immer nacheinander, nie gemeinsam.

Der Garten war das Revier von Fedia, dem sibirischen Steppenhund der Familie, der die Amseln und Stare scheuchte und vor der gartenseitigen Tür wartete, bis die Kinder von der Schule kamen oder der Vater erwachte. Er durfte nur selten ins Haus.

Direkt hinter dem rechten Rosenbeet war ein enormer Fliederstrauch, unter dem der Fedia, mein Lieblingshund, sich ein Bett in die Erde gegraben hatte. Wenn ich wirklich einen Zufluchtsort brauchte, war ich bei ihm.

Sehr oft, besonders an Sonntagen, wenn viele Leute die Himmelstrasse hinauf zum Cobenzl spazierten, lag der fabelhaft schöne Fedia oben auf der Treppe, zwischen den Rosen, und liess sich bewundern. Er war gross, mit graublauem und dunkelgrauem langem Fell und einem sehr distinguierten, eher viereckigen Schädel und dichtem Schweif. Fedia war ein Sohn von Nickie, die eine Schwester war von Boris, der den Coudenhoves (Pan-Europa) gehörte. So viel ich weiss, ist Fedia nie gewaschen worden, und nur ich hab ihn ab und zu gekämmt. Er lebte im Garten, und die seltenen Male, wo er ins Haus kam, war das allererste, was er tat, sich vor den grossen Entréspiegel zu stellen und sich selber, so zu sagen, anzupischen.

Die Familie des Vaters war wohlhabend. Großvater Moriz Benedikt war als Eigentümer der *Neuen Freien Presse*, als Börsenspekulant und als Wirtschaftsberater des Kaiserhauses geschäftlich sehr erfolgreich gewesen, 1910 betrug sein Jahreseinkommen mehr als 1,7 Millionen Kronen, es war damit eines der höchsten in der Monarchie. Auch wenn ein beträchtlicher Teil des Vermögens im Ersten Weltkrieg verloren ging – Benedikt hatte eine große Zahl von Kriegsanleihen gezeichnet – und die Auflage der *Presse* in den 1920er Jahren stark rückläufig war, verfügte der Haushalt in der Himmelstraße 55 über Kindermädchen, mehrere Hausangestellte und einen Chauffeur, ab 1934 wurde ein Privatsekretär, der junge Journalist Paul Steiner, angestellt, »für Papa«.

Das Haus war nicht elegant und, wie Steiner schreibt, »plan- und stillos« möbliert, doch es war weitläufig, mit vielen Nischen ausgestattet, die Anordnung der Zimmer war unübersichtlich und bot eine Vielzahl von Verstecken. Wie der Garten war es ein Dorado für Kinder. Vom gartenseitigen Vorzimmer führte eine Tür zur linken Hand in die Bibliothek, das Arbeitszimmer des Vaters, in dem er nicht gestört werden durfte, was dennoch häufig geschah.

Die Bibliothek, vom Vorzimmer links durch eine gepolsterte Doppeltür, die der Papa also nicht zuknallen konnte, war […] ein dunkler Raum mit übervollen Bücherkästen bis zum Plafond. Es gab zwei dunkelbraune, sehr bequeme Lederfauteuils und ein riesiges dazugehöriges Sofa, was

Irma und Ernst Benedikt mit Lieblingshund Fedia vor dem Haus Himmelstraße 55, Ende 1920er Jahre

alles vor dem Fenster auf den Garten hin stand. Davor war ein runder niedriger Tisch mit einer türkischen Kupferplatte, auf der den Herren Kafé serviert wurde nach dem Essen. Alle möglichen anderen Fauteuils mit hohen Rückenlehnen standen herum um einen grossen, breiten Tisch, beladen mit Büchern und Zeitungen. Natürlich hatte Papa auch einen enormen Schreibtisch, voller Laden, die immer versperrt waren. Ich weiss das, weil ich regelmässig auf Kleingeldjagd bei ihm ging und die Groschen, die offen herumlagen, gestohlen hab, aber nie in eine Lade greifen konnte …

Am Boden, neben dem Schreibtisch und auf dem Teppich, lag ein dunkles Bärenfell mit ausgestopftem Schädel – Gott weiss woher und warum. Das Sehenswürdigste in der Bibliothek war ein ägyptischer Mumienkopf, den die Eltern vom [Schwager der Mutter] Alan Gardiner bekommen hatten. Es war ein Frauenkopf mit riesigen, dunkel umrahmten, traurigen Augen, nicht uralt, aus der Römerzeit. Er war unter einer Glaskuppel, die etliche Male zerschlagen und wieder ersetzt wurde. Schliesslich kam er mit nach Schweden und wurde vom Nationalmuseum in Stockholm gekauft. Um nicht sehr viel …

Darüber hinaus gab es eine Kastenuhr, die alle zwei Wochen an der Vorderseite geöffnet und aufgezogen wurde, Figuren aus der Römerzeit, im Schreibtisch eine versperrte, jedoch vom Vater gerne geöffnete und vorgezeigte Kassette mit Autographen, darunter Briefe von Prinz Eugen, Bismarck, Hoover und Bernhard Shaw, Dokumente mit Siegeln und Wappen. Von der mehrere Tausend Bände umfassenden Bibliothek schafften es nur Rabelais' *Gargantua und Pantagruel* und eine 15-bändige Goetheausgabe von der Himmelstraße nach Stockholm und zurück nach Wien.

Im Vorzimmer rechts lag die Gästegarderobe mit der Telefonanlage, geradeaus ging es zum kleinen und großen Salon.

Hinter den Rosenbeeten, geradeaus vom Tor, war unser Gästeentré, offen nur bei feierlichen Gelegenheiten. Er führte direkt in eine Garderobe, von der man, links, in den »grossen« Salon kam. Eine andere Tür führte in den Gang von der Speisekammer und dahinter in die Küche.

Auf der linken Seite vom Haus war die Gartentüre, vor der irgendeine kleine Steinstatue stand mitten in einem Blumenbeet. Durch diese Türe kam man direkt in das grosse Vorzimmer (dort wo der Fedia-Spiegel war) und rechts in den »kleinen« Salon, durch den »grossen« vom Speisezimmer getrennt. Dieser »kleine« Salon war mit weissen, Gustav-III. schwedischen Möbeln ausgestattet, ein Sofa, ein paar Fauteuils und Sessel und ein Tisch mit einer Marmorplatte. Es gab auch eine für mich faszinierende, natürlich verbotene, Glasvitrine, in der sechs oder sieben Tanagra-Tänzerinnen aufgehoben waren, mit zwei dänischen Porzellan-Figuren (von denen gibt es noch eine in Chaville) und eine Metall-Eule (auch in Chaville – die Tanagra wurden verkauft, wie's schlecht gegangen ist).

Ein Zwischengang hinter der Treppe führte zur Küche und zu den dunklen Wirtschaftsräumen, der Waschküche, dem Zimmer des Dienstmädchens und – ein bedeutsamer Ort in der Erinnerung – der Speisekammer. Im großen Salon wurden die Gäste bei Gesellschaften empfangen, die Kinder wurden dann zum »Grüß-Gott-Knicksen« hereingerufen. Im großen Salon stand auch der Konzertflügel, auf dem der Vater gerne nächtens zur Entspannung spielte. Mitunter wurde Ilse davon wach, stand auf und durfte unter Anleitung des Vaters mit ihm üben. Gegessen wurde im kleinen Salon, dem Speisezimmer, neben der großen, hellen Küche, von wo aus serviert wurde. Ein kurzes Läuten mit einer kleinen Tischglocke, die von der Mutter bedient wurde, signalisierte das Ende eines Ganges. »Keine von uns«, schreibt Susanne in einem der Briefe an die Tochter, »wurde jemals angehalten, auch nur eine Gabel wegzuräumen oder ein Glas zu holen.« Die Glocke fand den Weg über Stockholm zurück nach Wien, geläutet wurde sie nur noch ein Mal im Jahr, zu Weihnachten bei offenem Fenster nach Abflug des Christkindes. Das Speisezimmer war Susannes Lieblingsraum, »für mich der schönste im Haus«:

Es war mit dunklem Holz getäfelt, und in einem Eck stand ein grosser grüner Kachelofen – nicht ganz so schön wie der weisse bei den Peschkes, aber immerhin nicht schlecht. Rechts und links waren Ofenbänke, auch aus grünem Porzellan, und die Ilse ist fast mehr dort gehockt als bei Tisch. Der Tisch war gross, oval und konnte bis zu 24 Leute sitzen. Er war immer sehr schön geputzt, so dass der Luster darüber sich gespiegelt hat. Rundherum waren Kommoden und mir damals enorm erscheinende Kästen für Geschirr, Gläser und Tischwäsche. Zwischen den zwei Fenstern zur Gartenseite war eine märchenhafte, geheimnisvolle Standuhr, auch dunkel, wie der Rest des Raumes; ihre grossen Zeiger wiesen die Stunden zwischen auf- und untergehender Sonne, Mond und Sternen. Ausserdem wogte auf dem Uhrblatt noch ein Schiff mit neun aufgebauschten Segeln auf einem immer schäumenden Meer – faszinierend.

Leider sass ich aber – sobald ich überhaupt zum Speisezimmertisch zugelassen wurde, wie ich vielleicht 10 Jahre alt war – mit dem Rücken zu dieser Uhr. Die Sitzordnung war unabänderlich: der Papa auf der Tischseite, die zum »kleinen« Salon ging, die Mutti gegenüber, vor dem Kachelofen und der Tür zum »grossen« Salon. Links vom Papa die Gerda und dann die Ilse, rechts von der Mutti. Rechts vom Papa die Friedl und dann ich, links von der Mutti, gegenüber von der Ilse. Die Mutti war eigentlich wenig sekkant wegen Tischmanieren, obwohl sie es war, die uns für eventuelle Mahlzeiten im Buckingham Palace dressieren wollte. Nur an einem Punkt war sie streng: »Wo hast Du Deine Hand?«, wollte sie des öfteren wissen – als könnte die Hand unter der Tischoberfläche ganz grausliche, unnennbare Sachen tun. Das Komische daran war, dass, englischen table-manners nach, eine freie Hand gar nicht am Tisch, sondern im Schoss liegen soll.

Eine geschwungene Treppe mit schief eingesetzten Teppichschienen, die Falten machten, sodass man beim Hinunterlaufen leicht stürzen konnte, führte ins obere Geschoss. Zur linken Hand die Schlafzimmer der Kinder, gegenüber die Holzveranda, aus deren Fenster man bei Bedarf in den Garten klettern oder springen konnte, daneben ein Klavierzimmer mit einem weiteren Flügel. Hier fanden neben dem Klavierunterricht auch die wöchentlichen Englischstunden statt. Der Unterricht erfolgte häufig im Mantel, das Zimmer wurde selten geheizt. Die Englischstunden waren für alle Kinder obligat, der Haushalt war anglophil. Tante Heddie, die Schwester der Mutter, hatte nach England geheiratet (den Ägyptologen Alan Gardiner, Sir Alan, eine gute Partie, wie man sagte, die Tante war nun selbst Lady), wichtige Geschäftspartner des Vaters und Großvaters kamen aus New York und London.

Ganz am Ende vom Gang, über dem Gäste-Eingang, also auf die Himmelstrasse zu, war das »Damenzimmer« für die Mutti und ihre Freundinnen. Jedes Mal, wenn die Tant Alin zu uns kam, wohnte sie da. Es war ein lieber Raum, mit hübschen Rokokomöbeln.

Daneben war noch das Klavierzimmer, in dem die Ilse und ich mit der

Rosine Grasberger zwei Mal in der Woche Klavierstunden hatten. Die Rosine war sehr geduldig und lieb; sie besass einen grau-braunen Pelzmantel, den sie im Winter anbehielt, denn das Klavierzimmer wurde nur ganz selten geheizt.

In dem Klavierzimmer hatte ich auch Stunden mit der Mary Graham, einer Schottin, die mich auf Englisch lachen gelehrt hat. Sie kam mit Zeitungsausschnitten von den ersten Mickey Mouse Serien, die ich heiss liebte.

Später wurde ein Kamin zwischen dem Damen- und dem Klavierzimmer gemacht und die Mary Graham zeigte mir, wie man Zeitungspapier zusammenrollen kann, damit es fast wie Holz brennt.

Das Klavierzimmer wurde zeitweise vom Vater in Beschlag genommen. In den späten dreißiger Jahren wohnte Friedl nach ihrer Scheidung und Rückkehr in die Himmelstraße darin.

Neben dem »Damenzimmer« lag das größte Zimmer, das »riesige Elternschlafzimmer, in dem schliesslich die Mutti allein gehaust hat«.

Das Zimmer war in zwei Teile geteilt: zuerst die Tagesseite, mit Kasten, Schreibtisch, Sesseln und zu Weihnachten einen bis zur Decke reichenden Tannenbaum; anschliessend die Nachtseite, mit einem enormen, weissen Bett, Nachtkasterln auf jeder Seite, und davor ein Fauteuil, auf dem meistens entweder eine Katze oder ein Hund von der Mutti schlief. Auf dem Toilettentisch lag immer Schmuck herum und Kämme und Bürsten und Haarnadeln und Puderdosen. Die Mutti gebrauchte Chanel Nummer Fünf, und der ganze Raum duftete davon.

Ich war die einzige von uns, die in diesem Bette geboren wurde, zum Unterschied von der Gerdl und Ilse, die im Krankenhaus zur Welt kamen, und von der Friedl, die im Taxi am Weg ins Krankenhaus geboren wurde. […] Es war auch in diesem Bett, dass wir alle zum ersten Mal ein Konzert im Radio hörten. Es war bestimmt eine Geigensonate von Beethoven, gespielt von Bronislaw Huberman, der zu den Freunden der Eltern gehörte. Ich erinnere mich besonders an das empörte »Ruhe«-Zischen vom Papa, jedes Mal, wenn eine von uns die Position gewechselt hat, aber auch an die Andacht vor dieser Wunderschachtel, die die wunderbare Musik ins Haus brachte.

In der Mansarde unter dem Dach wohnten wahlweise eine weitere Hausangestellte, das Kindermädchen oder der Vater, wenn Klavierzimmer und Veranda belegt waren.

Direkt über der Bibliothek war die Veranda, gross, im Sommer viel zu heiss wegen den vielen Fenstern, aber irgendwie ein sehr ruhiger Ort. Unter den Fenstern waren Holzbänke, die man aufschlagen konnte so wie Bunkerbetten in einem Schiff. Ich schlief dort ein paar Monate nach einer Rippenfellentzündung, wie ich ungefähr 12 Jahre alt war, und weil die Mutti Zutraun hatte zur Heilkraft von Sonne und Licht; es gab also keine Vorhänge, was bei Vollmond und Gewitter eine fast mystische Einheit mit der Natur hervorrief.

Die Veranda hatte sonst einen grossen Bambustisch und ein paar Bambusfauteuils. Die Mutti versuchte Kaktusse zu züchten, und ich hatte einen eigenen Schrank für knick-knacks, auf dem ein uraltes »Grammophon« stand. Es hatte Metallplatten mit kleinen Löchern, die man mit einem Hebel drehen musste – je schneller der Hebel, desto schneller die Musik. Wenn man langsam drehte, kam ein Katzenjammer heraus.

Von dieser Veranda sprang einmal die Gerda in den Garten, nur weil ein Bursch, ein Jausengast, es ihr vormachte und nicht glauben wollte, dass sie es sich auch trauen würde – ich war dabei und hatte schrecklich Angst.

Die Veranda war eine Art von Salon zu dem Zimmer, in dem die drei »Grossen« schliefen, bevor sie wirklich gross waren. Es war sehr geräumig und die Drei hatten mehr als genug Platz für Polsterschlachten und Raufereien. Zwei Fenster nach Wien zu.

Später, nach 1934, wohnte der [Vater] Ernst in dem Raum; und nachdem damals schon seine Mutter gestorben war, hatte er ihren Flügel, auch Konzertformat, in seinem Zimmer.

Das nächste Zimmer war der offizielle »Kindersalon«, viel schäbiger, als sein Name vermuten liesse. Die Rottin-Möbel waren alt und nicht mehr sehr rein, in einer Ecke war ein riesiger Kasten voller Wäsche und alten Kleidern, und auf dem runden Tisch wurden die Kinder ausgefüttert.

Links gingen drei Stufen zu dem Zimmer, das mir lange gehörte. Wie alle unsere Schlafzimmerfenster ging auch meins in Richtung Wien, und ich erinnere mich noch an die Stadtlichter, die durch unsere Kastanienbäume glitzerten. Ich hatte ein Bett, einen »Toilett-Tisch« mit Spiegel und Laden, noch irgend ein Kasterl und eine Zimmerlinde. Hinter dem Bett war eine Doppeltür in den Gang, und meine ganze Schmutzwäsche war zwischen den Türen versteckt. Wie ich sehr klein war, teilte [das Kindermädchen] Bambi dieses Zimmer mit mir; ich hatte damals ein kleines Bett und wurde gezwungen, einen Nachmittagsschlaf zu machen. Nachdem ich das weder konnte noch wollte, verbrachte ich die Zeit damit, einen Tegel voller Vaselin aufzuessen – daraufhin brauchte ich keine Siesta mehr zu machen, die Bambi bekam ein anderes Zimmer, und von da an schlief ich allein.

Die Veranda, der Kindersalon und der stille, unbeachtete Ort auf den Stufen dahinter waren Susannes Refugium, ein Ort des Spiels, der angenehmen Gerüche und des Kinderglücks. »Wie war das mit dem Glück?«, fragt sie:

Wie war das mit dem Glück? Das erste Glücksgefühl, an das ich mich erinnern kann, war in Grinzing, an einem Nachmittag, an dem das ganze Haus ungewöhnlich still und ruhig war. Die »drei Grossen« waren wahrscheinlich in der Schule – daher kein Geschrei, keine Schimpferei, kein Sekkieren. Die Bambi, mein Kindermädchen, war auch nicht in der Nähe. […]

Ich sass auf den paar Stufen zwischen dem Kinderraum und meinem Zimmer und spielte mit einer Puppe – auch sehr ungewöhnlich; eigentlich habe ich Puppen nie besonders gemocht. Ich liebte meine zwei Teddybären, der eine war rot, der andere grün, und sonst nur unsere lebendigen Hunde und Katzen.

Die einzige Puppe, zu der ich eine Beziehung hatte, war sehr alt, schmutzig und teilweise zerrissen, mit Sägespan, der aus dem Hinterkopf quoll. Ich nannte sie Herr Knott, nach dem Gärtner von der Grossmama, der auch alt, dreckig und zerrissen war und ruhig Sägespäne statt Hirn hatte haben können.

Ich hatte Angst vor dem Herrn Knott: Er war immer schlecht gelaunt und murmelte bestimmt nur Unangenehmes, auch Unheimliches vor sich hin, vielleicht verfluchte er uns alle oder versuchte, uns in Flöhe oder Spinnen oder so irgendwas Scheussliches zu verzaubern. Ich hatte sehr Angst vor dem Herrn Knott und ging ihm so viel als möglich aus dem Weg.

Zu Hause, bei uns hingegen, konnte ich mich wehren und rächen an der Puppe Knott. Ich misshandelte sie immer wieder, riss ihr noch ein paar Haare weg, kramte ihr noch weitere Sägespäne aus dem Kopf und haute mit ihr herum, um mich vor dem lebendigen Knott zu schützen. Wie die alten Japaner, die ihre Feinde als Puppen vernichteten.

Aber irgend jemand, wahrscheinlich die Bambi, stiess einmal auf die Puppe und war entsetzt, wie unappetitlich sie war. Gegen meinen Willen schmiss sie sie einfach weg. Jetzt musste ich allein gegen den Herrn Knott und seine Hexereien auskommen. Ich schaffte es schliesslich.

Ich erinnere mich nicht, mit welcher Puppe ich mich damals so glücklich fühlte, auf den Stufen zu meinem Zimmer. Ich hatte nicht viele Puppen, denn man wusste ja, dass ich sie nicht sehr mochte. Vielleicht war es die Krankenschwester-Puppe, von einer der besten Freundinnen von der Mutti, Chefin des Rudolfiner Krankenhauses. Sie war diejenige, die erzählte, dass Krankenhaus-Personal Unbekannten, die von der Rettung eingeliefert wurden, in das Bauchloch schauten: War es rein, wusste man, dass der Patient einer ziemlich guten Gesellschaftsschichte angehörte …

Da sass ich also, auf den drei Stufen, und fühlte einen so tiefen Frieden, dass ich mich 80 Jahre später noch daran freuen kann.

Der Tagesablauf in der Himmelstraße war wenig stabil. Der Vater war Chefredakteur der *Neuen Freien Presse*, er arbeitete gerne in der Nacht und ging erst in den Morgenstunden zu Bett. Fixe Essenszeiten gab es nicht, zumeist traf die Familie erst gegen Abend zusammen. Die vier Schwestern blieben nach der Schule oft sich selber überlassen. In den Briefen über die Kindheit werden wilde Jagden durch das Haus und den Garten beschrieben, riskante Klettertouren über die Fassade und Erkundungstouren durch die Schubladen der Kommoden, auf der Suche nach verstreutem Kleingeld und nach anderen Dingen, die für Kinder von Interesse waren. »Stirdeln«, das Wort blieb allen geläufig, noch Jahrzehnte nachdem sie ins Englische, Französische oder Schwedische gewechselt hatten und nicht mehr wussten, in welcher Sprache sie geträumt hatten. »Stirdeln« blieb, genauso wie »brodeln«, »blödeln«, »urassen« und »fabelhaft«.

Es wurde viel gestritten im Himmel in Grinzing. »Frieden«, schreibt Susanne, »waltete selten in der Himmelstrasse.«

Entweder rauften sich die vier Töchter oder die Eltern miteinander. Jede Gelegenheit war gut genug für einen Krach: Die Gerdl fuhr die Friedl an, weil sie sich von einem ihrer Bewunderer küssen liess, Friedl – und Mutti – keiften mit der Ilse, weil sie sich ein Kleidungsstück von ihnen »ausgeborgt« hatte und es voller Flecken irgendwo liegen liess, die Mutti hatte jeden Tag einen Grund, um sich mit dem Papa laut zu streiten, und wenn nichts Besseres zu finden war, zogen alle gegen mich aus …

Ich war ja auch die Jüngste, fünf Jahre jünger als Ilse, was viel ist für junge Kinder. Die drei »Grossen« verlangten andächtige Bewunderung und unbedingten Gehorsam von mir, samt einer immer wachen Bereitwilligkeit, ihnen alle möglichen Dienste zu leisten, wie drei Mal im Tag ins Dorf hinunter zu laufen für Zigaretten, Zünder oder Extrawurst. […]

Als die Mutter 1923 nach drei Mädchen erneut schwanger geworden war, hatten die Kinder gescherzt, dass sie es, wenn es wieder nur ein Mädchen würde, in den Brunnen schmeißen würden.

»Die Grossen« war ein Sammelname für meine drei Schwestern, acht, sieben und fünf Jahre älter als ich. In meiner Kindheit empfand ich sie meistens als ein kompaktes und fast immer sehr furchteinjagendes Ganzes. Ich ging ihnen auch vorsichtig aus dem Weg, des öfteren versteckte ich mich vor ihnen …

Eigentlich trafen wir uns auch nicht viel; denn es hiess immer wieder: Die Grossen waren in der Schule, die Grossen hatten Tanzstunde, die Grossen waren einkaufen, die Grossen waren eingeladen – und natürlich auch: Dafür bist Du viel zu klein, das dürfen nur die Grossen …

Ich bin sicher, dass sie die meiste Zeit überhaupt darauf vergassen, dass es da noch eine Schwester gab. Wie alle Kleinkinder mit älteren Geschwistern, war ich ja auch leicht zu vergessen, kaum bemerkbar in ihrem Leben als Grosse. Zwischen ihrem Zimmer und dem, welches ich mit der Bambi, meinem geliebten »Kinderfräulein«, teilte, war der – sehr schäbige, aber geräumige – Kindersalon. Also sie hörten mich auch kaum und ich sie auch nicht viel. Während sie von 8 bis 1 Uhr in der Schule waren, war ich grad ein paar Stunden in einem Kindergarten; wenn sie nach Hause kamen für's Lunch, hielt ich bereits das tägliche Nachmittagsschlaferl. Ich bekam sofort danach meine Jause, in meinem Zimmer, und konnte entweder dort spielen oder im Garten. Sie, die Grossen, hatten zwar Hausaufgaben und mussten Klavier üben, aber nachher kamen die Freundinnen. Ich hörte ihr eiliges, immer irgendwie geheimnisvolles Reden, ich hörte das Kichern und Lachen, aber wenn ich wissen wollte, weswegen, bekam ich »Hutsch Dich, Du Fratz, das ist nichts für Dich und junge Hunde!«

Selten bildeten die Kinder eine Einheit, »Rivalitäten und Eifersüchteleien« waren, berichten alle übereinstimmend, Alltag. Die »Großen Drei« verbündeten sich regelmäßig zu »Sekkierstunden« der jüngsten Schwester. Susanne lernte, wenn die Sekkierstunde drohte, sich vor den Großen im Garten zu verstecken, in einem der Löcher, die Fedia gegraben hatte.

Wir trafen uns für gewöhnlich nur einmal am Tag – zum Nachtmahl. Das wurde an Sonntagen und Mittwochen bei unserer Grossmutter eingenommen, sonst im Kindersalon bei uns. In beiden Häusern hatten die Grossen ihre Rituale und Raufereien, von denen ich natürlich ausgeschlossen war. Denn wie hätte ich den Kampf um ein Hendlhalserl bei der Grossmama mit ihnen aufnehmen können, oder für einen Wurstzipfel oder einen Knödl zu Haus!

Am ärgsten war es für mich, wenn sie sich langweilten und da nichts Besseres zu tun wussten als Zeitvertreib, als »die Susi sekkieren«. Da waren sie wie eine Meute von bösen Jagdhunden hinter mir her, Treppen hinauf, Treppen hinunter, bis zum Dachboden und in den Keller, jedes Verstecken wurde unmöglich, die Ilse, die mir altersmässig die Nächste, war besonders geschickt, mich aufzuspüren unter irgendeinem Tisch oder in alten Koffern. Die Sekkaturen waren vielfältig und alle besonders unangenehm. Ich wurde in Heisswut versetzt, durch falsche Behauptungen, durch Beschimpfungen oder weil sie meine Bücher und Lieblingskleider zerrissen. Heute erinnere ich mich nur an die Details für eine »Sekkierstunde«, die mir für immer eine tiefe Abscheu für Bewegungseinschränkung bewirkt hat: Ich wurde eingefangen und auf einem Klaviersessel angebunden. Es sollte »Frisör« gespielt werden. Jede von den Grossen schnitt und schnitzelte an meinem Haar herum. Ich wehrte mich, wie ich konnte: durch Brüllen, Spucken, Beissen, Fusstritte. Es war ein Wunder, dass die Schere nicht irgendwann in einem Aug gelandet ist bei meinem Toben. Es war aber kein Wunder, wie ich nachher ausgesehen hab.

Wie die Mutti das Resultat sah, war sie so entsetzt und schlug einen derartigen Krach, dass kein weiteres »Sekkieren« passierte. Und ich kam, zum ersten Mal, zu einem richtigen Frisör, der irgendwie versuchte, die Schäden auf meinem Schädel zu richten.

Die »Großen« bildeten, erkannte Susanne mit der Zeit, keine Einheit. Ihre Charaktere und Stimmungen schwankten, allein waren sie mitunter sogar gefährlicher als zusammen, dann wieder, nach massivem Streit und vielen Raufereien, folgten Entspannung und Zärtlichkeit, wenn die »Sekkierstunden« ein Ende hatten.

Die individuellen Persönlichkeiten von den Schwestern gingen mir nur sehr langsam auf. Von den Dreien erschien mir die Ilse die gefährlichste für mich. Meine grauslichsten Stunden waren, wenn die Gerdl und die Friedl sie »nicht brauchen« konnten und etwas ohne sie unternahmen. Die Wut darüber liess Ilse dann frei an mir aus. Sie erfand gerne körperlich schmerzhafte Spiele. Besonders oft zwang sie mich, ihr als Pferd zu dienen, das sie mit Stöcken peitschen konnte, wenn es ihr nicht schnell genug um den Garten galoppierte. Ich bekam auch feste Ohrfeigen, wenn ich nicht ein von ihr ausgedachtes Wort oder Objekt erraten konnte, oder ihr einfach nicht folgen konnte oder wollte.

Andererseits war es Ilse, die sich stundenlang bemühte, mir »This is the house that Jack built« beizubringen, wobei sie es vor allem und auch recht grob auf das »th« abgesehen hatte. Ich kann es noch immer auswendig und sag's mir oft vor bei meinen Spaziergängen im Wald.

Es war auch die Ilse, die mir die Angst vor Gewittern genommen hat. Wir Kinder und die Bambi waren, wie sehr häufig, für den Sommer in den Bergen, einquartiert in einem Bauernhaus und in Zimmern, die alle auf einen gedeckten Balkon gingen. Eines Nachts weckte Ilse mich auf: »Komm schauen, wie schön das Gewitter ist.« Wir standen lange im Nachthemd auf dem Balkon, während es um uns blitzte und donnerte – sie hatte recht: Es war wirklich wunderschön. Ich bin ihr noch immer dankbar dafür.

Die Gerdl war die einzige, die sich doch freute über Muttis spätes Baby. Mit acht, fast neun Jahren hatte sie schon eine starke mütterliche Natur und kümmerte sich gerne um mich. Sie hat mir oft erzählt, dass ich ihr Herz auf immer eroberte, weil ich einen ihrer Finger lutschte. Es gibt eine nette Photographie von uns zweien, mit einem Puppenbett voller Katzenjungen. Man kann nicht sehen, dass ich auch sehr viel meine eigenen Finger lutschte und hervorstehende Zähne davon hatte, und auch nicht, dass ich ab und zu schielte.

Die Liebe für das Baby hielt die Gerda aber in keiner Hinsicht davon ab, später eifrig beim »Sekkieren« mitzutun und mich auch sonst in Heisswut zu treiben. Ich erinnere mich nicht an Details, nur dass ich ihr einmal in einem Zornausbruch eine metallene Haarbürste auf den Kopf schmiss. Ihr erstes Erstaunen über diesen Revoltakt des »kleinen Fratzen« ging schnell in einige sehr feste Watschen der Rache über. Aber: Nachher liess sie mich in Ruhe.

Sie rettete mich zwei Mal: zuerst von dem Säuglingsheim, in das ich als fast 10-Jährige einige, viel zu viele, Sommerwochen geschickt wurde. Man wusste nicht, was mit mir anfangen, und so kam ich in das Heim, welches die Kinderschwestern meiner Schwestern in der Nähe von Enns führten. Ich war selten so unglücklich gewesen wie dort. Die Gerdl erschien wie ein rettender Engel. Wir fuhren nach Mondsee und hatten es nett miteinander und mit ihren Flirts dort. Weil ich eben zu viel dabei war, wo ich nicht dabei sein hätte sollen, nahmen diese Ferien damals ein schlechtes Ende für sie.

Und es war die Gerdl, die mich irgendwann später mit sehr viel Mitleid in ihren Armen hielt, während die Frau Doktor Domes die Spitze von meinem rechten Ringfinger mit einer Pinzette wieder an den restlichen Finger brachte. Es tat entsetzlich weh. Ich hatte den Finger in einem Liegestuhl eingeklemmt, im Garten von einer Freundin. […]

In meiner Erinnerung gab es mehr Lachen als Weinen in Grinzing – vor allem aber gab es sehr viel Streit und handfestes Raufen, Schlagen, Reissen, Spucken, Kratzen, Fusstritte, Boxen …

Sonntag war der Lieblingstag für einen Krach von der Mutter und ihr Lieblingssubjekt war der Vater. Sobald er aufgewacht war, also gegen 11 Uhr vormittags, zog sie in sein Zimmer ein, schloss die Türe und bald hörte das ganze Haus, wie sie sich gegenseitig anschrien. Der Grund war fast immer seine Prodigalität. Er war wirklich der »Spring-ins-Geld«, den Karl Kraus in seinem anti-benediktinischen »Die letzten Tage der Menschheit« beschrieb, und verblieb es sein mehr als 90-jähriges Leben lang.

Ich weiss nicht, wie die Mutti ihn kontrollieren konnte; vielleicht bekam er ein wöchentliches Taschengeld von ihr – vielleicht hob er die Rechnungen auf und sie ging durch seine Hosentaschen. Woher wusste sie, wie oft er im Bristol Hummer und sonstige Delikatessen mitten in der Nacht speiste, wie viele Bücher er sich kaufte und welche antiquarischen Partituren?

Auf alle Fälle wusste sie es, und der Sonntagskrach galt also fast immer seiner ungehemmten Verschwendungssucht. Sie reagierte mit ungehemmtem Brüllen und der Prophezei, dass wir alle sofort im Armenhaus landen würden. Er brüllte zurück, dass es sie nichts angehe, was er ausgab, nachdem es sich schliesslich um sein eigenes Geld handle. Damit tropfte er, sicher bewusst, Gift in eine ihrer Wunden, denn ihre unmittelbare Familie war nicht reich gewesen und sie war ohne Mitgift zu ihm gekommen.

Der sofortige Erfolg war noch lauteres Gekreisch und schliesslich heftigstes Türenknallen, bis sie in ihrem eigenen Zimmer war.

Ich weiss nicht, wie sie sich beruhigte, aber für gewöhnlich kamen sie wieder relativ friedlich zusammen zum Sonntagslunch. Nach dem Tod von Grossmama wurde es bei uns zu Hause eingenommen mit uns vieren bei Tisch. Sehr oft lud Mutti auch ihre zwei besten Freundinnen ein, die Papa sehr schätzten und mit denen er flirten konnte, die »Tante« Lilli und die »Tante« Gretl. Sie sassen rechts und links von ihm, auf den Plätzen von Gerda und Friedl.

Lilli Klaudy war dunkelblond, ziemlich füllig, weder sehr hübsch noch elegant, aber witzig und immer bereit zu lachen. Sie war mit einem Hofrat verheiratet und hatte eine Tochter, aber die beiden sahen wir nur sehr selten.

Gretl Terramare war scheinbar immer dabei, sich entweder eine Scheidung zu überlegen oder sich scheiden zu lassen beziehungsweise geschieden zu sein. Ihr Mann, der mir fast so gut gefiel wie sie, hatte mit Theater zu tun und war sehr untreu. Gretl war schlank und zierlich, hatte gewelltes, braunes Haar und war sicherlich genau so untreu. Sie schien mir unendlich elegant, sehr lustig, sehr nett und warm und konnte besonders diplomatisch unserem Vater »das Goderl kratzen« und unterhalten.

Dank ihr »verdiente« ich mein erstes Geld: Einmal, ich weiss nicht mehr warum, gab sie mir einen Klaps und erklärte sofort, dass sie noch nie einen so festen Popo erlebt hatte – und sie bot mir einen Schilling an, ihn zwicken zu dürfen. Was sie durfte und wofür ich einkassierte.

Spiele zu können und gut zu spielen war wichtig in der Himmelstraße. Alle vier Schwestern blieben zeitlebens ehrgeizige Kartenspielerinnen, alle beherrschten Schach und wussten unterschiedliche Patiencen zu legen. Am beliebtesten waren Theateraufführungen, Friedl und Gerda belegten alle Rollen. Eine gemeinsame Aufführung der Bremer Stadtmusikanten endete in Schlägen und Tränen. Von allen, auch von den Eltern, gemocht wurde die »Reise nach Jerusalem«. Die Stühle wurden aneinandergereiht, bei Bedarf zusätzliche geholt, Ilse und der Vater wechselten sich am Klavier ab. Beim Spiel nahmen auch die weiblichen Hausangestellten teil, die aus der Küche gerufen wurden. Nie der Chauffeur.

Im Winter wurde Schlitten gefahren. Bei der »langen Fahrt« zog man die Schlitten hinauf auf die Bellevuewiese und konnte den Berg hinunter über die Himmelstraße, die Straßergasse und die Grinzinger Straße bis zum Donaukanal fahren. Es gab wenig Verkehr, die Höhenstraße war noch nicht gebaut.

Im Tagebuch, das Friedl im Frühjahr 1953 in Paris bis wenige Tage vor ihrem Tod im April im American Hospital führte, findet sich die Matrix eines großen und kleinen Schifferl-Versenken-Spiels, die »Seeschlacht«. Friedl spielte es mit Susanne, wenn sie zu erschöpft war, um zu sprechen oder zu schreiben. Susanne besuchte die Schwester sechs Wochen lang täglich im Krankenhaus, als es zu Ende ging.

Ich liebte die Friedl – mit der Ausnahme von [ihrer Tochter] K[arina] – mehr als irgend jemanden anderen. Ich liebte und bewunderte sie und wurde ihre Sklavin. Bis zu ihrem Tod. Sogar darüber hinaus …

Seit dem Tod von Grossmama ein paar Jahre früher war sie das erste und einzige Familienmitglied, welches sich damals um mich kümmerte. Sie übertrug auf mich, was Canetti mit ihr machte. Sie stellte mir richtige Fragen, sie hörte auf die Antworten, sie erinnerte sich an was ich sonst sagte. Sie diskutierte ihre Beziehung zu Canetti mit mir, erzählte mir Geheimnisse, hörte auch meine, und sehr oft gab sie mir Ratschläge über Bücher, wie ich mich benehmen sollte, was mit meinen »Flirts« anfangen, wie mit den Eltern auskommen – kurz, von da an existierte ich für sie.

Ihr Einfluss lebte weiter in mir die acht Jahre hindurch, in denen ich in

Finnland und Schweden schwesterlos eine Erwachsene wurde. Als wir uns in Schweden nach dem Krieg wieder sahen, konnten wir die alte Beziehung ganz natürlich wieder aufnehmen. Es war selbstverständlich, dass ich, was ich an Freizeit hatte, hauptsächlich mit ihr, und immer häufiger an ihrem Krankenbett, verbrachte. Es war selbstverständlich, dass ich bei ihr blieb im American Hospital in Paris, bis sie starb.

Neben den Spielen und der Musik sind Tiere wichtig im Himmel fünfundfünfzig, und wie die Spiele blieben sie es für die Schwestern. Häufig wird nach ihnen in den Briefen gefragt, häufig werden sie ausdrücklich gegrüßt.

Susannes lebenslange Liebe galt Fedia, dem Hund, der nur ihr gehörte, auch wenn die anderen es nicht wussten, der die Kuhlen in den Garten grub, in denen sie sich verstecken konnte. Alle Hunde, die sie später hatte – die Promenadenmischungen Burschi und Rokko, die Afghanen Kismet, Django und Boy, die Schäferhündin Bella, die Schnauzer Flicka und Faro, der tibetanische Shih-Tzu Tsampa –, sie alle waren Fedia. Gerda, Friedl und Ilse lebten später immer mit Katzen. Selten wird in den Briefen vergessen, auf ihr Befinden einzugehen. Friedl trägt ihre Katzen in Hampstead gerne um den Nacken geschlungen, wenn sie im Garten sitzt. »Die heiligen Katzen« nennt sie Canetti. »Wie ein lebendes schlechtes Gewissen«, berichtet Gerda aus New York, schleiche ihre Katze Scotch um sie herum, legte sich auf die Schreibmaschinentastatur oder verbrannte sich, allzu neugierig, die Schnurrbarthaare an der Kerzenflamme.

Ilses letzte Katze in den sechziger Jahren hieß Susi. Sie fiel öfter vom Balkon, schaffte es aber jedes Mal, sich in der Luft zu drehen, und blieb stets unverletzt.

In der Himmelstraße gab es weder einen Chanukkaleuchter noch religiöse Essensvorschriften, noch wurden jüdische Feiertage gefeiert. Gefeiert wurde Weihnachten mit Weihnachtsbaum, Christkind und Weihnachtsliedern. »Ich war nie ein ›jüdisches Kind‹, wir waren Grinzinger Kinder. Zu Juden hat uns Hitler gemacht«, erinnerte sich Ilse. Alle Mitglieder der

Familie wurden zwar in den Matriken der Israelitischen Kultusgemeinde als Mitglieder geführt, die Synagoge wurde aber nicht besucht. Jiddeln war selbst bei Witzen verpönt. Die religiösen Regeln und Traditionen waren den Kindern unbekannt. Noch Jahrzehnte später wird sich Susanne über die Heirat ihrer Tochter in der Synagoge in der Rue Copernic lustig machen, und Gerda wird darüber berichten, wie sie dem Ritual bei der jüdischen Hochzeit ihres ältesten Sohnes in New York ratlos gegenüberstand und ihre mütterliche Rolle improvisieren musste. Die einzigen Götter, die in der Himmelstraße verehrt wurden, waren Beethoven und Goethe, Gustav Mahler war als Halbgott akzeptiert. Schönberg, Schiele oder Adolf Loos wurden nicht zur Kenntnis genommen. Die religiöse Tradition hatte sich schon in der Generation der Großeltern langsam verflüchtigt. Aber ganz so klar war die Sache mit der Zurückweisung jüdischer Identität nicht. Als Ilse 1946 aus Zürich nach Wien zurückkehrt, lässt sie – Ärztin, Atheistin und Kommunistin – in ihren Dokumenten »mosaisch« als Religionszugehörigkeit eintragen.

Die Schwestern waren Stadtkinder am Land. Die Bindung der Eltern an die Stadt war eng, täglich fuhr der Vater in die Redaktion, auch die Mutter verbrachte kaum einen Tag daheim. Die Grinzinger Kinder, zu denen Ilse gehören will, gab es allerdings nicht, denn das eine Grinzing gab es nicht. Es gab das bäuerliche Grinzing der alteingesessenen Weinhauerfamilien und Buschenschankbesitzer, es gab ein proletarisches Grinzing in den Arbeiterquartieren und Barackensiedlungen bei den Langen Lüssen am Friedhof, ein kleinbürgerliches Grinzing der Beamten und Gewerbetreibenden und ein großbürgerliches in den Villen der Umgebung. Die Benedikt-Schwestern gehörten nicht zu den Kindern der Weinbauern und Arbeiterinnen, sie sprachen nicht ihren Dialekt, aber sie trafen sie in der Schule und beim Spiel. »Ottakringerisch« nannte der Vater ihre Sprache, in Unkenntnis jeglichen Dialekts. Für die Schwestern war Grinzing nicht Heimat, sondern Synonym für das Haus in der Himmelstraße, für ein Zuhause-Sein.

Die Volksschule in der Mannagettagasse, die alle vier Schwestern in den 1920er Jahren besuchten, war konservativ. Die Bildungsreformer im Roten Wien um Otto Glöckel waren pragmatisch, man setzte Akzente, vor allem was die ambitionierte grafische Gestaltung der Schulbücher betraf, aber die Neufassung der Lehrpläne in der Ersten Republik war alles andere als radikal. Gelesen wurden in den ersten Klassen unter anderem die klassischen Sagen, Märchen und Tierfabeln, für die Fibel-Texte wurden Szenen aus dem kleinbürgerlichen (nicht aus dem proletarischen) Milieu gewählt, sie zeigten zwar Veränderung und den technischen Fortschritt im urbanen Leben, gleichzeitig wurde den Kindern aber das ideale Leben als eine Art selbstgenügsamer häuslicher Idylle vorgeführt, deren Takt nach wie vor von den Jahreszeiten bestimmt ist.

Die politischen Veränderungen wurden dennoch sichtbar und hörbar: Der Umschlag des Buches *Wiener Kinder*, das die Benedikt-Schwestern wie alle Kinder zu Beginn der ersten Klasse bekamen, zeigt ein Schulkind, das stolz und selbstbewusst, fast trotzig, mit beiden Händen eine Tafel hochhält. Auf dem Schmuckblatt des bekannten Liederbuches für die erste Klasse, *Ringa Ringa Reia*, ist programmatisch zu lesen: »Gesang macht den Menschen frei.« Ein Liederheft aus der Zeit, an das sich Ilse gerne erinnerte, hieß *Wir sind jung und das ist schön!*, es war ursprünglich ein Wanderlied und wurde erst später zum offiziellen Lied der sozialdemokratischen Kinderfreunde.

Das Verhältnis des Vaters zu den Hausangestellten war milde, da gleichgültig, das der Mutter herrisch und herablassend. Sie sprach zeitlebens vom »Trampolorum« oder von den »Trampeln«, die unbeholfen seien und nichts recht machten. Für diesen Ausdruck der Mutter hat sich Ilse wie für nichts sonst geschämt, ihr ganzes Leben lang.

Man war auch großzügig. Eine aus armen Verhältnissen stammende Schulkollegin Susannes wurde nach der Schule in die Himmelstraße mitgenommen und durfte jeden Tag bei den Benedikts zu Mittag essen. Die Klassenschranken blieben gewahrt: Die Resi aß nicht mit den Schwestern im kleinen Salon, sondern in der Küche.

Von der Friedl hab ich nur eine klare – sehr unangenehme – frühe Erinnerung.

Es war die Geschichte mit der Resi Fiegl, das »Armenhauskind« aus meiner Volksschulklasse, das bei uns jeden Tag Mittagessen bekam. Ich konnte sie nie ausstehen: Sie war hässlich, irgendwie überall grau und staubig grauslich; ich wusste nicht, was mit ihr anfangen am gemeinsamen Weg von der Mannagettagasse hinauf zur Himmelstrasse Nummer 55. Ich gab sie immer erleichtert in der Küche ab und war heilfroh, dass sie nicht mit uns ass.

Eines Tages, ich hab keine Ahnung mehr warum, kam es zu einem Streit am Schulweg und ich muss irgendwas gesagt haben, demnach die Resi den Mund halten sollte, nachdem sie ihn bei uns anfüllen durfte. Sie reagierte scharf, drehte sofort um und erklärte, nie wieder unser Haus zu betreten. Ich war entsetzt, denn ich wusste ganz genau, dass ich etwas sehr Gemeines gesagt und Übles angestellt hatte.

Zu Haus wollte ich auch nichts essen. Im oberen Vorzimmer gab es eine kleine Bank, auf die legte ich mich und erklärte, ich sei krank und habe Fieber. Die Mutti streichelte mir über die Stirn und schlug vor, mich ins Bette zu tun und vielleicht die Dr. Domes zu rufen. Aber die Friedl warf einen Blick auf mich und sagte: »Der fehlt gar nichts – die hat kein Fieber, die hat was auf dem Gewissen.« Woher konnte sie es wissen?

So kam meine Schuld an der Resi heraus und ich musste bei ihren Eltern um Entschuldigung bitten und – Gott sei Dank vergebens – betteln, dass sie wieder zu uns essen kommt. Es ist anzunehmen, dass die Fiegls doch genug hatten, um sie selber zu ernähren. Aber sie wohnten wirklich in einem sehr armseligen »Armenhaus« auf der Grinzinger Allee, dort wo heute Luxuswohnhäuser stehen.

Ich war sehr lange sehr bös auf die Friedl.

Die Familie unternahm standesgemäß viele Reisen. Erhalten haben sich Fotos vom Kinderurlaub am Meer, Postkartengrüße und Kinderbriefe von den jährlichen Sommerfrischen am Semmering oder aus Tirol. Sehr früh schon gehörte das tägliche Verfassen von Briefen an die Eltern oder an die Großmutter zum Alltag der Schwestern. Die neunjährige Friedl schrieb an die auf Reisen befindlichen Eltern:

Lieber Papa und liebe Mutti, die Kati hat uns gesagt, dass die Katze Junge bekommen wird. Ilse schreibt auch jetzt gerade einen Brief. Heute habe ich schon gelernt. Unsere Kapuzinerkressen blühen noch immer nicht und die Blätter sind auch nicht grösser. Lillevän badet den Joki heute oder morgen. Gerda strickt jetzt. Ilse schreibt nicht mehr viel, denn Lillevän kann nicht mehr lang neben ihr sitzen. Jetzt ist sie weggegangen und die Gerda hilft ihr. Die Katze liegt jetzt auf einem Polster und schläft. Die Grossmama hat uns Zeichnungen geschenkt und im übrigen war sie heute da, deswegen sind wir um unseren Nachmittagsschlaf gekommen. Viele viele 1000 Bussi. Frieda

Früh etabliert sich in den Briefen der für die Schwestern typische ironische Tonfall, kein Brief von Friedl und Gerda, der nicht auch ein bisschen »frech« wäre. Die Frechheit wird – in Briefen – vom Vater durchaus geschätzt.

Liebster Papsch und süsses Mummili

Danke tausendmal für eure lieben Briefe. Uns geht es allen ausgezeichnet und Irmgard ist schon da. Sie ist sehr lieb. Das Wetter ist leider auch bei uns sehr schlecht und wir konnten den Ausflug, den wir heute zu Mittag mit Burgel machen wollten, nicht machen. Wir fahren den ganzen Tag Rad, im ganzen Dorf herum.

Ihr wisst doch, dass die Traubenmäderln immer zu uns kommen. Gestern waren sie den ganzen Tag da, sie geben keine Ruhe und wir wenden alle erdenklichen Mittel an, sie wegzubringen. Aber es hilft nichts. Wie Kletten hängen sie an uns. Heute sind sie auch schon seit Mittag da. Als Fanni, die älteste und zugleich grösste der Kletten, Gerdl fragte, ob sie kommen könne, antwortete Gerda, wir hätten zwei Stunden Zeichenstunde. Ohne Zögern antwortete sie sofort: Da komm ich auch! Und wirklich war sie da. Zu eurer besonderen Beruhigung will ich euch schreiben, dass das goldige Alichen und seine ebenso goldige (?) Mama sehr gesund sind, nur zu meiner grossen Beunruhigung hatte Alichen eine Diarrhö und Madam Strindberg konnte nicht in ein Konzert gehen, da sie – bitte zu entschuldigen, aber ihr eigener Ausdruck – Ali den Hintern ausputzen musste.

Besonderes ist eigentlich während eurer wirklich sehr traurigen Abwesenheit nicht geschehen, und so möge das hochgeehrte Elternpaar entschuldigen, wenn der Brief nicht besonders lang ausfällt. Also tausend Küsse Eure Friedle.

Und bei der um ein Jahr älteren Schwester Gerda heißt es in einem Brief aus demselben Sommer, dass sie »den geliebten guten Papa umarmt« und ihn, »die Grossmama, Bambi und alles übrige Gesindel herzlichst grüssen und küssen« lässt, »Viecher auf Schnauze«.

Wenn die Kinder in der Sommerfrische in Tirol waren, sandte der Vater, der allein in Wien blieb, fast täglich launige Briefe.

Carissimi Frazzolini!

Euer armer, verlassener Vater wankt einsam durch die traurig-öden Zimmer. Kein Geschrei, kein Grammophon, kein Geklimper, kein Gedudel – kurz, nicht die leiseste Störung! Und das soll man aushalten! Es fehlt mir direkt ein Möbelstück u am meisten – neben dem süssen Geplauder – geht mir die Partnerschaft beim Pingpong ab, wo ich demgemäss den Weltrekord zu erringen gedenke.

Gestern war übrigens ein kolossaler Rummel in meiner Nähe. 560 Motorräder knatterten u stanken, ein fabelhaftes Wettrennen auf einer Schlackenbahn – weiss der Teufel, was das ist – erregt die brüllende Wollust von 7000 Zuschauern. Und bei so aufregenden Begleiterscheinungen soll man sich mit dem Schmarrn der Weltgeschichte befassen u mit so blödem Zeug wie Literatur oder Wirtschaft!

Nun adieu, meine Lieben! Der Regen rauscht, die Maschine arbeitet schon lange. Jetzt geht's nach Haus. Ich küsse Euch alle innigst viel-viel mal! Euer Papa

Am ersten Geburtstag von Susanne schrieb er an seine Frau, die sich gerade in Tirol aufhielt, von den Feierlichkeiten, mit Staunen und väterlichem Stolz hielt er die ersten Worte der jüngsten Tochter fest, um zugleich ebenso stolz von seinen »Hummerkroquettes« im Imperial zu berichten, die er sich im Grunde nicht leisten konnte:

Mein liebstes Alles od. mein liebstes Leben od. ??

Heute ist Susi geboren. Die Sonne hat sich zu dem wärmsten Schein entschlossen, um sie zu feiern, die Vögel singen, ein kleiner Lufthauch weht mir in den Nacken, während ich in meiner Bibliothek beim Frühstück sitze, das Goldkind in rosiger Balltoilette auf einem schönen Polsterchen vor mir und mich anschauend mit ihren lieben, blauen Guckerln. In der Hand hat sie zwei grosse Stücke Bäckerei, die braunen Füsserln stecken in weissen Socken, sie ist ganz still, lieb und süss …

Oben haben die Mädchen eine grüne Guirlande um ihre Tür gehängt, mit der von Egon verfertigten Inschrift »Hoch Susi« und auch die Wiege ist mit Grün und Hagebutten schön verziert, ebenso wie der Geburtstagstisch mit den von Kathis Meisterhand gefertigten Kuchen.

Ich bin ganz »aufgeweicht« und habe nur eine Trauer, dass Du und die anderen nicht da seid und dass ich Dir heute nicht jenes Pflaster zu applicieren vermag, das so viele Wunden schliesst und so – ich kann kaum schreiben, Susi plauscht ununterbrochen: titula, kwagi nita, anna, hagoh, ato, etc. …

Also will ich Dir nur rasch noch erzählen, dass ich sehr überlastet und übermüdet bin. Wir können morgen schon die Ausschaltung des Elektrizitätswerkes haben und damit das Stoppen der Zeitungen (wahrscheinlich werden die Herren ihr Privilegium haben …) und dass mir die Besserung des Wetters eine schwere Nervenkrise bei mir verhindert.

Gestern war der Mann des Schottenrings bei mir (Sch.) (½ 6). Vorher (4 Uhr) Leichenbegräbnis von Weber. Ich ass im Imperial (nach 3 Uhr), zwei herrliche Hummerkroquettes (vergeh vor Neid!!), ferner eine Omelette mit Salat. Sch. war sehr entzückend und grüsst Dich bestens. Mittags nur meine Turnübungen und anderweitige Kuren. Abends und Nacht war dann wieder tüchtige Arbeit.

[…] Na, aber jetzt Schluss – ich küsse Dich mit jünglingischem Schwunge, Ich eil zu Dir mit zauberhaftem Sprunge; Mein Inneres wogt und leuchtet Dir entgegen, Magst Du in Sonne kommen oder Regen, Magst Du Dich bergen, oder Dich verkünden – In Ewigkeiten werden wir uns finden –

Addio, Du aaaalter, guter, lieber Mops, ein süsses Bussi noch, dann Lebewohl, innig Dir zugehörig

Ernst

Der Vater ist impulsiv. Er ist charmant und übermütig, zeichnet für die Kinder, illustriert kleine Geschichten, die die Kinder ihm diktieren, er singt mit ihnen und lässt sich auf kleine Raufereien mit ihnen ein, schreibt ihnen kleine, kindgerechte Briefe. Andererseits ist er aufbrausend und verletzlich. »Wenn wir nicht ehrfürchtig genug dem Papa zuhörten«, erinnert sich Susanne, »brach er in einen Wutanfall aus, schlug mit der Faust auf den Tisch, sodass alle Gläser und Teller zitterten, brüllte irgendwas wie ›zum Teufel hinein, bin ich der letzte Hund, dass man mich nicht reden lässt‹ und verließ uns, weiter schimpfend und die Türen knallend. Für gewöhnlich stampfte er in die Bibliothek zum Trotzen, und nur die Friedl war im Stand, ihn immer wieder hinauszulocken.« 1925 wird Friedl vom Vater in einem Brief zum »Oberkind« ernannt, aber noch 1949 wird sich das »Oberkind« in einem Brief an Elias Canetti erinnern, was »in meinem Leben mein erster Schrecken war – der Papa hat sich immer damit angekündigt, daß Türen aufgerissen und zugekracht worden sind – das ist überhaupt die einzige Erinnerung, die ich an ihn als Kind hab, zusammen mit einem fürchterlichen Gebrüll«.

Anlass zum Streiten (mit rascher nachträglicher Versöhnung) war rasch gefunden, schreibt Susanne an ihren Neffen in New York, zum Beispiel die Frage, wem das beste Ende einer Wurst zustand:

Es war Vaters Spezialität, plötzlich und äußerst laut Krach anzufangen, vielleicht um all den Frauen, die ihn umgaben, seine männliche Durchsetzungskraft zu demonstrieren. Zu den denkwürdigsten Streitereien gehörte einer mit Gerda über das letzte Stück von einem Frankfurter Würstel.

Wir waren äußerst verfressene Kinder, und da wir, was Essen betraf, ganz und gar nicht verwöhnt waren, sparten wir uns »den besten Happen« meist bis zum Ende eines Ganges auf. Gerda hatte sich einen Bissen Wurst aufgehoben, den sie genießen wollte, wenn alles andere am Teller aufgegessen war. Aber Vater, der neben ihr saß und mit seinem Paar Frankfurter schon fertig war, stibitzte ihn und verschlang ihn auf der Stelle.

Gerda machte eine heftige Szene, brüllte ihn an und beschimpfte ihn. Also fühlte er sich genötigt zurückzubrüllen, um seine erhoffte Autorität wiederherzustellen. Schließlich stürmte Gerda aus dem Speisezimmer, heulend und schluchzend, dass einem das Herz blutete.

Sie wirkte so verstört, dass es Papa reute. Nachdem das Abendessen in grimmigem Schweigen verstrichen war, ging er zum Schmollen in seine Bibliothek, doch nach einer Weile läutete er nach einem Mädchen. Skobrdal erschien. Er fragte sie ziemlich besorgt, was Fräulein Gerda mache.

»Fräulein Gerda ist in der Küche und fängt Fliegen für ihre Frösche«, sagte ihm die Skobrdal. Und so war es. Er ging nachschauen, und sie hatte offensichtlich schon überwunden, was nach einem traumatischen Zusammenstoß mit ihrem Vater ausgesehen hatte.

Er sprach den Rest seines Lebens lang über diesen Vorfall, voll Staunen über die Wandlungsfähigkeit der weiblichen Natur …

Seiner Frau Irma schrieb Ernst Benedikt zumeist spätnachts aus der Himmelstraße, manchmal erotische Briefe, manchmal skurrile, mitunter verzweifelte Nachrichten, mitunter Berichte über seltsame Beobachtungen:

Liebste Irma!

Also – Mutterliebe ist wirklich etwas Rührendes. Die liebe Miaula, Deine heissgeliebte Katze, hat bereits zwei ihrer Jungen aufgefressen. Während ich im kleinen Salon sitze, packt sie das Kleine beim Kragen, springt mit ihr aufs Fensterbrett in die Nacht hinaus – u kehrt nach einer Viertelstunde allein zurück und das Junge ist verschwunden. Und da reden die Leute von den »Banden der Natur«. Sie wird sicher auch noch das letzte, das sie hat, ermorden.

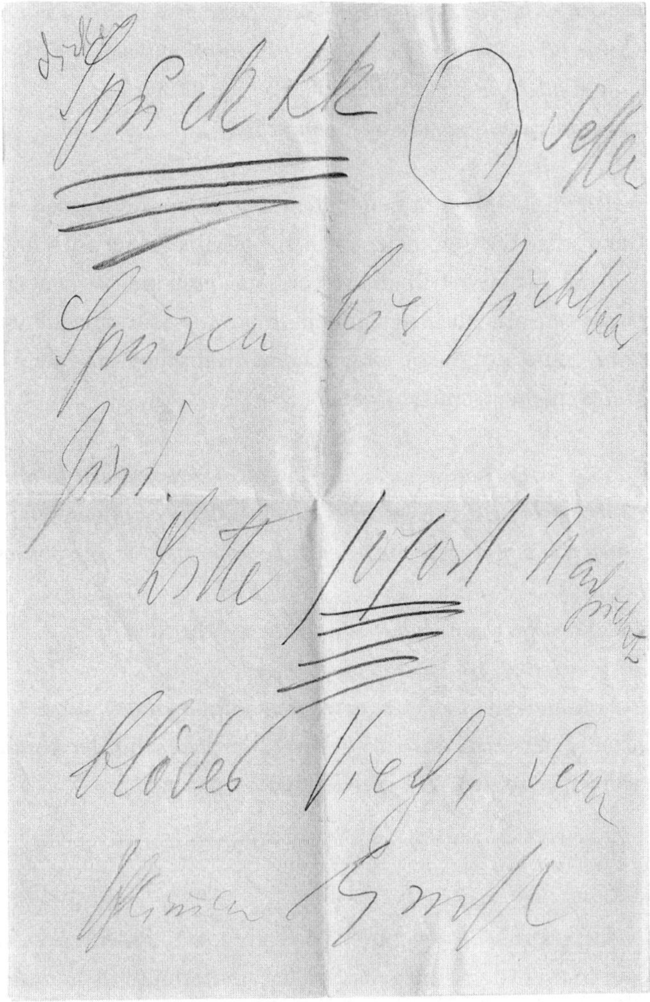

Brief von Ernst an Irma Benedikt, undatiert

Sonst ist nicht viel Neues […] Wann werden wir uns wiedersehen, mein liebes Fernes – ich bin immer recht einsam und ohne »Gefährten«. Küsse die Kinder von mir. Schreib mir über die Rückkehr!
Sei vielmals und innig umarmt von Ernst

Die Handschrift ist schon in den frühen Briefen an die Verlobte schwer lesbar. Der Tonfall blieb zeitlebens selbstironisch, oft aber auch ungeduldig und zornig. In einem frühen Brief an seine Frau brachte er seine Empörung über sie zum Ausdruck, indem er auf die Seite spuckte und die Spucke einrahmte, um die Spuren sichtbar zu machen, nachdem sie zu einem Treffen nicht erschienen war:

Was ist denn los? Zahnarzt, … oder … Falls Letzteres, folgt prompt eine Züchtigung, wie sie exemplarischer nicht denkbar ist. Meine Empörung konzentriert sich in einem einzigen dicken Spuckkk, dessen Spuren hier sichtbar sind.
Bitte sofort Nachricht, blödes Viech, dem [?] Ernst

Die Entschuldigung an das »Geliebte Irmerl« folgt einige Stunden später im nächsten Brief (»ich war im Fieber«), der Brief mit der gerahmten Spucke war gegen seinen Willen abgeschickt worden.

Irma Benedikt wurde 1879 geboren, sie stammte väterlicherseits aus einer Wiener Journalisten- und Schauspielerfamilie, mütterlicherseits hatte sie finnisch-schwedische Wurzeln. Ihr Vater Alexander (Sándor) Rosen (1843 bis 1910) spielte und inszenierte im Wiener Stadttheater (dem späteren Ronacher), er verfasste einige Lustspiele und arbeitete nach der Schließung des Theaters als Dramaturg, politischer Journalist und Übersetzer. Später wurde Rosen ins »Literarische Bureau« berufen, einen frühen Presse- und Nachrichtendienst der Monarchie, der im Außenministerium eingerichtet wurde. 1906 wurde der ehemalige Schauspieler in den Adelsstand erhoben und zum »königlichen Rat« ernannt. Irmas Mutter,

Irma Benedikt, 1914, aus einer Fotoserie von Ferdinand Schmutzer

die Schauspielerin Bertha Adèle Pipping (1849 bis 1908), war die Tochter von Knut Theodor Pipping (1826 bis 1885), einem finnlandschwedischen Ingenieur und Parlamentsabgeordneten, aus dessen erster Ehe mit Bertha Augusta Gisevius, die den Gatten bald nach Geburt der Tochter verlassen hatte. Die Pippings waren gut situiert, Irma war häufig Gast bei ihren Tanten und Cousins in Helsingfors. Regelmäßig verbrachte sie die Sommermonate im Landhaus der Familie auf Ängholm, einer kleinen Ostsee-Insel südlich von Turku im Familienbesitz. Irma war zweisprachig, sie sprach Schwedisch wie Deutsch.

1913 heiratete sie den um drei Jahre jüngeren Ernst Benedikt. Eine Fotoserie von Ferdinand Schmutzer zeigt Irma Benedikt 1914, ein Jahr nach ihrer Eheschließung. Schmutzer fotografierte sie aus verschiedenen Winkeln en face und im Profil. Sie wirkt abwesend, der Blick ist ernst, kein Lächeln.

Die Kinder wurden knapp gehalten. Der großbürgerliche Lebensstil durfte nicht gezeigt werden, dafür sorgte ein strenges, unnachgiebiges Regime der Mutter. Selbst Ilse, der versöhnlichsten der vier Töchter, erschien die Mutter rückblickend als »kleinlich und beschränkt«. Die Sparsamkeit war widersprüchlich. Während der Vater gerne zu Mittag im Hotel Bristol aß, sich bei den Abendgesellschaften ein halbes Dutzend Hausangestellte um die Gäste kümmerten und jedes Jahr Urlaubsreisen unternommen wurden, wurden die Kleider von Kind zu Kind weitergegeben, ständig geflickt, nur selten wurde ein neues Kleidungsstück angeschafft. Geschenke blieben bescheiden. »Unvergessliches Glück« war für Susanne das Geschenk eines Hosenrockes und eines neuen Pullovers.

Die Strenge der Mutter und die Beschränkung der Kinder auf das Notwendigste verselbständigten sich. So erstaunlich es klingt: Richtig satt zu werden war für die Schwestern ein tägliches Problem. Einer der ersten erhaltenen Briefe von Friedl ist eine Entschuldigung für den Einbruch in die Speisekammer und deren Plünderung. Die Speisekammer war stets versperrt, die Kinder lernten früh, das Schloss auch ohne zugehörigen Schlüssel zu öffnen. Stehlen, Stibitzen und heimliches Naschen waren Vergehen, die streng geahndet wurden. Mehrfach musste sich Friedl für Einbrüche schriftlich entschuldigen.

»Unsere Kindermahlzeiten waren direkt armselig«, schreibt Susanne, »und immer dieselben für jeden Wochentag. Der ärgste Tag für mich war, wenn wir Kuttelflecken hatten (ich geb' das nicht einmal meinen Hunden.), und das allerbeste wöchentliche Essen bestand aus gekochten Erdäpfeln mit Butter und Salz.« Chauffeur Franz, der zu Mittag in der Küche aß, wurde regelmäßig angebettelt. Bei Zugfahrten mussten die Kinder in der dritten Klasse reisen, während die Erwachsenen Erste-Klasse-Billets gelöst hatten. Kinder hatten in der ersten Klasse nichts verloren, sagte die Mutter.

Ein großes Kinderunglück war das geflickte Gewand, für das man sich schämte, ein anderes das Jausenbrot für die Schule. Es war mit dem billigsten Belag, Sardellenpasta, bestrichen, sodass keine der Freundinnen tauschen wollte. Erst »auf ihre alten Tage«, resümierte Susanne in einem Brief über die Mutter, »wie dann wirklich, Gott sei Dank, kein Geld mehr da war, wurde sie sehr großzügig.« Und erst viel später entdeckte Susanne in Paris zu ihrem höchsten Vergnügen, dass auch Sardellenpastabrote schmecken können – mit Ei und Kaviar.

Unser Hauseingang, den wir alle, auch die Eltern, täglich benützten, war durch einen kleinen Abstellraum für Fahrräder, Skis etc. in einem kachelbelegten Gang bei der Küche. Direkt gegenüber war die Waschküche, mit einer riesigen Maschine für Wäschewaschen, einer Badewanne für das Personal und einer Ecke für die Hunde. Daneben war die Küche, sehr gross, sehr hell, mit zwei Fenstern in den Garten hinaus. In der Mitte war ein altmodischer Herd, der mit Holzscheitern geheizt wurde, wenn grosse Mahlzeiten bereitet wurden; für das Tägliche gab es einen kleinen Gasherd in einer Ecke. Die unterschiedlichen Köchinnen hatten einen fast professionellen Tisch für Backen und sonstige Arbeiten, aber zum Essen einen kleineren Tisch mit Sesseln rundherum. An diesem Tisch ass Franzl, der Chauffeur, zwischen den Mahlzeiten einen ganz besonderen leckeren Paprika-Speck jeden Tag. Und, nachdem er und ich uns liebten, bekam ich auch jeden Tag davon – mit viel Salz drauf und Schwarzbrot. Ein anderes fabelhaft gutes Essen war Schwarzbrot mit ausgeronnenem Fett und ausgepressten Fettstücken, Grammeln genannt.

»Grüss Gott, was kriegma heut?« war jahrelang meine erste Frage, wenn ich von der Schule nach Haus kam und in der Küche vorbeischaute. Und irgendeine von den Köchinnen, an die ich mich kaum mehr erinnere, antwortete genauso rituell: »Gemüse und Fleisch«. Irgendwie war die Küche tagsüber off-limits für uns, die Mutti eingeschlossen. Sie besprach das Menu des Tages mit der Köchin von ihrem grossen Bett aus. Nur in der Früh, bevor ich die Himmelstrasse hinunterstürzte zur Elektrischen und Schule, war ich wirklich in der Küche. Die Köchin stellte mir eine Tasse Kakao hin und legte mir das Butterbrot für die 10-Uhr-Pause dazu.

Mein Butterbrot war fast immer nur mit Sardellenpasta, damals ausserordentlich billig, bestrichen, wodurch ich fast ein outcast wurde in der Schule. In der Pause fand nämlich ein tägliches Butterbrot-Handeln statt; die Schülerin mit dem Salami Sandwich erlaubte der mit dem harten Ei, einen Bissen auszutauschen, so wie die, die mit einer Extrawurst oder ei-

nem Hendlstück protzen konnten. Aber keine wollte Sardellenpasta und nur ganz selten erbarmte sich irgendeine Mitschülerin und erlaubte mir, einen kleinen Bissen von ihrem Wurstbrot zu machen. Ich kann noch immer die Erniedrigung spüren wegen dieser verfluchten Sardellenpasta. […]

Hinter der Küche war die Speiskammer, mit Vorräten und, vor allem, dem Eiskasten, für den man damals noch Eisstücke hat kommen lassen müssen. Die Speiskammer spielte eine grosse Rolle in den Beziehungen der Eltern zu den drei »Grossen«: Die drei und der Papa trafen sich ab und zu mitten in der Nacht, wenn er von der Zeitung, sie von Rendezvous, nach Hause kamen. Alle hatten einen Heidenhunger und so wurde die Speiskammer ausgeleert – zur Entrüstung von der Mutti. Sie brachte alle möglichen komplizierten Schlösser an und versteckte die Schlüssel, aber die Ilse war eine Meisterin im Aufbrechen. Und so konnten sie Schlemmermahlzeiten machen, mit Eierspeis und dick beschmierten Butterbroten und noch obendrein Wurst drauf, und die Mutti konnte keppeln so viel sie mochte und noch neue Verschlüsse kaufen …

Die Mutti hatte diesen puritanischen Zug nicht nur, was Sardellenpasta und nächtliche Fressorgien anbelangte. Sie kam aus einem Milieu, in dem Geld als etwas Schmutziges galt und die, die viel davon hatten, alles taten, damit es keiner merken sollte. Also ja keinen Luxus, kaum – aber doch ein bisserl – für sich selber, und vor allem nicht für die Kinder. Ich trug jahrelang die Kleider, die meine drei Schwestern ausgewachsen hatten und die das Fräulein Annerl Hamperl umschneiderte. Ich weiss, ich hatte ein »eigenes« Kleid für meinen ersten Schultag, aus blauem Stoff mit kleinen chinesischen Blümchen, ganz plissiert und ärmellos. Später kamen die Eltern von irgendwelchen Ferien zurück mit einem Hosenrock und einem hellblauen Rollkragen-Pullover für mich: unvergessliches Glück. Ich habe beides fast bis in den Fetzenzustand getragen.

Die Grinzinger Kinder wussten viel früher als jedenfalls ich, was bei uns los war und für die »drei Grossen« gab es schon in der Volksschule ein Stanzerl, was man ihnen des öfteren nachgeschrien hat: »Benedikt hat'd Hosen g'flickt und an gold'nen Stern drauf'pickt« …

Die »Grossen« durften ein paar Parties im Jahr geben, aber ihre Gäste bekamen nur hausgemachte Sandwiches, wo jedes letzte Zipferl Schinken gebraucht werden musste. Das Eiweiss, klein gehackt, kam auch auf die Brötchen, von denen die überflüssige Butter abgekratzt wurde.

Wir durften in der Früh mit dem 38er in die Schule fahren, aber waren eisern gezwungen, zu Fuss nach Hause zu gehen. Es war ein langer Weg, durch die Billrothstrasse, bis zur Sieveringer Kreuzung, dann die Grinzinger Allee hinauf und schliesslich den Himmelstrassen Berg. Des öfteren kam die Mutti zu dieser Zeit aus der Stadt zurück, aber sie verbot dem Chauffeur, stehen zu bleiben für uns. […]

Glücklicherweise assen wir zwei Mal in der Woche bei der Grossmama, wo wir zwar auch immer das selbe bekamen – Eier am Mittwoch, Hendlreste mit Reis und Spinat am Sonntag – aber wo die Butter nicht weggekratzt war und wir für gewöhnlich mehr serviert wurden als wir herunterschlucken konnten.

Wegen diesem doch übertriebenen Puritanismus wurde ich allein in dritter Klasse, aber Schlafwagen, nach Finnland geschickt. Ich heulte die Nacht durch und in der Früh kaufte mir die Tant Alin, die in der ersten Klasse reiste, ein Billet, so dass wir zusammen fahren konnten. Jahre später hab ich die Mutti gefragt, wie sie so herzlos sein hat können und noch dazu mit Geld gespart hat, von dem sie wusste, dass was immer übrig blieb, für die Nazis war. Sie war ganz erstaunt und sagte nur, dass »man doch nicht Kinder in der ersten Klasse reisen lasst«.

Den Kindern gegenüber kühl und streng, war die Mutter durchaus auch lebenslustig. Sie ging häufig am Abend aus. Ihre abendlichen Abwesenheiten versüßte sie der jüngsten Tochter, indem sie am Abend eine Süßigkeit auf dem Tisch in ihrem Schlafzimmer zurückließ. »Manches Mal, in der Früh, fand ich dann dort ein Bonbon«, wird sich Susanne im Brief an die Tochter Jahrzehnte später erinnern. »Vielleicht mag ich sie deshalb nicht.«

Bei der Großmutter Adele (»Großmimi«) in der Ferstel-Villa, einige Häuser weiter unten an der Ecke zur Straßergasse, auf Himmelstraße 45, bekam man ordentlich zu essen, die Kinder plünderten die Küche. In der Familiengeschichte wird die Großmutter bloß an der Seite ihres Gatten Moriz Benedikt gezeigt. Doch nach dem Tod von Moriz 1920 war sie die Autorität in der Familie und wohl auch Verbündete der Kinder gegen die Mutter. Die zwölfjährige Gerda verfasste 1927 eine Eloge zu ihrem Geburtstag, 1931 widmet ihr die sechzehnjährige dann ihre erste längere Erzählung (»Die Klavierspielerin«).

Adele Benedikt, geborene Krohn, war hochgebildet und eine ausgezeichnete Pianistin, eine Schülerin von Franz Liszt. Sie fügte sich in die ihr zugeteilte Rolle der Gattin, die den Ehemann zeitlebens zu unterstützen hat, aber sie arbeitete auch selbständig als Journalistin, verfasste viele Buchrezensionen und übersetzte. 1930 erschien im Zsolnay-Verlag nach langjähriger Arbeit ihre Übersetzung der Briefe von Jane Welsh Carlyle (1801 bis 1866), deren Korrespondenz eine der bedeutendsten Dokumente bürgerlichen Lebens im viktorianischen England ist. Carlyle war eine Seelenverwandte Adeles: Auch sie war (bis zum Erscheinen ihrer Briefe) die unbeachtete Gattin eines berühmten, lauten Ehemannes, Thomas Carlyle. Nach ihrem Tod wird sie als eine der originellsten Stimmen und größten Stilistinnen des 19. Jahrhunderts entdeckt, deren einziges Medium der Artikulation der Brief war. Adele Benedikt vergleicht sie im Vorwort mit Rahel Varnhagen und Bettina von Arnim. Carlyles Briefe waren präzise in der Beobachtung und pointiert formuliert, voller Selbstironie und ohne jedes Selbstmitleid.

Die Schwestern kannten die Übersetzungsarbeit der Großmutter. Susanne schreibt an ihren Neffen in New York über sie:

> *Soweit ich zurückdenken kann, ist meine Großmutter in meiner Erinnerung immer eine sehr alte Frau. Dabei kann sie nicht viel älter als vielleicht 65 gewesen sein, als ich geboren wurde, und zu der Zeit, die ich am lebhaftesten im Gedächtnis habe, um die 70. Damals war das sehr, sehr alt; sie ging am Stock und hängte sich bei jemandem ein; sie trug nur hochgeschlossene Kleider mit langen Ärmeln und langen Röcken. Ihre*

Arme oder Beine habe ich nie gesehen, obwohl ich viele Male zu ihren – beschuhten – Füßen saß. Sie hatte die Stimme eines alten Menschen und dessen langsame, bedächtige Bewegungen, obwohl sie geistig äußerst rege war und ihr Gedächtnis ihr anscheinend nie den Dienst versagte.

[…] Sie hatte ein feines Gesicht, beinahe ohne Falten, eine eher kleine gebogene Nase, einen schmalen Mund. Sie trug runde Brillen mit einer schmalen Silberfassung, und deswegen erinnere ich mich nicht genau an die Farbe ihrer Augen – wahrscheinlich wechselte sie vom Blauen ins Grüne, wie bei meinem Vater. Sie hatte sehr zarte Hände, Klavierspielerhände, und trug einen Platinring mit einem rautenförmigen Diamanten. Der Ring und ihre diamantbesetzte Platin-Armbanduhr gingen an meine älteste Schwester. Beides wurde irgendwann aus ihrer New Yorker Wohnung gestohlen.

Fotos nach zu schließen war Großmutters Haar einmal dicht und sehr dunkel gewesen. Als ich sie kannte, war es spärlich und weiß, und über die Jahre wurde der Knoten an ihrem Hinterkopf kleiner und kleiner. Papa Krohn hatte drei Töchter und hegte ungewöhnliche kulturelle Ambitionen für sie. Sie sollten eine klassische Bildung erhalten. In den 1860ern wurden nur wenige bürgerliche Mädchen mit Mathematik, Griechisch und Latein konfrontiert.

Und so lernte Adele Moriz Benedikt, meinen Großvater, kennen, den Papa Krohn als Hauslehrer für die Mädchen engagierte.

In einem seltenen vertraulichen Moment erzählte mir Adele, dass sie sich sofort in Moriz verliebt und ihn gleich als höheres Wesen erkannt habe. Aber drei Jahre lang, solange der Unterricht andauerte, war sie überzeugt gewesen, er liebe ihre Schwester Marie. Sie sei sehr unglücklich darüber gewesen, sagte sie, und habe es kaum glauben können, als er schließlich in aller Form um ihre Hand anhielt.

Frühe Fotos lassen deutlich erkennen, dass Adele sich nicht in das gute Aussehen von Moriz verliebt haben kann. Er war alles andere als gutaussehend. Er war stämmig, breitschultrig und hatte kurze Beine. Sein Gesicht war derb, sogar ein wenig brutal, es zeigte die Fähigkeit wie den Willen, Macht auszuüben.

Das stille Haus der Großmutter, unverändert seit dem Tod von Moriz Benedikt, ist der »safe space« der Schwestern, nach den lauten Streitereien im Himmel fünfundfünfzig:

Das Haus stand in Grinzing, damals noch nicht der schicke Wiener Vorort, der daraus geworden ist, und wurde Anfang des letzten Jahrhunderts von einem berühmten Architekten entworfen. Es besaß das geheimnisvolle und schaurig abweisende Aussehen eines Märchenschlosses. Ich habe es als riesig und finster in Erinnerung, überall Teppiche, auch auf den Tischen, und schwere Vorhänge […] Es gab keine Elektrizität, nur Gaslaternen hoch oben an der Wand bei der Treppe, und sie wurden auf Langbeins Geheiß angezündet, meist lange nachdem die Nacht hereingebrochen war. Ihr Licht war gelblich, begleitet vom leisen Zischen des Gases. Das machte das Hinaufsteigen auf den abgetretenen, eher abschreckenden Stufen weniger gruselig.*

Aus Pietät hatte Großmutter nach Moriz' Tod keine bedeutenden Änderungen im Haus durchführen lassen. Der einzige modernisierte Ort war die Haupttoilette, die man mit einem Porzellanbecken und Wasserspülung ausgestattet hatte. Doch der Sitz befand sich in der Mitte einer breiten Holzbank, die schon lange vor irgendwelchen Installateuren dort gewesen sein muss. Es gab auch ein Waschbecken mit köstlich duftender Pear's-Seife, und an der Wand hing ein besticktes Tuch, das verkündete: »Ordnung spart Dir Zeit und Müh', darum lieb und übe sie.« Ich lernte das rückwärts ausgesprochen auswendig und kann es immer noch aufsagen (Gnundro traps rid tiez dnu hüm, murad beil dnu ebü eis).

Die Großmutter ist die große, unverzichtbare Freundin und sanfte Lehrmeisterin der Kinder, wenn sie hungrig ins Haus stürmen:

Meine Großmutter wartete stets im Wohnzimmer auf uns, in ihrem Fauteuil am Fenster, wo sie auf einem kleinen Tischchen ihre Patiencen legte. Sie schob die Karten beiseite, um Platz für die zweihenkelige Pfanne zu

* Frau Langbein war Haushälterin bzw. Hausdame der Großmutter.

schaffen, aus der wir am Sonntag Huhn und am Mittwoch Rühreí aßen. Sie wurde entweder von einem Mädchen oder von Langbein hereingebracht, dazu Brot und Butter. Die Pfanne auszukratzen, wo der Reis leicht angebrannt war, war beinahe das Beste am Essen und ein Privileg, um das wir vier uns regelmäßig stritten. Meine Großmutter speiste nicht mit uns. In unserer Gegenwart aß sie nie mehr als ein Schüsserl Zwetschkenkompott. Auch wir bekamen als Nachtisch Zwetschken.

Ich sah zu meiner Großmutter beinahe wie zu einem Engel auf, eine Inkarnation alles Guten und Anständigen und gefühlsmäßig wie geistig Erhabenen. Sie verkörperte Ehrenhaftigkeit und Stabilität. Nie war sie ungeduldig mit mir, wie alle anderen es so oft waren, sie hörte mir sogar zu und hätte es sich nicht träumen lassen, mich eine dumme Gans mit kindischen Sorgen zu nennen, die »bis zum Heiraten vergessen sind«, wie man mir sagte, um mich loszuwerden.

Wann immer ich zu Hause Ärger hatte oder wenn die scheußliche Aussicht auf ein Abendessen allein mit meinem Vater dräute, und wenn ich bloß Zuneigung und Ruhe brauchte, rief ich meine Großmutter an und lud mich selber ein. Ihre war die erste und für lange Zeit einzige Telefonnummer, die ich wählen konnte. Ich glaube nicht, dass sie mich jemals abgewiesen hat. Sie brachte mir alle ihre Kartenspiele und viele klassische Gedichte bei. Noch ein ganzes Leben später ist mir alles im Gedächtnis geblieben, die Patiencen und die Gedichte.

Der Tod der Großmutter ist ein Schock, der lange anhält.

Ich erinnere mich nur dunkel an den Tod meiner Großmutter. Es ging ihm irgendein Leiden voraus, wodurch ihr Haar ausfiel; sie bedeckte ihren beinahe kahlen Kopf mit einem Tuch. Einmal sagte ich ihr, so sehe sie aus wie Nickie, unser Ungarischer Hirtenhund. Darüber lächelte Großmutter bloß, doch Langbein fuhr mich an, ich sei taktlos und habe ihre Gefühle verletzt. Ich war sehr verstört und konnte das nicht verstehen: Ich liebte Nickie und fand sie schön, und ihr Sohn Fedia war mein Vertrauter und bester Freund.

Eines Tages sagte man uns, dass Großmama krank im Bett liege und wir nicht bei ihr zu Abend essen könnten. Die Eltern sahen besorgt aus und verbrachten Stunden bei ihr. Uns wurde nicht erlaubt, sie zu besuchen. Ich bin dankbar dafür, denn dadurch ist meine Erinnerung an sie unberührt von irgendwelchem morbiden, demütigenden Verfall geblieben, der mit ihrem Sterben einhergegangen sein mag.

Und dann war sie tot. Es gab große Aufregung rund um ihr Begräbnis, an dem wir wieder nicht teilnehmen durften. Ich bin inzwischen bei der Gruft gewesen, in der sie nun mit Moriz liegt. Sie befindet sich im jüdischen Teil des Wiener Zentralfriedhofs und bröckelt vor sich hin. Nicht nur, weil sie im Krieg bombardiert wurde. Sondern weil ich, das einzige überlebende Familienmitglied, sie nicht restaurieren und instandhalten lasse. Man kann die Namen und Daten auf dem Grabstein kaum noch lesen, und die zwei, drei Stufen zum Grabmal sind zerbrochen. Gras, Efeu, Moos und Unkraut haben alles überwuchert. Ich hoffe, Schmetterlingen und Vögeln gefällt es.

Auch Aline »Kenny« Pipping (1863 bis 1963), die finnische »Tant Aline«, Halbschwester der Großmutter mütterlicherseits, die am Rückweg von ihren Italienreisen regelmäßig in Wien Station machte, war eine profilierte Übersetzerin. Pipping, die nie heiratete, weil sie lieber allein lebte, hatte in Helsinki, Paris und Wien studiert, ab 1907 übersetzte sie Dantes *Göttliche Komödie* ins Schwedische, zuvor war ihre Übertragung von Collodis *Pinocchio* erschienen. Die Kinder haben also früh zwei gebildete, selbstbewusste und sprachgewandte Autorinnen in der Familie kennengelernt.

Ein dunkler, funkelnder Stern und Gegenstand unendlicher Schauergeschichten war Onkel Max. Die Kinder haben den um drei Jahre älteren Bruder der Mutter nie kennengelernt, über ihn sprachen die Erwachsenen nur in Andeutungen. Max von Rosen war k. u. k. Marineoffizier. 1895 nahm er an einer wissenschaftlichen Expedition teil, die auf dem Dampfschiff Albatros in den Südpazifik führte. Die Expedition brachte von der zweijährigen Reise neben vielen Pflanzen- und Gesteinsproben und Präparaten auch ein junges Krokodil zurück nach Wien. Ein Landgang im August 1896 auf der Salomon-Insel Guadalcanal führte zur Katastrophe.

Die Expedition wurde im Dschungel von Einheimischen angegriffen. Es gab mehrere Tote, die zurückgelassen werden mussten, die Überlebenden berichteten von schaurigen kannibalischen Ritualen der Angreifer. All diese Andeutungen beflügelten die Phantasie der Benedikt-Schwestern: Regelmäßig wurde in der Himmelstraße »Onkel Max« gespielt. Das Haus verwandelte sich dann in die Südseeinsel, von Max (Gerda oder Friedl) mutig erkundet, auf der Treppe stürzen sich drei Furien mit Gebrüll auf ihn, der Seekadett kämpft wacker gegen die Angreifer, stirbt aber dann doch den Heldentod. Das Spiel endete unter Gekicher und gegenseitigem Gekitzel in einem Anthropophagenmahl.

Die Wahrheit der k. k. Forschungsreise zu den Salomon-Inseln war eine andere. Es stimmt, dass Max von Rosen an der Expedition teilnahm. Er hatte sich am 30. September 1895 auf der S. M. Albatros in Pola eingeschifft. Die eigentliche, geheime Aufgabe der Fahrt war die Suche nach Nickelvorkommen im Auftrag des Industriellen Arthur Krupp. Beim Landgang auf Guadalcanal wurde der Trupp am 10. August 1896 bei Tatube, einem Vorberg des Lionhead, angegriffen, offenbar waren religiöse Tabus verletzt worden. Es gab vier Tote unter den Expeditionsteilnehmern, Max von Rosen blieb allerdings unverletzt, er war zwei Tage vor dem Zusammenstoß mit einer Gruppe Matrosen zum Schiff zurückgekehrt. Die in einigen Berichten behaupteten kannibalischen Rituale konnten später nicht bestätigt werden, die Geschichte mit dem Krokodil stimmt allerdings. Das Tier wurde nach der Rückkehr der S. M. Albatros in den Tiergarten Schönbrunn gebracht, die Schwestern Benedikt könnten es bei einem ihrer Besuche in Schönbrunn noch gesehen haben.

Max von Rosen selbst bleibt in der Familiengeschichte merkwürdig ausgeklammert, in nur einem einzigen Brief wird sein Name erwähnt. Er hat auch in anderen Quellen wenige Spuren hinterlassen. 1906 findet sich sein Name in den Gästelisten von Bad Aussee (»k. u. k. Linienschiffsleutnant aus Pola«) und Baden, 1910 nahm er wie seine beiden Schwestern am Begräbnis des Vaters teil. Er diente von 1894 an auf unterschiedlichen Schiffen der k. u. k. Kriegsmarine, auf Flaggschiffen der Habsburgklasse wie auf Torpedobooten, seine Dienstbeschreibungen im Personalakt der Marine sind schwankend. Er wird einerseits als »kaltblütig und besonnen« vor dem Feind bezeichnet, dann wieder »durch seine nervösen Leiden« als nicht geeignet für den Dienst auf Schiffen. Bereits 1911 wird er als invalid in den Ruhestand versetzt, kurz darauf, als es ihm offenbar besser ging, wieder aktiviert. 1918, im Alter von 42 Jahren, wird er im Rang eines Korvettenkapitäns endgültig pensioniert. Danach ist nichts mehr über ihn in Erfahrung zu bringen. Obwohl er in Wien lebte, hatten die Schwestern offenbar keinen Kontakt zu ihm. Max von Rosen starb am 17. Dezember 1938 und ist im Familiengrab in Grinzing bestattet.

Wie die Mutter hatte auch der Vater einen älteren Bruder. Karl Benedikt (1877 bis 1905) rebellierte früh gegen den Vater Moriz, der ihn als seinen Nachfolger in der *Neuen Freien Presse* auserkoren hatte. Beider Verhältnis war zerrüttet, die Beziehung Karls zum weitgehend angepassten jüngeren Bruder Ernst war nicht einfach. Ernst war ihm, wie er schrieb, in »Bruderhass und Bruderliebe« verbunden.

Die Erziehung des »schwierigen Bruders«, den sie nie kennenlernten, zeigt eine andere, durchaus brutale Seite der von den Schwestern verehrten, »engelhaften« Großmutter Adele, den sadistischen Umgang mit ihrem Sohn, der als Erstgeborener zum Gehorsam und zur Nachfolge von Moriz geprügelt werden sollte, wie Susanne an ihren Neffen schreibt:

> *Doch es schien, dass diese engelhafte Großmutter, dieses Vorbild an Sanftmut, Geduld und Gelassenheit, als Mutter ganz anders gewesen war. Anscheinend war sie mit ihren beiden Söhnen sehr streng und fordernd, und mit Karl focht sie regelrecht sadistische Kämpfe aus. Mein Vater erzählte mir, sie habe Karl gezwungen, seine Hose und die Unterhose auszuziehen, und sich dann mit einem Stock über ihn hergemacht. Manchmal sah mein Vater entsetzt vom anderen Zimmerende her zu. Er war einiges über 80, als er sagte, er könne immer noch Karls herzzerreißende Schreie hören. Er behauptete auch, die Erinnerung an ihre Gewalttätigkeit sei ein Hauptgrund dafür gewesen, dass er gezögert habe, seine Memoiren zu verfassen.*

Karl Benedikt zog es zum Theater. Er zählte zum Kreis von Josef Jarno und Hansi Niese und arbeitete lieber bei den Inszenierungen der Josefstädter Bühne mit, statt sich systematisch mit dem Zeitungswesen vertraut zu machen. Dennoch sollte er die *Presse* übernehmen. Karl starb jedoch völlig unerwartet auf seiner Hochzeitsreise in der Türkei an einer Infektion.

Nach dem Tod des Bruders musste Ernst auf Wunsch des Vaters in die Redaktion der *Neuen Freien Presse* eintreten, um später die Chefredaktion zu übernehmen. Er hatte anderes vorgehabt, aber der Vater setzte sich durch.

2

DER LANGE SCHATTEN DES GROSSVATERS

»Alles hat sich immer um die Zeitung gedreht«, sagt Gerda, als sie im Juni 1966 ihre Schwester Ilse in Wien besucht, zum ersten Mal nach dem Krieg in Wien. »Die Scheiß-Zeitung«, sagt sie. Und Ilse antwortet lachend: »Scheiß-Inquart, Scheiß-Zeitung, Scheiß-Zeit.«* Beide lachen. In ihrer Freude über das Wiedersehen haben sie das Kind vergessen, das mit am Tisch sitzt und darüber rätselt, was die unbekannte Tante aus Amerika und die Mutter, die so anders ist als sonst, fröhlich und ausgelassen, gemeint haben könnten.

Im Herbst 1932 reiste der Vater, seit zwölf Jahren Chefredakteur der *Neuen Freien Presse*, auf der Rex, dem schnellsten Dampfschiff der Welt, in Begleitung seiner Frau von Genua aus über Gibraltar nach New York, eine Dienstreise im Auftrag der Zeitung – Benedikt traf Präsident Hoover am 17. Oktober –, zugleich eine Luxusreise und Flucht aus dem bedrückenden Alltag; kurz zuvor, im März 1932, hatte Ernst Benedikt die Hälfte seiner Anteile an der *Neuen Freien Presse* verkauft. Die Kinder blieben in Wien und nahmen Anteil an der Fahrt und am Erfolg des Vaters. Man sei, heißt es im Brief, den die Töchter nach New York schicken, in ein

* »Scheiß-Inquart« war die bekannte Verballhornung von Arthur Seyß-Inquart (1892 bis 1946), dem nationalsozialistischen Reichsstatthalter in Österreich 1938/39.

»Hurrahgebrüll ausgebrochen«, als sie gehört hatten, dass er vom Präsidenten empfangen worden war.

Trotz des Verkaufes seiner Anteile blieb der Beruf des Vaters im Zentrum der Aufmerksamkeit. Zu Schulbeginn schreibt Friedl an die Eltern, die noch in der Sommerfrische am Semmering sind. Sie erzählt vom Unterricht, berichtet erstaunlich offen und detailliert über ihre Flirts am Mondsee und im Grinzinger Bad und erwähnt dabei den »geheiligten Beruf« des Vaters:

Lieber Papsch und liebes Mummili

Habt ihr endlich meinen Brief bekommen? Ich hab euch jetzt bereits zwei Mal geschrieben. Wir haben jetzt das herrlichste Wetter, nur unerträglich heiss ist es. Die Schule ist ganz nett und wir haben feine Lehrer. Eigentlich merkt man gar nicht, dass man schon in der 4. ist. Heute haben wir die 1. Stenographiestunde gehabt. Es ist ganz leicht, nur muss man sehr aufpassen. Wir lernen die Einheitskurzschrift – habt ihr unsere Zeichnungen und Susels Brief bekommen? Nach Deinem Brief, Mummi, nicht, obwohl die Briefe alle schon lange aufgegeben sind. Jedes Jahr ist dasselbe. Dann kommen immer noch Briefe, in denen steht, wie faul man ist. Ich würde mich nicht wundern, wenn der auch nicht ankommen würde!

Besonderes ist eigentlich nicht vorgefallen. Die jungen Viecher sind goldig, besonders das schwarze ist wie ein Wollknäuel. Muje u. Peterl geht es sehr gut, nur ist Muje jetzt wieder noch schwanger. Wir gehen jeden Tag ins Grinzingerbad. Gestern mit der Lotte. Das Wasser ist wieder einmal eiskalt und IMMER schmutzig. Gestern sind Anni und ich 40 Breiten geschwommen. Gestern ist mir ein Bursch nachgerannt. Erst ist er mit mir im Wasser zusammengestossen und hat mich liebevoll umarmt, worauf ich entsetzt untergetaucht bin und dann weiter geschwommen. Als wir dann im Sand gegangen sind, sind sie MIR auch nachgerannt und haben sich zu uns in die Nähe gelegt. Einmal hätte mir der eine im Wasser beinahe die Augen ausgekratzt. Ihr seht, ich mache nette Bekanntschaften. Auch in Mondsee hat sich ein ungefähr 18-jähriger Bursch in mich verliebt. Er hat mich gefragt, Ehrenwort, ob er mich nach Hause be-

gleiten darf, worauf ich ja gesagt habe und dann hat er mich eingeladen, mit ihm Bootfahren zu gehen, worauf ich gesagt habe »wenn ich Zeit habe«. Leider hat ER mich nicht mehr getroffen. Dann hat er mich gefragt, in welchem Stock ich in der Uhr-Villa wohne. Das hab ich ihm nicht gesagt. Ferner hat er mich gefragt, was Du bist, Papschili. Worauf ich ihm gesagt habe, dass ich es jetzt gerade vergessen habe. Dann hat er gefragt: »Ist Ihr Vater Doktor?« Darauf hab ich ja gesagt. Dann hat er gesagt: »Arzt?«. Nein hab ich geantwortet, er: Lehrer? ich: nein. Er: Doktor der Philosophie? worauf ich geantwortet habe: »Ja, ja so etwas«. Du siehst, Papa, Dein geheiligter Beruf wird niemandem verraten.

Jetzt aber viele Bussi – Friedl

Der geheiligte Beruf des Vaters, der niemandem verraten werden darf, die Zeitung, um die sich immer schon alles dreht: Die *Neue Freie Presse* bildete ein Lebenszentrum auch für die Töchter, in Wien ebenso wie in der Emigration, und in manchem blieb sie es bis zu ihrem Lebensende.

1920 war Ernst Benedikt in die Fußstapfen des Vaters getreten, als Besitzer, Chefredakteur und Herausgeber der *Neuen Freien Presse*. Er blieb bis zu seinem Ausscheiden 1934 für die Kollegenschaft in der Redaktion und für die Öffentlichkeit »Benedikt-Sohn«, Sohn des großen Moriz Benedikt. Wie geht man mit einem Vater um, der für alle anderen nur Sohn ist?

Bereits 1906, im Jahr nach dem Tod seines älteren Bruders, war Ernst Benedikt in die Redaktion der *Neuen Freien Presse* gekommen, zunächst als Assistent seines Vaters, danach als Autor für verschiedene Ressorts. Vom Vater wurde er in den nächsten Jahren als Nachfolger aufgebaut. Bis zuletzt wurde Ernst Benedikt nicht müde, die Freiwilligkeit seiner Berufswahl zu beteuern. Als er am Weg von der Himmelstraße in die Redaktion in der Fichtegasse im Fiaker einmal Zweifel geäußert habe, habe der Vater, Moriz Benedikt, anhalten lassen, er habe die Tür geöffnet und gesagt: Er könne jederzeit aussteigen. Der Vater habe ihm freie Hand gelassen, der Eintritt in die Zeitung sei ganz allein seine Entscheidung gewesen. Die Töchter haben ihm das nie geglaubt.

Franz Servaes, nach Theodor Herzl ab 1903 Feuilletonchef der *Neuen*

Friedl und Gerda mit Großvater Moriz Benedikt und Großmutter Adele im Garten des Hauses Himmelstraße 45, um 1918

Freien Presse, beschreibt das Vater-Sohn-Verhältnis in seinen Erinnerungen aus nächster Nähe: »Der Vater aber ließ ihn nicht aus den Fingern und traute sich die Kraft zu, seinen ›Ernstl‹ vollständig zu erziehen und ihm so den Stempel der eigenen Persönlichkeit aufzudrücken. Man darf aber wohl sagen, daß dieses dem Selbstberauschten nur halb gelungen ist, da sein vom ästhetischen Ehrgeiz gestreifter Sohn aus weicherem, vielleicht edlerem Holz geschnitzt war als der bedenkenlos draufgängerische Vater.«

Moriz Benedikt wurde 1849 in Kvačice (Kwatschitz) in Mähren geboren. Sein Vater, ein jüdisch-orthodoxer Kaufmann, schickte ihn nach Wien, damit er das Schottengymnasium, eines der besten der Stadt, besuchen konnte. 1872 war Moriz Benedikt Mitarbeiter und acht Jahre danach bereits Mitherausgeber der *Neuen Freien Presse*. Das Blatt entwickelte sich unter seiner Ägide zur einflussreichsten Zeitung der Donaumonarchie und behauptete diese Stellung bis zum Ende des Ersten Weltkrieges. Joseph Pulitzer nannte die *Presse* im November 1906 »the best newspaper in the world«. Paul Steiner zitiert in seinen Erinnerungen einen kritischen Artikel über die Macht Moriz Benedikts aus der *London Times*, der mit den Worten beginnt: »Der zweitwichtigste Mann in der Donaumonarchie ist Kaiser Franz Joseph«. Der Einschätzung Pulitzers mag man widersprechen, und das von Steiner zitierte Zitat in der *London Times* ist natürlich ironisch, aber die Bemerkungen über Qualität und Macht der Zeitung waren nicht völlig aus der Luft gegriffen.

Die *Neue Freie Presse* war das Zentralorgan des Liberalismus und eine Plattform der Hegemonie deutscher Kultur in der vielsprachigen Donaumonarchie. In vielen Lebenserinnerungen von Lesern wie von Mitarbeitern wird die außergewöhnliche kulturelle und politische Bedeutung der Zeitung beschrieben, in der *Fackel* wird sie von Karl Kraus Nummer für Nummer mit hämischer Kritik überzogen. Die tägliche Lektüre der *Neuen Freien Presse* war ein Akt der Selbstvergewisserung des habsburgischen Bildungsbürgertums, die Zeitung war oft die einzige Quelle der Information über bemerkenswerte oder merkwürdige Ereignisse, die bemerkenswert oder merkwürdig erst durch die Erwähnung in der Zeitung wurden. »Der Vater las täglich die *Neue Freie Presse*«, schreibt Elias Canetti über das alltägliche Ritual des Zeitungslesens in seiner Kindheit in Rustschuk, »es war ein großer Augenblick, wenn er sie langsam auseinanderfaltete. Sobald er sie zu lesen begonnen hatte, hatte er kein Auge mehr für mich, ich wußte, daß er dann auf keinen Fall antwortete, auch die Mutter fragte ihn dann nichts, nicht einmal auf deutsch.« Die Zeitung war in der »Zaubersprache« geschrieben, die Canetti unbedingt erlernen wollte, der magische Ort, auf den sie verwies, war Wien. Nicht selten wurde – heute nur noch schwer nachzuvollziehen – auf privaten Visitenkarten »Abonnent der Neuen Freien Presse« vermerkt, in den *Letzten Tagen der Menschheit* lässt Karl Kraus den »Abonnenten« auftreten, der die politische Entwicklung ausschließlich mit Phrasen aus den Leitartikeln von Moriz Benedikt in der *Neuen Freien Presse* kommentiert.

Privileg und Statussymbol war es auch, für die *Neue Freie Presse* zu schreiben. In *Die Welt von Gestern* erzählt Stefan Zweig von einem Gespräch mit dem Feuilletonredakteur Theodor Herzl, der ein Manuskript des jungen Zweig zum Druck annimmt: »Es war, als ob Napoleon auf dem

Schlachtfelde einem jungen Sergeanten das Ritterkreuz der Ehrenlegion anheftete. Dies scheint an sich eine kleine, belanglose Episode. Aber man muss Wiener und Wiener jener Generation sein, um zu verstehen, welchen Ruck nach oben diese Förderung bedeutete [...] Die eigentliche Bedeutung meines feierlichen Einlasses in das Feuilleton der *Neuen Freien Presse* wirkte sich für mich im Privaten aus. Ich gewann dadurch eine unerwartete Sicherheit gegenüber meiner Familie. Meine Eltern befaßten sich wenig mit Literatur und maßten sich keinerlei Urteil an; für sie, wie für die ganze Wiener Bourgeoisie, war bedeutend, was in der *Neuen Freien Presse* gelobt wurde, und gleichgültig, was dort ignoriert oder getadelt wurde. Was im ›Feuilleton‹ geschrieben stand, schien für sie durch höchste Autorität verbürgt, denn wer dort urteilte und richtete, forderte schon durch die bloße Position Respekt heraus.«

Dass der bisher nicht ganz ernst genommene Neunzehnjährige nun »an dieser verantwortungsreichen Stelle« urteilen und richten durfte, veränderte seine Stellung in der Familie und in seinem Umfeld.

Der emsigste Autor der *Neuen Freien Presse* war Moriz Benedikt selbst. Er verfasste über vier Jahrzehnte hinweg jedes Jahr rund fünfhundert Artikel, zugleich kontrollierte er alles, was in der Zeitung vorging, bis in die kleinsten Details und leitete die Redaktion mit eiserner Hand. Damit wurde er zu einer der einflussreichsten Personen in der Monarchie, und er wusste seinen Einfluss zu nutzen. Benedikt galt als schwierig. Von Verehrern und Gefolgsleuten wurde er als dynamisch und fleißig beschrieben, »als bis ins Letzte jugendlich«, ja als »journalistisches Genie«, schließlich sogar als »Märtyrer«, der seine ganze Kraft für das Blatt und seinen Erfolg einsetzte. Es gelang ihm, Redakteure wie Daniel Spitzer, Ludwig Speidel, Eduard Hanslick, Theodor Herzl in der Redaktion zu verankern, unter anderem veröffentlichten Arthur Schnitzler, August Strindberg, Henrik Ibsen, George Bernhard Shaw regelmäßig ihre Erzählungen und Essays in Benedikts Blatt. Auch dem jungen Talent Karl Kraus wurde von Benedikt die Mitarbeit im Feuilleton angeboten. Er sollte die Nachfolge von Spitzer antreten. Kraus lehnte bekanntlich ab und gründete kurz darauf *Die Fackel*. »Es gibt zwei schöne Dinge auf der Welt«, lautet eines der bekanntesten Zitate von Kraus aus der *Fackel*, »der *Neuen Freien Presse* anzugehören oder sie zu verachten. Ich habe nicht einen Augenblick geschwankt, wie ich zu wählen hätte …«

Andere (und sie sind in der großen Mehrheit) bezeichneten Moriz Benedikt als »despotisch«, »skrupellos«, ja als »ärgste[n] Tyrann, dessen Herrschsucht und Habsucht in Wien sprichwörtlich waren«, dem alle Minister ihre Aufwartung machen mussten, um im Blatt mit Milde beurteilt zu werden.

Im Nachruf vom 20. März 1920 urteilt die *London Times* unter der Überschrift »An Enemy to England« über ihn: »Der Tod des Herrn Benedikt beseitigte aus dem Wiener Leben einen Einfluß, der in seiner Art so mächtig war wie der des alten Kaisers Franz Joseph selbst. Benedikt verkörperte in seiner Person und in dem Blatte, das er besaß und herausgab, jene Tendenzen, welche man am besten mit ›jüdischem Pangermanismus‹ bezeichnen kann. Er war skrupellos, fanatisch, unermüdlich und ein Schädling. Kein Geheimnis internationaler Finanzen war ihm unbekannt und nur sehr wenige des Habsburger-Reiches. […] Er war unzweifelhaft ein Genie und ein ganzer Tyrann. Wenige Zeitungsbesitzer oder Herausgeber können je mehr verachtet, gehaßt, aber auch mehr gefürchtet worden sein von denen, die von ihnen abhingen, als Moriz Benedikt. Er regierte alle mit einer eisernen Rute, vernichtete alle erbarmungslos, die sich seinem Willen widersetzten.«

Kraus druckte die Passagen aus der *Times* in Übersetzung in der *Fackel* ab, ein letzter hämischer Gruß an den Todfeind seit frühen Tagen. Seine Kritik an der *Neuen Freien Presse* entzündete sich an der Sprache – dem feierlichen und vornehmen Ton, der sich bei genauerer Betrachtung jedoch als phrasenhaft erweist –, sein unversöhnlicher Hass auf Benedikt resultierte aus dessen Naheverhältnis zur Politik und zur Börse. Moriz Benedikt war Berater der Regierung in wichtigen staatsfinanziellen Angelegenheiten, er verfügte über hervorragende volkswirtschaftliche Kenntnisse und Verbindungen zu Banken und zur internationalen Hochfinanz. Benedikt machte nicht nur eine Zeitung, Benedikt machte auch Politik. Er nutzte die Informationen aus der Politik für die Zeitung, zugleich nutzte er die Macht des Mediums, um die Politik und die Börse zu beeinflussen. Diese Mesalliance von Medium und Politik machte die *Neue Freie Presse* für Karl Kraus über Jahrzehnte zu einer privilegierten Zielscheibe seiner Zeit- und Medienkritik, personifiziert in der Figur ihres Herausgebers.

Der geheimnisvolle, alles bestimmende Großvater ist eine Hypothek auch für die Enkelinnen. Sein Name ist vielen ihrer Freunde auch Jahre nach seinem Tod ein Begriff, oft aufgrund der (negativen) Erwähnungen in der *Fackel*, deren Lektüre in Intellektuellenkreisen geradezu Pflicht war. Der lange Schatten von Moriz Benedikt fällt über den Vater auch auf dessen Töchter. Er ist allgegenwärtig in der Himmelstraße. Im Brief an ihren Neffen schreibt Susanne über ihren Großvater:

> *Er war der Mittelpunkt des gesamten Haushalts, jeder, alles war seiner Annehmlichkeit untergeordnet. Niemand hatte das Recht, sich gegen irgendeine seiner Handlungen aufzulehnen oder sie auch bloß in Frage zu stellen. Nur was er mochte, war legitim, und am Tisch durfte niemand sprechen, während er seine Reden schwang.*

Im Gegensatz zur Mutter Irma und ihren Verwandten und zur Großmutter Adele, geborene Krohn, schien er aus dem Nichts zu kommen. Lebenslang rätselten die Schwestern über seine (und damit auch ihre) Herkunft. Sie kannten den Großvater vor allem aus Erzählungen und von Fotografien, er schien ihnen furchterregend und vor allem außerordentlich hässlich. Warum bloß hatte ihn die Großmutter geheiratet, und – bange Frage – sahen sie ihm auf irgendeine Weise ähnlich?

Der Name Kraus durfte in der Himmelstraße nicht erwähnt werden. Auch Ernst Benedikt erwähnte ihn sein Leben lang in keiner einzigen Zeile, in allen späteren Anfragen und Interviews zur Geschichte der *Neuen Freien Presse* blieb er loyal zum Vater. Ist es ein Zufall, dass der Geliebte der zweitältesten Tochter, ein junger Schriftsteller, der in den dreißiger Jahren gerne Gast in seinem Hause war, sich später als großer Bewunderer von Kraus zu erkennen gab, dass der Ehemann der anderen sich als Kenner der *Fackel* erwies und dem Schwiegervater, so als wüsste er nichts

Gerda und Friedl, um 1926

vom Familientabu, zu dessen stillem Ärger sein völlig zerlesenes Exemplar der *Letzten Tage der Menschheit* vorzeigte?

Während Moriz Benedikt zu den meistgenannten Namen in der *Fackel* zählt und von Kraus als ernstzunehmender Gegner dargestellt wird – in den *Letzten Tagen der Menschheit* erscheint er als mächtiger Dämon, als »Herr der Hyänen«, ja als »Antichrist« –, wird Ernst Benedikt in der *Fackel* bloß marginal erwähnt. Er ist für Kraus nicht mehr als der »junge Springinsgeld«. Die *Presse* war bereits in schwieriger wirtschaftlicher Lage, als Ernst Benedikt sie nach dem Tod des Vaters übernahm. 1932 verkaufte er die Hälfte seiner Anteile an ein Konsortium um den volkswirtschaftlichen Redakteur Stefan von Müller. Noch in seiner Autobiografie, an der er bis kurz vor seinem Tod schrieb, wies Ernst Benedikt auf die eigenen Verdienste und Bemühungen um die *Neue Freie Presse* hin, auf seine vergebliche Suche nach Investoren und auf viele organisatorische und technische Neuerungen, die er einführte. Das traumatische Ende, den Verrat am Erbe des Vaters, durch den Verkauf der Aktien und den Rücktritt aus der Redaktion, konnte er dennoch nicht verhindern. In einem Brief an seine Ehefrau schreibt Benedikt:

Liebste Irma,

danke den Kindern innig in meinem Namen für ihre herzigen und lieben Briefe. Mir geht's jetzt nicht zum besten. Die Nervenwirkungen stellen sich allgemach heraus u Ermüdung, Überdruss, Ekel sind grenzenlos. Dazu kommt, dass das business so schlecht geht als man es in den kühnsten Träumen denken kann, in keiner Beziehung irgend ein Resultat, weder im Abonnement, das sonderlich schlecht ist (unter 30!!!) noch beim Inserat, das durch Streik, Ausfall bei den Banken, Stagnation etc. leidet. Dabei kommen jetzt Mehrkosten von etwa 50 Mill. monatlich (Versicherungsgesetz, andere Erhöhungen sozialer Lasten). Und zu allem hat mir heute N. sehr klar angedeutet, dass Neues nicht mehr zu erwarten ist. Also muss ich im Herbst mit R. M. abschliessen, was immer bei Verhandlungen gefährlich ist. Oder soll ich alle Gehalte reduzieren u unser ganzes Prestige zum Teufel hauen u uns offen als Sterbende deklarieren? Ein furchtbares Problem. Dabei schuftet man sich ins Grab, hat nichts vom Leben u soll jetzt auch noch die Schande auf sich fühlen: Du hast es heruntergebracht, Du bist der Totengräber –.

Dabei fühle ich mich letzten Endes auch geschäftlich – unschuldig. Jedenfalls ist es ganz gut, dass der Zwang zur Entscheidung da ist. […]

Mit letzter Gehirnkraft küss ich Dich – Ernst

Ernst Benedikt hatte auf Wunsch des Vaters Jurisprudenz studiert, sein Interesse aber galt der Literatur und der Musik. In seinen Erinnerungen schreibt er:

Ich war ein einfaches und schüchternes Kind, aber nach und nach, offenbar mit dem Beginn der Pubertät, ergab sich das Gefühl einer Einsamkeit, die in keiner Weise durch das Familienleben oder die Schule verrin-

gert wurde. Die zusammengepresste Leidenschaft wirkte im Sinne einer Trennung, ich möchte fast sagen Vervielfältigung des Ich's. Das Dichterische begann sehr früh als ziellose, erfolglose Schwärmerei und als ebenso ziellose und erfolglose Sinnlichkeit. Früh zeigte sich auch der Antrieb zur Zeichnung, angeregt durch eine der Antike nachgebildete Büste. Die Musik wurde fast übertrieben von meinen Eltern begünstigt: Klavier- und Violinunterricht waren regelmäßige Pflichten meines Alltags.

Ernst war über Jahre Schüler des bekannten Pianisten und Klavierlehrers Theodor Leschetizky (1830 bis 1915) und brachte es am Klavier wie seine Mutter an die Grenze zur Bühnenreife (in der Pension in Stockholm, in der er während der Emigration mit seiner Frau lebte, wird er mit dem Klavierspielen im Speisesaal ein Zubrot verdienen und sich über den bescheidenen Applaus der Pensionsgäste freuen). Sein zweites Instrument war die Geige, bei improvisierten Hauskonzerten in der Himmelstraße spielte er gerne ein paar Takte mit dem Starviolonisten Bronislaw Huberman (1882 bis 1947) und genoss seine Belehrungen.

Er schrieb, dichtete, zeichnete und komponierte. Sein Schulfreund Stefan Zweig sah ihn bereits im Gymnasium in der Wasagasse als einen »innerlich Zerrissenen, aber von starker Fähigkeit zur Conzentration«. Und in einem Tagebucheintrag von Ende Februar 1913 beschrieb er den damals 31-jährigen Benedikt als »ebenso klug wie confus«. Der kluge, konfuse Vater war für die Kinder ein bohemeartiges Gegengewicht zur kühlen, kontrollierten Mutter. Zunehmend fühlte sich Benedikt allerdings »gehetzt und geplagt«, müde und leer, der Arbeit und des Kampfes um das Überleben der Zeitung ist er überdrüssig. Aus der niedergedrückten Stimmung heraus hilft wie stets einzig Musik, Beethoven, Hugo Wolf und Gustav Mahler. Eine Aufführung der achten Symphonie Mahlers, »die alles Unerhörte übertrifft, den Beethoven als kleinen Säugling, den Bruckner als Schulbuben und den Berlioz als talentvollen Anfänger niederdonnert«, habe ihn »mit Kinnbackenstarrkrampf, schlotternden Knien u. siedendheißem Kopf« zurückgelassen: »Worte gibt's nicht mehr.«

Im Kapitel »Die Iche« aus den Fragmenten zu seiner Autobiografie notiert Benedikt über sich, nicht ohne Selbststolz:

Wie viele ICHE noch? Das ICH der Freundschaft und das ICH der Liebe. Das ICH der Poesie, das schließlich zur Schöpfung von Dramen und einem Lyrikbuch leitete, das ICH des Malers mit einer kaum zu umfassenden Produktivität […]. Das ICH des Journalisten, der mit den Kräften eines natürlichen Talents und mit der Freude an unmittelbarer Wirkung mir jahrzehntelang Lebenssicherheit verbürgte. Das ICH des Vaterhasses und das ICH der Vaterliebe. Das ICH des Bruderhasses und das ICH der Bruderliebe. Wie viele ICHE, positiver Art, habe ich nun gezählt? Auch das Negative ist nicht entbehrlich, das ICH der Verneinung gesellschaftlicher Routine und der Fähigkeit sich geltend zu machen. Das ICH mit der Schwierigkeit zu disponieren und zu ordnen …

Die vielfältigen schriftstellerischen, journalistischen, künstlerischen und musikalischen Interessen des Vaters lassen sich ein Leben lang nicht bündeln, sie bleiben Spiel in Permanenz. Die Töchter scheinen jeweils ein Bruchstück der Vaterspiele aufzunehmen und in den Mittelpunkt des eigenen Lebens zu stellen: Friedl wird Schriftstellerin, Susanne Journalistin, Gerda malt, und Ilse spielt Klavier, bis ihr andere Dinge wichtiger werden.

1913 beendete Benedikt »nach zehn Jahren Vorarbeit« seine ästhetische Theorie. *Die Grundkräfte des künstlerischen Schaffens* erschien (unter dem Pseudonym Erich Major) bei Klinkhardt und Biermann in Leipzig. Zwei Grundkräfte beherrschen nach Major/Benedikt den künstlerischen Prozess: »die Lust an der sinnlichen Form« und – in Anklang an Nietzsche – »der Wille zur Verewigung«. Beider Zusammenspiel materialisiert sich im Kunstwerk. Benedikts Ästhetik ist weitgehend an der Klassik orientiert – zeitlebens verehrte er Goethe –, hart ins Gericht geht der junge Autor mit den Avantgarden, die den Werkcharakter der Kunst leugnen, ebenso wie mit den Realisten, die »stillos« bleiben. In einem frühen Brief an seine Verlobte Irma gesteht er kurz vor Erscheinen der *Grundkräfte* seine Furcht davor ein, was die »Fachleute« zu seinem Buch sagen werden. Die Furcht war unbegründet. Das Buch erzeugte weder im akademischen noch im künstlerischen Diskurs Resonanz, es wirkte schon zum Zeitpunkt des Erscheinens verspätet.

Doch das Bild des politisch indifferenten, weltabgewandten Ästheten Benedikt stimmt nicht ganz. In seiner Funktion als Chefredakteur machte Benedikt mehrfach Interviews mit Staatsmännern, darunter neben dem amerikanischen Präsidenten Hoover der Staatspräsident der Tschechoslowakei Masaryk und der britische Premierminister Lord Baldwin. Vor und während des Ersten Weltkrieges verfasste er eine Reihe konservativer, ja reaktionärer Essays. 1907 polemisierte er in der *Neuen Freien Presse* in einem hämischen Artikel gegen die englische Suffragette Emmeline Pankhurst und votierte gegen das Stimmrecht der Frauen in Österreich. 1915 verfasste er für die *Zeitschrift für Ästhetik und allgemeine Kunstwissenschaft* in der allgemeinen Kriegsbegeisterung einen martialischen, todessehnsüchtigen Essay zu einer Ästhetik, die das Werk von Künstler und Krieger miteinander verknüpft. Beiden sei der Wille zur Ewigkeit eigen, das höchste Kunstwerk im Krieg sei daher der Opfertod des Soldaten, durch den sich dieser verewige. Verherrlicht wird die Kooperation der deutschen und österreichischen Armeen, ihr Verschmelzen führe zu einer unbezwingbaren Synthese der preußischen und österreichischen Mentalität. Der Artikel war eine chauvinistische Fleißaufgabe, Benedikt schreibt, als ob ihm die Leitung des Kriegspressequartiers oder der Vater beim Schreiben über die Schulter blickten. Letzterer war allerdings, was den Weltkrieg und seine Folgen betraf, pragmatischer als sein kriegsbegeisterter Sohn. Die Ablehnung des Ultimatums durch Serbien und die Unvermeidlichkeit des Krieges kommentierte Moriz Benedikt auf der Fahrt von Wien auf die Sommerresidenz am Semmering trocken: »Wir werden alle Bettler werden!«

Einen »Brief an den Vater«, wie ihn Kafka 1919 verfasste, hat Ernst Benedikt nie geschrieben. In einem Punkt gibt es allerdings bei aller Übereinstimmung eine Differenz zwischen Sohn und Vater, und zwar in der Stellung zum Judentum und zum Antisemitismus. Theodor Herzl war bis zu seinem Tod 1904 Redakteur in der *Neuen Freien Presse*. Auch wenn er kaum noch für das Blatt tätig war, wurde seine Anstellung aufrechterhalten und das Gehalt weiterbezahlt. Zionismus allerdings war unter Moriz

Benedikt, Prototyp für den nach vollständiger Assimilation strebenden jüdischen Bildungsbürger, bis zuletzt kein Thema in der *Neuen Freien Presse*. Der erste Zionistische Weltkongress 1897 wurde mit keiner Zeile erwähnt, sogar der Nachruf auf Herzl war zweigeteilt: Zunächst erschien nur ein (großes) Epitaph auf den Schriftsteller und Feuilletonchef Herzl, erst am Tag darauf wurde zwar respektvoll, aber in kleinerem Maßstab an Herzl als den Begründer der Idee des Judenstaates gedacht.

Als einzigen Verbündeten der zionistischen Idee bezeichnete Herzl Ernst Benedikt – überraschend, bedenkt man die permanent bewiesene Loyalität des Sohnes gegenüber dem Vater. Benedikt selbst setzte später die »volle Anerkennung des Zionismus und Israels« an die erste Stelle einer Liste seiner Leistungen in der *Neuen Freien Presse*. Als Chefredakteur stellte er in Palästina einen eigenen Korrespondenten an, Wolfgang von Weisl berichtete via Ullstein aus Eretz Israel nach Wien, auch ein anderer soll regelmäßig Artikel für die *Neue Freie Presse* verfasst haben: David Ben Gurion. Später publizierte Benedikt viele Artikel weltweit in jüdischen Zeitungen, auch wenn sie kaum Honorar zahlten, und je älter er wurde, desto häufiger tauchen alttestamentarische Motive in seinen Bildern auf.

Die Ausbreitung des Antisemitismus an der Universität, in der Justiz und im Schulwesen und die antisemitischen Provokationen im Kulturleben Wiens entgingen Benedikt nicht. Stefan Zweig machte den Freund in einem Brief vom November 1931 darauf aufmerksam. Des 75. Geburtstags von Sigmund Freud am 6. Mai wurde nicht gedacht, zum Vortrag Albert Einsteins an der Universität am 14. Oktober erschienen weder Rektor noch Minister, zu Arthur Schnitzlers Tod eine Woche danach wurde von keiner offiziellen Stelle kondoliert. Benedikts Töchter sahen die Graffitis an der ehemaligen Schule in der Mannagettagasse: »Sozi« und »Nazi« war an den Schulmauern zu lesen und manchmal weiter unten an der Grinzinger Allee und an den Hausmauern der Billrothstraße: »Jud«.

1934 schied Benedikt nach einem Streit mit dem neuen Mitbesitzer Stefan von Müller aus der Redaktion und verließ die Zeitung. Fast das gesamte Aktienkapital wurde kurz danach an die Regierung verkauft, sodass die einst unabhängige *Neue Freie Presse* zum Regierungsorgan wurde. Eine

Lebensniederlage – das Erbe des Vaters war vernichtet, nach dem »Anschluss« 1938 wurde das »Judenblatt« eingestellt – und zugleich ein geglückter Befreiungsschlag.

Der Verkauf seiner Anteile an der Zeitung machte Benedikt für einige Zeit finanziell unabhängig, er nutzte die neue Freiheit, um sich den eigenen Interessen zu widmen: Er schrieb an historischen Romanen im Stil seines Jugendfreundes Zweig, übersetzte, arbeitete an Essays über die unterschiedlichsten Themen und hielt Vorträge im Presseklub Concordia und in der Goethe- und Grillparzergesellschaft. Die Arbeit wurde nun vollständig in die Nachtstunden verlegt, die Töchter hörten ihn nächtens Klavier spielen und seine Vorträge deklamieren. Wegen seiner Rückenschmerzen schlief er gerne auf dem Boden in seinem Arbeitszimmer, aus dem er erst am späten Vormittag auftauchte, um zu frühstücken und danach im Garten sein tägliches »Luftbad« zu nehmen.

Ein Zeitsprung zurück in den Sommer 1966, als Gerda und Ilse ihr Wiedersehen feiern. Am nächsten Tag laden die Schwestern den greisen Vater zum Mittagessen zu sich. Er hat zwei Gedichte vorbereitet, die er vor dem Essen vortragen will. Der Vortrag scheitert am Kind, das nichts versteht und laut dazwischenbrüllt und dabei klug genug ist, zu wissen, dass es sich vom Alten (unrasiert, Eiflecken am Revers) nichts sagen lassen muss. Benedikt ist ungehalten, er schlägt mit der Faust auf den Tisch, es kommt zum Streit. Das Kind wird freundlich in sein Zimmer geschoben, es lauscht an der Tür. Benedikt beginnt zu lesen, es bleibt nicht bei zwei Gedichten. Er liest noch, als die Suppe auf den Tisch gestellt, die Tür zum Kinderzimmer wieder geöffnet und das Kind (trotzig, empört, aber still) wieder zugelassen wird.

3

TURBULENZEN

»Ich fragte Friedl nach ihren Schwestern aus, ob die so wie sie seien? Nein, ganz anders.« Mitte der 1930er Jahre ist Elias Canetti regelmäßig Gast im Haus der Benedikts in der Himmelstraße; er wohnte gemeinsam mit seiner Frau Veza schräg gegenüber, Friedl kannte seinen ersten Roman, *Die Blendung*, und brachte Canetti eines Tages mit ins Haus. In seinen Vorarbeiten zum *Augenspiel*, der »Lebensgeschichte 1931–1937«, erinnert sich Canetti an die Töchter Benedikt und lässt dabei vor allem Friedl sprechen:

»Die Älteste, so schien es, war nicht besonders anziehend geraten. Sie hatte plumpe Züge, (– sie war mir einmal von Friedl auf der Himmelstrasse gewiesen worden), einen schwimmenden Blick [...] Friedl war die zweite. Die dritte Schwester, sagte sie, sei die Ernste unter ihnen. Sie lüge nie und gerate nie auf Abwege. Sie sei gewissenhaft und habe Überzeugungen, der Zustand der Welt um sie laste auf ihr, sie schäme sich des großbürgerlichen Zuhauses, sie habe nichts ›Grünes‹ an sich wie Friedl, deren Augen übermütig und unheimlich waren, an Ilse, so hieß sie, war alles braun und zierlich [...]. Ich fragte nach der vierten. Die sei erst 14 und gehe noch in die Schule. Sie sähe älter aus als die Ilse, so früh sei sie schon entwickelt, man möchte gar nicht denken, dass sie in die Familie gehöre, so exotisch wirke sie. In allen Neigungen und Wünschen sei sie noch ein Schulmädel, wirke aber dabei schon so verführerisch, daß man sich gar nicht wundern würde, wenn sie eines Tages plötzlich aus dem Hause verschwände.«

Friedl selbst erscheint Canetti von »natürlicher Frische«, voller »Leichtigkeit und Natürlichkeit«, zugleich »frech« und von großer »Sprunghaftigkeit«, sie ist ein »Grashüpfer«.

Im März 1933 beschreibt auch der Vater seine vier Töchter. Die sechzehnjährige Friedl, lässt er Hilda Sissermann wissen, sei der »größte Schalk, gut anständig (in jedem Sinn)«, aber leider ein »Sprinkinkerl«, Gerda erscheint ihm dagegen »vergeistigt, weniger Humor, viel mehr schüchtern und linkisch«, am talentiertesten, vor allem am Klavier, ist Ilse, voll »innere[r] Heiterkeit«. Susanne, damals noch keine zehn Jahre alt, ist »schlau und ein mordiales keckes Kleines«, eine »fast-Japanerin vom Aussehen«. Das Interesse des Vaters an den Töchtern ist von den eigenen Interessen bestimmt. Gerda, wird stolz vermeldet, habe kürzlich für ihn drei Stunden lang nach Diktat geschrieben, mit Ilse wurde vierhändig ein Beethoven-Quartett versucht, ein leichtes, für sie vom Blatt, »es ging halbwegs«, schreibt der Vater.

Ilse erhielt während der gesamten Schulzeit Klavierunterricht, zuletzt bei Paul Wittgenstein, dem älteren Bruder von Ludwig Wittgenstein. Der Lehrer hatte im Ersten Weltkrieg seinen rechten Arm verloren, konzertierte aber dennoch, unter anderem komponierten Sergej Prokofjew und Maurice Ravel Klavierkonzerte für Wittgenstein, »Für die linke Hand«. Nach einigen Jahren musste Ilse den Plan einer Karriere als Pianistin aufgeben. Sie habe, so der Lehrer barmherzig, dafür zu kleine Hände, aber Ilse hatte ohnehin längst anderes vor.

Alle vier Töchter besuchten nach der Volksschule in der Mannagettagasse die Döblinger Mädchenmittelschule in der Gymnasiumstraße 79, ab 1935 in der Billrothstraße 28–30. Mit der Straßenbahn sind es sieben Stationen, zu Fuß dauert es eine gute halbe Stunde. Der schnellste Weg führt über den Friedhof durch die Aslangasse und dann an der Grinzinger Allee entlang. Die Kinder durften die Straßenbahn nur auf dem Hinweg benützen, um nicht zu spät zu kommen, zurück mussten sie gehen. Sah sie die Mutter oder der Chauffeur aus dem Auto, wurde nicht angehalten. Die Kinder können ruhig zu Fuß gehen, sagte die Mutter.

Die Mädchenmittelschule war aus dem Cottagelyceum hervorgegangen, das 1903, zwei Jahre nach der Schule von Eugenie Schwarzwald, von Salome Goldmann als Privatschule für Mädchen gegründet worden war, als eines von mehreren neuen Gymnasien um die Jahrhundertwende, die Mädchen Matura und die Berechtigung zum Studium ermöglichten. In den 1920er Jahren genoss die Schule den Ruf, eine strenge, konservative Schule zu sein.

Im Frühjahr 1932 wurde in der Schule befunden, dass Gerda – durch »nicht genügend« in Latein und Mathematik – »zum Aufstieg in die nächste Klasse nicht geeignet« sei. Doch ihr Entschluss stand ohnehin fest: Die Sechzehnjährige wollte, wie ihre jüngere Schwester Friedl, Künstlerin werden und verließ das Gymnasium; Friedl folgte kurz danach, im Halbjahreszeugnis wurde ihre Leistung in sieben von zehn Fächern mit »nicht genügend« bewertet. Im Jahr, als Gerda und Friedl ausschieden, trat Susanne in die Schule ein, Ilse schloss die Klasse »mit Vorzug« ab.

Der junge Paul Steiner (1913 bis 1996) erzählt über die erste Begegnung mit Gerda und Friedl im März 1933 bei einer literarischen Lesung in der Wohnung eines Freundes. Der Freund liest aus Steiners erstem Roman, die Schwestern kommen zu spät. Sie »äfften wie Schmierenschauspieler das Zehenspitzengehen nach, indem sie ein Bein nach dem anderen unnatürlich und unverhältnismäßig hochzogen, um dann das so hochgehobene Bein in der Kniekehle wieder auszustrecken und einen Schritt vorwärts zu tun. Das übertriebene Gehaben der beiden Mädchen schien sagen zu wollen, wir wollen nicht stören, bitte um Entschuldigung, dass wir zu spät kommen. Aber gerade dieses akzentuierte Verhalten des Nicht-Stören-Wollens erregte höchste Aufmerksamkeit. Die beiden halbwüchsigen Mädchen hatten das erreicht, was sie offensichtlich erreichen wollten, nämlich die Aufmerksamkeit aller auf sich zu lenken. Die ältere der beiden Schwestern legte sogar bei hochgezogenem Bein den Finger an die Lippen, um Schweigen anzudeuten, doch dabei entfuhr ihrem Mund ein lautes ›Schsch‹. Die Störung hätte nicht vollkommener ausfallen können,

Friedl, um 1934

zum Schluss trat die eine der Schwestern jemandem, der auf dem Boden saß, auf die Hand, was wieder einen leisen Schrei auslöste. Nun entschuldigte sich die tretende Schwester mit lauten Worten, indem sie sich der schrecklichsten Ungeschicklichkeit beschuldigte. Um sich blickend, wiederholte sie ganz laut die Entschuldigung und bat, man möge sich nicht stören lassen. Sie seien beide schrecklich aufgeregt, dem Werk eines jungen Schriftstellers lauschen zu dürfen. Bitte mit dem Vorlesen gleich fortzusetzen; wir wollen ganz stille sein. Mit diesen Worten setzten sich die beiden altmodischen Mädchen endlich nieder und gaben vor, in höchster Konzentration dem Vorlesen zu lauschen. Sie gebärdeten sich aber so betont aufmerksam und hörten so auffällig angespannt zu, dass es bald klar war, dass diese so unbeholfen erscheinenden Mädchen gar nicht so naiv und kindlich verschüchtert [waren,] wie es der erste Eindruck hätte wahrhaben wollen. Das waren spitzfindige und ausgekochte Mädchen, die sehr wohl wussten, was sie taten. In allem, in ihrer Kleidung und, wie es

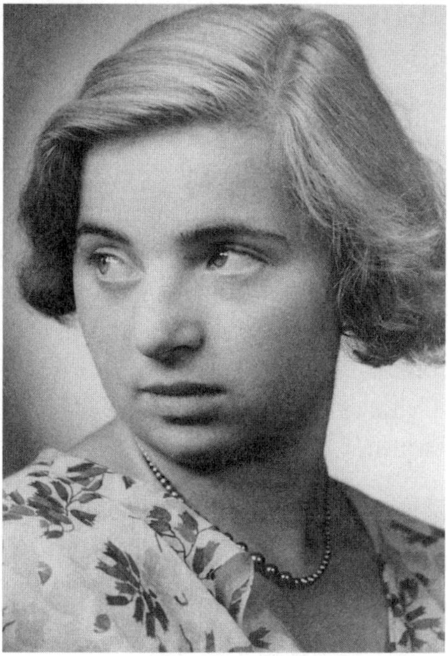

Gerda, um 1934

sich später herausstellte, in ihrem Denken und in ihrem Handeln und sogar in ihrem Lebensstil waren sie gänzlich anders, als man es ihrer Herkunft und Erziehung nach hätte erwarten müssen.«

Die beiden erzählen Steiner von ihren jüngeren Schwestern, die eben erst aus dem »Ei kriechen«, und von der Mutter, die sie bald, obwohl gerade erst 16 und 17 Jahre alt, mit möglichst wohlhabenden Männern verheiraten wolle. »Sie ist schrecklich materialistisch, sagten sie, und wir zanken uns immer mit ihr, weil sie so ganz anders ist, als wir sein wollen oder wie sie uns haben will. Wir sind nun einmal nicht materialistisch. Wir möchten gern im Leben etwas erreichen, Schriftsteller, sagte Friedl; Malerin, sagte Gerda. Diese jungen Mädchen, die einer Familie entstammten, die man als die Verkörperung des hochgestellten, geistig-strebsamen Großbürgertums von Wien ansehen konnte, und dennoch sprachen sie wie Mitglieder einer Pariser Künstlerkommune. Wir kannten uns keine halbe Stunde und die beiden Schwestern hatten ein eindringliches Bild ihres

Zuhauses entworfen, ohne dass ich irgendeine Frage gestellt hatte. Das waren Mädchen nach meiner idealen Vorstellung.«

Die ersten Schreibversuche Gerdas stammen von 1930/31. Die Erzählungen »Der Klavierspieler« und eine titellose Geschichte, die zum Geburtstag der Großmutter vorgetragen wurde, handeln von vergeblicher Liebe, voll innerem Ringen und sehnsüchtigen Blicken der Liebenden; erstaunlich sind der große Umfang und das Selbstvertrauen, mit dem die kaum Fünfzehnjährige zu Werke ging. Es scheint selbstverständlich gewesen zu sein, dass ein solcher Schreibversuch von den Töchtern unternommen werden konnte, ohne die Furcht, lächerlich zu erscheinen; ebenso selbstverständlich war, dass das Ergebnis im erweiterten Kreis der Familie präsentiert wurde.

Paul Steiner wurde 1934 Privatsekretär des Vaters, er recherchierte für ihn für seine Bücher an den Bibliotheken, half bei Übersetzungen und Artikeln, war bald unentbehrlich. In seinen kurz vor seinem Tod begonnenen und unvollendet gebliebenen Memoiren porträtiert Steiner die beiden älteren Schwestern und ihre in vielem exzentrische Familie. Der tägliche Dienst bei Ernst Benedikt begann erst um neun Uhr abends, er erstreckte sich meist bis fünf oder sechs Uhr morgens.

Steiner sah Gerda und Friedl fast täglich, man saß außerhalb der Dienstzeit gerne zu dritt auf der Terrasse mit Blick über Wien. Steiner schreibt über das »Dreifaltigkeitsidyll«, bei dem ab und zu auch der Vater auftrat, in seinen Memoiren:

»Die beiden Schwestern und ich saßen oft auf einer dieser Terrassen, ganz dicht aneinander geschmiegt, plaudernd, träumend und küssend. Ich glaubte damals, dass es sich um eine unschuldige Dreieck-Freundschaft handelte, und dass wir uns gegenseitig helfen, erwachsener zu werden, um die Welt, um unsere Umwelt besser zu verstehen und begreifen zu lernen. Ich hatte damals viele Buchweisheitantworten auf viele Fragen parat, denn ich hatte in den letzten Jahren sehr viel und sehr ausführlich gelesen. Wie es so oft mit er-lesenem Wissen der Jugend bestellt ist, glaubt man Lösungen für alle Fragen auf Lager zu haben [...]. Wir liebten es, auf der Terrasse zu sitzen, und wir liebten unsere körperliche Wärme, und die Schwestern liebten meine sanfte Zärtlichkeit. Inmitten politischer Kämpfe und einem Szenario, das auf Explosion und Untergang hindeutete, entzückten wir einander mit paradiesischen Träumen einer heilen Welt, oder wir sponnen Pläne, wie wir eine kranke Welt heilen könnten. Auch las ich den Schwestern gefühlvolle Gedichte vor, aber noch lieber deklamierte ich lyrische Gedichte der deutschen Klassiker. Wir glaubten, die Eltern seien unbekümmert, wo die Töchter weilten und was wir trieben. Aber eines Abends, als wir wieder auf einer Terrasse saßen, und wir über die abfallenden Weinberge hinweg hinab ins Tal blickten, öffnete Dr. Benedikt die Terrassentüre und hörte mich das Harzgedicht Goethes vorlesen, ein Gedicht, das so ganz meiner eigenen damaligen Stimmung der Einsamkeit und dem Suchen nach Zweisamkeit entsprach. Er ließ mich, in der Türe stehend, das Gedicht zu Ende lesen und trat dann näher an unsere Dreiergruppe heran. Wir hatten die harmlose Umarmung unserer dicht aneinander geschmiegten Körper etwas gelöst. Dr. Benedikt zog einen Stuhl nahe an uns heran. ›Lieber Steiner‹, sagte er, ›Sie haben eines der schönsten Gedichte Goethes hier vorgelesen. Wenn es Euch lieb ist, so möchte ich es noch einmal aufsagen.‹ Ich schob ihm den Gedichtband zu, aus dem ich das Gedicht vorgelesen hatte, aber er wehrte ab, und begann, in die Weite blickend, das Gedicht vorzutragen. Er kannte es natürlich auswendig.«

Das Dreieck zerfiel, als die neunzehnjährige Friedl plötzlich verkündete, sie werde heiraten. Sie führte Georg (»Schorschi«) Stramitzer, einen Ingenieur in den Semperit-Werken in Bratislava, bei den Benedikts ein, heiratete den »breitschultrigen, kraftstrotzenden Mann« (Steiner) kurz danach und zog mit ihm nach Bratislava. Alle vermuten, dass nicht Liebe, sondern die permanenten Streitigkeiten mit der Mutter der Grund für die Heirat gewesen seien. Nach wenigen Monaten war die Ehe wieder vorbei, Friedl kehrte nach Wien zurück, zunächst nur für Tage, dann für Wochen und schließlich endgültig. Aber – Trennungen waren für Friedl nie klar und einfach – Stramitzer blieb ein guter Freund und war noch nach dem Krieg der Familie verbunden.

Noch während Friedl mit Stramitzer liiert war, lernte sie den um zwölf

Jahre älteren Canetti kennen. In einem frühen Brief, wohl aus dem Jahr 1936, schreibt sie von einem Skiurlaub an den »Meister« in Wien:

> *Verehrter Meister,*
>
> *Ihre ergebene Schülerin sendet ehrfürchtige Grüße aus einer ganz unerhört schönen Landschaft. Wir sind 2000 m hoch auf einer Hütte und Schorschi flucht über den Mangel an Komfort. Tatsächlich haben wir nur Kerzenbeleuchtung und Strohsäcke. Ununterbrochen schneit es und ein herrlicher, scharfer Wind geht am Abend, aber ist meinem Ohr ganz nahe. Es sind hier lauter Nazi (und ein Schriftsteller) und über das geistige Niveau hier läßt sich kurz folgendes sagen: Es existiert hier ein Grammophon und unter andern eine Platte »Lola, in der Gartenlaube«.** *Diese Platte und nur diese Platte wird hier von 7 h Früh bis Mitternacht gespielt. [...] Deine Friedl*
>
> *(Wenn ich orthographische Fehler gemacht hab, so ist nur die allgemeine Verblödung, der hier alle verfallen, schuld.)*

Kurz nach der Trennung von Stramitzer will Friedl Schauspielerin werden, sie möchte, schreibt sie an Canetti, »bald sehr, sehr viel leisten, eine ganz große Schauspielerin sein«. Sie nimmt Unterricht bei dem bekannten Schauspieler Ernst Arndt (1861 bis 1942) und spricht bei Emil Geyer (1872 bis 1942) vor, dem Direktor des Max-Reinhardt-Seminars. Ein Studium am Reinhardt-Seminar kommt allerdings nicht zustande.

Die beiden Briefe Friedls sind die ersten an Canetti gerichteten, die erhalten sind. Rund 1500 Briefe an ihn werden in den nächsten 17 Jahren folgen.

Paul Steiner und Gerda wurden ein Liebespaar, nachdem Friedl aus dem romantischen Dreieck geschieden und nach Bratislava gezogen war. Das Verhältnis war aber nicht unproblematisch. Steiner schreibt: »Ich war mit

* Gemeint ist die Schellackplatte mit dem volkstümlichen Marsch »Lola in des Gartens dunkler Laube« der Berliner Gesangstruppe *Die Vier Richters* aus dem Jahr 1934.

dieser Anstellung wirklich sehr glücklich, aber der Keim einer unvermeidlichen Krise bestand vom ersten Tag an [...] Man kann nicht des Herrn Sekretär sein und zur gleichen Zeit eine Liebesbeziehung zu einer seiner Töchter unterhalten. Anstellung und Sex schließen sich aus und können nicht vermischt werden. Sie müssen getrennt bleiben. Diese Erkenntnis lernte ich hier bitter kennen. Leid und böses Ende wurden nur wie durch Zufall vermieden. Ich hätte von Anfang an mehr Klugheit zeigen müssen, und ich kann nur meinem guten Schicksal danken, dass die Dinge nicht noch viel schlimmer ausgegangen sind.«

Zunächst obsiegte aber die Lust über die Skrupel, auch wenn die Anstellung fordernd war. Benedikt arbeitete nach seinem Ausscheiden aus der *Neuen Freien Presse* rastlos, er übersetzte Shakespeare-Sonette, Gedichte von Verlaine und italienische Lyrik, schrieb als regelmäßiger Korrespondent für tschechische, ungarische und schwedische Tageszeitungen. Für die ihm aufgetragenen Recherchen über Joseph II. und den Wiener Kongress musste Steiner die Nachmittage nutzen, sodass wenig Zeit für Gerda blieb. Zudem nahm die Mutter Steiner in Beschlag und suchte die Arbeitszeit des Sekretärs in eigene Richtung zu erweitern, sobald der zum Dienst erschien. Er möge, sagte sie Steiner, wenn möglich, manchmal etwas früher zur Arbeit kommen, denn sie liebe die Unterhaltung mit ihm:

»Sie liess ein Abendbrot am Tablette im Arbeitszimmer, der Bibliothek, für mich servieren, und kaum war ich da, erschien auch sie. Sie leistete mir beim Essen Gesellschaft. Das Thema unserer ziemlich einseitigen Unterhaltung war beinahe immer das Gleiche. Es war immer Gerda. Sie sprach schlecht und voller Klage von ihr. Sie malte ein Bild des schwarzen Schafs und konnte nicht genug Abfälliges und Schlechtes von ihr sagen. Was war der Grund dieser Kritikgespräche? Wusste sie, dass wir beide eine engere Beziehung unterhielten, als es äußerlich den Anschein hatte, und wollte sie mir eine Falle stellen? Oder war sie von dem aufstrebenden jungen Sekretär selbst ein wenig angetan und hegte sie vielleicht Gedanken hinter ihren Gedanken? Ich habe es niemals feststellen können, was der Grund ihrer tiefen Abneigung gegen Gerda war.«

Steiner schwieg zumeist zur Suada der Mutter über die Tochter, es gelang ihm aber trotz aller Zweifel, das Verhältnis zu Gerda heimlich aufrechtzuerhalten, zumindest vor der Mutter zu verbergen. Den Vater scheint die Kombination von Arbeits- und Liebesverhältnis nicht gestört zu haben. Als er eines Nachmittags nach einem Besuch bei Steiner in der Währinger Straße dessen Wohnung verließ, begegnete er Gerda im Treppenhaus. Er streifte beim Hinuntergehen ihren linken Arm und übersah sie. »Benedikt reichte mir die Hand und sagte flüchtig, er erwarte mich um neun Uhr wieder. Ich eilte zurück. Gerda stand noch immer nahe der Aufzugstüre. Ich fragte sie, ob sie glaube, dass ihr Vater sie gesehen habe. Er wollte mich nicht sehen, sagte sie. Der Papa zerstört die Kreise nicht, die er um sich gezogen hat.«

Elias Canetti beschreibt Irma Benedikt Mitte der dreißiger Jahre mit einiger Bewunderung. Er begegnete ihr und Tochter Friedl in der Liliputbar in der Innenstadt, die sie regelmäßig besuchte: »Die Frau wirkte offen und schlicht, beinahe kindlich, mit ihren vielleicht 45 Jahren*, weder dekadent noch raffiniert, das Gegenteil von allem, was ich mir unter ›Benedikt‹ vorgestellt hatte.«

Die Mutter erzählt Canetti über die Tochter, doch neben der jungen, selbstbewussten Friedl klingt ihre Rede, als wäre sie, die Mutter, »noch ein halbes Kind und spräche über die ältere Schwester«. Canetti hatte ein feines Gespür für komplizierte Zusammenhänge.

Das Haus in der Himmelstraße blieb auch nach Benedikts Rückzug aus der *Neuen Freien Presse* ein wichtiger Knotenpunkt im kulturellen Netzwerk Wiens. Benedikt empfing gerne Gäste, die Abende waren ungezwungen, die Konversation war anspruchsvoll. Thomas Mann kam zu ihnen, wenn er in Wien war, ebenso Emil Ludwig. Die Musiker Bronislaw Huberman und Bruno Walter zählten ebenso zu den regelmäßigen Gästen wie die Schriftsteller Jakob Wassermann, Richard Beer-Hofmann, Hermann Broch und Arthur Schnitzler. Seltener waren Maler zu Gast, noch seltener Politiker, am seltensten Frauen.

* Irma Benedikt war, als sie Canetti kennenlernte, nicht 45, sondern 55 Jahre alt.

Ab Mitte der dreißiger Jahre nahmen auch die drei älteren Schwestern regelmäßig an den Abendgesellschaften teil. Canetti begegnete ihnen bei den Einladungen und auf der Straße, der Vater erschien ihm, dem Jünger von Karl Kraus, läppisch. Friedl und Susanne werden im *Augenspiel* erwähnt. Friedl Benedikt galt, in scharfem Kontrast zur durchwegs negativen Schilderung des Vaters, die Bewunderung des Autors: »Es stellte sich bald heraus«, schreibt er über Friedl, »daß sie ganz und gar nicht so war, wie ich mir eine Tochter dieses Hauses vorgestellt hatte [...] Zu ihrer Unverdorbenheit und natürlichen Frische gehörte es, dass sie nichts auf ›Namen‹ gab. Im Benedikt-Haus verkehrten nur Namen. Andere Leute wurden nicht eingeladen, hie und da einmal auch jemand, der daran war, sich einen Namen zu machen. Von klein auf hatte Friedl nur von Menschen gehört, die irgendeine Rolle im öffentlichen Leben spielten. Es war, als ob die Welt der Erwachsenen hauptsächlich aus solchen bestünde, Namenlose waren die Ausnahme und wurden schon darum von ihr bevorzugt.«

Er selbst zum Beispiel. Bereits bei der ersten Begegnung mit ihm gab sich Friedl als Leserin der eben erschienenen *Blendung* zu erkennen, was das Interesse und die Neugier Canettis erweckte. Sie wolle schreiben lernen und seine Schülerin werden. Nach anfänglichem Zögern akzeptierte Canetti, ermuntert durch seine Frau Veza, die neue, seine erste Schülerin. Die junge Autorin stand ganz unter dem Einfluss ihres Vorbilds Dostojewski. Das Kapitel ihrer literarischen »Erziehung« titelt Canetti im *Augenspiel* mit »Der Exorzismus«:

»Friedl hatte Dostojewski mit Haut und Haaren gefressen und konnte nichts anderes mehr von sich geben. Sie schrieb wie er, aber sie hatte nichts zu sagen. Was hätte sie mit neunzehn zu sagen gehabt? In einem ungeheuerlichen Leerlauf schrieb sie Seite um Seite herunter, die aussahen wie von ihm und doch keine Parodie waren. Es war eine Besessenheit, wie man sie aus den Geschichten hysterischer Nonnen kannte. [...] ›Du wirst den Exorzisten spielen müssen‹, sagte Veza, ›Du mußt ihr den Dostojewski austreiben.‹«

Die Austreibung begann 1937. Auf langen Spaziergängen lehrte er sie, präzise zu beobachten und als Ohrenzeugin auf die »Diskordanz der Stimmen« in Wien zu achten. Im *Augenspiel* wird aus der unbeholfenen

Schülerin rasch das »leuchtende«, »das helle und anmutige Geschöpf«, das »den Übermut und die Leichtigkeit Wiens verkörperte«. Die Beziehung zu Canetti sollte für Friedl beruflich wie persönlich lebensbestimmend werden. Susanne schreibt in einem der Briefe an ihre Tochter:

Für Friedl war es, genau im richtigen Moment, eine lebensentscheidende Begegnung, die sie von ihrer Unentschiedenheit, ihrem Zögern, ihren Zweifeln befreite. Noch dazu war es Liebe auf den ersten Blick. Dabei war Canetti alles andere als »fesch«: er war bestimmt schon über 30, also viel älter als sie, hatte bereits eine kleine Bauchrundung, weswegen seine kurzen Beine noch kürzer schienen, er war auch nicht elegant (auch später nicht). Aber er hatte einen wunderschönen hoch-stirnigen Dichterkopf, noch erhöht von einer dichten, dunkelbraunen Mähne. Er hatte Charme, Humor, er war ein faszinierender Erzähler, noch dazu auch ein sehr aufmerksamer Zuhörer. Vor allem besaß er eine geistige Macht, der sie sich sofort und freiwillig total unterwarf. Von Beginn der Beziehung an gab sie Canetti die Rolle eines wohlwollenden, aber strengen Vaters, der Respekt verlangte, aber auch Liebe und Lachen. Er nahm sie gerne an.

In einem Brief von 1937 schreibt Friedl launig an Canetti (bereits »Ilja«) über ihr Verhältnis zu ihm, aber auch über das prekäre Verhältnis zu Canettis Frau Veza. Friedl fürchtet sie – wohl nicht ganz zu Unrecht.

Erlauchtes Dostojewski-VanGoghgemisch,

Ich habe zwei große Bitten an Eure Hoheit. Es gehört zu den unangenehmsten Dingen, Euch anzutelephonieren. Noch unangenehmer und kränkender wird das aber, wenn Eure Hoheit mir durch die verehrte Frau Gemahlin sagen lassen, daß ich dann und dann kommen oder anrufen soll. Es ist natürlich sehr gut möglich, daß Du willst, daß ich mit Dir und der Veza gleich befreundet bin. Wenn Du das willst, dann bitte sags mir. Es ist nämlich vollkommen ausgeschlossen. Schon deshalb, weil die Veza, wenn sie auch zwei Stunden lang entzückend nett ist und gut und mütterlich, plötzlich eine Bemerkung macht, die mich wie ein Peitschenhieb trifft und zeigt, wie grenzenlos sie mich im Grund verachtet und wie we-

nig sie überhaupt von mir hält. Das ist ihr gutes Recht, ich an ihrer Stelle würde wahrscheinlich noch ganz anders sein und ich bewundere die Veza ehrlich. Wenn Du so mit mir sprichst, so ist es mir arg genug, aber bei Dir fühl ich doch, daß Du mich gern hast, bei ihr ist das ganz anders. […]

Ich lern jetzt die Ottegebe und das ist die feinste Rolle, die ich bisher gehabt hab.*

Ach Ilja, ich bewundere dich ungeheuer. Deine Friedl.

Auch Susanne hat in den Erinnerungen Canettis zwei Auftritte: als »östliches« Wesen, eine »Japanerin«, die mit offenen pechschwarzen Haaren atemlos und »dampfend« an Canetti vorbei die Himmelstraße hinaufstürmt und später ihre Schwester Friedl bei deren Versuchen, ihn, Canetti, kennenzulernen, unterstützt.

Nicht alles stimmt an der Darstellung, wendet Susanne ein: Dass sie als Kind aussah wie eine Japanerin, sei richtig, dass sie ihrer Schwester geholfen habe, ihn, Canetti, kennenzulernen, ebenfalls, aber nie sei sie atemlos die Himmelstraße hinaufgestürmt. Im Gegenteil, sie sei stets geschlendert, und zwar aus gutem Grund. Susanne beschreibt ihren Weg:

Ich war in der Mädchenschule in der Billrothstrasse und musste zu Fuss nach Hause gehen, ein längerer Hatsch […] Wir waren eine kleine Bande, die da nach Schulschluss Grinzing zuwanderten. Ich war die, die am weitesten wohnte und deshalb allein für das letzte Stück durch das Dorf und den Berg hinauf.

Um mir den Weg vergnüglicher zu machen, aber auch aus schlicht-einfacher Gier, kaufte ich mir so oft als möglich und insofern mein Taschengeld es erlaubte, etwas Extrawurst. Ich erstand sie in einem kleinen Delikatessengeschäft am Grinzinger Platz […]; ich hatte, wenn überhaupt, selten Geld für mehr als fünf dünne Scheiben. In Anbetracht des spärlichen Einkaufes war der Händler nicht sehr freundlich und schnitt sie mir sichtlich widerwillig.

* »Ottegebe«, Tochter des Gottfried in *Der arme Heinrich* von Gerhart Hauptmann, 1902; auf welcher Bühne und ob Friedl die Rolle je gespielt hat, ist unklar.

C[anetti] konnte nicht wissen, dass jetzt wirklich eine Art von Wettlauf begann, aber ohne Hetze, ohne Furcht, nur mit mir selber. Es ging darum, mir meinen Wurstbestand so einzuteilen, dass ich bis zum Tor von 55 zu kauen hatte.

Die erste Scheibe verschwand schnell und hungrig noch im Dorf, im uninteressanten Teil von der Himmelstrasse, die da zwischen grauen Wohnhäusern geht. Die zweite Scheibe half mir vorbei am gelben Wessely-Haus, in dem die Schauspielerin Jahrzehnte lang wohnte.

Mit dem dritten Stück Wurst kam ich, rechts, zur Reimann-Villa, die jahrelang für mich der Inbegriff von nie erreichbarem Luxus war. Der grosse Garten gegen die Strasse zu war, ungleich von unserem, immer tadellos gepflegt, der Rasen regelmässig geschnitten und die Herbstblätter weggekehrt.

Links hoch über der Strasse lag das Haus, in dem Kanzler Schuschnigg verkehrte; dann, unsichtbar, weil tief im Garten gelegen, das Haus von der Familie Bunzl. Die vierte Scheibe Extrawurst verschwand.

Und schliesslich, immer mit dem gleichen Bedauern, das allerletzte Wurststück geschluckt, wie ich die Klinke des Gartentors herunter drehte.

Die Leidenschaft für Extrawurst blieb bis zu ihrem Tod in Paris die sinnlichste Verbindung zu Wien. Jeder Besucher aus Wien musste, wollte er freundlich empfangen werden, Extrawurst mitbringen, am besten einen Kranz davon. Die Wurst wurde auf Schwarzbrot mit Butter und Schnittlauch gegessen, der Besucher durfte mitessen. Beziehungsweise kosten.

Eine zweite Unschärfe in Canettis Erinnerung, so erzählt Susanne der Tochter, besteht darin, dass er behauptet, sie habe sich »geniert«, ihm zu begegnen, was nicht stimmt. Doch sie war die (möglichst unsichtbare) Assistentin der älteren Schwester bei der Inszenierung »zufälliger Begegnungen« mit ihm. Durch die konspirative Funktion, die sie dabei hatte, begann Friedl sie erstmals zu beachten und sich für die sieben Jahre jüngere Schwester zu interessieren. Susanne schreibt im Brief an die Tochter:

Ich weiss heute nicht mehr genau, wann C[anetti] in meinem Leben Gestalt annahm. Es muss zu der Zeit gewesen sein, als Friedl, wie er sagte, plötzlich überall auftauchte, auf der Strasse, im 38er, im Caféhaus. Sie hatte mir damals eine Rolle zugeteilt in ihren Anstrengungen, ihn zu treffen.

Von unserem Badezimmerfenster aus konnte man das Deluga-Haus, in dem C wohnte, sehen. Meine Aufgabe war, Ausschau zu halten und Friedl sofort mitzuteilen, sobald C sich auf der Strasse zeigte. Sie richtete es dann so ein, dass sie »ganz zufällig« eben gleichzeitig wie er den Himmel hinunter musste.

Sie machte elaborierte Vorbereitungen für diese Begegnungen und kam immer wieder in das Badezimmer, teils zu kontrollieren, ob ich auch wirklich am Fenster sass, teils um sich von mir sagen zu lassen, dass sie apart interessant aussah. Oft wusste sie nicht, was sie anziehen sollte, um C zu fesseln, und probierte lang herum. Einmal borgte sie sich eine buntgestreifte Pyjama-Jacke von mir aus und ging damit fort.

Von meinem Aussichtsplatz im Badezimmer kannte ich daher die damals schon leicht gewölbte Silhouette von C gut. Später erst wurde ich bekannt mit seiner breiten Intellektuellenstirn, seinen suchenden Augen, dem dichten Strubelschnurrbart und dem zu Himmel steigenden Haarschüppel – er hatte also gar nichts von dem »feschen Burschen«, der das Criterium war für uns alle. Aber auch mich faszinierte er mit seinem Wissen, seinem Einfühlungsgenie, seiner Fröhlichkeit.

Ich traf Veza und fand sie wunderschön und unsympathisch – schon aus Loyalität zu Friedl. Sie hatte ganz schwarze grosse Augen und ganz schwarzes Haar, das um ihr ganz weisses Gesicht geknotet war. Sie sass da wie eine schwarze Kröte, war in ein schwarzes, loses Gewand gekleidet und schüttete Thee ein. Sie sprach feierlich-langsam mit mir unbekanntem Akzent und benützte Worte, die mir ausgefallen und unnatürlich klangen: Ich war an sehr direkte Sprache gewöhnt. Ausserdem war es mir peinlich, dass sie nur einen Arm hatte und ich nicht wusste, ob ich darauf Rücksicht zu nehmen hatte oder ob es taktvoll wäre, so zu tun, als bemerke ich es nicht.

Friedl tat so, als wäre sie entsetzt über die kaltschnäuzige Frechheit, mit der ich über die unantastbare Gattin ihres Idols urteilte. Ich bin aber überzeugt davon, sie war in Wirklichkeit sehr glücklich darüber und der kleinen Schwester dankbar.

Und ich schulde C Dank dafür, dass er die Friedl aufmerksam auf mich machte – sicherlich nicht aus den Gründen, die er sich erst später erfinden hat müssen für sein Buch. Ich nehme an, dass ich ihm halt gefallen hab und dass er es anreizend fand, mich über und durch Friedl zu beeinflussen.

Wie immer dem auch sei, mein Leben bekam eine neue Richtung durch das Interesse, welches Friedl auf einmal für mich an den Tag legte und dann nie mehr verlor. Sie gab an mich weiter, was sie von C lernte, sie stellte Forderungen an mich, die C an sie stellte. Es kam zu einer Personenverschiebung und sie nahm die Rolle von C an und gab mir die ihrige ihm gegenüber.

Viele Jahre später, als ich ihr hilflos half zu sterben, geschah eine andere Verschiebung. In ihrem schon todesschwachen Zustand hielt sich Friedl an mir an und es kam vor, dass sie sich mit mir identifizierte, weil sie so gesund sein und auf den Beinen stehen wollte wie ich.

Und ich fuhr, in vielen Nächten damals, schweissgebadet aus einem Albdruck und musste mich vor einem Spiegel versichern, dass ich ich war und nicht die sterbende Friedl.

Friedl und Canetti werden wie Gerda und Steiner ein Liebespaar, sie verbringen eine Woche gemeinsam in einem Salzburger Landgasthaus. Ehefrau Veza duldet die Beziehung zu der jugendlichen Frau aus der Nachbarschaft, die nicht mehr nur Schauspielerin, sondern unter Anleitung ihres Mannes unbedingt Schriftstellerin werden will, sie nimmt sie aber kaum ernst. Für Canetti ist seine neue Geliebte, die zu theatralischen Szenen neigt, von großer »Sprunghaftigkeit«, auch in wörtlicher Bedeutung. Nach der Lesung der *Hochzeit* begleitet sie die Canettis zu einem Treffen mit Canettis engem Freund, Abraham Sonne, in dessen Wohnung. Canetti schreibt:

»Soll ich seine Begegnung mit Friedl schildern? Er sagte etwas sehr Richtiges über sie, nämlich dass sie nicht sitzen könne. Das erste Mal war ich mit Veza und ihr nach der Vorlesung der ›Hochzeit‹ bei ihm. Sie stand vom Tisch auf, ging unruhig ins offene Nebenzimmer hinüber, das sein Schlafzimmer war und sprang vor uns allen auf sein Bett. Mir stockte das Herz vor Scham und ich dachte: Sie stammt aus der ›Hochzeit‹. Er lud sie dann einmal ein und sie sprach zu ihm über mich: sie bat ihn um Hilfe, er sei der Mensch, den ich von allen am höchsten stelle, was er über sie sage, sei das Wichtigste, darauf würde ich hören. Er erzählte mir das, als wir in der Meinl-Stube zusammen sassen, ihre Bitte hatte ihn unangenehm berührt, er empfand sie als Schamlosigkeit, was sie auch war, doch war F. vor mir nie schamlos.«

Canetti zog mit Friedl durch die Stadt, gab ihr ständig Lese- und Schreibaufgaben, die ihren Alltag bestimmten. Die »Erziehung« der jungen Geliebten zur Schriftstellerin führte, liest man die vielen Briefe Friedls an ihren Geliebten/Lehrer, zu permanenter Überforderung. Ein Leitmotiv der Briefe, das bereits in Wien anklingt und dessen Echo in den späteren Briefen hörbar bleibt, ist das Eingeständnis von Schuld, Scham über die eigene Unzulänglichkeit und die Ankündigung der Besserung. Die Briefe sind Gesten der Unterwerfung. »Weißt Du, ich möchte es so, daß Du stolz auf mich sein kannst«, schreibt sie, und:

Lieber, lieber Ilja,

ich weiß gar nicht, wie sehr ich Dir für Deine Freundschaft danken soll. Du bist unglaublich gut zu mir gewesen. Und ich will wirklich alles, alles tun, damit Du das Gefühl hast, daß es nicht umsonst ist. Ich komme mir ohnedies schon grenzenlos gemein vor. Bitte Ilja, verzeih mir diese ekelhaften Sachen. Ich werde sowas bestimmt nicht mehr tun und Du hast mit allem vollkommen recht. Ich möcht so schrecklich gerne genau so werden wie Du willst. […]

Ich weiß nicht was aus mir geworden wäre und was aus mir werden würde, wenn Du nicht da wärst. Zu jedem Schloß schenk ich Dir ein Flugzeug und eine Jacht. Und sämtliche Bilder von Van Gogh und allen andern Malern, die Du magst. Und alle schönen und interessanten Frauen von der ganzen Welt werden für Dich auf die Schlösser verteilt.

Ich werde von jetzt ab ganz genau so leben, wie Du es willst.

Deine Friedl.

Nach einem Wutanfall Canettis über einen heimlichen Besuch Friedls im Café Schottentor, bei dem er sie ertappt, schließt sie ihren Entschuldigungsbrief:

> *Ach Gott, dieses ganze Leben ist zum Verzweifeln. Wäre es nicht möglich, daß Du mich adoptierst? […] Bitte lieber Ilja, glaub nicht das Schlechteste von mir, glaub bitte nicht, daß alles so ist, wie früher. Deine Friedl*

Neben der Rolle des Lehrers und des Geliebten übernimmt Canetti auch die des imaginären Vaters. Zumindest wehrt er sich nicht, wie Susanne erkennt, gegen diese Doppel- und Dreifachrolle im Leben Friedls. Im Gegenteil: Friedl ist ihm, notiert er, »Schülerin«, »Geschöpf«, ja »Tochter«.

Ruth von Mayenburg, die Canetti in dieser Zeit in Wien gut kannte, nennt ihn in ihrer Autobiografie – nicht ohne Bewunderung – einen »Menschenfresser«. Erst Jahre später wird Friedl Strategien der Weigerung gegenüber dem »Meister« entwickeln und mit wechselndem Erfolg anwenden.

———

»Es ist nichts als die Tätigkeit nach einem bestimmten Ziel, was das Leben erträglich macht«, schrieb der berühmte Schauspieler Hugo Thimig (1854 bis 1944) der sechzehnjährigen Ilse in ihr Erinnerungsbuch, ein Wort Schillers aus einem Brief an Theodor Körner, das, so hatte Thimig nach kurzer Begegnung mit Ilse bemerkt, ganz auf sie passte.

Ilses Lieblingsfilm 1931 war *Der Kongreß tanzt*. Der russische Zar verliebt sich während des Wiener Kongresses in die junge Handschuhmacherin Christel, gespielt von Lilian Harvey. Die Liebe scheitert an den politischen Intrigen, aber als Christel von der Zarenkutsche abgeholt und im Triumphzug durch Wien gefahren wird, ist alles möglich, ist alles Glück, reines Glück. Sie singt »Das gibt's nur einmal, das kommt nicht wieder«, das Lied von Werner Richard Heymann und Robert Gilbert wird Ilses Lieblingslied bleiben: »Wein ich? Lach ich? Träum ich? Wach ich? Heut weiß ich nicht, was ich tu. Wo ich gehe, wo ich stehe, lachen die Menschen mir zu. Heut werden alle Märchen wahr. Heut wird mir alles klar: Das gibt's nur einmal, das kommt nicht wieder, das ist vielleicht nur Träumerei. Das kann das Leben nur einmal geben, vielleicht ist's morgen schon vorbei. Das kann das Leben nur einmal geben, denn jeder Frühling hat nur einen Mai …«

Ilse geht ins Kino, sie tanzt und übt mit den Schwestern in der Himmelstraße vor dem Radio und dem Grammophon: Foxtrott, Shimmy, Onestep, Charleston. In der Bibliothek befand sich ein Bestseller, *Der flotte redegewandte Tänzer*, der in Dutzenden Auflagen erschien, im ersten Teil, »Der Tanz im Selbstunterricht« von Herbert John, ein Lehrbuch, im zweiten Teil, »Die Kunst zu plaudern und gewandt zu unterhalten« von Erwin Wulff, ein Ratgeber nicht nur in Angelegenheiten des Tanzes, sondern und vor allem in Sachen einer galanten Konversation. Gelehrt wird »gutes Deutsch« und »Plauderkunst«, »rechtes Benehmen für ein junges Frauenzimmer« und »anständige Gespräche«. Gerda, Friedl und Ilse deklamieren die Lehrdialoge in theatralischer Überhöhung, alle, auch der Vater, lachen.

Am 12. Februar 1934 entfielen alle Tanz- und Klavierstunden. In der Früh erreichte die Mutter die Nachricht aus der Redaktion, dass niemand das Haus verlassen soll, Ilse bleibt den ganzen Tag am Radio. Gegen Mittag fällt der Strom aus, das Zeichen, wie sie später erfährt, zum Generalstreik. Sie hört den Flugzeuglärm in der Luft, zur Entspannung spielt sie Klavier.

Das Radio verkündet, dass das Standrecht ausgerufen wird und die Innere Stadt mit Stacheldrahtzäunen abgeriegelt ist. Das Rathaus sei von Polizei und Militär besetzt, die Regierung wieder Herrin der Lage. Es habe große Waffenfunde gegeben, die dem sozialdemokratischen Schutzbund zuzuordnen seien. Es werde geschossen, man mahnt zu Ruhe und Besonnenheit. Ein Staatsstreich sei geplant gewesen. Ilse glaubt den Kommentaren nicht, zwei ihrer Klassenkameradinnen waren im Bund sozialistischer Mittelschüler. Ilse kannte die Kruckenkreuzfahne der Heimwehr, und sie kannte den Karl-Marx-Hof, der vier Jahre zuvor eingeweiht worden war. Er war sehr groß, aber sie mochte die vielen Blumen und dass die Kinder laut singen durften und keines schmutzig war. Sie ging manchmal mit den Freundinnen die Sandgasse hinunter und sah durch den großen blauen Eingangsbogen, hinein hat sie sich, erzählt sie später, nicht getraut.

Es gibt Streit mit der Mutter, die dem Radio glaubt. Das Wachzimmer in der Armbrustergasse wird von Schutzbündlern gestürmt, viele andere haben sich, so das Radio, im Karl-Marx-Hof verschanzt.

Vom Garten aus sieht man keine Veränderungen in der Stadt, doch die Himmelstraße ist menschenleer. Im Radio wird durchgegeben, dass ab sofort die sozialistische Partei und ihre Organisationen verboten und ihr Vermögen beschlagnahmt ist. Am Nachmittag wird das Standrecht verkündet, die Polizei fordert militärische Unterstützung an. Die Rede ist von toten Polizisten, Panzerwagen und Barrikaden, das Wort Feldjägerbataillon bleibt ihr im Gedächtnis.

In der Nacht ist plötzlich Kanonendonner zu hören. Der Karl-Marx-Hof ist der Kulminationspunkt im viertägigen Kampf um Wien, er wird mit Kanonen vom Donaukanal und von der Hohen Warte aus beschossen. Menschengruppen laufen Richtung Wienerwald. Maschinengewehrfeuer ist zu hören, ein Panzerauto rattert vorbei. Das Fahrzeug bereitet Ilse am meisten Angst, ein tonnenschwerer, futuristischer Stahlkäfer ohne Fenster mit Scheinwerferaugen und vier Maschinengewehrfühlern, die in alle Richtungen zeigen. Sie hatte nie zuvor ein solches Ding gesehen. Bei den Kanonen, erfährt sie später, handelte es sich um Gebirgshaubitzen. Haubitzen können die Rohre so weit absenken, dass sie ein Objekt mit Flachfeuer belegen, also direkt auf Häuser oder Menschen schießen.

Vizekanzler und Heimwehr-Kommandant Emil Fey befiehlt, den Karl-Marx-Hof, in dem sich noch die Mieter befinden, sturmreif zu schießen. Der erste Sturmangriff des Militärs am Vormittag des 14. Februar scheitert, in der Fassade im dritten Stock über dem blauen Bogen sind später die Einschläge der Geschosse zu sehen, man hat direkt in die Arbeiterwohnungen geschossen, große Mauerteile sind aus den Wänden herausgebrochen, durch die Löcher sind noch die Betten zu sehen, Küchenteile, Wäsche. Endlich dürfen die Bewohner den Hof verlassen. Die Schutzbündler ziehen sich zurück, kämpfen aber um jede Stiege, um jede Wohnung.

Am Nachmittag wird der schwerverletzte Schutzbund-Kommandant

Karl Münichreiter auf einer Bahre zum Standgericht getragen, zum Tod verurteilt und trotz seiner Verletzungen hingerichtet. Ilse liest darüber am nächsten Morgen in der Zeitung des Vaters. Von »Strafgericht« ist die Rede, von »Fortschritten bei der Säuberung«, Münichreiter sei trotz zweier Schussverletzungen »nicht als schwerkrank im Sinne des Gesetzes« anzusehen gewesen. Zwischen Urteil und Hinrichtung sind nicht einmal zwei Stunden vergangen. Unter den Nachrichten vom Standgericht ein Feuilleton zum »Musikleben in Spanien einst und jetzt«, dazwischen eine Werbung für Hautcreme.

Am Nachmittag des 14. Februar rückt weitere Verstärkung an, Haubitzen und Kanonen werden aufgestellt, die bewaffneten Arbeiter verlassen durch unterirdische Gänge den Hof und zerstreuen sich. Schließlich besetzt das Militär den Karl-Marx-Hof. Er war neben dem Goethehof in der Donaustadt der letzte Hof, der noch verteidigt wurde. Ilse wird nach dem Krieg in den Goethehof ziehen und dort ihre Praxis eröffnen. Um acht Uhr geht plötzlich wieder das Licht an, der Generalstreik ist vorbei. In der *Neuen Freien Presse* liest Ilse tags darauf von der erfolgreichen Säuberung. Der Schutzbündler Emil Swoboda, der mit einer kleinen Gruppe in Grinzing im Heiligenstädter Hof gekämpft hatte, wird an diesem Tag hingerichtet, er stirbt am Würgegalgen. In der Schule wird lang darüber gesprochen, über die Bewaffnung der Polizei und über Todesarten.

Die Politisierung Ilses erfolgt in wenigen Wochen, ein Vorgang der »Radikalisierung ohne Umwege«, wie sie später sagt. Die Demokratie und ihre Rettung sind ihr erst viel später ein Anliegen, was aber nicht sein darf, was nicht zugelassen werden darf, ist, dass mit Kanonen in die Arbeiterwohnungen hineingeschossen wird, dass die Bilder vom Jammer, als Frauen mit Kindern am Arm und an der Hand aus dem Hof hinaus Richtung Kanal laufen, unwidersprochen bleiben. Stimmzettel sind dagegen keine tauglichen Waffen.

So beschrieb Canetti Ilse, wieder betrachtet durch das Prisma der Beschreibung ihrer Schwester Friedl: »[...] wen sie in ein Gespräch über das Gute und Richtige verwickelte, den liess sie nicht mehr los. Es *musste* doch – für wichtige Fragen – eine Lösung geben und so sehr war sie bei der allgemeinen Sache, dass sie gar nicht merkte, wie anziehend, ja wie

Ilse, um 1934

schön sie in ihrer Lauterkeit war und dass die meisten Leute (nur) aus diesem Grunde mit ihr immer weiter sprachen. Sie übertrieb nicht, sie sprang nicht ab, und war am Ende des Gesprächs, wenn es aus irgendeinem äusseren Grunde abgebrochen werden musste, noch genau so beteiligt und dringlich wie zu Beginn. Für ihre siebzehn Jahre lachte sie wenig und wunderte sich über ihre Schwester, die alles zum Lachen fand. Die wäre einem langweiligen Mann, wenn sie ihn geheiratet hätte, nicht davongerannt, sondern hätte ihn geduldig zu guten Werken erzogen. Aber es war ihr gar nicht darum zu tun zu heiraten. Sie wollte studieren und Ärztin werden und darauf schauen, dass in der Welt etwas besser würde. Friedl konnte gar nicht oft genug sagen, wie still und bescheiden diese Schwester sei und gar nicht auf sich selbst bedacht. Wenn sie, was jetzt schon manchmal der Fall war, bei Einladungen der Eltern dabei sein dürfe, höre sie sorgfältig zu, merke sich alles, was gesprochen werde und halte sich dann noch Wochen danach über jede frivole oder zynische Äusserung eines Gastes auf. Ich solle aber ja nicht meinen, dass ihre Entrüstung etwas Grobes oder Auftrumpfendes habe. Sie sei am schönsten, wenn etwas Derartiges sie bewege, sie sei eigentlich nur dann wirklich schön, sie blühe auf in Empörung und ob ich mir vorstellen könne, dass jemand auch in der Empörung leise bleibe.«

In einem Formular zur Aufnahme für kommunistische Kader antwortet Ilse auf die Frage der Parteileitung »Welche grundlegenden Werke des Marxismus-Leninismus hast Du gelesen?« unter anderem mit: »Staat und Revolution, Ursprung der Familie, Lohnarbeit und Kapital«. Es mag sein, dass Ilse übertrieb, doch ob sie die Klassiker von Lenin, Engels und Marx tatsächlich gelesen hatte oder nicht, die Differenz zur Leseliste der Eltern hätte größer nicht sein können. Mit dem Klavierspielen war es nach dem Februar 34 jedenfalls vorbei. Erst ein Jahr vor ihrem Tod wird sie sich wieder ein Klavier kaufen, keinen Steinway-Flügel, wie ihn der Vater hatte, sondern ein Pianino, das im Schlafzimmer ihrer Gemeindebauwohnung an die Wand passt. Sie spielte einen Vormittag lang, dann nie mehr. »Alles verlernt«, sagte sie.

4

VERTREIBUNG UND FLUCHT

Nach ersten schriftstellerischen Versuchen – zwei Erzählungen sind entstanden – wechselt Gerda von der Literatur zur Malerei. Wie ihre Schwester Friedl will sie Künstlerin werden (oder vielleicht besser: eine Künstlerin sein). Sie skizziert, aquarelliert, ohne Anleitung von außen, nur auf die Ratschläge des Vaters angewiesen, der selbst Autodidakt ist. Sie malt obsessiv, ihre Malerei bleibt allerdings privat, sie strebt weder nach Ausstellungen noch nach Aufnahme an eine Akademie. »Gerda löste«, schreibt ihr Freund Paul Steiner über sie, »das Problem ihrer inneren Spannungen als Malerin.« Bilder aus dieser Zeit sind nicht erhalten, erst aus späteren Jahren: expressionistische Landschaftsbilder, Stillleben und Genreszenen.

Das Verhältnis von jüngerer und älterer Schwester kehrte sich gegen Ende der 1930er Jahre um, Friedl, mit zwanzig Jahren bereits geschieden, eloquenter, wagemutiger als die um ein Jahr ältere Schwester, wird Gerda zur Leitfigur; Friedl berichtet der Schwester von Canetti, erzählt von den Stadtwanderungen mit ihm, von der Begegnung mit seiner Frau Veza, die sie bewundert und die ebenfalls schreibt, und von ihren neuen Freunden, mit denen sie die Abende verbringt. Gerda wird nicht mitgenommen. Sie wird nach dem Abbruch der Schule zu einer Art zweiter Sekretärin des Vaters, schreibt für ihn stundenlang nach Diktat und koordiniert die Arbeitsschritte mit dem um zwei Jahre älteren Paul Steiner. Zwei historische Biografien des Vaters entstehen auch mit Gerdas Hilfe: *Fürst von Ligne* und *Joseph II.*, sie erscheinen 1936 und 1937 im Gerold Verlag.

Veza Canetti akzeptiert, ja fördert die Beziehung Canettis zu Friedl. Friedl schreibt nun täglich und legt Canetti regelmäßig das geforderte Arbeitspensum, Schreibübungen und Tagebücher, vor. Über ihre Arbeitsbeziehung zu Canetti (»Ilja«, »Sternchen«) schreibt sie an ihn:

> *Geliebter, geliebter Ilja, ich hab Dich schrecklich gern, ich hab Dich immer lieber. Seitdem Du hier warst, bin ich ganz blödsinnig, ich glaube leider Gottes, ich verliere langsam den Verstand. Sternchen, als Deine Schülerin geht man durch eine harte Schule. Entweder wird man ein ganz starker, schöner Mensch, oder man zerbricht und wird krank. Wie ernst es ist, habe ich immer geahnt, aber jetzt weiß ich es ganz genau, man lebt ständig zwischen Himmel und Hölle.*

Veza nahm die junge Schülerin und Geliebte ihres Mannes nicht sonderlich ernst. In ihrem nach ihrer Flucht in London verfassten Roman *Die Schildkröten* über die Monate nach dem »Anschluss« in Wien erscheint Friedl in der Figur der jugendlichen Hilde. Im Roman will Hilde das Ehepaar Eva und Andreas Kain vor dem Naziterror retten. Die Darstellung Hildes bei Veza Canetti ähnelt der Beschreibung von Friedl in den Tagebüchern und Lebenserinnerungen von Elias Canetti bis ins Detail. »Sie ist blond«, schreibt Veza Canetti über die erste Begegnung der Kains mit Hilde, ihrer Nachbarin, »und das Haar fliegt über ihr Gesicht. Die hohe Gestalt überwältigt das Matrosenkleid, es ist, als wäre kein Kleid vorhanden, so selbstherrlich macht sich der Körper geltend. Die starken Schultern kehren sich heraus, das Mädchen ist selbstbewußt und dennoch stockt es an der Schwelle. [...] ›Es ist gut, daß ich nebenan wohne‹, stellt Hilde fest, und man weiß nicht, meint sie es für sich, meint sie es für ihre älteren Freunde, die sie besuchen kommt. Sie setzt sich an den Rand des Diwans. So groß, denkt Eva, ist sie und mit diesem blühenden Körper sitzt sie schwebend, als wäre sie leicht wie eine Feder [...]«

Hilde will Geld von ihrem »reichen Papa« borgen, um die Flucht der Kains zu ermöglichen. Eva fasst durch die Begegnung mit der jungen, optimistischen Hilde wieder Mut, trotz der Demütigungen und Erniedrigungen, denen die Kains ausgesetzt sind: »Diese Minute, wenn sie über die Grenze fahren, wird die glücklichste Minute ihres Lebens sein. Man träumt jede Nacht davon und wagt es nicht, es am Tag zu träumen. […] Dieses junge Mädchen verspricht es ihr, sie gehört zu ihnen, sie fährt auch, sie wird fahren, können solche Augen enttäuscht werden! In Frankreich wird man erst zur Besinnung kommen, sich auf sich selbst besinnen und wieder wissen, wer man ist. Wieder stolz sein. In England wird man sich sammeln. Dort ist man ernst und findet zu seinem Charakter.«

Friedl reist viel. Im Juni 1937 trifft sie, »von Veza ermutigt«, Canetti in Paris, danach im Festspielsommer auf der Gersbergalm in Salzburg. Ihre Aufenthalte in Wien werden immer kürzer, sie verbringt Wochen bei ihrer Patentante am Wolfgangsee, danach in London, wo sie sich an der renommierten Tschechow-Schauspielschule bewirbt. Im Sommer 1938, nach dem »Anschluss« Österreichs an Nazideutschland, schreibt sie aus Paris den Eltern, die nach wie vor in Wien sind:

Geliebtes, faules Mamschi, innigst verehrter Vater!

Vor allem find ich es schändlich, dass ich bis jetzt gänzlich ohne Nachricht bin. Schliesslich könntet Ihr doch wirklich ein paar Briefe schreiben.

Wie kaputt ich war, habe ich eigentlich erst hier gemerkt. Mein Zustand in der ersten Zeit in Paris hat mich lebhaft an das letzte Pressburger Stadium erinnert. Schade war nur, dass die Ilse also wenig Vergnügen an mir gehabt hat und ich mich mit dem Ivar fast gänzlich zerstritten habe. In den letzten Tagen habe ich mich dann aber plötzlich viel besser gefühlt und jetzt bekomme ich langsam wieder »mein altes Gesicht«. Paris habe ich furchtbar gerne. Ich gehe stundenlang durch die Stadt spazieren. Hier kann man ruhig allein sein, ohne in diese verzweifelte Stimmung zu kommen, die in London so unerträglich ist. Weiss Gott, was ich darum geben würde, wenn ich hier bleiben könnte. Von der Chechow School of Art habe ich noch Prospekte bekommen. Es ist ungefähr genau das, was ich mir wünsche, eine russische Schule, die natürlich ganz auf die englische Sprache eingestellt ist. Sie verlangen vor allem ein völlig accentfreies Englisch, man muss als Ausländer eine besondere Sprachprüfung machen. Der einzige wirkliche Nachteil ist, dass die Schule 3 Jahre dauert. Das ist an und für sich nicht schlimm, aber natürlich ausgeschlossen. Ich hab jetzt hingeschrieben, ob sie einem nicht die Zeit, die man bereits gelernt hat, einrechnen. Bisher aber noch keine Antwort bekommen. Glaubt Ihr, dass es möglich wäre, dass ich noch drei Jahre lerne? Die ganze Art der Schule entspricht ungefähr dem, was die Henryka von mir wollte. Man lebt in der Schule, lernt ausser Spielen Kostüme entwerfen, macht Regiearbeit, lernt Singen, Turnen, Tanzen, Kunst- und Literaturgeschichte. Das Ganze wird ganz anders und viel intensiver als z. B. im Reinhardt-Seminar angepackt. Ausserdem spielt man immer gleich vor einem Publikum. Zum Beispiel haben sie Konzentrationsübungen u. s. w. Ich habe hingeschrieben und gebeten, dass sie mir einen Sprachlehrer und dramatischen Lehrer in London empfehlen, bei dem ich zuerst Unterricht nehmen kann. Ich werde nicht in London wohnen, sondern in Cambridge, und nur drei oder vier Mal in der Woche in die Stadt fahren. Erstens ist das Leben dort billiger, zweitens werde ich dort keine Selbstmordgedanken bekommen, wie in London todsicher.

In Paris trifft Friedl ihren Freund aus Wiener Tagen, Ivar Iverus, auch Ilse, die bereits in Zürich studiert, kommt, zu dritt ziehen sie durch die Pariser Bars. Der Krieg scheint in diesem Sommer noch weit entfernt. Als ein Streit Ivar und Friedl entzweit, bleibt sie allein in einer kleinen Pension.

Über die Ilse habe ich mich sehr gefreut. Sie ist viel weniger nervös als in Wien, sieht gut und frisch aus, ist viel offener und natürlicher. In Zürich scheint es ihr wirklich gut zu gehen. Sie hat sich da ein Anhängsel in Form eines harmlosen und wohlsituierten Ingenieurs geschaffen, der sie anbetet und dem sie gnädig erlaubt, am Abend eine Stunde mit ihr zusammen zu sein. Ausserdem hat sie wirklich gute Freunde in Lausanne, die sie sehr gerne haben. Ich glaube, dass es für die Ilse wirklich das richtige Leben ist, das sie jetzt führt. Das Pariser Nachtleben hat vor allem sie in vollen Zügen genossen, denn in Zürich schliessen alle Lokale um 12 Uhr. Übrigens hat uns hier irgend ein Portier in ein Bordell mit Vorführungen geführt. Das war höchst unheimlich. Von aussen hat das Ganze wie eine elegante Wohnung ausgeschaut, sogar der Ivar ist darauf hineingefallen. Dann sind wir in den Vorführungsraum geführt worden. Vorher hat die

Ilse Bach und Schubert auf einem Klavier, das dort war, gespielt. Die Vorführungen, denen wir andächtig zwei Minuten zugeschaut haben, waren so unbeschreiblich ordinär, dass wir, Ilse und ich, nachher mit Inbrunst gekotzt haben.

Übrigens bin ich aus dem Roblin ausgezogen, weil es zu teuer ist. Das war auch heiter. Erstens hat die Ilse ihr Flugzeug versäumt, das um halb eins gegangen ist, obwohl wir die ganze Nacht auf waren, nur damit wir nicht verschlafen. Am Nachmittag bin ich ausgezogen in ein Hotel, das man der Ilse empfohlen hat. Gegen 6 Uhr, nachdem der Chauffeur eine halbe Stunde herumgefahren ist, bevor er diesen Ort gefunden hat, bin ich endlich hingekommen. Am Montparnasse, ein Hotel, ich weiss nicht, wie ich das schildern soll. Jedenfalls war es stockdunkel und hat phantastisch gestunken. Um 18 fr hätte ich ein Zimmer bekommen sollen. Das Zimmer war ein Loch, ungefähr so gross wie Papas Clo. Trotzdem habe ich mein Gepäck dort gelassen, weil ich mir gedacht habe, dass ich mich eben an ein neues Leben gewöhnen muss. Dann bin ich mit Ivar nachtmahlen gegangen. Am Weg zur Bahn, denn der Ivar sollte wegfahren um 12 Uhr nachts, habe ich zu meiner unbeschreiblichen Freude entdeckt, dass ich meinen Zimmerschlüssel verloren habe. Bei der Bahn hat sich herausgestellt, dass Ivars Zug um 12 Uhr mittags gegangen ist. Ich habe seit Monaten nicht so gelacht. Darauf sind wir zurück in das Gebäude, das sich noch dazu Beauvoir genannt hat. Das Weib dort hat Gott sei Dank keinen zweiten Zimmerschlüssel gehabt und mit vielen Entschuldigungen sind wir zurück ins Roblin, wo uns säuerliche Portiere für verrückt und blödsinnig gehalten haben.

Jetzt bin ich aber wirklich ausgezogen in ein sehr nettes und billiges Hotel. Ich wohne im 5. Stock und sehe Dächer und Rauchfänge, die unheimlich sind bei dem starken Mond, wie wohl ich mich allein fühle, kann ich nicht sagen. Geliebtes Papschilein und schönes Muschili, schreibt bitte endlich genau über Euer Leben. Spielt Ihr Schach? Rauft Ihr Euch? Wie geht es allen Freunden und Bekannten? Was macht Canetti? Ich höre nichts von ihm. Bitte grüsst Herrn Mann und alle im Haus sehr herzlich.*

* Julius Mann war Freund und Rechtsberater des Vaters.

An Canetti (nach dem sie sich eben bei den Eltern so ganz nebenbei erkundigt hatte) schreibt sie einen heiter-ironischen Brief, in dem sie ihr ständiges Warten auf eine Nachricht des Geliebten ins Gegenteil verkehrt, und berichtet von einer unglaublichen Szene, spätnachts in einem Café in St. Cloud:

Lieber Ilja, hoffentlich wirst Du mir nie wieder schreiben, Deine unerwünschten Liebesbriefe langweilen mich. Das erste, was ich in der Früh sehe, ist ein Brief von Dir, damit ist der ganze Tag verdorben. Was Du tust, wie es Dir geht und welche tollen Verwicklungen Du um Dich erzeugst, interessiert mich nicht. Mir geht es ausgezeichnet, seitdem Du weg bist, fühle ich mich frei und glücklich. Unlängst war ich gegen 1 h in dem Café in St. Cloud. Das war am Sonntag, alle Leute waren betrunken, ich habe an der Theke einen Café genommen und nur das »Wort« mitgehabt. Plötzlich beginnt neben mir einer mit einer zerquetschten Nase und ausgefallenen Zähnen ein deutsches Matrosenlied zu singen »solang man jung ist, ist das Leben schön« oder so irgendwie. Dann begann er, immer schwankend und trinkend, aber nett, weil er gewußt hat, daß er doch zu häßlich ist, um einem Mädchen zu gefallen, sein Leben zu erzählen und zum Schluß sagt er: »Nun wünschen Sie sich doch etwas von mir.« Ich sage: »Nehmen Sie Ihr Glas und werfen Sie die Spiegel ein, ich habe Scherben so gerne.« Erst hat er gelacht und den Ober gefragt, was er dazu sagt, der war aber einverstanden, vorausgesetzt, daß er das Geld vorher für die zerbrochenen Spiegel hinlegt. Da nahm er 1000 Fr. heraus, gab sie dem Ober und schmiß einen Spiegel ein. Die andern waren ganz begeistert, jeder nahm sein Glas und warf es an die Spiegel, so daß alle zerbrochen waren, bevor man etwas tun konnte, die Leute waren berauscht von den zerbrochenen Spiegeln, wie in Deiner Komödie.** Es war auch eine ganz richtige Revolution, alle hatten verzerrte Gesichter und besonders die Frauen gerieten außer Rand und Band. Ich bin aber dann rasch weggelaufen,*

* *Das Wort*, in Moskau erscheinende deutsche Exilzeitschrift, u. a. von Bert Brecht und Lion Feuchtwanger herausgegeben.

** Gemeint ist die *Komödie der Eitelkeit* aus dem Jahr 1932/33.

weil die Polizei kam. Aber mit wirklicher Wut haben sie ihre, meist vollen Gläser hingeschleudert. […]

Jetzt habe ich fast das Heft ausgeschrieben, schicke Dir noch einen Strauß Gänseblümchen und Veilchen, und wenn ich nicht mein ganzes Geld der Ilse geschickt hätte, einen Koffer voll von Pleiades-Ausgaben. Und wage es, mir noch einmal zu schreiben! Deine Friedl

Bei aller fröhlichen Unbeschwertheit drängen das Zeitgeschehen und die Sorge um die Eltern in Friedls Briefe. In einem späteren Brief an Canetti schreibt sie aus Paris:

Lieber Ilja, ich hab so lange nicht geschrieben, denn wenn ich über politische Dinge schreib, so lachst Du mich höchstens aus, aber etwas anderes habe ich nicht im Kopf gehabt. Die Eltern können noch immer nicht weg, sie schreiben aber auch nicht, warum, so daß man ihnen überhaupt nichts helfen kann. Und es können doch jetzt täglich dieselben Pogrome, wie nach der Besetzung von Österreich sein. Ich habe wirklich große Angst um sie. Die Mutti ist auch nahe an einem endgültigen Nervenzusammenbruch. Auch wenn vielleicht doch ein Krieg kommen sollte, sind die Eltern drinnen.

Es fällt mir schon schwer Dir zu schreiben. Die Briefe flattern so in die Luft und erwischen Dich vielleicht auf irgend einer Wolke. Das ist zwar auch hübsch, aber dann möchte ich es schon lieber selber sein, und Dir rasch die Hand schütteln und Dich an mich erinnern. […]

Servus Ilja, grüß alle tanzenden Sterne und den schrecklichen Mond von mir. Friedl

Erstmals wird ihr klar, dass sie, statt auf Reisen, endgültig exiliert ist, dass sie »das Haus, den Garten, die Küche, Bibliothek und alles andere nie wieder sehen werde«, wie sie den Eltern schreibt.

Kaum vier Monate später wird der Vater Friedl, dem »Oberkind«, von seiner Verschleppung und Folter im Novemberpogrom berichten; bedurfte es eines letzten Impulses, nicht nach Wien zurückzukehren, so waren es seine Schilderungen über die Tage, die er in der Hand der Nazis zugebracht hatte. Zurück in London, bezieht Friedl dauerhaft Quartier in Hampstead im Haus ihrer Tante Heddie, Downshirehill 35. Elias Canetti und Veza treffen via Frankreich in London ein. Wie in Wien wohnen sie nicht weit voneinander entfernt, Friedl sieht sie fast täglich. Sie verbringt die beiden Monate vor dem Kriegseintritt Englands im September 1939 in Oxford und Devon. Friedl schreibt Erzählungen, verfasst Skizzen und Porträts, die von ihr abgetippt und korrigiert werden, und beginnt, an ihrem ersten Roman zu arbeiten. *Let Thy Moon Arise* wird 1944 bei Jonathan Cape erscheinen. Friedl schreibt noch auf Deutsch und übersetzt selbst ins Englische. Veza Canettis *Die Schildkröten* bleibt ungedruckt, der Roman wird erst 1990, 27 Jahre nach ihrem Tod, publiziert.

Gerda verbringt die Nachmittage mit Paul Steiner in dessen Wohnung in der Währinger Straße. Steiner will neben seiner zeitaufwendigen Arbeit für Benedikt studieren, er muss aber extern die Matura nachholen und sich mit einem Nachhilfelehrer auf die kommenden Prüfungen vorbereiten. Es bleibt kaum Zeit für Gerda. Gerda drängt auf Offenlegung ihrer Beziehung, mit dem Ziel, zu heiraten und wie ihre Schwester Friedl rasch auszuziehen. Steiner fürchtet um seine Anstellung und versucht, die Beziehung zu beenden. Steiner erinnert sich an das entscheidende Wochenende:

»Sie reagierte denkbar schlecht. Irgendwie schien es mir, als ob sie die ganze Zeit über, als ich von Studium und von Lernen sprach, meinen Plänen nicht geglaubt hätte. Sie hatte vielleicht immer gehofft, dass ich den von ihr gewünschten Weg einschlagen werde. Es gab an diesem Tag eine Auseinandersetzung, die sich am nächsten Tag, einem Sonntag fortsetzte. Gerda war denkbar enttäuscht und unglücklich. Was mich beunruhigte war der beinahe schweigsame Ausdruck ihrer bitteren Enttäuschung. Sie war doch sonst so artikuliert. Hätte sie nur geheult oder fluchend gegen mich gesprochen. Es waren aber nur kurze Sätze, die sie verhalten sprach. Ich hatte sie noch niemals so sehr in sich gekehrt gesehen.«

Am folgenden Montag wird Steiner nach seiner Ankunft in der Himmelstraße vom Dienstmädchen grußlos in das Arbeitszimmer geführt. Er wartet, das ansonsten übliche Abendessen wird nicht serviert. Schließlich erscheint die Mutter und brüllt Steiner an:

»Sie griff in ihre Tasche und riss einen Brief hervor und warf ihn mir vor die Füße. ›Das ist der Dank des Unmenschen, für all das, was wir für ihn getan haben!‹ Ich hob den Brief auf. Ich erkannte Gerdas charakteristische, schief liegende, aber sehr ausgeschriebene und energische Schriftzüge. Ich hob die Kuvertklappe nur zögernd hoch und zog zögernd den Brief aus dem Kuvert. Ich entfaltete den hellblauen Papierbogen. Unmerklich hob ich das Papier näher an mein Gesicht, um seinen Duft zu spüren. Es war Gerdas. Während Irma Benedikt ihrer Verzweiflung weiter schreiend Luft machte, las ich Gerdas Abschiedsbrief. Er war an die Eltern gerichtet. Sie liebe mich und glaube, ohne mich nicht leben zu können, da aber eine Vereinigung nicht möglich sei usw. usw. Es war eigentlich kein sehr guter Brief, er war nicht überzeugend genug. Man soll in solchen Momenten nicht kritisch denken, aber ich hatte eigentlich Besseres von Gerda erwartet.«

Gerda hatte am Vortag eine Überdosis Schlafmittel genommen und war zu Mittag ohnmächtig in ihrem Bett gefunden worden, sie lag seit Mittag – außer Lebensgefahr – im Krankenhaus. Steiner wird von der Mutter entlassen, Vater Benedikt verabschiedet ihn schweigend mit einem langen Händedruck und verrät ihm beim Hinausgehen den Namen des Krankenhauses.

Am Mittwoch besucht Steiner, kleinlaut und geplagt von Selbstvorwürfen, Gerda in der Klinik. Er findet sie, schreibt er, wohlauf, lebhaft, nachgerade von manischer Aktivität erfasst. Das Wiedersehen verläuft unerwartet: Gerda macht nicht ihm Vorwürfe, stellt er zu seiner Überraschung fest, sondern sich selbst: Er habe durch sie seinen gut dotierten Job bei ihrem Vater verloren. Gerda beschließt, sich um eine neue Anstellung für ihn in einer Zeitungsredaktion zu kümmern. Eine der Zeitschriften, die dafür in Frage kommen, ist die von Wolfgang Foges und Guido Zernatto herausgegebene *Moderne Welt*. Die Illustrierte wurde in der Himmelstraße von Friedl und Gerda gerne gelesen, und Gerda versucht, Steiner hier zu etablieren. Steiner in seinen Erinnerungen:

»Gerda, die das Spital verlassen hatte und wieder zu Hause wohnte, verabredete eine Zusammenkunft mit Foges, ohne mich vorher von ihrer Absicht unterrichtet zu haben. Sie wollte mir ein direktes Nein ersparen, im Falle eine Anstellung beim ›Moderne Welt Verlag‹ aussichtslos sein sollte. Sie kannte Foges gar nicht persönlich. Sie rief ihn einfach an und bat ihn, ihn in seiner Wohnung aufsuchen zu dürfen. Sie bestand darauf, ihn privat zu sehen und nicht in der Redaktion. Ich habe die Einzelheiten, die in dieser Unterredung besprochen wurden, nie erfahren. Ich weiß auch nicht, ob es schwierig war, Foges dazu zu bringen, mich anzuheuern. Gerda lehnte es ab, mir eine nähere Schilderung des Gesprächs zu geben, und selbst Foges, der sonst gerne alles ausplauderte, was er gesehen und gehört und getan hatte, und nicht imstande war, eine vertrauliche Mitteilung bei sich zu bewahren, war merkwürdig verschlossen. Ich will erst gar nicht spekulieren, was in dieser ersten und vielleicht nur einmaligen Zusammenkunft geschehen ist, aber ich traue es beiden zu, dass sie bei der heimlichen Zusammenkunft in Foges Wohnung nicht nur über mich und meine Zukunftsmöglichkeiten gesprochen haben. Ich sage, ich will nicht erst viel spekulieren, aber solcher Art war der Rhythmus des Lebens und seiner Moralbegriffe zu dieser Zeit in Wien, dass man sich fröhlich und mit unbekümmerter Leichtigkeit über konventionelle Einschränkungen hinwegsetzte. Das nackte Leben selbst in diesen Jahren war hart und unbarmherzig. Man suchte nach Kompensation in Sphären, die leichter erreichbar waren und keiner ökonomischen oder politischen Kontrolle unterworfen waren. Mit anderen Worten, Beischlaf war ›in‹.«

Sowohl Gerda wie Friedl unterhielten zahlreiche Beziehungen, mitunter wurden Geliebte von einer zur anderen Schwester weitergereicht. Neben Berlin war Wien seit den 1920er Jahren ein Zentrum der Kritik bürgerlicher Moralvorstellungen. Der Diskurs über weibliche und männliche Homosexualität, Abtreibung und sexuelle Selbstbestimmung der Frauen war in der Sozialdemokratie und in liberalen Milieus kein Tabu mehr. Viel gelesen wurde das 1931 in Wien und Leipzig erschienene Buch *Wie die Frau den Mann erlebt* von Sofie Lazarsfeld. Die Individualpsychologin und Feministin schilderte darin (erstmals) das sexuelle Erleben systematisch aus der Perspektive der Frau und forderte vehement die sexuelle Gleichberechtigung von Mann und Frau in der Beziehung ein, eine Forderung, die Ilse in ihren eigenen Texten, die sie nach dem Zweiten Weltkrieg veröffentlicht, übernehmen wird.

Durchgesetzt und sichtbar gemacht wurde das neue Frauenbild auch von Künstlerinnen in Wien: Die Fotografin Dora Kallmus (Madame d'Ora) inszenierte Frauen auf ihren Fotografien selbstsicher und lasziv, Reform- und Ausdruckstänzerinnen provozierten bei ihren Auftritten auf den Bühnen Wiens mit freizügigen Darstellungen. Das mehrwöchige Gastspiel von Josephine Baker im Jahr 1932, teils scharf kritisiert, teils umjubelt, war noch gut in Erinnerung, selbst in der konservativen *Neuen Freien Presse* wurde der Bruch mit alten Normen sichtbar beziehungsweise lesbar: In den Kleinanzeigen fanden sich Annoncen, die sich explizit an Frauen wandten und den diskreten Versand von »Herrenschutz« (Kondomen) anboten. Auch hier Emanzipation: Frau wollte sich nicht auf die Männer verlassen.

Aus Sicht der Mutter führte Gerda allerdings nach ihrer Trennung von Steiner ein inakzeptables, unstetes, liederliches Leben mit immer neuen Liebhabern. Die Streitigkeiten eskalieren, die Mutter passt sie ab, wenn sie spätabends nach Hause kommt, es setzt Ohrfeigen. Gerda wird nach London geschickt, »in die Verbannung«, wie sie sagt. Sie bezieht ein Zimmer in der Lancester Grove in Hampstead zwischen Belsize Park und Swiss Cottage, nahe dem Standort des »Laterndls«, der österreichischen Theater- und Kabarettbühne, ab November 1939 wohnt sie in 153 Finchley Road. Gerda geht gerne nach London, um die Himmelstraße für ein paar Wochen zu verlassen, wie sie damals glaubt. Wie für Friedl wurde eine Rückkehr unmöglich, Wien wird sie erst 28 Jahre später, für ein paar Tage, wiedersehen, mit neuem Namen, voll Erwartung und Sehnsucht, doch fremd geworden.

Paul Steiner erhielt die Anstellung, die ihm Gerda vermittelt hatte, der Kontakt mit Foges erwies sich als entscheidend für seine Zukunft. Steiner traf Foges in London, der hier die Idee einer literarischen Agentur (»book packager«) verfolgte, nachdem die *Moderne Welt* arisiert und er wie Steiner zur Flucht gezwungen worden war. Foges' Adprint-Company entwickelte Ideen für aufwendige Bildbände, bot die fertigen Bücher anderen Verlagen an, die sich dann um Druck und Vertrieb kümmerten. Steiner setzte die Idee in modifizierter Form später in den USA um. Seine Chanticleer Press war mit gut ausgestatteten Bildbänden am US-Buchmarkt enorm erfolgreich. 1986 erhielt Steiner das Goldene Ehrenzeichen der Stadt Wien; in seiner Dankesrede betonte er die Bedeutung der Jahre in Wien für seine späteren Erfolge. Gerda und Susanne blieb er zeitlebens verbunden, und auch seine Abneigung gegen Canetti währte ein Leben lang.

Ilse hatte die achte Klasse in der Billrothstraße im Schuljahr 1935/36 abgeschlossen. Sie absolvierte am 8. Juni 1936 die Matura mit mündlichen Prüfungen in Mathematik, Englisch und Deutsch und inskribierte im Wintersemester Medizin. Das Foto im Meldungsbuch der Universität Wien zeigt eine selbstbewusste junge Frau.

Die Universitäten in Wien waren in den 1930er Jahren Orte schwerer politischer Auseinandersetzungen und ständig eskalierender Gewalt. Wenige Wochen vor Ilses Immatrikulation wurde der Gründer des Wiener Kreises, Moritz Schlick, im Hauptgebäude der Universität Wien vom Studenten Hans Nelböck erschossen, von klerikalen Medien wurde indirekt die von Schlick vertretene antimetaphysische Weltauffassung für seine Ermordung verantwortlich gemacht. Diese habe, hieß es, seinen Mörder verwirrt. Nelböck wurde im Oktober 1938 auf Bewährung entlassen und lebte danach weiterhin und unbehelligt in Wien.

Neben Anatomie, Chemie, Physik kolloquierte Ilse im ersten Semester auch die Pflichtvorlesung bei Heinrich Kretschmayr »Über die ideellen und geschichtlichen Grundlagen des Österreichischen Staates«, im Semester danach die neu eingerichtete Vorlesung »Zur weltanschaulichen und staatsbürgerlichen Erziehung« von Fritz Knoll. Beide Vorlesungen waren Teil der neuen politischen Ausrichtung der Universität im Austrofaschismus. Kretschmayr rühmte sich nach dem »Anschluss« im März 1938 damit, seine Vorlesung »mit feinem Takt im Sinne großdeutscher Einstellung« gehalten zu haben, Fritz Knoll wurde 1938 Rektor der Universität Wien, trotz seiner NSDAP-Mitgliedschaft und seines außergewöhnlichen Engagements bei der »Säuberung« der Universität von Lehrenden aus »rassischen und politischen Gründen« wurde er 1961 mit dem Österreichischen Ehrenkreuz für Wissenschaft und Kunst I. Klasse bedacht.

Vor allem die Vorlesungen und Seminare liberaler und linker jüdischer Professoren wurden von Nationalsozialisten systematisch gestört. Ein besonderes Ziel antisemitischer Provokationen und Überfälle war das Anatomische Institut in der Währinger Straße, es wurde bis 1933 von Julius Tandler, dem ehemaligen Gesundheitsstadtrat im Roten Wien, geleitet.

Im März 1933 hatten drei Dutzend Randalierer, bewaffnet mit Peitschen, Knüppeln und Schlagringen, das Institut gestürmt, die Universität musste geschlossen werden, zwei Monate danach, am 9. Mai, bot sich ein ähnliches Bild der Verwüstung nach einem Überfall. Die Studierenden mussten sich vor dem nationalsozialistischen Mob im Hörsaal verbarrikadieren, einige versuchten, durch das Fenster im ersten Stock auf die Straße zu flüchten. Es gab mehr als zwanzig zum Teil schwer Verletzte, Seziersaal und Institut wurden stark beschädigt. In der Zeitung des Vaters war unter der Überschrift »Wie lange noch?« am Tag danach lesen, dass an der Universität – entgegen langer Tradition – zum Schutz der Studierenden der Einsatz der Polizei erwogen werden muss. »Die antisemitischen Exzesse«, schrieb die *Neue Freie Presse*, »sind eine ernste Gefahr […] für den Ruf Wiens als Stätte der Wissenschaft und der gelehrten Forschung. […] Die Jagd auf die Kollegen an der Universität ist das Ergebnis einer unverantwortlichen Hetze, auf die die ungesäumte und energische Abwehr die einzige richtige Antwort ist.« Der außenpolitische Leitartikel war an diesem Tag der ersten Bücherverbrennung durch den Nationalsozialistischen Studentenbund am Opernplatz in Berlin gewidmet.

Der Angriff auf das Anatomische Institut war der Höhepunkt einer langen Reihe von gezielten Anschlägen randalierender Couleurstudenten und illegaler Nazis. Seit 1931 hatte der Nationalsozialistische Deutsche Studentenbund (NSDStB) die Mehrheit an den Wiener Hochschulen; in Graz und an der Hochschule für Welthandel verfügte der NSDStB sogar über die absolute Mehrheit. Professoren wurden systematisch bedroht oder wüst beschimpft, doch nicht alle waren Opfer der Randalierer, manche sympathisierten mit ihnen wie Hanns Ferdinand Josef Kropff, der spätere Ariseur der Villa der Benedikts in der Himmelstraße und Nazi war ab 1936 Dozent an der Hochschule für Welthandel.

Als Ilse ihr Studium begann, war der Antisemitismus an den Universitäten bereits institutionalisiert: Jüdische Studierende wurden abgesondert, viele Sport- und Kulturvereine und Verbände hatten sogenannte Arierparagraphen, die Juden und Jüdinnen die Mitgliedschaft verwehrten. Jüdische Studenten wurden, scheinbar wohlwollend, in der Hochschülerzeitung vor dem Medizinstudium gewarnt, da es seit dem 1. April 1933 keine Ernennungen von jüdischen Aspiranten und Sekundärärzten in den Spitälern mehr gebe. Die Beratung und Information über Sozialleistungen erfolgte nur für nichtjüdische Studentinnen und Studenten – ein kleiner, aber perfider Nadelstich.

In besonderer Weise diskriminiert wurden jüdische Studentinnen. Seit 1900 waren Frauen zum Medizinstudium zugelassen. An der medizinischen Fakultät war der Anteil jüdischer Studentinnen überproportional hoch, fast die Hälfte aller Studentinnen kam aus jüdischen Familien. In den *Akademischen Nachrichten* wurde beklagt, dass die arischen Studierenden durch die vielen Jüdinnen, zumeist aus der »wohlhabenden Gesellschaftsklasse« stammend, geradezu benachteiligt würden. Im Austrofaschismus etablierte sich an den Hochschulen wieder ein sehr konservatives Frauenbild. Im Jahrbuch der Hochschülerschaft 1934 stand zu lesen: »Gleichzeitig mit der wissenschaftlichen Ausbildung hat die Hochschule auch eine Erziehungsarbeit zu leisten. […] Darum muss die akademische Frau notwendigerweise klarer, ruhiger, aber auch objektiver und großzügiger werden. Sie wird größere Selbständigkeit entfalten, leichter einen Überblick gewinnen. Freilich besteht daneben noch die Gefahr, dass die studierende Frau sich in abstrakten Gedanken verliert, zur Theoretikerin wird, ihre Mütterlichkeit in lebensfremder Arbeit erstickt.«

In einem Artikel der *Österreichischen Hochschülerzeitung* im November 1937 heißt es: »Es wird heute keinem Menschen mehr einfallen, der Frau das Recht auf Bildung – auch auf die akademische Bildung – streitig zu machen, oder diese Berechtigung vollends zu verneinen. Aber die Frau soll eben nur der Bildung halber studieren. Wenn schon Brotstudium, dann in solchen Fällen, wo es sich um einen ausgesprochenen Frauenberuf oder um einen Erwerbszweig handelt, bei dem die Frau mit dem Manne nicht im Wettkampf steht. Und hier liegt die Wurzel des Übels. Die Kollegen sehen in jeder Frau rein gefühlsmäßig – meistens nicht einmal bewusst – den Feind ihrer gesicherten Zukunft. So ist es verständlich, dass sie sich dem ›Feind‹ gegenüber nicht immer ausgesucht höflich benehmen. Noch einmal sei es gesagt: Die männliche Jugend will kein Bildungsmonopol, aber sie will die Sicherung ihres Lebensraumes. Kann der Mann ruhig in die Zukunft blicken und sind die Berufsverhältnisse auf eine gesunde Grundlage gebracht, so ist damit auch für die Frau das Beste erreicht: sie kann dann ihren naturgegebenen Beruf erfüllen.« Vorgeschlagen wird ein stark vereinfachtes, speziell für Frauen konzipiertes Studium, in dem sie durch Überblicksvorlesungen ein gewisses Maß an Bildung erwerben, »ohne sich mit Spezialfragen auseinandersetzen zu müssen«.

Man mag sich Ilses Miene vorstellen, als sie diese Zeilen ihrer Kommilitonen in ihrer Hochschülerzeitung las.

Ilse engagiert sich vom ersten Semester an im illegalen Roten Studentenverband, unter anderem zusammen mit Peter Schramke, Hans Friedmann, Kurt Horeischy und Karl Lederer, die Roten Studenten unterhalten Verbindungen zu den ebenfalls illegalen Revolutionären Sozialisten, es gab aber auch Kontakte zu konservativen Studentenverbänden.

Die kommunistischen Gruppen waren nur lose verbunden, Ilse besuchte eine Reihe marxistischer Fortbildungen, die konspirativ in Wohnungen oder im Freien abgehalten wurden. Sie las 1937 »Zur nationalen Frage in Österreich« von Alfred Klahr (1904 bis 1944), der Artikel bildete die Grundlage von Ilses marxistisch geprägtem österreichischen Patriotismus. In Klahrs Verständnis war Österreich nie Teil der deutschen Nation; die nach Einheit strebende deutschnationale Bewegung, zu Marx' Zeiten noch eine fortschrittliche und revolutionäre Kraft, war nach Klahr nur noch ein Vorposten des Hitlerfaschismus und Feind der Demokratie. Die Forderung nach einem Zusammenschluss mit Deutschland musste daher abgelehnt werden, ebenso musste jedoch auch das nur vermeintlich patriotische, in Wahrheit reaktionäre Spiel mit national österreichischen Gefühlen abgelehnt werden. Österreich ist historisch jenseits der deutschen Nation entstanden. Im Ständestaat waren die Beschwörungsversuche einer spezifisch österreichischen Identität jedoch nur ideologischer Natur, durch Kultur sollten die im Ersten Weltkrieg verlorenen Bastionen im Donauraum zurückerobert werden. Die Existenz einer nationalen Eigenart, einer spezifisch österreichischen Kultur war laut Klahr zwar historisch gegeben, das nationale Bewusstsein musste sich in einem neuen Österreich aber erst neu entwickeln beziehungsweise musste in seiner Eigenart weiterentwickelt werden. Der Kampf um ein eigenständiges, unabhängiges Österreich war angesichts des Faschismus in Deutschland somit Teil des allgemeinen antifaschistischen Kampfes gegen Hitlerdeutschland, der Kampf für Österreich ein Teil des Kampfes für Demokratie und Frieden in Europa.

In der Diskussion der Komintern vor und bei der Konferenz von Jalta 1944 wird diese Argumentation für die Weiterexistenz Österreichs von größter Bedeutung sein. Die Verbindung des Kampfes um eine österreichische Unabhängigkeit mit dem antifaschistischen Kampf ermöglichte die Zusammenarbeit mit konservativen, ja monarchistischen Gruppen, sie bildete auch die theoretische Grundlage der Arbeit der kommunistischen Fraktion im Kampf für ein freies Österreich in der Schweiz. Ilse gehörte ihr während des ganzen Zweiten Weltkrieges an und leitete sie in den letzten Kriegsjahren.

1937 sollte das Medizinstudium per Gesetz durch die Einführung eines Praxisjahres um ein ganzes Jahr verlängert werden. Die Fachschaft Medizin, die Interessenvertretung der Studierenden, protestierte in einem Memorandum, das allerdings nichts bewirkte. Die Roten Studenten druckten Flugblätter und organisierten gemeinsam mit den (ebenfalls illegalen) Revolutionären Sozialisten und anderen Gruppen im November einen dreitägigen Hörerstreik. Trotz vieler Versuche der Spaltung wurde die Einheit der streikenden Studenten (mitangeführt vom späteren Justizminister Christian Broda) bewahrt und der Plan der Studienverlängerung zu Fall gebracht. Beschworen wurde eine Art Einheitsfront der Studierenden, in der die ideologischen Differenzen zugunsten des gemeinsamen Zieles hintangestellt wurden. Im Flugblatt des »Geeinten Roten Studentenverbandes« heißt es:

»ALLES DURCH DIE EINHEIT!
ALLES FÜR DIE EINHEIT!
STUDENTEN ALLER FAKULTÄTEN!

Der Streik ist zu Ende geführt. Das Gesetz über die Spitalspraxis ist in seinen schädlichen Auswirkungen aufgehoben worden. [...] Du, katholischer Student, hast Dich trotz der Quertreibereien seitens Deiner Führer in die Reihen der kämpfenden Hochschülerschaft gestellt. Du, nationalsozialistischer Student, hast unter Hintansetzung parteipolitischer Sonderinteressen, Schulter an Schulter mit uns allen im Kampfe gestanden. Wir, kommunistische und sozialistische Studenten, haben selbstverständlich mit allen unseren Kräften den Kampf für unser aller Interessen unterstützt. Denn wir sind zu jeder Zeit und bei jeder Gelegenheit die glühendsten Vertreter studentischen Wollens. Die Voraussetzung zur erfolgreichen Weiterführung unseres Kampfes ist die Aufrechterhaltung unserer Aktionseinheit, die sich so glänzend bewährte.«

Die Erfahrung des erfolgreichen Streiks der geeinten Studierenden war für Ilse ein Modell für die konspirative Arbeit im Widerstand der Emigranten unterschiedlichster politischer Gruppen später in der Schweiz. Bis kurz vor dem Einmarsch der deutschen Truppen wurden am Anatomischen und Chemischen Institut trotz polizeilicher Überwachung und Kontrollen Flugblätter und illegales Propagandamaterial gedruckt und versteckt. Die Mehrzahl der Roten Studierenden wie Hans Friedmann und Ilse konnten sich in die Emigration retten, von denen, die blieben oder bleiben mussten, wurde ein großer Teil im Wiener Landesgericht wegen Hochverrats oder KP-Zugehörigkeit hingerichtet oder zu langjährigen Haftstrafen verurteilt.

Ilses »Abgangszeugnis« ist mit 21. März 1938 datiert, das vierte Semester, das bis Juli 1938 gedauert hätte, wurde »mangels Frequenzbestätigung« nicht angerechnet. Das Zeugnis bestätigt der Studentin Benedikt großzügig, dass »ihr akademisches Benehmen« während des gesamten Studiums »den akademischen Gesetzen vollkommen angemessen« war (was wohl nur im höheren Sinne der Wahrheit entspricht). Am 22. März verlässt Ilse Österreich. Zehn Tage nach dem Einmarsch der deutschen Truppen sitzt Ilse im Zug nach Zürich, wo sie das Studium fortsetzen will. Um den Hals trägt sie gut sichtbar eine Kette mit einem Hakenkreuzemblem, Genossen hatten ihr das empfohlen, es sollte beim Grenzübertritt gegen unangenehme Fragen helfen. Nach der Grenzkontrolle wirft sie die Kette aus dem Fenster.

Susanne hatte im Schuljahr 1936/37 das Billrothgymnasium nach dem ersten Halbjahr verlassen, noch bevor 1938 die jüdischen Schülerinnen und Schüler aus der Schule verwiesen wurden. Im Oktober 1937 erhielt sie nachträglich ein Zeugnis über den Abschluss der vierten Klasse.

Im Juni 1938, drei Monate nach dem Einmarsch der deutschen Truppen in Österreich, holte die finnlandschwedische Tante Aline die fünfzehnjährige Susanne aus Wien ab und brachte sie im Zug zu den Verwandten nach Finnland. Alines Familie hatte eine Stadtwohnung in Helsinki und ein Landhaus auf der Insel Ängholm im Süden.

Die sparsame Mutter hatte Susanne wie üblich auch für diese Fahrt nur ein Dritte-Klasse-Ticket gekauft. »Ich heulte die Nacht durch«, schreibt Susanne in den Erinnerungen für die Tochter. Am Morgen zahlte Aline auf, sodass beide gemeinsam reisen konnten. Erst Ende 1940 wird Susanne wieder mit den Eltern in Stockholm zusammentreffen.

5

NOVEMBERPOGROM

Unmittelbar nach dem »Anschluss« am 12. März 1938 hatten öffentliche Demütigungen und Misshandlungen von Juden eingesetzt. Die Ausschreitungen und wilden Plünderungen wurden von der Polizei weitgehend geduldet, viele Polizisten trugen schon wenige Tage nach dem Einmarsch Hakenkreuzbinden, es kam – anders, als von den Nazis befürchtet – zu keinen nennenswerten Protesten der Wienerinnen und Wiener. Hermann Göring verkündete im April das Ziel, dass Wien in vier Jahren »judenfrei« sein werde.

Die unterschiedlichen Schritte der Diskriminierung, die Etablierung der rassenpolitischen Ämter, die Abfolge der Einschränkungen mit dem Ziel der »Aussonderung der Juden aus dem Volkskörper« erfolgten in Wien um vieles rascher als in Deutschland. Unter der Leitung von Adolf Eichmann, der die Zentralstelle für jüdische Auswanderung etablierte, wurde Wien zum Modell für die Logistik der Vertreibung, Deportation und Ermordung der Juden in Europa.

Die Intensität der Verfolgung und der massive Ausbruch der Gewalt gegenüber den Juden Wiens trafen Ernst Benedikt unerwartet. Mehr noch als die Gewalttaten selbst überraschte ihn die allgemeine Duldung des Terrors, an dessen Ende die Ermordung von einem Drittel der 210 000 österreichischen Juden stand. Wie Benedikt lebte die große Mehrzahl von ihnen in Wien.

Am Donnerstag, dem 10. November 1938, dem Tag des Novemberpogroms, wurde Ernst Benedikt von der Polizei unter einem Vorwand aus seinem Haus in der Himmelstraße abgeholt und fünf Tage lang festgehal-

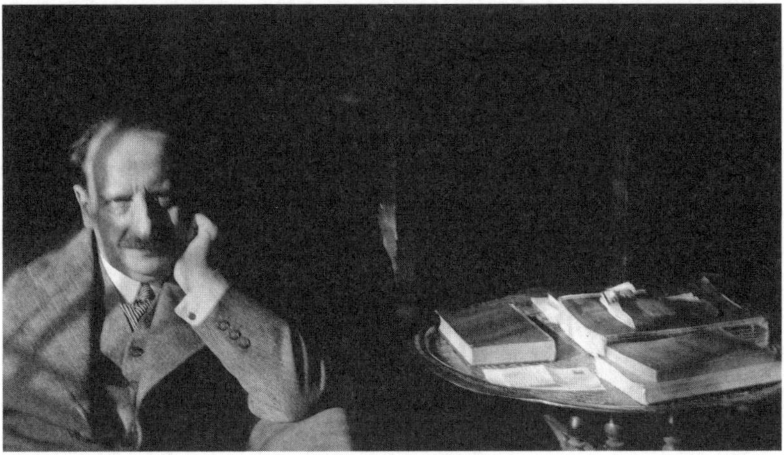

Ernst Benedikt, 1938

ten. Das traumatisierende Erlebnis der Verschleppung und Misshandlung beschrieb er später in einem fast fünfzig Seiten langen Brief an seine Töchter. Auch Veza Canetti berichtet in den *Schildkröten* über die Atmosphäre der Demütigung und Erniedrigung im Novemberpogrom, als Kains Mitbewohner Felberbauer von den Nazis verhaftet wird. In vielen Details stimmen die fiktive Geschichte von Felberbauer und die reale Geschichte Benedikts überein, es erscheint deshalb nicht ausgeschlossen, dass sich die Passagen aus ihrem Roman über den Naziterror dem Bericht Friedls über die Erlebnisse ihres Vaters verdanken.

Es hat den Anschein, als ob sich Benedikt durch den detaillierten Bericht freischreiben wollte, das heißt, dass er dem Naziterror mit dem, was ihm zur Verfügung stand, begegnen wollte: mit Sprache.

Der Brief des Vaters markiert eine Bruchstelle in der Geschichte der Familie Benedikt, weshalb er hier ausführlich zitiert wird. Es war klar, dass es danach kein Leben mehr für sie in Österreich gab.

Liebstes Kind!

Du beklagst Dich – und sicher mit Recht – daß ich Dir niemals wirklich und genau erzählt habe, wie es mir in den schaurigen Novembertagen in Wien im Jahre 1938 ergangen ist. Ich tue dies jetzt – vielleicht in einer

Form, die Dich ein bißchen unpersönlich anmutet, aber Du mußt begreifen, daß die immer geforderte Wiederholung des Berichtes seitens Freunden und Bekannten in mir einen leisen Überdruß erzeugt hat, der nur zu überwinden ist, wenn ich mir vorstelle, daß ein für alle Mal in einigermaßen gültiger Darstellung dieser ganze Komplex aus mir ausgestoßen werden kann – mindestens soweit derartige Erlebnisse überhaupt »ausgestoßen« werden können, da sie doch unverlierbar dem Wesen des Betroffenen sich eingenietet haben. Und damit habe ich auch gleich das – wenigstens für mich – Entscheidende gesagt. Das Erlebnis ist mir nicht mehr zu rauben. Ich selbst, so gerne ich es auch wollte, könnte es nicht. Und ferner: Das Erlebnis, so furchtbare Formen es zum Schluß auch annahm, so nahe es mich in den Folgen dem Tod führte, war und ist mir nicht unerwünscht. Ich halte es fest, vor allem, weil es mir Gelegenheit bot, die unschätzbare Gelegenheit, zu erfahren, was der Einzelne zu ertragen vermag in Gemeinschaft mit Gleich- und Härterduldenden; wie hoch die Leistungsfähigkeit wachsen kann, im Bewußtsein des Müssens und Nicht-Vermeiden-Könnens. Diese fünf Tage boten mir Einblick in die Psychologie des Duldens, ich fand Tausende, die auf dieselbe Folterbank gespannt, denselben Missetaten unterworfen waren, ja noch viel scheußlicheren als ich selber. Und ich habe schließlich einen Gewinn geschöpft: Ich habe dem Satan mitten hinein in seine Küche gesehen. Ich habe seine Helfer kennengelernt: Aug in Aug stand ich ihnen gegenüber – ihrer glühenden Bosheit, ihrem grinsenden Hohn, ihrer zähnefletschenden Mißhandlungslust. […]

Es begann wie die meisten Katastrophen und Schlachten ziemlich »harmlos«. Ich wußte, daß nach der Verkündigung des Lautsprechers unheimliche Dinge bevorstanden, daß »dicke Luft« vorhanden war, wegen des törichten Attentats auf den Legationsrat von Rath, dessen Aufklärung wohl niemals restlos erfolgen wird. Ich hatte Absicht, am nächsten Tag, eben an jenem 10. November, aufs Land zu fahren, vielleicht auf den Semmering, wie damals im Oktober, da ähnliche Drohungen Tausende erschreckt hatten, ohne allzuviel Schaden zu bewirken. Freilich, der Schrecken zitterte aus diesen Tagen nach. Es ist mir, als wäre es gestern, da in der schwarzen, regentriefenden Nacht ein Offizier vor unserem Gitter-

tor erschien, im Halb-Dunkel, das Gesicht tief verschattet, und mich rufen ließ, um mir, wie er behauptete, Wichtiges zu melden. Ich ging zum Tore, ohne alle Furcht, da schließlich seit den Märztagen etwas Ruhe eingetreten und niemals gegen mich persönlich etwas unternommen worden war. Der Offizier, schlank, groß, im lichtgrauen Militärmantel mit breiten Aufschlägen und Tellerkappe, höchst elegant aussehend, wurde von mir aufgefordert, einzutreten, da er doch nicht im Regen vor dem Tore stehen solle. Er lehnte höflich, aber bestimmt ab: »Wenn Sie mich sehen würden, so würden Sie mich erkennen und das sollen Sie nicht. Ich weiß, Sie sind Jude«, fuhr er fort, »aber Sie haben sich immer anständig benommen und so will ich Ihnen mitteilen: Packen Sie Ihre Frau und Ihre Kinder zusammen und fahren Sie sofort ins Ausland, mindestens an die Grenze. Es kommt morgen eine Nacht der langen Messer gegen die Juden. Beeilen Sie sich, es ist höchste Zeit.« […] Erst am Morgen erfuhr ich, daß diese »wohlmeinende Warnung« ein Trick gewesen sei, berechnet, Schrecken einzujagen und Panik zu verbreiten. Ich erfuhr, daß der »wohlmeinende Warner« alle jüdischen Parteien unserer Straße alarmiert hatte, daß eine Frau, deren Gatte am Morgen der schlaflos verbrachten Nacht bei mir in rasender Furcht erschien, ihre Koffer gepackt hatte, um dem zu erwartenden Pogrom zu entfliehen. Ich erfuhr ferner, daß alle Parteien in Hernals und anderen Bezirken die Botschaft erhalten hätten, sie müßten in vierundzwanzig Stunden Wien verlassen, sie hätten ohne Gepäck – gleichgültig, ob mit oder ohne Paß oder Einreisebewilligung – zur Bahn zu kommen – die Züge seien bereitgestellt, um sie, die Schüblinge, abzuschieben, an die tschechische Grenze, nach Polen, irgendwohin, nur fort, fort, aus der Gemeinschaft der »Heiligen und Reinen«. […]

Am 10. November 1938 kam ein großer, dicker Wachmann etwa um halb neun Uhr früh in unser Haus und ließ mich wecken, der ich gewohnt war, bis in die späte Nacht zu lesen und zu schreiben. Ich ging in den Vorraum, die Treppe hinunter, frug ihn, um was es sich handle, worauf er bemerkte, er wisse es nicht genau, es handle sich offenbar um eine Ausweisleistung. Meine Frau vermutete, es sei irgendetwas mit den Dokumenten meiner jüngst erst ausgewanderten Tochter nicht in Ordnung.

Immerhin, ich nahm vorsichtshalber ein etwas stärkeres Frühstück zu mir – etwas im Magen kann nie schaden, meinte der Wachmann rätselhaft liebenswürdig. Auch telephonierte ich rasch mit der Kanzlei meines Anwalts, um seine (übrigens wie sich später herausstellte, gänzlich unmögliche) Intervention ersuchend. Niemand von uns ahnte etwas Übles und obwohl ich einige harmlose Medikamente des Alltags in höherem Maße als gewöhnlich zu mir steckte und ein kleines Buch über die schwedische Sprache mitnahm, so glaubte ich doch nicht einen Augenblick an eine Katastrophe. Nur die Hausgehilfin, die seit Mutterszeiten uns betreut hatte, ein kleines, blasses »Fräulein«, erfaßte die Lage und ich sehe es noch vor mir, wie dicke Tränen in ihren großen, kurzsichtigen Augen standen und Weinen ihre Lippen und Wangen erzittern ließ.

Ich aber ging ganz gemächlich, wie so eine Art von negativem Tobias, mit meinem negativen Schutzengel durch den blauen, blassen Novembermorgen durch die menschenleere Hauptstraße und über den menschenleeren Hauptplatz zu dem neben dem Fleischer gelegenen Kommissariat, das mir bisher nicht einmal vom Sehen her bekannt war. Ich hatte offenbar diesem ziemlich schäbig eingerichteten Ämtlein keine Bedeutung beigemessen und – offen gesagt – ich tat dies auch jetzt keineswegs. So wenig wie die Schar von etwa zwanzig Leutchen, die in der nächsten Stunde dorthin zu Gast kamen. […] Ganz kurz wurde jeder von uns protokollarisch verzeichnet und formell verhört und dann begann jene Periode, die alle Militärpflichtigen als die wichtigste der Rekrutenzeit kennen – nämlich die Periode des Wartens.

Stunden vergingen, der Mittag kam, ehe wir vom Kommissariat Grinzing, hübsch in Reihen geordnet, durch einen Tramwaywagen – niemand dachte an Gefahr und Flucht – ins Kommissariat Gatterburggasse geleitet wurden. Ich hatte noch mit meiner Frau telefonisch sprechen können und ihr – im besten Glauben an meine baldige Befreiung – zugeredet, sie möge den wenigen Freunden, die zum Mittagessen geladen waren, nicht absagen.

Auch in der Gatterburggasse, in größeren Zimmern, umgeben von mehreren hundert Schicksalsgenossen, änderte sich das Bild des »Wartesaals« nicht. Es folgte nur eines: nämlich Protokollaufnahmen durch einen jungen SA-Mann, der sich völlig ans Formelle hielt und keine Inqui-

sition oder Marterung verfügte. Nur eines wurde uns allgemach klar, daß wir an diesem ersten Tag unserer Haft keinen Bissen zu essen bekamen und keinen Tropfen stärkenden Getränks [...] Seltsam ist es mir heute, daß keines der vielen Gesichter – ich hatte nur einen einzigen Bekannten, und der gehörte nicht zu den angenehmsten – mir in Erinnerung geblieben ist. Alles ist wie von einem Schleier und Nebel bedeckt, diese Rotte verschüchterter, leise sprechender Menschen, die gekalkten, leeren Wände, die paar Bänke und Stühle, die von den Älteren besetzt waren, der flüchtige Ausblick aus den schon von der Dämmerung verdunkelten Fenstern auf die Gasse – auf das uns nicht mehr erreichbare »Freie« – wo sich eine Schar hoffnungsvoller Jugend in froher Erwartung menagerieartiger Erlebnisse versammelt hatte.

Es fehlte mir natürlich jede genaue Zeitbestimmung, wann unser Abtransport erfolgte, ja alle Vorgänge in diesem Kommissariat, das ich später kaum mehr erkannte, dessen Räume sind wie ins Leere gedrückt durch die späteren Ereignisse. Denn schon der Transport, der plötzlich abends verfügt wurde, lehrte uns, wessen wir uns zu verstehen hätten. Die SS übernahm die Angelegenheit, die Riesengarde der Gestapo, die »Verfügungstruppe« des Herrn Himmler, der war von jetzt an unser Herr über Leben und Tod. Und sofort meldete sich jener Begriff, der Begriff aller Begriffe – der Vorwand für tausendfachen Terror, ja identisch mit diesem selbst, nur ins Zeitliche übertragen – nämlich das Tempo. Tempo, das heißt: Du wirst wie ein Warenballen in einen dunklen Wagen geschleudert, der halbmannshoch und ohne Trittbrett dem Nichtturner und -kletterer, dem Älteren und Müden ein schwieriges Problem bedeutet. (Mir gelang es, mit einer mir heute kaum begreiflichen Raschheit, mich an einer Eisenkette hinaufzuhangeln, die von der Bedachung des Wagens herabhing.) Tempo, das war die schallende Ohrfeige, die auf die Wange des Menschen niedersauste, der auf meinem Schoß saß. Tempo, das war die zweite Ohrfeige, die der Arme mit gleicher Wucht auf seine andere Wange empfing, als er, begreiflicher Scham gehorchend, mit seiner Hand die getroffene Stelle berührte. Ich werde ihn nie sehen, diesen meinen Beschützer, und habe ihn nie gesehen und doch dank ich ihm, daß ich im Hintergrund sitzend nicht unmittelbar den beiden Bestien ausgeliefert war, die uns zu unbekanntem Ziele führten. Und wieder – beim Aussteigen – was spreche ich von Aussteigen? – beim Herausgepeitscht-, Herausgehetztwerden aus dem hohen Wagen ohne Stufen – Tempo, Tempo! – bewahrte mich irgend ein guter Geist. Denn ich sprang nicht nur ohne zu fallen, ich rutschte – mir fällt kein anderer Ausdruck ein – blitzschnell an dem Kerl vorüber, der mir einen tüchtigen Fußtritt und eine Maulschelle zugedacht hatte, so daß er, halb bewundernd, halb ärgerlich in einem, in rassisch fremden Dialekt verfallend mir nachrief: »Hast Du a Masel!«

Immerhin, wir waren draußen aus der schwarzen Mausefalle. Wir eilten unter dem brüllenden Zuruf der SS-Leute – Tempo, Tempo! – in das Gebäude, das uns als Kerker dienen sollte. Durch einen ziemlich breiten Eingang rannten wir geradeaus und kamen in einen Riesensaal, der in diesem Augenblick noch völlig leer war. Sofort wurden wir – etwa fünfzehn Leute – an die Wand gestellt und mußten, in tiefer Kniebeuge mit ausgestreckten Armen, unsere Personaldaten mitteilen – wohl eine der seltsamsten Positionen, die für solche Zwecke ausgesucht werden können. Und merkwürdigerweise wir alle – Nichtturner von Beruf, ausgehungert seit dem Morgen, in begreiflicher Erregung – wir taten das Befohlene, und der ältere Herr, der Mensch mit der Krampfader, der Philosoph wie der Arzt – sie konnten es, weil eben die Angst – wir sollten dies noch gut erfahren – ein starker Motor ist. Weil Schicksalsgemeinschaft eine mächtige Induktionsbatterie darstellt, die Fähigkeiten der Einzelnen steigernd, Unterschiede, ja Gegensätze verwischend.

Die ganze Nacht, bis in den Morgen dauerten diese Prozeduren mit immer neuen Abteilungen, und ich hatte Zeit genug, um das Milieu zu besichtigen, in das von Minute zu Minute mehr Menschen kamen, alle sichtlich unter dem Eindruck des »Tempos«: alle totenblaß, nach Atem ringend, von Angst erschüttert.

Der Raum, in dem wir uns befanden, war ein Saal von gewaltigen Dimensionen. Es war ein Rechteck, groß etwa wie der Saal von Hofstallungen, und der Vergleich stimmte fast in jeder Richtung, denn wir waren in der Reitmanege der Polizei, in der Pramergasse im neunten Bezirk gelegen. Dünner Sand bedeckte den Boden, ein mächtiges Tor war jenem gegenüber, durch dessen Öffnung wir gekommen waren. […] Wir waren schließlich 2800 Menschen – so lautete die Schätzung, die allgemein verbreitet war in dieser Menge. Kaum zwei oder drei SS-Leute waren gegenwärtig, eine kleine Mannschaft der Wiener Wache alternierte mit ihnen in der Aufgabe, Namen zu verlesen und lautes, allzulautes Reden zu verhindern. So konnte ich ganz ungehindert mit Menschen sprechen, die mir interessant schienen, und erkennen, was jeder von ihnen erfahren und erduldet hatte. Und da vermochte ich es erst zu erkennen, wie unermesslich gnadenvoll der Glückstern über mir gewaltet hatte. [...] Schon im Morgengrauen, so berichteten mir alle, seien sie aus den Häusern herausgeholt oder auf der Straße gepackt worden. In Kellern hätten sich die infamsten perversen Szenen abgespielt. Von meinem früheren Sekretär, dem ich erst nach vielen Stunden des Aufenthalts begegnete, erfuhr ich, man habe die Leute gezwungen, in diesen Marterkammern eineinhalb Stunden zu wippen, und wer nicht zu folgen vermochte, wen das bebende Herz, der rasende Puls zum Stillstand zwang, wurde erbärmlich geschlagen. Auch homosexuelle Exzesse seien geschehen, über deren Einzelheiten jedoch niemand sprach. [...]

Der zweite Tag und die zweite Nacht unserer Gefangenschaft verging, es wurde Nacht und wieder Tag und noch immer hatten wir 2800 Unschuldige nichts zu essen bekommen, es sei denn, daß das einzige Stück Brot, das wir am Morgen »fassen« durften, als Nahrung zu bezeichnen wäre. Dies aber war durchaus nicht der Fall. Denn dieses Stück Brot war die widrigste gelbe Teigmasse, die ich je geschmeckt habe. [...]

So verging der Freitag. Müßig standen wir, müder und immer müder wartend. Kaum ein paar Stunden war uns offiziell gestattet, uns in der Nacht auf unsere Mäntel zu legen oder an die Wände zu hocken, wobei, wie überall in Katastrophen, manches Staunen, ja gelinde Erheiterung, hervorrief.

Trinkwasser wurde uns wenigstens gestattet aus der Leitung zu schöpfen, aber um jene Bedürfnisse zu befriedigen, die der Körper forderte, ohne daß man gerne von ihnen spräche, mußte man sich anstellen und Stunden und Stunden dauerte es, bis man endlich, endlich in jenen kleinen Hof gelangte, der doch so etwas wie Freiheit darstellte, da man dort den Himmel sah, reinere Luft atmete und außerdem (verstohlen und mit einiger Gefahr) den Trost aller modernen Sklaven genießen konnte – die Zigarette. [...]

Ansonsten waren wir vollbeschäftigt damit, den Aufrufen der Namen zuzuhören, die irgendeine Zukunft, irgendeine Absicht zu bergen schienen. Ich wurde von einer stetig zunehmenden Unruhe ergriffen. Denn mein Name kam nicht über die Lippen des Verlesenden, und ob ich auch noch so scharf hinlauschte und Mitgefangene bat, mir ja nur zu berichten, falls ich die (in der Phantasie immerfort vernommenen) Laute überhören sollte. [...]

Eben jetzt aber empfingen wir die Nachricht, daß wir evakuiert werden sollten, die Gestapo werde uns »übernehmen«. Wir versammelten uns demgemäß in derselben Straße, wo unser Einzug erfolgt war und wie eine Art von Henkersmahlzeit wurde uns nach zweieinhalb Tagen eine Tasse Tee und ein Stück Weißbrot verabreicht. Aber schon begann wieder – und jetzt sollte erst »das dicke Ende« kommen – das Regime des Tempos: Wer spricht, wird erschossen, wer zum Fenster geht, wird erschossen, wer nicht gehorcht, wird erschossen – so krachte es aus dem Munde eines der SS-Leute. Sie empfingen uns in der Kenyongasse, da wir aus unserem Wagen sprangen, wo wir übereinandergepackt gewesen waren wie Tiere in einem Viehwaggon. Eben hatten wir gezittert im Glauben, die Fahrt gehe auf die Westbahn, also nach Dachau. Aber die »Freude«, daß das nicht geschah, wich sofort dem Gefühl der Beklemmung, als wir, von unseren Tierbändigern gehetzt, rennend den leeren Klassenraum erreichten, der uns bestimmt war. Denn jetzt konnte man uns endlich »fassen«.

Während der Einzelne in dem Riesensaal der Pramergasse in der grauen Menge unterging, auch für die Luchsaugen der Spione kaum erkennbar, jetzt – in einem nackten Schulzimmer ohne Tische, Sessel oder Bänke war jeder von den 105 Gefangenen, mit denen ich zusammen »wohnte«, ein leicht schießbares Freiwild für den Jäger. Schon begriffen wir nach den ersten fünf Minuten, da wir regungslos auf dem Fußboden liegen mußten – offenbar um unsere Nervenkraft zu erproben – daß der verhaßte Pramersaal, in dem wir geschlagene 48 Stunden gestanden, herumgehockt, herumgelegen waren, daß dieser Stall doch die »gute alte Zeit« verkörperte gegenüber dem, was uns die Kenyongasse reservierte.

Vor allem begann jetzt erst die Strafe im technischen Sinne. Denn die bisherige Hungerkur, die immerhin sogar einem Gandhi nicht ganz leicht gewesen wäre, wurde gesalzen und gepfeffert durch scharfes militärisches Training. […] Tiefe Kniebeuge, zehn Mal, zwanzig Mal wurde gefordert. Niederwerfen auf den Boden ohne Rücksicht auf das Bein oder die Arme des Nachbarn, zehn Mal, zwanzig Mal, wie Rekruten bei einer ernsten Felddienstübung. Liegestütz als Strafe für jene, die der leichteren Gymnastik nicht oder nicht gut mächtig waren. Fünf oder sechs Stunden dauerte diese, zum Teil auch von einem Wachmann geleitete »Unterhaltung«. […]

Nicht das stundenlange Exerzieren als solches quälte uns so sehr, und diese Schar von Handelsgehilfen, Mittelschülern, Kleinkaufleuten. Die Begleitmusik der Himmlergarde war es, die betäubend und lähmend wirkte. Als erster – dies stand zu erwarten – fiel ein junger Lehrer des Hebräischen in ihre Klauen. Schon im Pramersaale war er mir aufgefallen, eine schlanke Gestalt, mit einem schwarzen Talar bekleidet, den eine blaue Schärpe um die Hüften gürtete. Seltsam diese Tracht und noch seltsamer die feierliche, fast asketische Einfachheit der Haltung, seltsam der krause, kurze Jünglingsbart und der Blick – der starke, schöne Blick des Schwärmers und des Priesters. Auf ihn konzentrierte sich naturgemäß die Aufmerksamkeit der Raubtiere. Er wurde »singled out«, wie es die Engländer nennen, und man beschloß, auf seine Kosten die Vorstellung zu eröffnen. Mit ein paar Stößen brachte man ihn auf den Katheder. Was er denn tue; wie er die Christen betrogen, was für Sauereien er betrieben habe. Solche und ähnliche Fragen beantwortete er entweder schweigend oder in kindlicher Unbeholfenheit. Nun erklärte ihm der, nach stärksten Effekten suchende, »Prüfer«: »Also, Du wirst erschossen. Jetzt sing etwas!« Der also Angeherrschte zögerte naturgemäß. Singen – da einem der Tod verkündet wird – wie sollte er das fassen? Da fuhr schon die Hand des Peinigers ihm ins Gesicht und packte seinen Bart. »Sing, Du.« Nun begann er wirklich zu singen. Zuerst zögernd, ersichtlich freier, immer – ich kann es nicht anders sagen – erhabener. Wir alle standen atemlos dieses Schauspiel begleitend, mitleidend, mitweinend und innerlich mitsingend, mit diesem, der wie die Jünglinge im Feuerofen aller Haft und allen

Scheußlichkeiten spottete. »Andere Platte einlegen!« schnarrte der Befehl und wieder begann er ein Lied, immer fröhlicher, immer weniger unter uns verweilend. »Was hast Du da gesungen, was heißt Dein Gemauschel?« Leise kam die (sehr kluge) Antwort: »Der Sinn paßt für alle ...« »Jetzt bete mal zu Deinem Volke, ehe Du erschossen wirst. Du wirst ja erschossen. Los, los, vorwärts!« hieß es. Nun begann er zu beten, und nie noch habe ich so viele Augen in Tränen gesehen, nie noch so innig die alten, ehrwürdigen Worte der Überlieferung mitgesprochen, wie damals, da der anscheinend Todgeweihte uns sagte: »Du sollst den Herrn, Deinen Gott lieben von ganzem Herzen, mit ganzer Seele und mit ganzem Vermögen. Es segne der Herr Deinen Eingang und Deinen Ausgang und gebe Dir Frieden.« Ich wußte, als dieser Priester nun weggeführt wurde – unbekannt wohin – daß ich nie seine Worte vergessen würde, daß die an Christus auf manchen Bildern gemahnende Gestalt – Christus von Kriegsknechten verhöhnt, bespien und gepeitscht – mir nie aus der Seele schwinden wird, da er uns allen durch seine Freiheit die Freiheit gab.

Zurück auf die Erde, wir haben keine Zeit. Hart auf hart geht es, ohne Priestergesänge und -gebete. Ein junger Student, typisch in der unsentimentalen, fast kalten Gefaßtheit eines schon Heimatlosen, wird gezwungen, so lange tiefe Kniebeugen zu machen, bis sein keuchender Atem beweist, daß selbst sein kräftiger Körper den Anstrengungen nicht mehr gewachsen ist. »Weiter, weiter!« wurde befohlen. Laut röchelte der Atem. Bis er schließlich, seiner selbst nicht mehr mächtig, ausrief: »Erschießen Sie mich, ich kann nicht weiter!« Ein anderer, diesmal einer der älteren, Goldschmied mit Namen, hatte das Verbrechen begangen, bei der tiefen Kniebeuge ein wenig mit seinen ausgestreckten Armen auf den Vordermann zu stützen, da er, beleibt und über fünfzigjährig, zu fallen fürchtete. Dieser harmlose »Schriftsteller« mit seinem roten, schwammigen Wurstelgesicht wird vorgerufen. Man preßt seinen dicken Körper zu Boden. Liegestütz, zehnmal. Dies die Züchtigung für den Verwegenen. Wie sollte dieser Dickwanst dessen fähig sein? Er und ein ehemaliger Oberstabsarzt – nein, sie wurden nicht getötet, wenigstens nicht vor unseren Augen. Aber der Tod konnte nicht viel ärger sein als die physische und moralische Mißhandlung. Ihr Ankläger, der den »Prozess« leitete – ich sehe ihn noch vor mir, ich höre noch seine krähende Stimme – wie dieser Riese mit dem blutrünstigen flachen Kindergesicht, seinen seltsam gestielten, runden Augen – ähnlich gewissen Fleischern oder Saufbolden – auf seine Opfer losfuhr, Gemeinheit und Hohn in jeder Faser seines Wesens. Hohn mit einer Art pseudoliterarischer und gleichzeitig obszöner Finesse, etwa wie ein Zuhälter, der vor einem Lustmord aus ein paar Magazinen oder ein paar Bildungsbrocken zum Besten gibt. Unmöglich, die Fülle dieses Unflats wiederzugeben. Ich habe sie mir auch nicht gemerkt. Man hörte das Wort nicht mehr, man sah es, geschwungen als Rute, aufgereckt wie eine Faust, hingespuckt wie schmutziger Speichel. Noch nie habe ich so klar gewußt, was Satan bedeutet, wie damals. Noch nie mich auch so stolz gefühlt beim Gedanken an solche Niedrigkeit.

Freilich, die Ohrfeige des Wortes wurde sehr bald ergänzt und realisiert durch die Ohrfeige der Hand. Aber es war den freundlichen Herren doch wohl zu simpel, es bot zu wenig »Befriedigung«, es war wohl auch zu mühevoll. Jetzt fanden die Herren es viel bequemer, dieses Geschäft, den Schlag ins Gesicht, von den Gefangenen selbst vollziehen zu lassen. Man hatte es doch mit Juden zu tun und nicht mit Menschen. Man hat doch Minderwertige »in der Hand«, denen Manneswürde fremd ist. Sie selbst sollten sich gegenseitig prügeln, daß es klatscht. Niemand braucht sich zu beschmutzen, indem er diese Feiglinge berührt. […]

Wir waren eine gesättigte Lösung des Schreckens. Kein weiterer Zusatz war denkbar. Müdigkeit und Schwäche sind oft bessere Nervenmittel als Brom und Veronal. So hörten wir diese Drohungen ruhig an, wir wackelten nicht mit den Ohren und ich, der sonst im Leben stets und vielleicht übertrieben pessimistisch war – in diesem Falle hilflos und ausgeliefert, bewahrte ich einen in dieser Situation gewiß gesunden Optimismus. Ich und die meisten glaubten nicht den Botschaften des Schreckens, eben weil sie so dick aufgetragen waren. Wir hatten das Gefühl, die Sache wurde deshalb mit ärgster Vehemenz begonnen, damit sie nicht in lang andauernder Haft oder gar in einem Blutbad enden müsse. So schloß dieser erste Tag, der erste in unserem neuen »Heim«, und die Nacht fand uns auf den Boden hingestreckt, einer über dem anderen, ohne Stütze, nur mit den Mänteln als Unterlage, stets des Alarms gewärtig mit seinem don-

nernden: Habt Acht! So verdösten wir die paar Stunden der Erschöpfung, immer recht weit von dem gefürchteten Fenster entfernt, dem sich zu nähern sicheren Tod bedeutete.

[…] Eben als wir – es war schon Abend geworden – irgendeiner Wendung gewärtig, zwischen Furcht und Hoffnung schwankten, steigerte sich der brausende Lärm im Haus zu dumpfem Getöse. Plötzlich rannte einer der SS-Leute herein und schrie: »Sofort niederlegen … Wer aufsteht, wird erschossen!« Wir schlugen auf den Fußboden nieder und mochten so etwa eine halbe Stunde geblieben sein, als die Lärmlaute neben uns – manchmal unterbrochen von schwerem Fallgeräusch – sich in wimmernde Wehrufe verwandelten, als brenne oder peitsche man Kinder. Wir hielten den Atem an. Wir fühlten, wir hörten aus dem Getrappel über die Gänge, aus der furchtbaren Flutbewegung im ganzen Hause die Stimme unseres eigenen Schicksals. […] Die Türe wird aufgerissen. SS, sichtlich betrunken, stürzt herein: »Alles auf und Reihen bilden, zu zweit« … Auszählen … Natürlich stimmte diese Zählung wieder nicht, denn einige Leute fehlten. Trottel, Schuft, Betrüger, blöder Säugling, solche und ähnliche Beschimpfungen platzten wie ein Gewitter über dem Haupt des armen Majors. Die Reihen wurden gebildet, plötzlich – alles ging plötzlich – wird die Ordnung geändert und ich, der stets sorgfältig im Hintergrunde geblieben war, gelange zu meinem Unglück in die erste Reihe. Kommando: »Marsch! … rasch, rasch …« Wir stürmen über den Gang, taumeln über eine Seitentreppe hinunter, und ich befinde mich neben dem Major, dem Stubenältesten in einem riesigen Saal, wohl dem Zeichen- oder Vortragssaale der Schule. Ein unbeschreibliches Chaos bricht herein in Gestalt von kommandierenden SS-Leuten, die stetig und mit fürchterlichem Tempo »Auf – nieder, auf – nieder, auf – nieder« brüllen und unterstützt von Angebern jeden Einzelnen mit Fausthieben bedecken und abführen lassen zu spezieller Behandlung, die nicht weiter konnten. Ich sah dies alles nicht, ich hörte es nur. Alles war wie in einen Schleier gehüllt. Ich sah und das mußte ich sehen, wie zwei Leute, der eine mit einer Prothese, der andere mit einem offenen Bruch – sie lagen hilflos in der Ecke mir gegenüber – wie diese Krüppel aufgefordert wurden, mitzuturnen und wie sofort, da sie sich doch nicht rühren konnten, die Faust der Bestie ihnen in

die Zähne fuhr. Ich begann zu wanken. Ich war am Ende. Noch versuchte ich auf den flüsternd gegebenen Rat des Majors die Bewegung nur mehr zu markieren. Da begann eine Art von Sturm der nahestehenden Gefangenen gegen mich. »Der kann es auch nicht. Bluthund!« schrie einer mit dem Akzent letzter Verzweiflung. »Doppelte Justiz.« Ich fühlte die Augen haßerfüllt auf mich gerichtet und in der nächsten Minute war es Nacht vor meinen Augen – ich entzog mich dem Unerträglichen … Ich sank in eine tiefe Ohnmacht, ich war gerettet […]

Der Rest war: kurzfristiger Aufenthalt in einer Zelle des Landesgerichtes, wo endlich wirkliche Verbrecher eine gemütvolle Atmosphäre verbreiteten. Ein Brandstifter, ein Totschläger, ein Idiot, der ihm hörig war, und ein armer, sehr dicker Advokat mit zerbrochenem Nasenbein und blutigem Hemd.

Benedikt muss nach seiner Entlassung für eine Woche ins Lainzer Spital. Hatte er noch über die Sommermonate laviert und trotz aller Einschränkungen und antijüdischer Maßnahmen insgeheim gehofft, dass es vielleicht nicht ganz so schlimm werde oder zumindest noch etwas Zeit bliebe, so wird nach den Erlebnissen des Novemberpogroms klar, dass der nächste, unabwendbare Schritt in der Vernichtung besteht. Die nächsten Monate sind der Vorbereitung der Flucht gewidmet. Sie soll über England entweder nach Schweden oder in die USA führen.

Der physische Terror der Nazis wird vom fiskalischen und administrativen Terror begleitet und ergänzt. Als Jude muss Benedikt den Behörden das Vermögen seiner gesamten Familie melden. Es wird konfisziert und auf ein Sperrkonto gelegt, dessen Benützung durch den Eigentümer nur im Einvernehmen mit den Nazibehörden erfolgen kann. Um das Land verlassen zu können, sind Juden »reichsfluchtsteuerpflichtig«, zugleich wird die »Juva« (die Judenvermögensabgabe) fällig. Erst nach Ausstellung der »Unbedenklichkeit«, also nach Bezahlung aller Abgaben, kann vom Inhaber über das verbliebene Kapital verfügt werden, wenn denn Kapital übrig war. Die Höhe der Reichsfluchtsteuer und der Juva schwankte, zwischen den einzelnen bürokratischen Schritten vergingen Wochen, immer neue schikanöse Forderungen wie die Einhebung einer Fürsorgeabgabe für die ehemaligen Mitarbeiter der *Neuen Freien Presse* wurden aufgestellt, bisweilen reduziert, bisweilen wieder fallen gelassen.

In den Kellern der Wiener Finanzlandesdirektion wurden im Jahr 2000 Zehntausende Akten über die Vorgänge der Beschlagnahmung von jüdischem Vermögen in Wien gefunden, man nahm lange an, dass sie irgendwann in der Zweiten Republik skartiert worden waren (man hatte allerdings im allgemeinen Willen, alles zu vergessen, sogar vergessen, sie zu vernichten). In den Regalen fand sich auch der Akt der Familie Benedikt. Er umfasst die Beschlagnahme »des gesamten stehenden und liegenden Vermögens sowie aller Rechte und Ansprüche des Ernst Israel Benedikt sowie seiner Ehefrau Irma Sara Benedikt sowie deren Kinder aus Gründen der öffentlichen Sicherheit und Ordnung mit dem Ziele der späteren Einziehung zu Gunsten des Deutschen Reiches«.

Die Listen über das bestehende Vermögen, über den Wert der Möbel, Bücher und des Hausrates der Familie sind detailliert geführt, die einzelnen Stationen des Abgabeprozesses, die Briefwechsel mit Behörden, Banken und Versteigerungshäusern sind vom April 1937 bis Mai 1941 akkurat erfasst. In der Aufstellung der im Mai 1939 im Wiener Dorotheum versteigerten Wertgegenstände aus dem Haus ist etwa vermerkt: 1 Damennadel mit Rauten, 1 goldenes Uhrband, 2 Ringe, 6 Knöpfe, 1 Damennadel Silber, 1 Tasse, 1 großer, 1 kleiner Schöpfer, 19 Vorleger, 5 Eierbecher, usw. usf. In der Rubrik »Retour«: 8 Fischmesser, 9 Fischgabeln, 1 Terrine und 1 Kette Metall. Unter allem der Stempel: »Erledigt«. Die Liste ist nur eine von vielen.

Auch das Haus in der Himmelstraße ging verloren. Mit Kaufvertrag vom 22. Mai 1939 ging die Liegenschaft in das Eigentum von Hanns Ferdinand Josef Kropff über. Kropff erwarb die Villa um 47 500 Reichsmark. Zu verhandeln gab es angesichts der Bedrohung nichts. Der Kaufpreis musste vollständig für Abgaben und diskriminierende Steuern verwendet werden, die Familie erhielt davon nichts.

Wer war der Ariseur und neue Eigentümer der Himmelstraße? Kein Unbekannter, Kropff (1882 bis 1964) war einer der Pioniere der Werbepsychologie in Deutschland. 1934 erschien seine *Psychologie der Reklame*, mit seinem Band *Totalität der Werbung* brachte er seine Theorie 1939 bewusst in die Nähe der faschistischen Politik und stellte sich offen, wie er selbst schreibt, in den »Dienst der nationalsozialistischen Werbelehre«. In den 1920er Jahren arbeitete Kropff als Berater und Marketingchef für viele deutsche Unternehmen, er lehrte angewandte Psychologie an deutschen Universitäten und Kunstakademien. Seit 1936 unterrichtete Kropff als Dozent an der Wiener Hochschule für Welthandel, er war nach dem »Anschluss« Vertreter der »Ostmark« im Werberat der deutschen Wirtschaft und Mitglied der NSDAP.

Kropff setzte seine Arbeiten zur Werbepsychologie mit leicht veränderter Terminologie nach dem Zweiten Weltkrieg fort und lehrte unbehelligt in München und Frankfurt bis zu seiner späten Pensionierung 1961. Das größte Risiko, das Ariseure wie Kropff nach dem Zweiten Weltkrieg eingingen, war die Rückgabe des erpressten Gutes. Kropff kämpfte dagegen nach dem Krieg mit allen juristischen Mitteln an und verzögerte die Rückstellung über sechs Jahre lang.

Im Juni 1938 wurde die sechstausend Bände umfassende Bibliothek der Familie inventarisiert und geschätzt; der gesamte Haushalt wurde aufgelöst, in den nächsten Monaten verschwand die Bibliothek ebenso wie die beiden Konzertflügel, Möbel, Schmuck und die beschlagnahmten Kunstgegenstände aus der Himmelstraße. Inventarisiert wurden auch Aktiendepots bei der Creditanstalt, Kontostände von Sparbüchern bei der Länderbank und dem Bankhaus Gebrüder Gutmann, Erlöse aus rasch aufgelösten Versicherungen und aus dem Verkauf von ausländischen Wertpapieren, bis der gesamte Besitz tabellarisch zusammengefasst und die Abgabenhöhe im Zuge des Ausbürgerungsverfahrens errechnet werden kann. Selbst auf die Einbehaltung des Urheberrechts auf die beiden Bücher Benedikts wurde nicht vergessen – allerdings vermerkt: »Das Urheberrecht beinhaltet derzeit keinen Wert.« Das »Vermögensbekenntnis« diente als Berechnungsbasis für die Judenvermögensabgabe, die vom Finanzamt per Bescheid verfügt wurde – ein alltäglicher Vorgang. Der gesamte, noch in Wien verbliebene Besitz von Gerda, Friedl, Ilse und

Susanne, ihre Erinnerungen an die Kindheit gingen in diesen Monaten verloren.

Die Anerkennung des Vermögensbekenntnisses und die Bezahlung der verfügten Judenvermögensabgabe waren Grundlage für die Bestätigung der »Unbedenklichkeit«, diese wiederum Voraussetzung, um Österreich verlassen zu dürfen. Die Prozedur war nicht nur ruinös, sondern die Administrierung der Vertreibung demütigte durch die Hürden, die in den Weg gelegt wurden, bis zuletzt. Die Bürokratie vermochte es, schreibt Benedikt in seinem Brief,

> *eine Maschinerie zu erklügeln, deren tödlich langsames Mahlen und Malmen Schicksal bedeutete, und oft genug Tod und Verderben. Denn – darin bestand das teuflische Raffinement: Während die Ämter selbst die systematische Sabotage dieser »Unbedenklichkeit« betrieben, Schlingen auf Schlingen ihm um die stolpernden Füsse warfen, drohte die Gestapo dem von der einen Seite Zurückgehaltenen, ja Gefesselten. Sie bannte ihn in das Konzentrationslager, weil er nicht rasch genug das Land verließ.*

Das »Wartenlassen« und die Demütigung der Wartenden werden zum grausamen Spiel der »Großmächtigen der Devisenstelle« und der Behörden, das täglich vollzogen wird und sich mit fortschreitender Zeit verschärft. Die Referenten sind nur an zwei Tagen an der Dienststelle,

> *hundert Parteien und Vertreter drängten sich, schon im Morgengrauen den »Platz besetzend«, in verzweifelter, zorniger Beflissenheit in ihrem Vorzimmer. Warten in der Winterkälte der Gänge, warten in zugigen, miserabel gelüfteten Räumen, warten, während Dunst und Gestank dem Nervösen auf Kopf und Magen lasteten. Warten – oft genug vergebens trotz aller Raserei des Zurecht- und Zufrühgekommenen. Denn oft genug wurde plötzlich den verstaubten Plebejern verkündet, dem schmierigen Pöbel, der Herr sei abgerufen worden. Sitzungen fänden statt, Versammlungen, Gedenkfeiern, an denen er teilnehmen müsse. Pflichten, wichtiger, unendlich wichtiger als der Dienst an der Öffentlichkeit, und sei es selbst ein so dreckiger Teil desselben wie die Steuerzahler. Oft genug stol-*

perte der Wartende in das Zimmer des Gewaltigen, nur um zu erfahren, dass er völlig »fehl am Orte« sei und dass ein anderer Referent an einer anderen Stelle ihm »gebühre«.

Schamlos wurde vielfach die Wehrlosigkeit der Wartenden benützt, um die Müden anzurempeln und die Erschöpfung durch moralische Misshandlung zu verschärfen. Auf dem Passamte – dies wurde mir glaubwürdig bezeugt – sperrte man einen Juden, der irgendwie den Raubtierblick auf sich gelenkt hatte, in eine Dunkelkammer und zwang ihn unter härtester Drohung laut herauszurufen: Ich stamme von einer S...-familie. Kindisch freche Strafen, wie Eckestehen für ältere Leute und ähnliche Scherze waren an der Tagesordnung. Das ärgste aber geschah den Wartenden des zweiten und zwanzigsten Bezirkes, wo, wie mir Professor Heinrich Neumann, der leider verstorbene, und andere ausdrücklich bestätigten, jüdische Männer und Frauen, die »Schlange« standen, herausgerufen wurden, und zwar zu einer »rassenpolitischen Untersuchung ihres nackten Körpers«, wobei die Frauen (offenbar zur Schonung des Schamgefühls) durch Männer, die Männer durch Frauen »gemessen« und geprüft wurden.

Nach Überwindung der ersten Hürde, der Berechnung der »Judenvermögensabgabe« durch die bescheidmäßige Festlegung des bestehenden Vermögenswertes, erfolgte die Errichtung der nächsten: Jeder Akt musste zur Bestätigung erst nach Berlin gesandt werden, und einige Wochen verstrichen, ehe – nach einem bürokratischen Fehler Berlins – die richtige Lösung gefunden wurde.

Gemildert wurde der bürokratische Terror allein durch die allgemeine Korruption von Anwälten, Zollbeamten und Spediteuren, »Haltefest, Habebald und Eilebeute« nennt sie Benedikt in seinem Brief. Sie bereichern sich ohne Scham. Die Bestechungen bewirken eine »milde Kontrolle«, erreicht wird teilweise eine Beschleunigung der Abläufe. Ein wohlmeinender Spediteur vermittelte diesbezüglich die abschließenden Dienste eines »Doktors« und zweier seiner Gehilfen. Dazu Benedikt im Brief an die Töchter, die Passage lässt an Erzählungen Kafkas denken:

So gingen mit lauter Widrigkeiten die Wochen und Monate dahin. Manchmal erfrischte uns der Besuch unseres Spediteurs, der – wenn er Zeit und Möglichkeit besessen hätte, Hogarthbilder, Skizzen aus dem »kotigen Sumpfe« zu verfassen, wie die Antike die Unterwelt bezeichnete. Ich sehe den blassen, schweratmenden Hünen vor mir, mit seinem schweren Schädel und seinen braunen, melancholischen, grossen Augen, wie er nach dem Nachtmahl (das er reichlich genoss) nach Bier, Wein, Kognac, Kaffe Orakelsprüche asthmatisch pfauchend von sich gab. Er hatte alle in der Tasche, von den Häuptlingen bis zu dem letzten Handlanger. Er wusste ihre letzten Geheimnisse, die er freilich nicht preisgab. So sicher war er seiner Sache, dass er allen Drohungen zum Trotz eine Jüdin als Hilfskraft des Büros und einen Juden als »Packer« behielt. Ihn kümmerte kein Erlass, ihn schreckte kein Terror. Als Razzien gegen Spediteure stattfanden, wurde er täglich telephonisch über die Pläne der Behörden verständigt, die niemals sein Geschäft betrafen. Trotzdem verbreitete er selbst, dass auch bei ihm eine Durchsuchung stattgefunden habe, nur, um seine Immunität zu verbergen und hinter dem Schleier der gemeinsamen Verdächtigung weiter sein wirklich wohltätiges, ja rettendes Geschäft zu treiben. Tausende, ja Hunderttausende flossen nur so durch seine Finger – er trug Riesensummen in seiner Brieftasche, als wäre es Kleingeld für den Alltag. Völlig erkannte er die Hohlheit und Unterwühltheit des Regimes. Aber stärker als der Hass wirkte in ihm die Hochachtung für intellektuelle Leistung, Kulturgefühl, inneren Drang, Wertvolles zu retten und Wertvollem zu dienen. Er hatte die feste Absicht, uns wenigstens die Mitnahme von Wäsche, Kleidern und Büchern zu ermöglichen, da selbst sein Schutz uns weder Schmuck noch Silber zu retten imstande war. Zu diesem Zweck vermittelte er die Bekanntschaft mit einem sehr schlanken, sehr gewöhnlichen grossen Herrn, der glatt rasiert, mit glattgestrichenem Haar so sanft und nett sich ausnahm wie nur irgendein Kanzleibeamter der Vergangenheit. Dieser »Doktor«, wie er sich gerne nennen liess, nahm es auf sich – nur gegen Abtretung sämtlicher Bücherkästen, die er zum Teil sogar selber abmontierte – die Zollabfertigung, die ihm oblag, in nachsichtigen Formen ohne »viel Umstände« zu vollziehen. Dieses nicht übermässig hohe Entgelt erinnerte mich fast an das berühmte Witzwort: Er nahm so geringe Beträge, dass es schon an Unbestechlichkeit grenzte … Und er selbst leistete sich ein (ganz unbewusstes) Witzwort, da ich ihn frug, ob er vielleicht auch für Bücher Interesse habe. Er antwortete bejahend. Ich (erstaunt): Welche Bücher möchten Sie haben? Er (prompt): Gebundene …

Solche Spässe vergass ich jedoch sehr rasch, als der »volle Ernst der Lage«, wie man sich zeitungsmässig gerne ausdrückte, an uns herantrat. Die Kommission sollte unser Umzugsgut besichtigen. Eine »fable convenue«, eine Komödie nach Hogarthmuster sollte stattfinden. Die Rollen waren sicherlich gut verteilt. Aber immerhin, würde das Programm auch erfüllt werden? Die leise empfundene, doch schnell unter die Schwelle des Bewusstseins gedrückte Sorge war nicht unbegründet. Denn wohl erschien der »Doktor«, aber mit ihm kamen noch zwei andere Zeugen, Haltfest brachte Habebald und Eilebeute mit, und hier, bei diesen »Neuen« unter den »Gewaltigen« war irgendetwas nicht in Ordnung. Einer besonders, ein blasser, kleiner Kerl mit sichtlich durch Alkohol gesteigerter »Erregung« wurde aufsässig, begann die »gekränkte Unschuld« zu spielen, und erhob Widerspruch gegen den »Vorgang«. Doch schon die Überreichung von 20 Mark – meine Frau hatte ihn viel zu hoch »geschätzt« und wurde durch den »Doktor« belehrt – beruhigte sein Gewissen. Und so – ich sehe die Tafelrunde noch vor mir, die das Andenken an meine Wohnung schändet – ein Bild wie aus einem Verbrecherfilm – der Doktor im Mittelpunkt und die zwei Spiessgesellen, schwarzen Kaffe, Kognac und Schinken schmausend. Der »Kleine« zwar sachlich einverstanden, doch sein Maulwerk an dem Doktor wetzend, dem doch die Schamröte ins Gesicht stieg – ihn höhnend mit Reden, die dahin gingen: Er sehe es nicht ein, warum denn nur die Juden betrügen sollen, warum solle dann nicht auch einmal »für uns etwas herausschauen«. Schliesslich müssen »wir auch einmal darankommen …« und ähnlich Anmutiges mehr, das wir über uns ergehen liessen, im erbärmlichen Bewusstsein des Unvermeidlichen.

Im Dezember 1938 erreicht Benedikt ein Affidavit, eine überlebenswichtige Einladung des Schwagers seiner Frau, Alan Gardiner, nach England und die Abschrift einer Empfehlung an das Jewish Aid Committee. Über

London können die Eltern nun nach Schweden ausreisen, Irma Benedikt spricht durch ihre Finnländer Familie perfekt Schwedisch, die Grenzen sind noch nicht geschlossen. Im Juni 1939 treffen Ernst und Irma Benedikt schließlich von London aus in Stockholm ein. Noch im Jänner 1940 können sie nicht über ihre Habe verfügen, die im Zoll im Hafen feststeckt. Für den Transport kassiert der Spediteur die phantastische Summe von 30 000 Reichsmark.

Im Falle Benedikts dauerte der zermürbende Vorgang der »Unbedenklichkeit« fast drei Jahre. Mit bitterer Ironie schließt Benedikt seinen langen Brief:

> *Ein hoher Beamter [...] sagte, als eine Dame meiner Bekanntschaft ihn frug, warum man denn so ungeheure Hindernisse bei der Auswanderung verursache, da man doch den Wunsch habe, die Juden zu entfernen: »Vergessen Sie nicht«, sagte der Beamte freundlich lächelnd, »dass es ja nicht heißt: Juda verreise, sondern Juda verrecke.« Und damit ist nun wirklich alles zusammengefasst, was den Inhalt dieser Zeilen bildet.*

Ilse ist im Juni 1939 in Zürich, Friedl und Gerda sind in London, Susanne im finnischen Ängholm und in Helsinki. Damit war die »Aussonderung aus dem Volkskörper« im Fall der Familie Benedikt vollzogen.

6

KRIEG

1943 erscheint im *Menorah Journal* in New York der provokante Aufsatz einer in den USA noch unbekannten Autorin. In »We Refugees« resümiert Hannah Arendt, seit 1933 im Exil und seit Mai 1941 in New York, die Situation von Flüchtlingen: »Wir haben unser Zuhause und damit die Vertrautheit des Alltags verloren. Wir haben unseren Beruf verloren und damit das Vertrauen eingebüßt, in dieser Welt irgendwie von Nutzen zu sein. Wir haben unsere Sprache verloren und mit ihr die Natürlichkeit unserer Reaktionen, die Einfachheit unserer Gebärden und den ungezwungenen Ausdruck unserer Gefühle [...] und das bedeutet den Zusammenbruch unserer privaten Welt.«

Auf den Verlust des Zuhauses und die Frage, wie sie der Welt von Nutzen sein könnten, reagieren die vier Schwestern unterschiedlich. Gerda hilft in London Flüchtlingen, in den USA legt sie ihren Namen ab und lässt ihre Vergangenheit, soweit es geht, hinter sich. Susanne versucht in Schweden ein guter Gast zu sein und zwischen drei Sprachen erwachsen zu werden. Zu Deutsch, Schwedisch und Englisch wird später Französisch dazukommen. Friedl setzt in London ihre Existenz als Autorin fort, obwohl die Notwendigkeit besteht, die Sprache zu wechseln. Für Ilse in Zürich ist der Zusammenbruch der alten Welt in Wien nicht nur zu bedauern; die Welt, die den Hitlerfaschismus und den Holocaust hervorgebracht hat und die nun in Scherben liegt, muss, will man weiterleben, neu zusammengesetzt werden.

Ende März 1938 bezieht Ilse ein Zimmer in der Züricher Hottingerstraße zwischen Bellevue und Universität. Sie inskribiert im Sommersemester 1938 an der medizinischen Fakultät und setzt ihr in Wien begonnenes Studium fort.

Das Zimmer liegt über dem Haushaltswarengeschäft der Familie Sorg am Casinoplatz, mit kleinem Innenhof und mediterran anmutenden Fensterläden. Die Trambahn fährt direkt am Haus vorbei, eine Straßenlaterne leuchtet in ihr Fenster. Die Zimmervermieterin ist freundlich, allerdings ist das Zimmer kaum beheizbar, wie sie, die 21-jährige Studentin, in einem ihrer ersten Briefe an die Mutter in Stockholm schreibt. Manchmal zeichnet sie die Briefe mit ihrem Vornamen, bisweilen mit dem Zusatz »Hauskröte« oder »Mistkäfer«, offenbar aus Wien vertraute Kosenamen.

Ach Gott Mummili,

Du hast keine Ahnung, was ich für eine Sehnsucht danach habe, bei Dir und Papsch wieder einmal richtig »unterzukriechen«, zu wissen, da gehörst Du hin, da bist Du zu Hause. Was das übrigens anbelangt, so werde ich wahrscheinlich Anfang Dezember umziehen, weil mein Zimmer hier langsam, aber sicher zu einer Eishöhle wird. Es hat nämlich weder Ofen noch Zentralheizung und für den Petroleumofen gibt es nur 5 L. im Monat – das ist halt viel zu wenig. Es tut mir natürlich leid, weil ich mich gut eingelebt hab und mit meinen Hausleuten in ein halbwegs freundschaftliches Verhältnis gekommen bin – aber was hat man davon, wenn einem davor graut, nach Haus zu kommen, weil es kalt und ungemütlich ist.

Gestern war ich im Schauspielhaus bei den lustigen Weibern von Windsor. Es war eine reizende, sehr gut gespielte Aufführung und ich hab Sehnsucht bekommen nach einer Zeit, in der man keine Sorgen hat als einen alten Wüstling hineinzulegen. Erinnerst Du Dich noch an den »Falstaff« in Salzburg? Jetzt hätte ich noch fast vergessen, Dir für Dein Geschenk zu danken – ich hab mich schrecklich damit gefreut und bin beschämt über alle die Liebe und Sorge, die ich schreibfaules Schwein wirklich nicht verdiene. Mit Hans und Maisie war ich unlängst zusammen – sie waren wie immer sehr lieb und lassen Dich und Papsch sehr herzlich grüßen. Liesl ist übrigens nicht in England, sondern in Nizza – leider. Von Ivar habe ich weiter nichts gehört, was mich nicht besonders kränkt, weil ich nicht glaube, dass wir uns gut verstehen würden. Er steht mir viel zu sehr »außerhalb« des Lebens – schaut sich alles an, mischt sich überall drunter – ohne wirklich teilzunehmen – außer ganz oberflächlich. Und gerade heute ist das unverzeihlich.

Hier hat sich sonst nicht viel geändert – außer dass es fast keine Butter gibt und man jeden Tag nach 10 h abends alles verdunkelt – aber als solider Mensch ist man sowieso um diese Zeit bereits zu Hause – insbesondere, da unter der Woche alle Gaststätten schon um 11 h schließen. Kaufen kann man im Moment gar nichts, zumindest weder Wollsachen noch Schuhe. Die Rationierungskarten kommen erst. Ich hab mir glücklicherweise noch vorher einen Rock, einen Pullover und ein Paar Schuhe gekauft und wenn ich noch vor dem Schnee ein Paar Stiefel krieg, bin ich für diesen Winter versorgt. Na – im Spital ist's wenigstens warm und auch die Hörsäle sind gut geheizt.

Ich war vor kurzem wegen Kurt wieder bei K. St. um zu fragen, ob ich puncto Papiere Erleichterungen erlangen kann. Leider war nichts zu machen. […] Bei dieser Gelegenheit tauchte die Frage auf, was mit diesen Sachen geschehen soll, wenn ich wegfahre. Man weiß ja heute nicht, was kommen wird und es wäre schade, wenn das wenige noch Leuten in den Rachen fallen würde, die schon genug gestohlen haben. Bitte schreib mir, was Du und Papsch darüber denkt.*

Was die 900 Fr. anbelangt, so sind sie leider verbraucht. Zum Teil musste ich die saftige Rechnung von K. St. zahlen, zum Teil für mich selbst. Ich verbrauche jetzt durchschnittlich 200 Fr. im Monat – dazu kommen allerdings die Semestergelder und Kleider. Das ist immerhin ein Drittel weniger als früher und ich mach mir auch wirklich alles selbst – Frühstück und Nachtmahl koch ich zu Hause, und auch die Wäsche

* Mit »Wegfahren« ist offenbar die Emigration zu Schwester Gerda in die USA gemeint; mit den Dieben, denen die Habe »in den Rachen fallen würde« im Fall einer Okkupation der Schweiz, möglicherweise Nazideutschland.

wasch und bügel ich. Der Nachteil ist nur, dass man bei dieser Art von Fraß sporadisch einen fürchterlichen Hunger – oder fast noch eher Appetit auf was Gutes bekommt, und dann verbraucht man bei einem Mittagessen mehr, als man die ganze Woche erspart hat. Manchmal träum ich direkt von so einem Mittag- oder Abendessen bei uns oder der lieben Großmimi samt Frl. Langbeins »braunem Kuchen« oder dem unübertrefflichen Apfelstrudel von Frau Marie. Ich hoffe, dass Dir irgendjemand heute eine richtige Salami schenkt – denk an mich, wenn Du sie isst.

Also Mumpschili – ich dank Dir nochmal tausendmal für alles Liebe und Schöne und küsse Dich mit sehr sehr großer Sehnsucht. Deine alte Hauskröte Ilse

Vieles bleibt in den Briefen Ilses aus den Kriegsjahren ungesagt. Mit keinem Wort erwähnt sie die politische Situation und ihr politisches Engagement, einerseits damit sich die Mutter keine Sorgen zu machen braucht, andererseits weil Ilse klar ist, dass es während des Krieges kein Briefgeheimnis zwischen Zürich und Stockholm gibt und mit einiger Wahrscheinlichkeit der Schweizer Geheimdienst und daher die Gestapo mitlesen. Die Mehrzahl der Namen wird abgekürzt, jedes Wort ist genau abgewogen, vieles wird nur angedeutet. Trotz aller konspirativen Vorsicht kann sich Ilse in einer Passage des Briefes einen politischen Kommentar nicht verkneifen. Ivars Oberflächlichkeit (sie hat ihn noch im Sommer mit Friedl in Paris getroffen) erscheint ihr »gerade heute … unverzeihlich«.

Ilse wird mit kleinen Beträgen von ihren Eltern in Schweden und danach auch von Gerda in New York unterstützt. Ab und zu überweist auch Tante Heddie Geld aus London, damit kann Ilse gegenüber der Schweizer Fremdenpolizei ein zwar geringes, aber geregeltes Einkommen nachweisen, sie gilt nicht als mittellos. Schwester Gerda plant, für sie und die Eltern ein Affidavit für die USA zu besorgen, eine Bürgschaft, die Grundlage für ein US-Visum ist, das sie später auch erhalten, allerdings ebenso wenig wie die Eltern nutzen wird. An den Vater schreibt sie zu seinem Geburtstag im Mai und hofft recht optimistisch auf die Gelegenheit zu einem echten, richtigen Geburtstagkuss im nächsten Jahr.

Geliebtestes Papschilein!

Also – alles, alles Liebe zu Deinem Geburtstag – ich hoffe, daß Du ihn fried- und freudvoll begehst, Dich das ganze Jahr nicht mehr giften und aufregen mußt – und, vor allem daß wir den nächsten gemeinsam feiern können und ich Dir nicht nur einen brieflichen, sondern einen ganz echten, richtigen Kuß geben kann.

Ist Mutti schon zurück? […] Augenblicklich hab ich rasend viel zu tun, stehe täglich um 6 h früh auf und weiß schon nicht mehr, wo mir der Kopf steht. Der Stoff ist enorm groß und vorläufig hapert es noch an allen Ecken und Enden.

Sonst gibt es nicht viel Neues – ein feucht-kalter Frühling! Schönes Wetter ist nur an Wochentagen, wo man keine Zeit hat, es zu genießen, hie und da Kino oder Theater. Ansonsten verfolgt man natürlich mit größter Spannung die politischen Ereignisse.

Muss leider schon Schluss machen, weil ein Kurs beginnt – also, nochmals alles alles Liebe und tausend Küsse von Deiner Ilse

Die Schweiz hieß politische Emigranten und rassisch Verfolgte nicht willkommen. Die Schweiz verstand sich als Transitland, Flüchtlinge wurden nur provisorisch aufgenommen, und zwar zur möglichst raschen Weiterreise. Ilse betrat die Schweiz rechtzeitig, einige Tage vor Einführung der Visumpflicht ab April 1938. Sie gehörte damit zu den drei- bis viertausend noch legal nach dem »Anschluss« eingereisten österreichischen Flüchtlingen. Wenig später schlossen die Schweizer Behörden mit Nazideutschland ein Abkommen, wonach die Pässe jüdischer Migranten aus Österreich und Deutschland mit einem »J« gekennzeichnet wurden. Antisemitismus, der sich vor allem gegen Ostjuden richtete, Furcht vor »Überfremdung« und »Verjudung« hatten in der Schweiz eine lange Tradition und dominierten die restriktive Politik der Schweizer Behörden gegenüber Flüchtlingen seit Langem. Bereits 1916 waren Juden durch handschriftliche Vermerke in den Reiseunterlagen kenntlich gemacht worden, 1919 wurden Davidsterne in die Einreisedokumente gestempelt. Mit dem »J« übernahm die Schweiz de facto die Unterscheidung von Ariern und Nichtariern in den Rassengesetzen Nazideutschlands. Zudem kooperierte die eidgenössische Fremdenpolizei zu Kriegsbeginn eng mit den deutschen Behörden, »Juden, politische Extremisten, Spionageverdächtige« galten als »unerwünschte Elemente«, die von der Schweiz fernzuhalten seien. Die legistischen Grundlagen wurden zwar in den Kantonen unterschiedlich vollzogen, doch die Schweizer Fremdenpolizei agierte allgemein äußerst restriktiv. Im Jänner 1939 schreibt der mächtige Chef der eidgenössischen Fremdenpolizei, Heinrich Rothmund, in einem Bericht an den Bundesrat, seine polizeilichen Maßnahmen begründend: »Wir haben nicht seit zwanzig Jahren mit den Mitteln der Fremdenpolizei gegen die Zunahme der Überfremdung und ganz besonders gegen die Verjudung der Schweiz gekämpft, um uns heute die Emigranten aufzwingen zu lassen.«

Trotz Kenntnis der Gefahr, der Flüchtlinge aus Deutschland und Österreich ausgesetzt waren, wurden sie an der deutschen Grenze zurückgewiesen, Illegale wieder an die Grenze gestellt. Ein Grenzwacheoffizier in Chur beschreibt die Situation der Flüchtlinge aus Wien im August 1938: »Wir haben Flüchtlinge zurückgewiesen, die schon das 5te Mal und an verschiedenen Orten die Einreise versuchten. Für die aus Wien abgereisten Flüchtlinge [...] gibt es nach Angaben der Flüchtlinge nur drei Möglichkeiten: Ausreise aus Deutschland, Konzentrationslager oder Selbstmord.« Im August 1942 werden die Grenzen hermetisch geschlossen.

Mit ihrer Tante Aline erreicht die fünfzehnjährige Susanne im Sommer 1938 die Verwandten in Finnland, die Eltern werden über London nach Schweden kommen, wo sie im Sommer 1939 eintreffen. Erst 1940 kommt Susanne von Finnland nach Stockholm. Sie zieht nicht zu den Eltern, die in der Pension Barnecken in Saltsjöbaden wohnen, einem Ausflugsort an der Ostsee rund zwanzig Kilometer außerhalb von Stockholm, sondern in ein Privatzimmer in der Nybrogatan im Zentrum der Stadt, von wo aus sie das Latingymnasiet besucht.

Susi, Schweden um 1940

Im Vergleich zur Schweiz, den USA und England fanden nur wenige Flüchtlinge aus Österreich ihren Weg nach Schweden, von den rund 170 000 waren es kaum tausend. Ab September 1938 brauchten Immigranten neben dem Visum eine sogenannte Grenzempfehlung der diplomatischen Vertretung: Hinweise auf Verwandte und Bürgen oder die Absichtserklärung, Schweden nur als Transitland zu betreten, also das Land rasch wieder zu verlassen. Die Mutter konnte seit ihrer Kindheit perfekt Schwedisch, auch auf Verwandte konnte beim Visumsantrag hingewiesen werden. Wie in der Schweiz wurde die jüdische Abstammung ab Oktober 1938 durch ein großes »J« im Pass markiert, auch bei Susanne – die Fünfzehnjährige wird durch die Kennzeichnung zur Jüdin gemacht, die sie bisher nie war. Sie hieß nun ganz offiziell auch Sara. »Unsere Identität wechselt so häufig«, schreibt Hannah Arendt in »We Refugees« 1943, »dass keiner herausfinden kann, wer wir eigentlich sind.« Susi würde ihr nicht widersprechen, allerdings würde sie vielleicht fragen: Woher der vorwurfsvolle Ton? Susi warf die deutschen Papiere mit ihrem neuen Namen bei einem Spaziergang weg und war also ab diesem Zeitpunkt staatenlos. Gegen Ende des Krieges wurde sie schwedische Staatsbürgerin, und sie blieb es ein Leben lang. In ihren Erinnerungen für ihre Tochter, die sie sechs Jahrzehnte später in Paris verfasst, schreibt Susanne:

Meine Füsse gehen im Wald spazieren, aber mein Kopf spaziert in meinem Leben herum, wie war das eigentlich, wann ist was geschehen, warum ist es so geworden und nicht anders? Und ich bin da auf ein paar ausschlaggebende Augenblicke, wo ich an einem Kreuzweg war und total spontan in eine Richtung – also nicht irgendwo anders hin – gegangen bin. Natürlich war ich mir gar nicht bewusst, dass ich gerade einen wichtigen Entschluss getroffen hatte.

Das erste Mal, woran ich mich jetzt erinnern kann, war in Stockholm, kurz nachdem ich Ende 1940 – Anfang 41, während dem Winterkrieg zwischen Finnland und der Sowjetunion, nach Schweden evakuiert worden war. Ich wohnte im letzten Haus von der Nybrogatan, bei Parizots, und ging am Hötorget vorbei. Wieso und warum ich meinen deutschen Pass in der Tasche hatte, weiss ich nicht mehr. Hingegen weiss ich, dass ich ihn dort in ein Strassenabfallsloch geschmissen hab. Weg war er. So eine Erleichterung!!

Ich bin aus Wien im Juni 1938, vier Monate nach dem »Anschluss«, noch mit österreichischen Papieren nach Finnland gefahren. Aber irgendeinmal, wahrscheinlich doch noch 1938, hat die deutsche Botschaft in Helsingfors von allen Österreichern verlangt, sich neue, also deutsche, Identitätspapiere zu holen.

Ich wollte da gar nicht hin. Aber Hugo E., der Verwandte von meiner Mutter, der für mich verantwortlich war, hat erklärt, ich muss, und kam mit mir. Er kannte irgendwelche deutschen Diplomaten und wir brauchten nicht zu warten. Ein Beamter gab mir also einen deutschen Pass und, doch etwas verlegen, erklärte er mir, dass ich von da an auch Sara heissen musste.

Ich war empört, ausser mir. Ich bestand darauf, Österreicherin zu sein. Ich wollte lieber gar keine Nationalität als eine deutsche und weigerte mich energisch, einen neuen, absichtlich sehr alttestamentarisch klingenden Vornamen anzunehmen.

Hugo E. schämte sich für mich. Schliesslich und endlich überzeugte er mich davon, dass ich keinen Ausweg hatte, und so gingen wir davon. Der neue Pass brannte mir in der Tasche.

Und so schmiss ich ihn einfach weg, ohne viel nachzudenken.

Die Folge war, dass ich in äusserst fade administrative Formalitäten verstrickt wurde, da ich ja für die schwedischen Behörden gar nicht existierte. Schliesslich wurde ich als »staatenlos« erklärt. Ich bekam also dementsprechende Papiere vom Aussenministerium, die ich ab und zu erneuern musste – ein bisserl wie die »carte de séjour«. Und dann wurde ich schwedische Staatsbürgerin – bin es noch immer.

Ich bin sicher, dass mein noch immer sehr lebhafter und grosser Horror vor administrativen Schritten seit der Szene bei dem deutschen Diplomaten in Helsingfors stammt.

Die Staatenlosigkeit hätte sehr unangenehme Folgen haben können, wenn mich die Deutschen im Frühjahr 1945 in den noch von ihnen besetzten Dänemark und Norwegen erwischt hätten. Jeder wusste, dass ihre Last-minute-Gemeinheiten besonders gemein waren.

Gerdas Aufenthalt in England, ihre »Verbannung« nach ihrer Liebesbeziehung zu Paul Steiner, sollte nur ein paar Monate dauern; nach dem Einmarsch deutscher Truppen in Österreich am 12. März 1938 wird er zum Exodus ohne Wiederkehr über mehrere Etappen. Der Bericht des Vaters vom Novemberpogrom macht die Endgültigkeit ihrer Verbannung klar.

In London hört Gerda Vorlesungen an der Londoner School of Economics und besucht Kurse für Englisch und für Büroorganisation. In ihrem Curriculum Vitae, das sie nach ihrer Ankunft in New York herumreicht, vermerkt sie (neben der Erwähnung einer Matura 1933) Sekretariatsarbeiten für Stefan Zweig und für Sigmund Freud, für den sie gelegentlich schon in Wien gearbeitet hatte und der mit Tochter Anna unweit von ihr in 20 Maresfield Gardens in Hampstead wohnt.

Fast täglich wechseln Paul Steiner und Gerda Briefe, er besucht Gerda noch im Februar 1938 in London, das Visum und das Ticket für die Schiffspassage in die USA hat er bereits in der Tasche. Gerda arbeitet zunächst als Sekretärin in Verlagshäusern und für das Jewish Aid Committee, schließlich erhält sie eine Anstellung im britischen Foreign Office, sie arbeitet aufgrund ihrer Sprachkenntnisse in der Pass- und Visa-Abteilung im Woburn House. Bei einem ihrer Treffen – Gerda hofft noch, dass sie ihre alte Beziehung wiederaufnehmen können – erzählt sie Steiner von ihrer Arbeit und wie er selbst zu seinem Englandvisum gekommen ist. Gerda fälschte im Foreign Office massenweise Visa, um Menschen vom Kontinent zur Flucht zu verhelfen: »Da es sich um einfache Bewilligungen handelte«, schreibt Steiner in seinen Erinnerungen, »deckte niemals jemand diesen heiligen Schwindel auf, denn die Konsulate am Kontinent hatten keinen Fingerzeig, dass hier Fälschungen vorlägen, denn die Visa-Bewilligungsscheine waren ordnungsgemäß ausgestellt und abgefertigt. All das besorgte die gute Gerda, und wenn es auch gegen das Gesetz war, [...] und auch gegen alle Regeln der Ehrlichkeit verstieß, so muss man Gerdas Schwindel als heiliges Vergehen preisen und loben. [...] Sie war sich bewusst, dass sie das hohe Vertrauen der englischen Regierung und ihrer Verwaltungsbeamten missbrauchte, aber nach Kurzem überzeugte sie selbst mich, dass sie, im höheren Sinne, eine edle Tat vollbringe und ob Schwindel oder Nicht-Schwindel, Menschen vor dem sicheren Tod mit ihren gemogelten Visas rette. Niemand anderer rettete die Schutzlosen und Verfolgten. Die Welt, die ganze Welt zuckte die Achsel, seufzte wieder ein wenig, ob all der Schrecklichkeiten und ging zur Tagesordnung über. Gerda beichtete, als sie sah, dass ich ihrer heiligen Missetat beipflichte, dass sie bisher mehr als 500 gedokterte Visas nach dem Kontinent geschickt habe.«

Sie sendet die »gedokterten Visa« zur Abholung vor allem an kleinere Konsulate und verteilt sie geschickt und mit einem erheblichen Maß an krimineller Energie über ganz Europa – ein »Verbrechen«, das sie nie erwähnt hat und das wohl jeder begehen sollte, der sich für einen anständigen Menschen hält.

Ein letztes Treffen mit Steiner im Februar 1939 beendet ihr Verhältnis. Steiner verlässt sie und besteigt am 15. Februar die Isle de France in Southampton nach New York, voller Erwartung und Lebenslust: »Es war ein riesiges Schiff. Ich hatte eine Kabine dritter Klasse. Wie es sich während der sehr stürmischen Februar-Überfahrt herausstellte, war es gleichgültig, ob man erste, zweite oder dritte Klasse gebucht hatte, denn seekrank waren wir in den ersten drei Tagen alle, und an Essen oder gar an Unterhaltung war kaum zu denken. Die Speisesäle blieben in den ersten Tagen leer und wir alle lagen auf Pritschen und Bänken und Betten und hofften, vor Übelkeit und elendem Befinden nur recht bald sterben zu können. Zum Glück starben wir nicht, und während der drei letzten Tage war das Wasser glatt wie ein Spiegel und wir alle gesundeten schnell. An diesen letzten Tagen aber, mit überhöhten Gefühlen der neu gewonnenen Gesundheit oder aus Erwartungsfrische vor der Neuen Welt hielten wir uns am Leben schadlos. An diesen ruhigen Neue-Welt-Fahrten waren alle Banden der Zurückhaltung und der moralischen Skrupel gelöst. Nichts und niemand war zu halten. Es war ein Massenbacchanal wie ich es niemals vorher oder niemals nachher erlebt habe. Jeder und jede schlief mit jedem. Kaum war eine Liebesstunde zu Ende suchte man den nächsten Liebesstundenpartner; Türen der Kabinen blieben offen, damit man leichter den nächsten Partner oder die nächste Partnerin erkunden könne, woher nahmen die Männer nur all diese Kraft und Zähigkeit [...]? War es die erwartungsvolle Freude endlich dem Schrecken Europas entkommen zu sein und nicht mehr Mensch der Zweiten-Klasse zu sein und vogelfrei? Oder war es die Erwartung des freien Landes [...]?«

Steiners Mutter, die nach Brüssel geflüchtet war, beging, so erfährt er erst nach dem Krieg, kurz vor ihrer Deportation Selbstmord.

Nach ihrer Ankunft in London bezieht Friedl ein Zimmer im weitläufigen Haus ihrer Tante Heddie und ihres Onkels Alan Gardiner in 35 Downshire Hill in Hampstead. Friedl ist mit ihrer Cousine Margaret eng verbunden, beide teilen ein enthusiastisches Interesse für moderne Kunst und experimentelle Literatur. Margarets Vater ist der prominente Ägyptologe Sir Alan Gardiner (1879 bis 1963), der eine Grammatik des Ägyptischen erstellt und erstmals den Übergang von Bild- zur Lautschrift beschrieben hat. Friedl kommt in eine wohlhabende, aber zweigeteilte Familie. Margaret ist Sammlerin, linksradikale Aktivistin und Teil der Londoner Avantgardeszene, ihr Bruder Rolf steht dagegen weit rechts. Er ist früher Ökologe und Folklorist und sympathisiert mit der deutschen Jugendbewegung und erzkonservativen, antisemitischen Gruppen in England. Friedl verachtet ihn. An Canetti schreibt sie über ihren Onkel und dessen Freunde, die die junge Emigrantin aus Österreich gerne »einladen« würden, wütend:

Alan ist heute hergekommen, um seinen Vater rascher ins Grab zu treiben, bei Tisch waren Cerny und ein französischer Archäologe mit ordinärer Frau, er heißt Lauder. Sie haben französisch ägyptologischen Klatsch getrieben, nämlich über irgendeinen Museumsdirektor gesprochen, der vieles gestohlen und unterschlagen hat. Das habe ich noch jedes Mal gehört, wenn ein Kollege Alan besucht hat. Nachher hat Alan gefragt, wies mir geht, ob er etwas für mich tun kann, ich habe nein gesagt, darüber war er sehr froh. Dieses Schwein. Cerny hat uns ins Kino eingeladen, ich habe auch nein gesagt, Fuchs hat mich angerufen, ich habe gesagt, es mangelt mir leider an Zeit. […]

Von Ilse habe ich noch immer keinen Brief gekriegt, ich bekomme überhaupt keine Briefe; die ganze Welt hat mich vergessen und die Tage werden immer kürzer. Es ist mein größter und heißester Wunsch, ein Mann zu sein, es nützt nichts, daß man mich hier Mr. Dorian nennt. Frauen haben ein armseliges dummes Leben, wenn Du nicht Du bist. Denk bitte viel an mich und tu bitte das Gegenteil von dem, was Du leider tust und tun wirst.

Friedl lebt im Vergleich zu anderen Frauen, die fliehen mussten, trotz ständiger Geldsorgen zunächst in privilegierten Verhältnissen. Sie muss nicht wie viele Frauen im Exil für den Erhalt einer Familie sorgen oder sich um einen Mann kümmern, der keine adäquate Arbeit findet. Zu Beginn des Krieges arbeitet sie hart an ihrer Zukunft als (englische) Schriftstellerin, sie feilt an ihrem Stil, schreibt Erzählungen und Skizzen, kleine Fingerübungen, die sie später auf einer Schreibmaschine mit englischer Tastatur abtippt, und sie beginnt, ihre Romane zu konzipieren.

Friedls Arbeitsplatz ist vor allem der Garten des Hauses. Ein früher, grotesker Eintrag ist dem Haus der Gardiners gewidmet. An den seltenen Tagen, an denen Friedl allein im Haus ist, wird es von der neuen Bewohnerin auf vielerlei Art und Weise gedanklich geflutet, die saubere, gut geordnete und kunstbegeisterte Welt der Gardiners verwandelt sich in ein phantastisches Schwimmbad:

Heute ist meine Tante weggefahren und das ganze Haus mit fuenfzehn Zimmern steht ausschliesslich nur zu meiner Verfuegung. Ich wandere daher laessig die Treppen hinauf und besichtige die Raeume eingehendst und mit Musse. Die Fussboeden sind mit hellgrauem Linoleum bespannt, auf denen weisse Moebeln herumvegetieren. Ausserdem sind die Zimmer leer, so leer, dass man sich zum Beispiel auf den Fussboden setzen und laut schreien kann: »Der Tee dreier Wochen befindet sich unverdaut in meinem Magen, der deshalb ueberfuellt ist! Ich wagte es nicht die Wasserspuelung am Closett zu ziehen, weil sie einen unfeinen Laerm macht, noch unfeiner aber ist es, sie nicht zu ziehen und deshalb diese quaelenden Folgen!« Niemand antwortet. Daher begebe ich mich zum Stiegenaufsatz und der Tee dreier Wochen rinnt die Treppen hinunter, plaetschert ueber das wohlgepflegte Linoleum. Ach, es ist eine wahre Freude. So ein Geschaeftchen beschwingt einen mehr als Worte es ausdruecken koennen. Hierauf taenzle ich in die Bibliothek meiner Tante. Sie enthaelt Buecher jeder Art: allermodernste Surrealisten, altmodische Liebesgedichte, psychologische und politische Abhandlungen, Buecher ueber Kindererziehung und Buecher »Auf der Suche nach Gott«, und Kochbuecher, Reisebeschreibungen, Lehrbuecher, pornographische Schriften, »Wie halte ich mein Haus rein?«. An allen diesen Buechern nippt meine Tante wie ein Schmetterling an Blueten. Das Genippte bietet sie ihren Gaesten, je nach Profession, wie einen Leckerbissen an und die Gaeste beissen alle an und meine Tante entflieht, wieder wie ein Schmetterling, den auf solche Weise entfachten Leidenschaften. Meine Tante hat auch ein Arbeitszimmer, in welchem die »Konstruktion« steht. Die »Konstruktion« ist aus Glas und heilig. Vor ihr sitzt meine Tante und arbeitet. Die »Konstruktion« regt meine Tante zu witzigen, pointenreichen Geschichtchen an, denn sie stammt von einem Kuenstler. Noch dazu von einem russischen Kuenstler. Dabei muss natuerlich jedem Dummkopf etwas einfallen. Das Schlafzimmer meiner Tante besteht aus einem Bett und eingebauten

Schraenken. Das Bett ist fuer ihren Freund bestimmt, einen schwaechlichen Fleischsack aber faszinierend. Das Bett fuellt den Raum vollkommen aus. Und so schlendere ich in das Speisezimmer. Im Speisezimmer steht der polierte Tisch, auf den man achtgeben muss, als waere er ein zartes Kind. Heisse Schuesseln, zum Beispiel, darf man nicht daraufstellen. Fast haette sich meine Tante des Tisches wegen zu einer Diaet, aus Brot und Kaese bestehend, entschlossen, weil damit heisse Schuesseln vermieden werden. Gott sei Dank ist sie zu gierig, um so eine Diaet durchzufuehren. Aber warum darf man die heissen Schuesseln nicht auf den Boden stellen, nachdem man sich bedient hat? Weil das Linoleum einen Fleck bekommen koennte. Warum isst meine Tante nicht einfach in der Kueche, wo es einen herrlichen ungehobelten Holztisch gibt? Weil sie dazu zu fein ist. – Ich wende mich zur Hall. Die Hall ist mit einigen weissen Moebeln und »Kunstwerken« an den Waenden geschmueckt. Dementsprechend sieht sie wie ein Schwimmbasin mit einigen Barken und merkwuerdigen Fischen aus. Ich laufe hinauf in das Badezimmer. Das Badezimmer, in dem ich mich niemals laenger als zehn Minuten aufhalten durfte, weil es erstens ungesund und zweitens eine Schweinerei ist, waehrend ich es liebe, stundenlang in der Badewanne zu plaetschern und meinen Traeumen daselbst nachzuhaengen: Ich drehe alle Wasserhaehne auf, kalt und warm, ich drehe auch den Wasserhahn des kleinen Lavoirs auf. Das kleine Lavoir ist ausschliesslich fuers Gesicht- und Haendewaschen bestimmt. Als ich mir einmal den Hals wusch, bekam ich ein suessliches: »LIEBE Friedl!« zu hoeren. Aber dieses kleine Lavoir fuellt sich jetzt rasch. Das Wasser steigt und steigt und steigt und steigt, die Badewanne laeuft bereits ueber, vom kleinen Lavoir stroemt Wasser herunter. Ich oeffne die Badezimmertuere weit, damit es sich gut verbreiten kann. Und nach einer Stunde watet man schon bis zu den Knien im Wasser, Bett und Buecher sind nass und fuer ewige Zeiten unbrauchbar, die Konstruktion schwimmt auf dem Wasser herum und auf die polierte Flaeche des geliebten Tisches tropft es vom Plafond herunter. Bald wird nicht bloss der zweite sondern auch der erste Stock schmaehlich ersaufen.

Im Schlafzimmer kann man bereits schwimmen. Vom Fenster zum eingebauten Kasten und ueber dem Bett schwimme ich froehlich herum.

Manchmal tauche ich zum Bett herunter, reisse eine Decke heraus, die ich mir als Segel auf dem Ruecken befestige. Das Spitzennachthemd meiner Tante gleitet auf dem Wasser, so dass man fast hoffen kann, sie sei laengst ersoffen und das Nachthemd ihr spaerlicher Ueberrest. Das Wasser traegt mich die Treppe hinunter in die Hall. Die kalten weissen Moebel kann ich nur muehsam mit den Fussspitzen beruehren. So schwimme ich treppauf-treppab in allen fuenfzehn Zimmern herum, bis ich zuletzt durch das Schlafzimmerfenster in den Garten fliesse. Und da faengt mich mein Geliebter auf und drueckt mich, triefendes und atemloses Geschoepf, wie ich bin, fest an sich. Und waere meine Tante nicht gestorben, dann saessen wir noch heute auf dem polierten Tisch und zerkratzten ihn mit unseren Schuhen und das Wasser rieselt leise in dem faulenden Gemaeuer.

Hampstead war das Zentrum der deutschsprachigen Literaten, Künstlerinnen und Wissenschaftler, die sich nach England gerettet hatten. Fast ein Drittel der Bewohner und Bewohnerinnen Hampsteads am Ende der 1930er Jahre hatte Deutsch als Muttersprache.

Ihre Schwester Gerda wohnt in Gehweite. Ebenfalls in unmittelbarer Nachbarschaft, in 8 Thurlow Road, leben Veza und Elias Canetti – sie waren im November 1938 in London eingetroffen. Ein paar Häuser weiter lebt die erfolgreiche Schriftstellerin Theodora Benson (1906 bis 1968), mit der Friedl rasch bekannt wird und bei der sie zeitweise ein Zimmer bezieht, wenn sie sich mit ihrer Cousine zerstritten hat. Auch der österreichische Schriftsteller und Präsident des Freien Deutschen Kulturbundes, Hans Flesch-Brunningen (1895 bis 1981), wohnt in der Nähe. Kontakt hat sie auch mit den österreichischen Schriftstellern Erich Fried und Theodor Kramer, die ebenso wie Freud, Stefan Zweig und Robert Neumann auf der Flucht vor den Nazis ihre Zelte in London aufgeschlagen hatten. Robert Neumann (1897 bis 1975) bewohnte ein Apartment im modernen Mount Royal Hotel nahe der Oxford Street. Der in Wien geborene Sprachkünstler *(Mit fremden Federn)* war bereits Mitte der 1930er Jahre nach England gekommen und kannte Friedl und den in England völlig unbekannten und doch sehr selbstbewusst auftretenden Elias Canetti. Mit mildem

Spott charakterisiert Neumann das »Geheim-Genie« Canetti in seinen Erinnerungen an das Londoner Exil: »Einer der Passanten aus jener Zeit [...], der nicht unter Minderwertigkeitskomplexen, echten oder falschen, litt: Nein, Elias Canetti war kein Masochist. Und wüßte er, daß unter denen, die dies lesen, ihn fürs erste nicht jeder kennt, so ließe ihn das, selbst wenn er es wirklich glaubte, aufs souveränste unberührt. [...] Er ist ein eher kleingewachsener, nun schon etwas dicklicher Mann mit springlebendigen Augen hinter der scharfen Brille; er hat die mitreißende Intensität und den undurchdringlichen Selbstbewusstseins-Panzer des paranoiden Typs. Auch die Geheimniskrämerei dieses Typs ist für ihn charakteristisch; was er schreibt, was er tut, mit welchen berauschend schönen Frauen, genialen Männern, führenden Persönlichkeiten des Staates er umgeht, das sagt er nicht. Nur ein Zipfelchen lüftet er da und dort und geht man den Dingen liebloserweise nach so ist die Berauschende eine Kellnerin, das Genie ein verkanntes, und der Staatssekretär vorläufig noch Amtsrat in seinem künftigen Ministerium. – Dieser Canetti führt vielleicht ein bescheidenes Leben oben in seinen Zimmern in Hampstead, aber die weite Welt gehört ihm und ist voll von Erfüllungen. Ein glücklicher Mensch, seine Welt eine Märchenwelt! Denn schaut man noch genauer hin, so ist die Kellnerin nur eben zufällig Kellnerin, in ihrer Freizeit sitzt sie daheim und malt, von Canetti betreut; der verkannte Genius ist gar nicht so verkannt, er schreibt (nein, sie schreibt, denn er ist meistens weiblich) eben einen von Canetti erdachten, überwachten Roman; und der Amtsrat ist tatsächlich der Vetter jenes Staatssekretärs, der, von Canetti geheim beraten, übermorgen das British Commonwealth aus den Angeln heben wird, wenn nicht überhaupt die Welt.«

In der Erwähnung des gar nicht so verkannten Genius, der weiblich ist und eben an einem »von Canetti erdachten, überwachten Roman« arbeitet, ist unschwer Friedl zu erkennen. An ihrem in Wien begonnenen Roman über das Mädchen Stephanie, der später unter dem Titel *Let Thy Moon Arise* erscheinen wird, schreibt sie noch auf Deutsch, an den ersten Konzepten für *The Monster* bereits auf Englisch. Der Sprachwechsel beunruhigt sie nicht, sie hält ihr Englisch für gut genug, um das auszudrücken, was sie will, ein Vorlektorat besorgt ihre Cousine Margaret. Friedl will, schreibt sie, Künstlerin sein, »bis in die Fingerspitzen«, eine Schriftstellerin werden, ob eine englisch- oder deutschsprachige, macht für sie keinen Unterschied. In ihrem Notizbuch reflektiert sie in einem langen fiktiven Brief an Canetti über Fragen der Interpretation und versucht, ihre eigene Position als Schriftstellerin zu bestimmen, entlang von Betrachtungen zu Flauberts *Madame Bovary*, Proust, Kafka und – natürlich – Canetti.

> *Du warst empoert darueber, dass ich ueber Madame Bovary nichts, oder nur Dummheiten gesagt habe. Aber was ist darueber zu sagen? Ebensowenig wie ich ueber die Blendung sagen koennte. Ich kann nicht sagen, warum es ist, aber ueber solche Buecher, find ich, gibt es nichts zu sagen. Man kann die Methoden analysieren, die Geschichte erzaehlen, man kann den Stil moegen oder nicht und sagen, warum oder warum nicht – aber solche Buecher sind so sehr in sich abgeschlossen, sie sagen so sehr alles, was darueber zu sagen ist – das heisst, sie sind eine komplette, abgeschlossene, abgegrenzte Welt und fuer mich sind sie etwas Unabaenderliches, Fertiges. Man kann es vielleicht beschreiben wie die Pyramiden in Egypten, aber kritisieren kann man es nicht ebensowenig wie diese Pyramiden, oder die Berge oder das Meer. Ihre Form ist da, alles was man darueber redet ist wie ein Herumnagen an einer Masse, die nicht zerstoert werden oder geaendert werden kann. Der Dichter ist wirklich ein Gott, Flaubert und Du, – im Augenblick weiss ich niemanden anderen – die Gestalten sind da nicht wie der Leser sie sich vorstellen will, sondern ausschliesslich wie der Dichter sie sieht und erfindet und seiner Vision kann man weder ausweichen noch sie veraendern – und besonders das find ich wichtig: Dass sie naemlich kein Leben haben ausser diesem einen, das der Dichter ihnen gibt, dass sie tot sind.*

Friedl beschäftigt die »Urteilslosigkeit«, auf die Flauberts Realismus ohne moralische Bewertung in seiner *Bovary* abzielt. In einem Brief an Amélie Bosquet schrieb Flaubert 1866: »Ein Romancier hat nach meiner Auffassung nicht das Recht, seine Meinung über die Dinge dieser Welt zu sagen. Er muss bei seiner Schöpfung Gott nachahmen, das heißt, schaffen und schweigen.« Den kühlen Realismus Flauberts ersetzt Friedl in ihren eigenen Arbeiten durch die Traumlogik des Surrealismus, was bleibt, ist allerdings die Verweigerung eines moralischen Urteils über das Erdachte.

Ein zweiter Aspekt ihres Nachdenkens über Ästhetik ist die Frage nach der Möglichkeit des offenen und geschlossenen Erzählens von Welt. »Was nicht festgehalten wird, ist nichts; was festgehalten wird, ist tot«, notierte Paul Valéry in seinen *Rhumbs* aus dem Jahr 1926, eine sprachskeptische Bemerkung, um die auch Friedls Gedanken kreisen. Das, was der Schriftsteller vom Leben festzuhalten vermag, ist ärmlich, ja leblos im Vergleich zu dem, was war; verzichten wir allerdings auf den Versuch, es aufzuzeichnen, schwindet alles, und zwar so weit, bis es nie war. Der Autor (der Gott) existiert nicht außerhalb seines Textes. Eine Hermeneutik, die sich anschickt, sich in den Dichter einzufühlen und zu erschließen, was er denn gemeint haben könnte, ist angesichts der Nichtexistenz außerhalb der Schrift sinnlos. *Zwischen* den Zeilen steht für Friedl nichts, nur *in* den Zeilen.

> *Der Dichter ist wirklich ein Gott. Ich weiss nicht, ob das eine Dummheit ist, aber es scheint mir, dass die ganz Grossen ihre Figuren schreiben, so wie man die Lebensgeschichten der Toten erzaehlt, als etwas Vergangenes (aber trotzdem Lebendiges), aber Unabaenderliches, wie das Schicksal, ein Leben, das abgeschlossen ist. Ich glaube, dass Kafka darum nicht so bedeutend ist wie Flaubert, weil seine Buecher Fragmente geblieben sind, das heisst, weil der Leser sich am Ende mit seinen eigenen Hoffnungen troesten kann, waehrend man das bei Flaubert nicht kann. Ich glaube, dass Proust kein so grosser Dichter ist, nicht weil seine Methode anders ist und weil er ueberhaupt etwas anderes will, sondern weil es ihm trotz der immensen Konzentration und Intensitaet seiner Beobachtungen nicht immer gelingt den Leser auszuschliessen, weil er doch Raum laesst fuer ihn, so dass man mitten drinnen das Buch aus der Hand legt und sich an eine eigene Stimmung oder Laune erinnert. Und ich glaube, es ist wichtig, dass es keinen Raum gibt, das heisst, dass ein Buch einen wirklich »gefangen« nimmt, dass diese Seite in diesem Augenblick »ich« ist. Das ist die letzte »Dichte«, glaub ich, die ein Dichter erzielen kann – nicht dass man*

sich in einem Buch »verliert«, sondern dass man zu dieser und jener Figur wird. Das heisst, dass der Dichter selber nicht existiert, sondern seine Charaktere handeln und gehen und stehen, als waeren sie ich und Du. Und nicht jemand, dessen Privatleben man in einer Biographie nachlesen kann, nicht jemand der ausserhalb der gedruckten Zeilen noch ein Leben hat. Vielleicht ist das einer der Gruende, warum Maerchen einen so unausweichlichen Zauber haben und auch, warum man dieselben Geschichten immer wieder hoert und liest und Kinder so verzweifelt sind, wenn ein Wort darin geaendert wird. Weil es eine Welt fuer sich ist und je phantastischer sie ist, desto unabaenderlicher muss sie dastehen, nicht als die Erfindung eines Menschen, sondern so, wie ein Haus dasteht, nicht mehr, oder nur zu einem kleinen Teil die Konstruktion eines Architekten, sondern als das, was es wirklich ist, mit Fenstern, Tueren und seinem eigenen Leben. So sind Maerchen und es gibt nicht viele Geschichten, in denen der Autor so voellig anonym ist und man erlebt eine Welt, die die unsere ist, aber voellig anders, aber keinem wuerde es einfallen die besenreitenden Hexen zu bekritteln, sie sind da. Ebensosehr ist Emma da oder der alte Geizhals, der sie zu Grunde richtet, ihr unausweichliches Schicksal.

Das Schreiben fällt nicht leicht, häufig mangelt es Friedl an Konzentration, und die Kritik Canettis ist unerbittlich. Ihr Wille zu schreiben ist erstaunlich. Sie will etwas leisten in der Zeit, in der sie »im Exil geschaffen wurde«, und, falls eine Rückkehr möglich ist, mit etwas zurückkehren, am besten »mit einem kalten, soliden Stueck Englands«. Scheitern ist keine Option:

Ich weiss nicht genau warum, aber es ist mir ein ungeheures Beduerfnis aus dieser Zeit, aus dieser Emigrantenzeit etwas Ordentliches, Anstaendiges zu machen und besonders erfolgreich zu sein. Ich kann es mir nur mit Grauen vorstellen, dass ich nach Wien zurueckkommen soll ohne irgend einen Erfolg. Das ist nicht aus Stolz, sondern mir ist diese Unterbrechung, die diese Emigrantenzeit fuer 90 Prozent der Fluechtlinge ist, unertraeglich. So wenig Sinn ich sonst fuer Kontinuitaet habe, so will ich diese Zeit hier nicht verlieren, sondern ich moechte etwas Schoeneres als es mir jemals zu Hause gelungen waere hier aufbauen und damit zurueckkommen, so dass mein wirkliches erwachsenes Leben im Ausland, im Exil geschaffen wurde und dann moecht ich nach Wien zurueckkommen, mit einer Grundlage, mit einer Basis, mit einem kalten, soliden Stueck Englands. In Wirklichkeit ist es deshalb, weil ich einfach nicht glauben will, dass das, was man »Schicksal« nennt, wirklich existiert. Gegen alle Erfahrungen bilde ich mir noch immer meistens ein, dass man sein Leben so einrichten, so fuehren kann, wie man selber es will und ich glaube noch immer, dass man, wenn man etwas wirklich will, es unbedingt erreichen muss und dass ein Leben nicht scheitern kann.

Von den alten Geschichten und »Sentimentalitäten«, die ihr von alten Bekannten erzählt werden, will sie nichts mehr hören,

nicht, weil es lange her ist, sondern weil ich fuer alle ewigen Zeiten von dieser »Sicherheit« nichts mehr wissen will.

Am 25. April 1939, kaum zwei Monate nach Steiners Abreise, heiratet Gerda in Hampstead den 29-jährigen Arzt Alfred Grünwald. Grünwald wurde in Meran geboren, er stammt aus einer jüdischen Weinhändlerfamilie, die zu Beginn des Ersten Weltkrieges nach Wien übersiedelt war. Alfred studierte an der Universität Wien Medizin und wurde im März 1934 promoviert. Anschließend arbeitete er in verschiedenen Abteilungen des Allgemeinen Krankenhauses, von Juni 1936 bis Juni 1937 in der Abteilung für Neurologie und Psychiatrie, und eröffnete anschließend seine eigene psychologische Praxis. Im Mai 1938 entkam er nach England, wohl mit einem der »gedokterten Visa« von Gerda.

Einige Monate leben beide in Glasgow, am 2. Dezember 1939 verlässt Gerda gemeinsam mit ihrem Ehemann Europa in Richtung Amerika. Die Überfahrt im Konvoi ist gefährlich. Im November werden mehrere britische und niederländische Dampfer im Atlantik von deutschen U-Booten durch Minen oder Torpedos versenkt. Sie erreichen New York erst am

3. Jänner 1940, zwei Tage danach stellen sie den Antrag auf Aufenthalt. An ihrem 25. Geburtstag, am 20. Juni 1940, wird Gerda die Anerkennung ihres Aufenthaltes bestätigt, der erste Schritt auf dem Weg zur US-Staatsbürgerschaft. Ihr Besitz ist ein Dokument der Freiheit und Sicherheit vor Verfolgung und der für alle sichtbare Nachweis für den endgültigen Bruch mit der alten Welt.

Ilse betreibt ihr Medizinstudium an der Züricher Universität intensiv, doch in den Semesterferien führen sie kleine Reisen »trotz aller Schrecken« quer durch die Schweiz. Eine Radtour im Sommer 1940 geht ins Berner Oberland, eine Skitour mit »Studienkollegen«, die nicht unbedingt Studienkollegen sind, führt in die Berge, eine weitere Tour bis ins Tessin. Ilse ist eng mit dem Dramatiker Fritz Hochwälder (1911 bis 1986) befreundet, wie ein Observierungsprotokoll des Schweizer Geheimdienstes, der Ilse längst unter Beobachtung gestellt hat, vermerkt.

Ausführlich wird den Eltern von den Ausflügen, vom Alltag in Zürich, vom Studienfortschritt Bericht erstattet. Die Briefe der Schwestern sind mitunter einen Monat unterwegs, doch die meisten gelangen ans Ziel. Wieder wird wegen der vermuteten Überwachung der Post manches nur verklausuliert mitgeteilt – hinter der »Freundin«, die im Brief an die Eltern erwähnt wird und die plant, in eine englische Kolonie oder nach Amerika zu gehen, verbirgt sie sich selbst:

Liebste Alten!

Mutti – warum schreibst Du überhaupt nicht mehr? Ich glaub Deinen letzten Brief hab ich vor 3 Wochen bekommen! Ivar hat mir von zu Haus über seinen Besuch bei Euch erzählt – natürlich viel zu wenig. Friedl soll auch wieder einmal schreiben! Hier ist es jetzt sehr ruhig und sehr schön – eine Erholung nach dem ganzen Wirbel. Hans H. jun. war hier – er war riesig nett zu mir – hat mich zu meinem Erstaunen geduzt und überhaupt so wie eine alte Bekannte behandelt. Er ist riesig liebenswürdig und unerhört hilfsbereit – trotzdem ist mir der Alte eigentlich sympathischer. Ich soll Euch von beiden sehr sehr herzlich grüßen.

Was nun die Sachen für meine Freundin betrifft: Sie würde sich natürlich riesig mit Möbeln und einem Klavier freuen – aber wenn sie nur bis zum Frühjahr bleibt, hat es doch nicht viel Sinn. Soviel ich weiß, erkundigt sie sich augenblicklich nach den Studienbedingungen in England und Amerika – denn letzten Endes kommt doch nur eine englische Kolonie oder eben Amerika in Frage. Natürlich – wenn sie hier fertigstudiert, ist es wunderbar. Sonst braucht sie für den Winter: 1 Rock mit Blusen und kurzärmeligen Pullover, 1 Mantel, 2 Kleider, Stiefel, 1 Abendkleid mit Abendschuhen u. Tasche, an Wäsche: Strümpfe, 3 Kombinationen, 3 Nachtpyjamas (aber leichte!). An Büchern: Goethe: Wilhelm Meister, Gedichte (evtl. Faust, Egmont), Strindberg – und englische u. französische Literatur. Zum Studium: Korning: Topographische Anatomie, Rein: Physiologie. Fürs Zimmer: 1 Teeservice für 2 oder 3 Personen, evtl. einen elektrischen Kocher, ein paar hübsche Tischdecken, 1 Dose für Tee und eine für Keks, evtl. ein hübsches Besteck. Das ist natürlich ein »Wunschzettel«!

Vielen Dank Papsch für Deinen Brief. Bitte schreibt wieder einmal ausführlich. Ich bleib vorderhand noch hier. Also 1000 Küsse von Eurer Ilse

Die Eltern dienen als Relaisstation zur Weitergabe der Informationen an die Schwestern, die Nachrichten an sie sind in gewisser Weise an alle gerichtet. Die Post zwischen Stockholm und Zürich, London und New York funktioniert zu Beginn des Krieges noch erstaunlich gut.

Ilses Briefe an die Eltern erzählen vom einfachen, aber guten Studentenleben in Zürich, sie täuschen allerdings oder sind unvollständig: Lebensmittel werden rationiert, Zürich wird häufig von Bombern überflogen und verdunkelt. Kein Wort verliert Ilse über die konkrete politische Arbeit, die wie in Wien in den Mittelpunkt ihres Lebens rückt. Sie hat kaum Geld, und das, was da ist, wird mit den Genossen aus Wien, die zumeist Illegale sind, geteilt.

Das Verhältnis Friedls zu Elias Canetti bleibt auch in London eng und ist zugleich schwierig, widersprüchlich und mehrdeutig. Friedl ist für Canetti »mein Geschöpf«, dem er die »Stimme gab«, ein »Grashüpfer, später [...] mein Floh«, die »Ziehtochter«, die »Tochter, die ich mir heranzog«, »Kind«, aber auch (und zugleich) »jemand, der meine Sklavin sein«, der »hart behandelt« werden wollte. Sie selbst bezeichnet ihn mitunter als »Geliebten«, als »Vater«, als »strengen Lehrer«, als »Kontinent«, ja »Gott«; sich selbst belegt sie mit Pseudonymen wie »Friederike von und zu Strohkopf«; ein erstes Notizbuch in England trägt die traurige Widmung »Für Ilja. Das armselige Werk einer vernarrten und faulen Schülerin«.

Im Sommer 1939 verbringt Friedl fünf Tage mit Canetti in Holcombe, einem Dorf in Devon. Veza ist wie in Wien nicht sonderlich eifersüchtig auf Friedl. Was jedoch zunehmend Probleme in der Ménage-à-trois (die sich durch Canetti bisweilen zu einer Ménage-à-quatre erweitert) erzeugt, ist die Unterstützung Canettis von Friedl als Schriftstellerin. Veza Canettis eigener Roman, *Die Schildkröten*, kann trotz Zusage des Verlages zu Kriegsbeginn nicht mehr erscheinen, sie selbst gerät zunehmend in Isolation. Friedl hingegen wird, noch ohne viel publiziert zu haben, durch die Unterstützung ihrer Cousine Margaret zu einem Bestandteil der Londoner Kunst- und Literaturszene.

London ist seit 1940 Ziel schwerer Luftangriffe. Im September 1941 bewirbt sich Friedl mitten im »Blitz« als Rettungsfahrerin, man solle sich, schreibt sie den Eltern, keine Sorgen machen oder ihr davon abraten: Sie wolle nicht einfach nur zusehen, während andere kämpfen. Kurzfristig ist sie auf den Hampstead Square 10 umgezogen, wo es einen Luftschutzbunker gibt, ihre Briefe verfasst sie nun, vielleicht wegen der Zensur, der Briefe auf Deutsch verdächtig erscheinen könnten, zum großen Teil auf Englisch.

Liebste, liebste Mummili und Papschilein!

Ich bin jetzt in der Wohnung vom alten Herrn Gardiner und warte auf das Tribunal, das entscheiden soll, ob man während des Krieges arbeiten darf oder nicht. Ich habe mich als Rettungswagenfahrerin gemeldet und hoffe, dass man mir das genehmigt. Versucht mich nicht zu überreden, dass ich am Land bleibe und nichts tue, ich will und muss in diesem Krieg etwas tun.

BITTE schreibt nicht an Heddie oder Alan und bittet sie nicht, mich abzuhalten. Ich hatte die größten Schwierigkeiten, ihnen klarzumachen, dass ich nicht zuschauen kann, während dieser Krieg ausgefochten wird. Wenn Ihr mir einen Gefallen tun wollt, dann schreibt mir lange und ausführliche Briefe über Euer Leben, es gibt ja keinen Grund, warum Ihr das nicht tun solltet, und sie machen mir so viel Freude. Ist Susi noch bei Euch?

Im Haus gibt es einen gas- und bombensicheren Luftschutzkeller – Ihr braucht Euch also um mich keine Sorgen zu machen. London ist ganz anders bei Verdunkelung, aber schön auf seine Art.

Ich denke ständig an Euch und hoffe, dass Ihr ausnahmsweise einmal meine Entscheidung respektiert. Ich küsse Euch 100 000mal und werde sehr bald schreiben. Friedl

---

Nach ihrer Ankunft im Jänner 1940 lebt Gerda drei Monate in New York und zieht danach – Ehemann Alfred hat eine erste Anstellung im Massachusetts General Hospital erhalten – nach Boston. Im Jänner 1941 kehren sie nach New York zurück. Gerda und Alfred wohnen einige Monate in 47 West 87th Street in Manhattan, danach ein paar Straßen weiter in 54 West 89th Street, beide Adressen sind nahe am Central Park, weit entfernt vom traditionellen Wohnort deutschsprachiger jüdischer Flüchtlinge in Washington Heights, einem Distrikt südlich der 155. Straße bei Harlem.

Rund 130 000 Menschen waren von Deutschland und Österreich in die USA geflohen. Bis Mitte 1938 war die USA kein privilegiertes Einwanderungsland für deutsche Migranten und Migrantinnen, die Höchstquote (25 957) wurde in keinem Jahr seit der Wirtschaftskrise auch nur zur Hälfte ausgeschöpft. Gegen Ende der 1930er Jahre erschwerten die USA dann sukzessive die Visavergabe durch administrative Schikanen. 1938 wurde das »House Un-American Activities Committee« (HUAC) eingerichtet, es hatte die Aufgabe, die politische Einstellung und Aktivitäten von Einwanderern zu untersuchen und einer kommunistischen Unterwanderung der amerikanischen Gesellschaft vorzubeugen. »We must ignore the tears of sobbing sentimentalists and internationalists«, sagte der Vorsitzende des HUAS, der texanische Abgeordnete Martin Dies, »and we must permanently close, lock and bar the gates of our country to new immigration waves and then throw the keys away.« Ein Willkommensgruß sieht anders aus. Dennoch (oder gerade deshalb) bildete sich eine Vielzahl von privaten, politischen und religiösen Hilfsorganisationen, die Flüchtlinge aus Europa nach Kräften unterstützten und dadurch Zehntausende Menschenleben retteten. Nach dem »Anschluss« stieg die deutschsprachige Einwanderung noch bis 1941. Die jüdische Gemeinschaft in Washington Heights nannte sich in Anspielung auf Hitlers »Drittes Reich« das »Fourth Reich on the Hudson« – von New York als einem Melting Pot konnte für die Flüchtlinge, die in den 1930er Jahren nach New York gekommen waren, nicht die Rede sein, eher ist das Bild eines Mosaiks zutreffend, in dem jeder Teil der Stadt für sich allein sichtbar bleibt und ein Ganzes der Stadt nur aus der Entfernung wahrnehmbar ist. Gerda ist jedoch um möglichst rasche Assimilation bemüht. Für sie ist die Ankunft in den USA eine Zäsur, es gilt für sie, was Hilde Spiel in ihrem 1965 erschienenen Roman *Lisas Zimmer* die Emigranten aus Österreich sagen lässt:

»Hier sind wir und hier wollen wir bleiben. Was immer uns bestimmt ist, wir werden im Westen leben und sterben und nie über unsere Schulter zurück nach jenem alten Erdteil sehen, aus Angst er könnte uns zurückholen, uns in seine furchtbare Umarmung nehmen und uns das Mark aus den Knochen pressen, wie er es noch mit allen getan hat, die von dort kommen oder dahin gehen.«

Auch Paul Steiner lebt in New York, er hat inzwischen eine Amerikanerin geheiratet, beide Ehepaare treffen sich regelmäßig. Im ersten von ihr erhaltenen Brief vom 6. März 1941 erzählt Gerda von ihrer Situation in der Stadt und inwieweit es ihr gelungen ist, die alten Kontakte aus Wien zu aktivieren; sie konnte Ilse und den Eltern das Affidavit verschaffen, und hofft nun, dass Ilse aus Zürich zu ihr kommt. Auch die Eltern ermutigt sie dazu, bevor sie »Hitler in die Arme« laufen.

Meine geliebten Alten,

das wird kein Brief, nur ein Gruß und ein inniger Gedanke. Ich schreib sehr bald wieder ausführlich – momentan bin ich so busy, daß ich unmöglich dazu komm. Ich hab eine Stelle als Sekretärin und Technikerin bei einem Wiener Arzt, der sehr nett und anständig ist und nebenbei tipp ich und mach Übersetzungen für diverse »Dichter« und Journalisten und das ist alles ziemlich anstrengend. Verdienen tu ich wenig genug dabei – aber es geht grad und man weiß wenigstens, daß man nicht verhungern braucht. – Alfred wird in der nächsten Zeit seine Stelle im Montefiore Hospital, von der ich Euch schon geschrieben habe, antreten (wie alles hier, ist das mit einer Menge red tape verbunden) und außerdem lernt er sehr fleißig für die Prüfungen**, die er im Juni machen wird.*

Die größte und schönste Neuigkeit ist die, daß es uns endlich gelungen ist, Ilse ein Affidavit zu verschaffen, so daß sie hoffentlich bald herkommen kann. Ich freu mich schrecklich auf sie.

Dank Dir innig für Deinen langen Brief, Papa. Unser Schweigen hat sich ja inzwischen aufgeklärt. Mach Dir doch keine Sorgen, wenn wir *nicht schreiben – uns geschieht schon nichts! Wir sind höchstens faul oder uns ist zu mies zum Schreiben oder wir haben, wie es tatsächlich schon der Fall war, kein Geld für Marken. – Was Eure Amerikareise betrifft, so kann ich da unmöglich was sagen. Ich weiß nur, daß es mir persönlich viel lieber wäre, in Amerika sehr wenig zu haben, als in Schweden viel und dafür dem Hitler in die Arme zu laufen. (Noch dazu zum zweiten Mal!) Das hab ich Euch aber schon oft gesagt und es ist Ansichtssache, wie man sich dazu einstellt. Daß die Reise irrsinnig anstrengend wäre, besonders für Mutti, weiß ich und auch, wieviel Geld sie kostet. Ich an Eurer Stelle würde das nun halt alles riskieren, um endlich wieder einmal wohin zu kommen, wo man bleiben darf – und mit gutem Gewissen. Schon Susis wegen. Außerdem, Papa, haben es hier Leute, die Dir weder an Reputation noch Persönlichkeit oder Energie auch nur im Entferntesten nahekom-*

* Mit bürokratischem Aufwand.

** Zur Nostrifizierung des Wiener Doktorates.

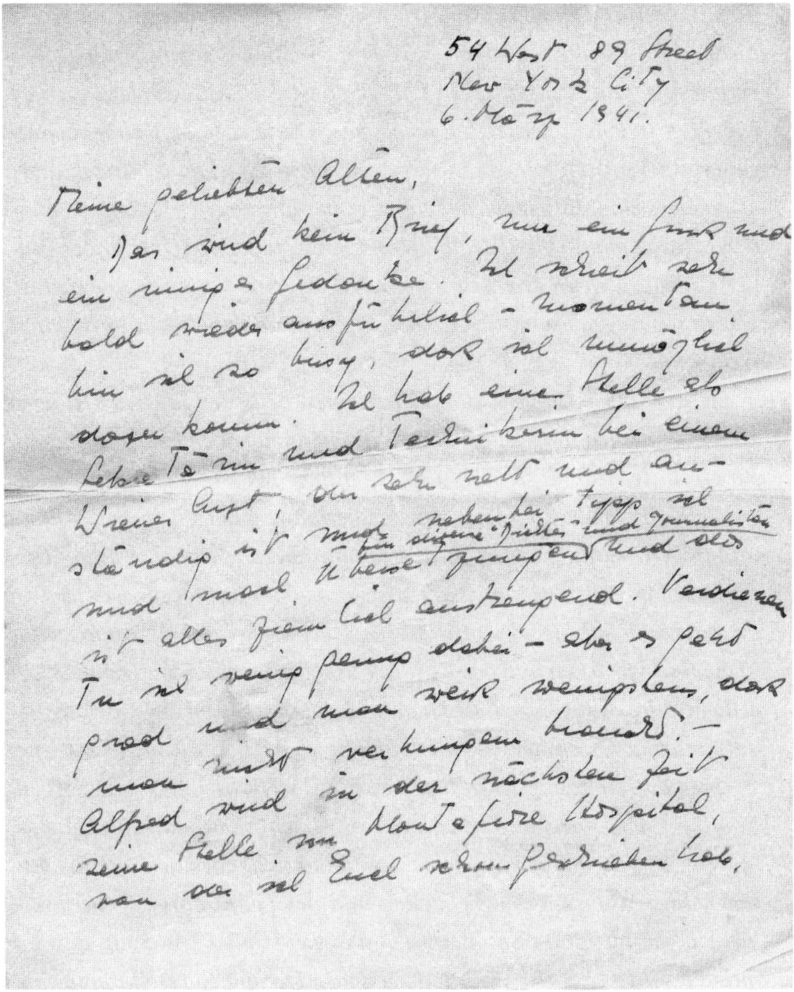

54 West 89 Street
New York City
6. März 1941.

Meine geliebten Alten,

Das wird kein Brief, nur ein Gruß und ein paar Gedanken. Ich schreib sehr bald wieder ausführlich – momentan bin ich so busy, daß ich unmöglich dazu komme. Ich hab eine Stelle als Lehrerin und Technikerin bei einem Wiener Arzt, […]

Brief von Gerda an die Eltern, 6. März 1941

men, zu etwas gebracht – und ich wüßte wirklich nicht, warum es Dir nicht gelingen sollte, umso mehr, als Du, wie Du ja schreibst, bereits Vereinbarungen mit schwedischen Blättern hast. Kommt doch her – sobald es geht! – In einem der letzten Briefe hast Du gefragt, ob Kaltenborn legal gebunden ist, für Euch zu sorgen. Legal ist er schon gebunden, aber es existiert eine stillschweigende und bisher immer eingehaltene Vereinbarung, daß man seinen Affidavitgeber unter gar keinen Umständen (außer natürlich, wenn er es selbst anbietet) an seine Verpflichtung mahnt. Das ist sozusagen Ehrensache. Also, ich würde an Eurer Stelle nicht damit rechnen.

Lieber Papa – ich geh sehr gern zu allen Leuten, zu denen Du mich schickst, aber ich muß leider ihre Adressen dazu haben (Beer-Hofmann, Kosel). Bitte, schreib sie mir, also. Allerdings seh ich noch immer nicht gut, wie ich einfach zu Kosel, den ich überhaupt nicht kenne, gehen kann und fragen, weshalb er Dir nicht schreibt. Aber ich würde es schon tun. Bei Fräulein Warburg war ich auch nicht, weil ich nicht weiß, was ich von ihr verlangen soll. Sie wird mir wohl kaum einen Scheck auf 10 000 Dollar in die Hand drücken und das wäre das Einzige, womit mir augenblicklich gedient wäre. Außerdem hast Du mir noch immer nicht auf die Frage geantwortet, ob Du sie kennst, oder auf wen ich mich sonst berufen könnte.

Über die Wohnungsfrage hier machst Du Dir viel zu große Sorgen. Es gibt in der Umgebung von New York (Long Island, Jackson Heights, Queens, Bronx, Flatbush, Astoria usw. usw.) unzählige, sehr schöne und sehr billige Wohnungsmöglichkeiten und das Leben dort ist überhaupt viel billiger, als in der Stadt selbst. – Wieviel schätzt Du denn, daß Ihr monatlich hier brauchen würdet? Zwischen 170 und 200 Dollar müßt Ihr wohl rechnen.

Neulich war ich bei Alice Schalek. Sie ist sehr alt geworden und ist gar nicht gesund, hat aber eine reizende Wohnung (es steht nur zu viel drin-*

* Alice Schalek (1874 bis 1956) war Autorin und Mitarbeiterin bei der *Neuen Freien Presse*. In Erinnerung ist sie als chauvinistische Kriegsberichterstatterin im Ersten Weltkrieg geblieben, Karl Kraus hat ihr in seinen *Letzten Tagen der Menschheit* eine überaus negative Rolle zugedacht.

nen) und redet ansonsten noch genau so viel und interessiert sich noch genau so für fremde Liebesgeschichten wie früher. Sie hat hier schon viele Vorträge gehalten, verdient aber scheinbar nichts dabei. Im Übrigen war sie sehr aufgeregt, weil Ihr die 40 Pfund, die sie Euch voriges Jahr irgendwann (für Heddie) geschickt hat, nie bestätigt habt. Habt Ihr sie überhaupt bekommen? Wenn ja, schreibt es bitte sofort (vorsichtig) an Heddie und auch an sie. Ihre Adresse ist 143 West 96 Street, New York City. Heddie bombardiert mich seit Monaten wegen diesem Geld. Schalek hat es in amerikanischer Währung, also ca. $ 200, geschickt. (Das war schon lange nach Kriegsausbruch – Mai 1940 – und man durfte aus England kein Geld mehr schicken. Schalek hat es daher von Amerika aus getan.) Bitte, schreibt Schalek, ob Ihr das Geld erhalten habt – sie macht sich solche Sorgen.

Ich weiß, daß das kein netter Brief ist, aber er ist lang nicht so bös gemeint, wie er ausschaut – I am just worrying about you. – Nächstens kommt wieder ein netter.

Ich umarme Euch innig – Eure Gerda

Der Eindruck der Stadt und ihres geschäftigen Lebens ist für Gerda zwiespältig: New York fasziniert sie gleichermaßen, wie seine Maschinerie ihr Angst macht, die Menschen werden Teil einer großen Stadtmaschine und dabei selbst zu kleinen Maschinen. »Daß sich die Exilanten wie in einem Traum gefühlt haben, wenn sie nach all den Schwierigkeiten ihrer Flucht endlich durch die Straßen von Manhattan wandelten, kann sich auch der heutige Amerikabesucher noch vorstellen«, beschreibt der österreichische Exilforscher Helmut Pfanner die ersten Eindrücke der Ankommenden in New York. »Plötzlich fand man sich inmitten der von der Politik der europäischen Staaten fast unberührt gebliebenen Geschäftigkeit der amerikanischen Weltstadt, in der man sich nicht mehr vor Gestapo-Beamten oder feindlichen Flugzeugen zu fürchten brauchte, und in allen Schaufenstern sah man den großen Überfluß von Konsumgütern, für die Tag und Nacht mit heller Lichtreklame geworben wurde.«

Wie bei vielen Immigranten und Immigrantinnen, die aus Europa einlangten, stellte sich bei Gerda Staunen, aber auch ein Gefühl von Unwirk-

Gerda, New York um 1942

lichkeit ein. »Ungeheure Lichterfülle, Wolkenkratzer, maßlose Üppigkeit der Läden und Fresslokale, Menschenmassen, enormer Autoverkehr. Billige Preise. Viel farbige Menschen«, lautet eine Tagebuchnotiz des Prager Schriftstellers und ehemaligen Diplomaten Johannes Urzidil vom Februar 1941, »Wildheit des Gesamteindrucks gegenüber dem edlen, vornehmen Engländer«. »Eine interessante, großartige Stadt«, nennt Hans Sahl New York, »die aber kaum eine intime Geselligkeit gestattet. Fast jeder von uns leidet darunter.« »New York? Wir sind angenehm überrascht«, schreibt der deutsche Journalist Robert Grötzsch, der fast zeitgleich mit

Gerda in New York eingetroffen war. »Alles großer Zug, weniger Unrast als etwa in Paris, ein Land ungeheuren Reichtums und dito Verschwendung. Stop. Warten wir ab. Im Ganzen: Man atmet auf und denkt voll Mitleid an Europa.« Andererseits: »Wenn ich durch die Straßen gehe und an manchen Auslagen vorbeikomme«, schreibt Max Alfert, »so habe ich ein ganz unwirkliches Gefühl, so als ob ich träumen würde oder das alles nur im Kino sähe. Leider kann ich auch nicht sagen, dass ich besonders glücklich wäre, [...] die Riesenstadt mit ihrem Lärm und Trubel macht mich ganz verrückt, ich komme mir ziemlich verloren und fremd vor.«

Im März 1940 widmet *Der Aufbau*, die auf Deutsch erscheinende Exilzeitschrift in New York, erstmals einen Leitartikel den »Frauen im Exil«. »Die Last, die auf den Schultern der Emigrantenfamilie liegt, ist schwer. Sie ist nicht immer gleich verteilt und sehr häufig fällt der schwerste Teil auf die Schulter der Frau [...]. Das Schicksal einer Familie in der Emigration hängt sehr häufig mehr von der Frau und ihrer seelischen Spannkraft ab als vom Mann. Gelingt es ihr, die Hindernisse zu überwinden, so wird die Familie wieder vorwärts kommen, stürzt sie, wird sie die übrige Familie mitreißen.«

Häufig mussten sich Frauen im Exil mit Jobs, die nicht ihrer Qualifikation entsprachen, begnügen und wurden zumindest kurzfristig zur Alleinverdienerin und Familienerhalterin. Der Rollentausch bedeutete für viele Frauen verdoppelte, ja verdreifachte Arbeit, die Kränkung der in der Heimat einst erfolgreichen und nun arbeitslosen Männer führte nicht selten zu Erschütterungen und Brüchen in den Beziehungen oder zur Trennung; die Selbständigkeit bedeutete für viele Frauen mitunter auch Freiheit – von bürgerlichen Zwängen und einer rigiden Ordnung der Geschlechter.

Für Gerda in New York, Friedl in London und Ilse in Zürich ist diese Freiheit die Fortsetzung der Freiheit, die sie in ihrer Jugend in Wien erworben hatten. Susi wird sie, das Vorbild ihrer Schwester Friedl vor Augen, für ihr eigenes Leben in der Emigration in Anspruch nehmen lernen und ihre bedrohlichen Seiten erfahren. »Angstlosigkeit« ist ihre markanteste Eigenschaft, sagt Susanne über ihre Schwester Friedl. Sie habe niemanden gekannt, der weniger Angst hatte als sie.

»Keine Vorsicht, kein Bedenken, keine Angst«, charakterisiert sie die Schwester. Und meint wohl auch sich selbst oder das Idealbild von sich.

Regelmäßig erhalten die Eltern Post aus Zürich. Ilse ist gut organisiert, und betrachtet man die Poststempel, scheint es, als ob Ilse (als einzige der Schwestern) beim Schreiben einen eigenen Rhythmus gefunden hat, der neben regelmäßigen, fast monatlichen Berichten zuverlässig alle Fest- und Geburtstage berücksichtigt.

Auch wenn Ilses Briefe vor allem vom Studium und vom Alltag erzählen, sind sie – trotz Zensur – keineswegs unpolitisch. Vorsichtig belehrt sie die (aus ihrer Sicht politisch naiven) Eltern von Zürich aus Mitte 1941 über die Kriegsgefahr in Schweden und sorgt sich um die Zukunft ihrer kleinen Schwester.

Geliebteste Eltern!

Vielen Dank für Eure Briefe und bitte seid wirklich nicht mehr bös wegen meines langen Schweigens. Habt Ihr wenigstens meinen Brief vom 5. X. bekommen? Das Telegraphieren war wirklich überflüssig – dem armen Halbau sind die Haare zu Berge gestanden, weil er mich nicht gleich ausfindig machen konnte. Im Übrigen werden hier Briefe automatisch nachgeschickt. Glücklicherweise hab ich schon eine sichere Adresse für April […]. Dort hoff ich, endlich bleiben zu können. Ich versteh sehr gut, dass Euch die Wegfahrfrage nervös macht. Es ist schwer, von hier aus darüber zu urteilen: Dem Krieg kann man ja heute nicht mehr davonlaufen und wie groß die Gefahr ist, dass Schweden zum Kriegsschauplatz wird, ist auch schwer abzuschätzen. Vorhanden ist sie sicher. Dass Ihr Eure Entscheidungen von Gerdas finanzieller Situation abhängig machen wollt, finde ich nicht ganz richtig. Denn selbst wenn sie augenblicklich keine Stelle hat, so ist das jedenfalls ein vorübergehender Zustand. Die Berichte von meinen Freunden drüben sind allerdings durchwegs deprimierend, was man natürlich nicht verallgemeinern kann, da es durchwegs Ärzte sind. Als wichtigste Faktoren halte ich Eure finanzielle Situation und dann Susis Zukunft. […] Was die finanzielle Seite anbelangt, so kann man sich, glaub ich, auf gar keinen Fall auf Verdienstmöglichkeiten verlassen; nun sind ja die Affidavitsteller verpflichtet, Euch im Falle der Not zu erhalten. Ich weiß nicht, wer das ist, aber angenehm dürfte es keinesfalls sein. Auf Gerda und Alfred Hoffnungen zu setzen, halte ich auch für unmöglich und Susi würde sicher noch mindestens 2–4 Jahre Ausbildungszeit brauchen, bevor sie auch nur in der Lage wäre, sich selbst zu erhalten. Bleibt also Tante Heddie, die bei dem regen Verkehr vielleicht doch eine Möglichkeit finden dürfte, Euch Geld zukommen zu lassen. Sie hat mir übrigens wieder geschrieben, sie ist angeblich in großer Aufregung, weil ihre Mädchen sie verlassen und demgemäß der Haushalt am Kopf steht. Übrigens hab ich trotz allem noch über die erhebliche Anzahl gestaunt, die sie aufgezählt hat. Sie hat Friedl in O[xford] besucht, es geht ihr sehr gut, sie arbeitet an ihrem Roman, der vielleicht veröffentlicht wird. Friedl selbst, dieses ekelhafte Ding, schreibt mir trotz vorhandener Möglichkeiten kein Wort, was umso dümmer ist, da sie ja dadurch auch mit Euch Kontakt hätte.

Mir selbst geht's gut, ich schlaf mich aus und arbeite an meiner Dissertation, die langsam, aber doch Gestalt annimmt. Leider kostet alles furchtbar viel, auch die Lebenskosten sind viel höher geworden. Ansonsten ist strahlendes, aber noch immer kaltes Wetter und ich renne mit Begeisterung am Zürichberg herum. Gestern war ich im Theater, bei den »Gespenstern« von Ibsen – einer glänzenden Aufführung.

Gerda hat mir trotz dringendem Brief nicht geantwortet. Wisst Ihr ihre Adresse? Es ist sehr wichtig wegen Affidavit und auch wegen den hiesigen Behörden, die selbstverständlich um meine Ausreise besorgt sind.

Also geliebtestes Elternpaar, seid bitte nicht bös, ich verspreche feierlichst, jetzt öfter zu schreiben und bitte haltet mich am laufenden!!

Innigste Küsse von Eurer Ilse

Das Studium geht voran, die Prüfungen sind schwierig: »Schöner bin ich natürlich nicht vom Stucken geworden, dafür aber fett – hab reichlich Vorrat für die ›mageren Jahre‹«, schreibt sie sarkastisch. Die »mageren Jahre« werden kommen, nicht in Zürich, aber ein paar Jahre später in Wien.

1941 wird klar, dass weder sie noch die Eltern aus Europa mehr fortkönnen. Im Juli berichtet sie vom Abschuss ihrer Dissertation – und vom Schweißgeruch der Kollegen:

Vielen Dank, Muschi, für Deinen Brief samt Inhalt, ich war sehr froh, endlich von Dir und Papsch zu hören, da ich doch recht unruhig bin. Ich bin sehr traurig, daß Ihr jetzt nicht fahren könnt und hoffe nur, daß alles bald vorbei sein wird. Bei mir ist noch alles unsicher, der Konsul hat eine zwar nicht pessimistische, aber noch ganz unsichere Auskunft gegeben. Von Aline hab ich einen lieben Brief bekommen, sie will Bekannte in Schweden für mich gewinnen. Das wäre natürlich herrlich.

Bei mir ist wenig Neues. Die Dissertation ist für gut befunden worden und muss auf die Hälfte gekürzt werden, was eine schwierige und langweilige Arbeit ist.

Das Thema – Papsch – heißt: »Die pseudoluetische subakute hilifugale Bronchopneumonie des heruntergekommenen Kindes«. Auf Deutsch gesagt, handelt es sich um eine besondere Form von Lungenentzündung, die leicht mit Tuberkulose und – auf Grund bestimmter Reaktionen im Blut – mit Syphilis verwechselt werden kann. Augenblicklich wächst mir das Zeug schon beim Hals hinaus und ich möchte es nur möglichst bald fertig haben. Das Stucken ist bei der herrschenden Hitze ein Problem für sich und trotz aller Bedenken arbeite ich am besten in der Nacht. Im Hörsaal hat man das Gefühl, in einem Brutschrank zu sein und der holde Schweißgeruch der Kollegen, vermischt mit dem ja niemals gerade erquickenden des pathologischen Institutes gibt den Rest.

Erschwerend auf die Konzentrationsfähigkeit wirken natürlich die äußeren Ereignisse, die einen ständig in einem Zustand äußerster Spannung halten. Es fehlt einem da – leider – oder auch Gott sei Dank – die Gemütsruhe der Schweizer, für die die Tatsache, daß sie im Augenblick nicht betroffen sind, vollständig genügt, um sich nicht aufzuregen.

Trotz Hitze, Stucken u. Aufregungen habe ich über letztes Wochenende eine Rad-Tour zum Vierwaldstättersee gemacht, um Bekannte zu besuchen. Mit dem Tippeln ist's ja leider zu Ende – sogar der Professor fährt mit dem Fahrrad, weil es kein Benzin gibt. Die meisten von den alten

Ilse, Zürich 1941

Herren finden aber, dass es ihnen ganz gut tut, etwas Bewegung zu machen. Mir hat's auch gut getan, trotzdem ich am nächsten Tag nur auf ganz weichen Pölstern sitzen konnte und ziemliche Muskelschmerzen gehabt hab. Wegfahren werde ich, wenn überhaupt, am 20. VII. wahrscheinlich auf eine Hütte mit noch ein paar Leuten.

Bitte schreibt sofort und ausführlich!! Innigste Küsse – Ilse

Der Überfall der deutschen Wehrmacht auf die Sowjetunion Ende August 1941 und der folgende Kriegsverlauf versetzen Ilse in hohe Spannung. Im November (die deutsche Armee war vor Moskau im Schlamm steckengeblieben, und die Rote Armee setzte zur Gegenoffensive an) schreibt sie an die Mutter über ihre Hoffnung auf ein mögliches Wiedersehen und ihr »richtiges Heimweh«.

Geliebtestes Mummili!

Vor allem alles alles Liebe zu Deinem Geburtstag – Du kannst Dir gar nicht vorstellen, wie gerne ich bei Dir sein möchte und Dir einen sehr sehr festen Kuss geben möchte und es mit Dir ein paar Stunden lang warm und gemütlich hätte. So bleibt nur die Hoffnung, aber die ist sehr lebendig und vielleicht wird's doch in 1–2 Jahren so weit sein.

Denk Dir – heute ist endlich ein Brief von der Friedl gekommen – er war 4 Wochen unterwegs. Er ist voll sehnsüchtiger Liebe nach den alten Zeiten und nebenbei natürlich ein bissl verrückt – in dieser Hinsicht hat sie sich gar nicht verändert. Sie hat versprochen, mir nächstens einen Brief für Dich und Papsch zu schicken. Ansonsten geht's ihr gut, ihr Buch soll nächstens erscheinen und vorläufig sind alle begeistert davon. Sie war lang und viel mit Margret beisammen, mit der sie sich sehr angefreundet hat, auch mit Hilda und Anja. Jetzt will sie eine Stelle annehmen, komischerweise bei einem Zahnarzt – was sie natürlich von der humoristischen Seite nimmt. Aber es wäre sehr gut – insbesondere wegen Heddie. Ansonsten schreibt sie, dass sie schreckliche Sehnsucht nach Dir und Papsch hat, sehr viel an Euch denkt und furchtbar viel von zu Hause träumt. Ich hab mich schrecklich gefreut, wieder mal ein bissl was von ihr zu hören.

Bei mir gibt es nicht viel Neues – nächste Woche hab ich wieder eine Prüfung, für die ich noch sehr viel arbeiten muss. Ansonsten warte ich sehnsuchtsvoll auf den Briefträger, der meine Hoffnungen meist 2× im Tag vernichtet. Habe aber glücklicherweise liebe Menschen um mich – nur sind halt alle fast noch stierer als ich.

Papsch – vielen vielen Dank für Deine beiden Karten, die knapp hintereinander gekommen sind. Ich bin sehr traurig, dass Julius nicht kommen kann – aber vielleicht lässt sich doch noch etwas machen. Mit K. hab ich gesprochen – Du wirst ja wahrscheinlich schon seine Antwort haben. Am Telephon war er ein bissl kurz angebunden, hat aber gesagt, dass er bereits an Dich geschrieben hat.*

Geliebtestes altes Mummili – ich wünsch Dir alles alles Gute und Schöne was sich ein Mensch nur wünschen kann – und hoff, daß Du einen ruhigen und gemütlichen Tag en famille mit ein paar guten Freunden, […] und einem herrlichen Tee und ein paar Blumen verbringst. Ich hab jetzt

* Julius Mann, Freund und Vertrauter des Vaters.

sehr oft wieder richtiges Heimweh – na, hoffentlich gehen alle unsere Wünsche bald in Erfüllung.

Viele viele innige Küsse von Deiner Ilse

Im Mai 1942 kann Ilse endlich vom letzten Rigorosum, dem Abschluss des Studiums und ihren zukünftigen Plänen berichten. Sie erholt sich auf einer zehntägigen Reise ins Tessin.

Geliebteste Eltern –

vorerst seid bitte nicht bös, daß ich so lange nicht geschrieben hab, aber die Prüfungen – na, jetzt sind sie ja glücklich vorbei. Einmal hat's noch eine kleine Krise gegeben, weil mir ein Professor »aufsässig« war und Schwierigkeiten gemacht hat – aber schließlich hab ich doch einen guten Durchschnitt erreicht – 5, das ist die zweitbeste Note. Augenblicklich sitze ich in einem kleinen Landgasthaus am Fuße des Bernardinopasses mit einer Kollegin – leider empfängt uns das sonnige Tessin mit Regen und Nebel. Aber man merkt doch sofort den Unterschied an der Fröhlichkeit und Liebenswürdigkeit der Gastleute, die sich nicht, wie in der Ostschweiz, damit begnügen, einem halb neugierige, halb misstrauische Blicke zuzuwerfen, so dass man sich automatisch ungemütlich fühlt. Eigentlich ist's ja ganz phantastisch, dass man heutzutags überhaupt noch solche Touren machen kann – und schon deshalb genieße ich jeden Tag wie ein unverdientes Geschenk. Hab mich schrecklich gefreut, daß Susi bei der Schriftlichen durchgekommen ist – hoffentlich geht's auch bei der Mündlichen gut. Soweit ich es verfolgen kann, ist's ja nun nichts mit Eurem Besuch bei Gerda – was ich keineswegs für ein großes Unglück halte.

Nun werdet Ihr sicher fragen, was ich weiter tun will – na, wenn irgend möglich, möchte ich in ein Spital – denn von der Medizin lernt man ja nur den kleinsten Teil an der Universität und wenn man keine praktischen Erfahrungen machen kann, ist das Theoretische sehr rasch verschwitzt. Bitte entschuldigt die Schmierage – meine Finger sind noch ganz steif.

Was will eigentlich Susi nach der Matura machen? Das Ekel von einer Frieda hat schon wieder monatelang nichts hören lassen – bin mit der

Zeit schon ernstlich bös auf sie. Von Gerda kam im November die letzte Nachricht.

Hoffe jetzt, dass das Wetter sich eines Besseren besinnen wird – möchte aber jedenfalls bis zum 21. ausbleiben.

Viele innige Küsse Eure Ilse

Separat erhält auch der Vater Post, das alljährliche Geburtstagsschreiben von seinem »Mistkäfer«, das auch im Mai 1942 nicht ausbleibt – mit weiteren Berichten zur Tessin-Reise und Anekdoten aus ihren ersten Wochen als Ärztin. Ilse schreibt aus Ronco, einem Künstlerdorf zwischen Ascona und Brissago am Lago Maggiore.

Geliebtestes Papschilein – also vor allem einmal alles alles Liebe und Schöne zum neuen Jahrzehnt – es soll Dir – zumindest, wenn's nach mir geht – eine Menge Glück, Erfolge und natürlich auch ein Wiedersehen mit den »Fratzen« bringen und – wer weiß, in ein paar Jahren die Enkel, denen Papschilein Drachen zeichnen muß, Pölsterschlachten veranstalten und etwas »duftende« Gedichte vorlesen.

Dein »Mistkäfer« sitzt augenblicklich auf einer Terrasse in der Frühsonne mit dem phantastischen Blick auf See und Berge und hätte nur den großen Wunsch, daß Du und Mumschi hier wäret und daß wir den Tag gemeinsam feiern könnten. Außer meiner Kollegin ist übrigens noch ein Bekannter von Dir, Dr. v. Muralt, Journalist, hier, ein netter und lustiger alter Herr, der mithalf, die Langeweile der letzten 2 Regentage zu mildern. Haben Schach gespielt und über Gott und die Welt diskutiert und lauter gute Sachen gegessen, deren es hier noch in Fülle gibt.

Ansonsten hab ich meine frischgebackene Doktorwürde mit 2 »Blitzdiagnosen« eingeleitet – leider schwere Fälle, die natürlich näher untersucht werden müssen. Die erste Gratulation zum »Doktor« kam von einer lieben alten Garderobiere im Studentenheim, die mich von meinem ersten »Schweizer« Tag her kennt und alle Nöte miterlebte – und dann wurde natürlich nach altem Brauch mit den Kollegen gefeiert.

Seit gestern ist strahlendes Wetter hier und wir haben schon einen unbeschreiblich schönen Ausflug in ein ganz kleines, verlassenes Tal gemacht – mit winzigen grauen Dörfern, einer weltentrückten, reichlich primitiven und vor allem sehr sehr armen Bevölkerung, dürrem Boden mit ein paar Ziegen drauf.

Ansonsten bin ich natürlich auf der Suche nach einem Spital und hoffe, daß Dr. M. mir da vielleicht helfen kann. Na – man wird sehen. […]

Geliebtestes Väterchen, noch einmal alles alles Schöne und Gute zum »Jubilars-Geburtstag«.

Ilse

Im Herbst absolviert Ilse eine Famulatur »in Landeinsamkeit« als Vertreterin eines praktischen Arztes in der kleinen Gemeinde Uznach am Züricher Obersee und kehrt danach nach Zürich zurück. Sie erhält, wiewohl schlecht bezahlt, eine Anstellung im Züricher Kinderspital und übersiedelt in eine nahegelegene Wohnung. Im Geburtstagsbrief an die Mutter Anfang November – Hitler feiert eben die vollständige Einnahme von Stalingrad durch die 6. Armee – erscheint ihr die Zukunft »trüb« und ein baldiges Wiedersehen ausgeschlossen, die junge Ärztin ergreift eine »Riesen-Sehnsucht« nach ihren Eltern, »ich denke an zu Hause und an Großmimi, an das liebe kleine Damen-Zimmer mit Thee und Butterbrot, an schöne Stunden bei Bach und Beethoven und den herrlichen warmen grünen Kachelofen mit einem schnurrenden Peter«.

Im August 1943 fährt sie mit dem Rad über den Grimselpass ins Rhonetal und von dort bis ins Lötschental. Sie schreibt:

Geliebteste Eltern,

vielen vielen Dank für Eure lieben Briefe, mit denen ich mich schrecklich gefreut hab. […] Ich weiß nicht, ob Ihr es kennt; die Bahn geht nur bis zur halben Höhe – dann geht man zu Fuß bergauf – bis geradeaus in die Gletscherwelt. Am obersten Ende liegt eine wunderschöne Alm – dort haben wir – noch zwei sehr nette Mädeln und zwei Burschen – eine kleine Hütte gemietet und den Rest der Zeit verbracht. Ihr könnt Euch wahrscheinlich vorstellen, wie ich das Leben oben genossen hab – die reine Luft, die Kühe, Ziegen und Schafe und vor allem natürlich die Berge! Die

Ziegen waren besonders lustig – alle die vordere Hälfte weiß und die hinten schwarz – die Kühe strotzend vor Gesundheit und Lebenslust – Muschi, erinnerst Du Dich noch, wie Du mir einmal gesagt hast, daß Du glaubst, in einem früheren oder späteren Leben eine solche Mullikuh gewesen zu sein? Ich hatte manchmal auch so ein Gefühl, was mich anbelangt!

Die Gegend ist ideal schön – hat nur einen Nachteil, dass es nämlich fast überhaupt keine Wege gibt, sodass man fast überall hin Führer braucht. So konnten wir mangels Kleingeld nur eine größere Tour machen – zur 3300 m hohen »Lötschenlücke«. 6 Stunden sind wir über den Gletscher gelaufen und dann noch ein kleines Stück Felskletterei. Na – macht Euch nachträglich keine Sorgen – wir waren gut mit Seil und Pickel ausgerüstet, und sehr schwer war's nicht.

Oben steht eine prachtvolle Hütte – inmitten einer Eis- und Felswelt, die einem wie ein fremder Erdteil anmutet – unberührt von den Brandungen des Lebens, rein von allem kleinen, hässlichen, schwachen, das sich unten breit macht. Der Abschied ist mir schwer gefallen.

Die Leute, mit denen ich war, waren riesig nett und kameradschaftlich, Mummili, mußt Dir keine Sorgen machen, daß ich einsiedlerisch werde – so weit ich tatsächlich solche Tendenzen hatte, wurde ich durch die Emigration gründlich geheilt. Im Gegenteil – ich habe jetzt bedeutend mehr und bessere Freunde als früher. Ein paar reizende Schweizer – aber die liebsten sind mir doch »die von zu Hause«, die die gleichen Sorgen, Interessen und Wünsche haben.

Als ich zurück kam, war ich tatsächlich kohlrabenschwarz gebrannt und das einzig traurige war der Gedanke, wie schön es gewesen wäre, wenn auch Ihr diese Herrlichkeiten mit genossen hättet.

Papschilein – ich hab Dir noch gar nicht für die ausgezeichneten Photos von Dir gedankt, die mir riesige Freude gemacht haben – nicht zu reden von Deinen lieben, langen Briefen, die ich allerdings leider nicht ganz vollständig lesen konnte. Ich freu mich riesig, daß Du viel schreibst und zeichnest – könntest Du mir nicht einmal etwas schicken?

Mummili – Du bist ja unerhört tüchtig. Hoffentlich plagt Ihr Euch beide nicht zu viel. [Drei Seiten fehlen] natürlich in einer Zeit, wo Millionen an »anderen Ursachen« draufgehen, keine Illusionen bezüglich der humanitären Bedeutung machen. Die »Hilfe« muss schon von woanders kommen.

Papsch – nach Musik hab ich einen Riesen-Hunger, den das Radio hier zu wenig stillen kann – aber wenn einmal die »Pathétik« oder die Eroika gespielt wird, mach ich die Augen zu – und dann sitz ich mit Dir im »Großen Salon« und wir spielen beide mit …

Hier ist's jetzt schon ganz herbstlich und die kühlen Morgenstunden machen einem schon fast Angst vor dem Winter. So – und jetzt ist's schon wieder spät geworden – also für heute einen ganz festen, innigsten Gute-Nacht-Kuss, noch mal vielen vielen Dank für alles.

In Liebe Eure Ilse

Der Brief trägt die Zeichen der Schweizer Zensurbehörde, jede Seite ist mit einem blassblauen, diagonalen Strich durchzogen. Die fehlenden Seiten, in denen es wohl um Politik ging, wurden offenbar entfernt.

»Die lieben Menschen«, die Ilse in den Briefen in sehr allgemeiner Form erwähnt, die »von zu Hause« mit den »gleichen Sorgen, Interessen und Wünschen«, sind die österreichischen Genossen aus der kommunistischen Bewegung. Als legal in der Schweiz lebende Ärztin leitete Ilse die kommunistische Fraktion in der Bewegung Freies Österreich. Sie war eine der wenigen in der Gruppe, die nicht illegal, im Schweizer Polizeijargon »schriftenlos«, war. Das Verhältnis der Amerikaner zu Ilse und zur kommunistischen Fraktion war gespannt. Zentrale Figuren des Widerstandes gegen Nazideutschland waren der Gesandte des Office of Strategic Services (OSS) in Bern, Allen W. Dulles, er wurde später CIA-Chef, und Fritz Molden (1924 bis 2014), der später über Italien in die Schweiz kommen wird und eng mit dem US-Geheimdienst und dem Schweizer Nachrichtendienst, aber nicht oder nur über Umwege mit den Sowjets kooperiert. Erste Vorboten des Kalten Krieges erscheinen in Zürich am Horizont der Zeitgeschichte.

Die kommunistische Gruppe trifft sich in Wohnungen, wo marxistische Schulungen durchgeführt werden, Anlaufstellen für ankommende illegale Flüchtlinge werden eingerichtet, sie werden untergebracht und unterstützt, ein Pressedienst versorgt die Genossen mit aktuellen Informationen. Trotz der restriktiven Politik der Schweizer Behörden solidarisieren sich viele liberale Schweizer mit den Flüchtlingen, Zentren des antifaschistischen Widerstandes in Zürich sind der Verlag von Emil Oprecht, in dem während des Krieges Werke von Ernst Bloch, Thomas Mann und Else Lasker-Schüler veröffentlicht werden, und das Züricher Schauspielhaus, das Ilse häufig besucht. Therese Giehse, Karl Paryla und Stefan Paryla-Stöhr stehen auf der Bühne, Stücke von Werfel und Brecht werden uraufgeführt.

Die konspirative illegale Arbeit in Zürich bringt Ilse nicht nur Sorgen, über die den Eltern und Schwestern gegenüber geschwiegen werden muss, sondern auch enge Freundschaften. Im Juni 1941 war der Wiener Kommunist und Spanienkämpfer Max Stern in die Schweiz geflohen, über Sankt Gallen erreichte er Zürich. Engsten Kontakt hat Ilse zu Turl Maller, zum Kommissar des Bataillons 12. Februar der Interbrigaden, Peter Hofer, und zu Felo Kolm (Kohn), außer Ilse der Einzige der Gruppe, der sich legal in der Schweiz bewegen kann. Eine enge Vertraute ist Trude Stern, sie wird zu einer lebenslangen Freundin. Trude stammt aus gutbürgerlichen Verhältnissen in der Leopoldstadt und war wie Ilse im März 1938 in die Schweiz gekommen. In Zürich lebt sie in einfachsten Verhältnissen, ihre Emigration erfolgte weder aus »rassischen« noch aus politischen Gründen. Trude war keine vom Naziregime Verfolgte, doch im März 1938 war sie Zeugin von Demütigungen und Misshandlungen von Juden und Jüdinnen in der Umgebung der Synagoge in der Tempelgasse geworden. Sie entschied sich daraufhin, Österreich zu verlassen. Trude wird 1943 verhaftet, aber nach kurzer Zeit wieder entlassen. Nach dem Zweiten Weltkrieg kehrt sie nach Wien zurück und heiratet Max Stern.

Unter den österreichischen Flüchtlingen in Schweden befand sich auch Bruno Kreisky (1911 bis 1990), er war ab 1941 Obmann des Klubs österreichischer Sozialisten in Stockholm. Musik und Kultur waren wichtig für den Zusammenhalt der Österreicher in Schweden. Regelmäßig wurden

Matineen und Konzerte veranstaltet, mit denen auf die Anliegen der österreichischen Flüchtlinge aufmerksam gemacht und auf denen gesammelt wurde. Unter den Migrantinnen und Flüchtlingen aus Österreich waren viele Wissenschaftlerinnen und Künstler, unter ihnen Lise Meitner, Robert Braun, Hans Holewa und Josef Frank. Ernst Benedikt gehörte – neben Justinian Frisch, Roland Koessler, Bruno Kreisky, Alois Reibauer und Fritz Rücker – dem Redaktionskomitee der Zeitung *Österreich. Monatsblätter* an. Die Zeitung erschien 1943 erstmalig mit dem Ziel, einen geistigen Kontakt zwischen den österreichischen Sozialisten und Schweden zu vermitteln. Obwohl wahrlich kein Sozialist, wurde Ernst Benedikt als erfahrener Journalist und gut vernetzter Liberaler in die Redaktion kooptiert.

Bruno Kreisky kam über Dänemark nach Schweden und lernte Benedikt-Vater und Susanne bei einem Abendessen bei seinen Schwiegereltern kennen. Susanne und er blieben auch nach dem Krieg in Verbindung. Benedikt repräsentierte den liberal-bürgerlichen Flügel der »Österreicher in Schweden«. In einem Gespräch 1988 erinnerte sich Kreisky, dass ihm der sechzigjährige Ernst Benedikt natürlich als Konservativer, aber auch als politisch interessiert erschienen war, als »untadeliger Österreicher«, der ein »Bindeglied zum alten Österreich« darstellte. Benedikt nimmt an allen Veranstaltungen der »Österreicher in Schweden« teil und hält Vorträge, auf die er sich wie in Wien minutiös vorbereitet. Er verfasst regelmäßig Artikel für die *Österreichischen Monatsblätter* sowie für die monatlich erscheinende *Judisk Tidskift* (Jüdische Zeitschrift) und ab und zu für das *Svenska Dagbladet* – seine Frau Irma übersetzt für ihn ins Schwedische; den Schwerpunkt legt er auf Themen der österreich-jüdischen Kulturgeschichte; so schreibt er zu »Judentum und Musik«, über »soziale Gerechtigkeit als Erbe des Judentums«, er erinnert an vergessene jüdische Erfinder und Beamte in der Donaumonarchie. Er habe, so Kreisky, auf viele merkwürdig gewirkt, weil er »in seinen Gesprächen immer so weit ausgeholt hat« – »eine Krankheit«, wie er selbstkritisch bekennt, »die auch ich habe. Er hat auch einem gewissen Historizismus gehuldigt. Das tue ich auch.«

Neben seiner journalistischen Arbeit beginnt Benedikt zu malen. Er findet Anschluss an Künstlerkreise in Stockholm und plant Ausstellungen mit seinen Werken. Er lernt den Expressionisten Isaak Grünewald und den Bildhauer Eric Grate kennen. Danach kommt er in Kontakt mit Peter Weiss, der sich noch eher als Maler denn als Schriftsteller sieht, und über Letzteren mit dem surrealistischen Maler Endre Nemes.

Am 6. September 1941 wird Ilse verhaftet. Der Vorwurf lautet auf »dringenden Verdacht der verbotenen kommunistischen Tätigkeit«, ein gefährlicher Vorwurf, der zur Ausweisung und zur Auslieferung an die Gestapo führen könnte. Seit 1. April wohnte sie in einer Zimmer-Küche-Parterrewohnung in der Sonneggstraße 86 nördlich der Altstadt.

In der Nacht vom 5. zum 6. September wurde nach einer Denunziation eine polizeiliche Kontrolle in ihrer Wohnung durchgeführt. Bis zwei Uhr früh sei von drei Personen lautstark »politisiert« worden. Ilse hatte, ist im Polizeiprotokoll zu lesen, einem Karl Weber aus Deutschland, der aus dem Lager Vouvry im Wallis Ausgang hatte, und Ludwig Lokmanis, einem Bankbeamten aus Lettland, illegal Unterschlupf gewährt. Beim Eintreffen der Polizei versucht einer der beiden zu fliehen, wird aber festgenommen. Man habe festgestellt, heißt es im Akt, dass »alle drei sich auf der gleichen Bettstelle ein Lager errichtet hätten«. Ein Schlüsselbund mit Schlüsseln, die nicht zur Wohnung passten, ein Kuvert mit Geld und Rückstände von verbrannten Papieren im Ofen wurden sichergestellt. Bei der Hausdurchsuchung wurde die Abschrift eines Buches aus dem Malik-Verlag von Theodor Mindt, *Morgen wieder Krise*, gefunden: »Tendenz«, vermerkt das Protokoll, »eindeutig kommunistisch.«

Die Verhaftung ist für Ilse riskant. Die Konsequenzen einer eventuellen Abschiebung als »unerwünschte Ausländerin« waren seit Kriegsbeginn bekannt, spätestens ab Ende 1941 hatten die Schweizer Behörden durch die Berichte von Diplomaten Gewissheit über Deportationen und Massentötungen, dennoch hatten Kommunistinnen und Kommunisten kaum Chancen, als Flüchtlinge anerkannt zu werden; sie waren deshalb zum illegalen Grenzübertritt und zum »papierlosen« Leben in der Schweiz gezwungen.

Ilse leugnet jeden politischen Hintergrund des Treffens, Weber kenne sie seit Längerem, gibt sie zu Protokoll, und unterhalte eine intime Beziehung zu ihm, auch wenn ihr nur sein Nachname bekannt sei. Was den anderen betrifft, so wurde sie von einer Bekannten, Mira, Nachname unbekannt, gebeten, ihn für diese Nacht unterzubringen. Auch Weber unterstützt die Geschichte: Man habe Radio gehört, unter anderem Radio Moskau. Lokmanis kenne er flüchtig aus dem Strandbad. Den Fluchtversuch eines der beiden erklärt Ilse mit dem Umstand, dass er sie nicht kompromittieren wollte. Natürlich wird ihr nicht geglaubt, aber die Polizei hat gegenüber der Schutzbehauptung Ilses keine Handhabe. Ihr Verhörprotokoll schließt, nachdem sie eine Nacht im Arrest verbracht hatte, nach ihrer neuerlichen Befragung: »Frl. Benedikt weiß bestimmt die Namen der beiden Herren, jedenfalls macht sie nicht den Eindruck, dass bei ihr jeder x-beliebige Mann nächtigen kann, aber ihre politische Einstellung verbietet ihr, die Namen bekanntzugeben.« Der Nachweis der subversiven Tätigkeit für die verbotene kommunistische Partei kann jedoch nicht erbracht werden, schließlich kommt sie mit einer Verwaltungsstrafe für das Beherbergen von Emigranten ohne Anmeldung davon, sie entgeht einer Anklage wegen illegaler Betätigung oder Spionage zugunsten der Sowjetunion.

Karl Weber wird rasch als Turl Maller (1909 bis 1984) identifiziert, er lebte seit 1938 illegal in der Schweiz. Maller war Kommunist aus Wien und seit Anfang der 1930er Jahre auf die Durchführung improvisierter, kurzfristig geplanter Aktionen der KPÖ, der sogenannten »Spontanen«, spezialisiert. Bekannt geworden war Maller durch eine von ihm organisierte Demonstration auf dem Stephansplatz, eine Blitzkundgebung, bei der die Zufahrt zum Stephansplatz blockiert wurde – Maller war Taxichauffeur –, während er selbst ein hohes Gerüst erkletterte und von dort bis zu seiner Verhaftung eine Rede hielt. Danach folgte eine weitere Überraschung für die Polizei: Nachdem Maller mühsam vom Gerüst geholt worden war, begann ein Funktionär des Zentralkomitees der Arbeitslosen vom Dach der Sakristei mit einer Rede. Hunderte Arbeitslose versammelten sich beim Dom und skandierten »Arbeit – Hunger«.

Über Prag und andere Stationen war Maller in die Schweiz gelangt. Er erhielt ein Jahr Haft. Maller wurde in das Zuchthaus Witzwil verbracht und kam danach in ein Sonderlager für Kommunisten.

Die Geschichte, die Lokmanis präsentierte, hielt länger. Er behauptete, aus einem französischen Lager geflohen und einige Tage zuvor bei Annemasse illegal über die Grenze gekommen zu sein. Als unerwünschter Ausländer wurde er kurz darauf via Genf nach Frankreich abgeschoben und danach ins Flüchtlingslager Le Vernet in den französischen Pyrenäen gebracht.

Ludwig Lokmanis ist Alfred Klahr, der bedeutendste Theoretiker der KPÖ, dessen Aufsatz zur nationalen Frage in Österreich Ilse bereits aus Wien kannte. Gemeinsam mit Turl Maller wohnte er über längere Zeit illegal bei Ilse. Klahr war in Berlin Chefredakteur der *Roten Fahne* gewesen und hatte bis 1937 an der Leninschule in Moskau unterrichtet. Über Zwischenstationen in Tschechien und einem belgischen Lager war er im Sommer 1941 illegal von Frankreich aus in die Schweiz gekommen. Nach der Abschiebung Klahrs entwickelt sich zwischen ihm und Ilse ein intensiver, höflicher und vieles nur andeutender Briefwechsel. Ilse plagen Schuldgefühle wegen ihrer Unvorsichtigkeit und der Verhaftung Klahrs, den sie über alle Maßen schätzt; in seinem Brief vom 9. November 1941 aus dem Lager Le Vernet versucht Klahr, ihr die Gewissensbisse zu nehmen. Er schreibt unter seinem illegalen Namen Ludwig Lobmaier / Ludovico Lokmanis:

Liebe Ilse!

Ihr Brief hat mir große Freude bereitet: Er war der erste, den ich hier bekommen; er war von Ihnen. Sehen Sie, ich habe mich ausgesprochen wohl gefühlt in Ihrer Umgebung und habe in den letzten Wochen gerne an jene kurze Zeit zurückgedacht – trotz dem bösen Ende. Ihr »ausgesprochen schlechtes Gewissen« dürfte Sie nun genug geplagt haben und es hat wirklich keinen Sinn mehr. Außerdem – und nicht zuletzt – muß ich Sie mit dem Hinweis darauf beruhigen, daß ich ja auch nicht ohne Schuld bin, richtiger sogar, nicht weniger als Sie beteiligt bin, denn ich hätte bei meinem ursprünglichen Wunsche beharren sollen. Daß dies nicht geschah, das gehört schon wieder in das Kapitel: angenehme Umgebung usw. …

Ich danke vielmals für »Beilagen« zu Ihrem Briefe, die völlig unerwartet kamen, aber umso erwünschter. Ich will Sie nicht lange mit einer Schilderung meiner Lage aufhalten und mir das aufsparen für meine nächsten Briefe, hoffe ich doch sehr, daß unsere Korrespondenz nicht nur sporadisch sein wird. Ich will vielmehr diesmal gleich in medias res beginnen, mit meinen dringendsten Bitten in Bezug auf Nahrungsmittel, Mittel zur Unterbindung der Kälte und schließlich intellektuelle Ansprüche. Staunen Sie nicht über diese Reihenfolge! Primum vivere – zuerst kommen hier die nächsten Lebensansprüche; sich möglichst kräftig und gesund erhalten! Das ist die groteske Lage, in die heute Kulturmenschen gelangt sind. Erschrecken Sie auch nicht über den Umfang meiner Wünsche und halten Sie mich nicht für unbescheiden. Es ist selbstverständlich nur so gemeint, daß Sie davon den jeweils möglichen Teil von Zeit zu Zeit erfüllen.

Was nun Nahrungsmittel betrifft, so wäre es mir sehr recht, wenn ich von Zeit zu Zeit ein Lebensmittelpaket bekommen könnte. Dies ist sogar wichtiger als Bargeld, weil ich doch sehr wenig Nahrungsmittel in unserer Kantine einkaufen kann. Nun gibt es zwei Möglichkeiten, aus der Schweiz hieher Nahrungsmittel zu senden: a.) über eine Schweizerhilfe, die in Toulouse oder Lyon ihre Zweigstelle hat und den Versand in Frankreich erledigt. Ich werde mich bemühen, die Adresse noch in diesem Brief beizulegen. So gut diese Pakete auch sind, so fehlen ihnen gerade die wichtigsten, nämlich die rationierten Lebensmittel. Diese kann man erhalten b.) über Portugal, u. z. gibt es hier zwei Stellen, von denen mir die erste besser erscheint, weil sie nichts verdient bei der Sache, sondern sie karitativ betreibt. 1.) Associaca Feminina para a Paz Lisboa, rua de D. Diro V. 12220 und 2.) Sociedade Portuguesa BODONI (Ltd), Lisboa, Rua de S. Nicolau 23–4. Die Pakete aus Portugal enthalten Konserven, Schokolade, Käse etc., alles Dinge, die hier am meisten fehlen (Fette und Zucker). – Über die näheren Bedingungen (Umfang der Pakete, Kostenpunkt) konnte ich leider nichts Genaues erfahren.

Und nun die Kälte: Zum Glück ist's seit zwei Tagen wieder etwas wärmer. Aber einen kleinen Vorgeschmack von dem, was kommt, habe ich schon erhalten. Sie wissen, was ich mit auf meine Reise nahm, können sich also vorstellen, was mir noch fehlt, um mich warm zu halten. Alles, was Sie diesbezüglich an Kleidungsstücken und Wäsche auftreiben könnten, ist erwünscht. Besonders auch eine warme Decke und Leintuch, da ich nachts mich schwer erwärmen kann. Hier ist das große Problem, wie es herkommt. Da gibt es keine andere Möglichkeit als durch Bekannte, die nach Frankreich reisen (und die Sachen in Frankreich bereits versenden) oder die in Frankreich leben und selbst in der Lage sind, solche Sachen abzugeben.

Ich will aber hier abbrechen und nicht noch meine Bitten in Bezug auf Bücher anführen – es ist schon jetzt zu viel für einen einzigen Brief. Man wird Sie, liebe Ilse, also bald »Frau Doktor« titulieren müssen. Ich hoffe, Sie fühlen sich ordentlich erleichtert, daß Sie die schwersten Prüfungen abgelegt haben. Und dann wird wohl schon andere Arbeit kommen, die Sie ausfüllt, bis schließlich jeder von uns in seine Heimat zurückkehren kann, was vielleicht doch rascher kommt, als man in pessimistischen Stunden befürchtet. Grüßen Sie Ihren Freund von mir. Wenn das eintrifft, was Sie über ihn schreiben, dann ist es ja nicht so schlimm. Sogar im schlimmeren Fall geht's noch an, soferne er nur ein Schweizer Institut besuchen kann.

Meine Schrift wird schlechter, denn meine Finger werden kalt. Ich will schließen. Schreiben Sie recht bald – und wenn Sie nicht gleich Antwort von mir haben, denken Sie daran, daß ich nur zweimal eine Karte und einen Brief pro Woche schreiben kann und noch manche Post zu erledigen habe.

Herzlichst Ihr Ludvike

P. S. Adresse der Schweizer Stelle zum Paketversand: 81, Wiebichstr. Zürich

Die Lebensbedingungen in Le Vernet waren katastrophal, schon zu Beginn des Jahres war es zu Aufständen der Lagerinsassen gekommen, Hunderte starben im Winter des Jahres an Epidemien, zudem kollaborierte das Vichy-Regime mit Nazideutschland. Auch wenn das Lager in der unbesetzten Zone lag, war Lokmanis/Klahr keineswegs in Sicherheit. Ilse antwortet sofort, sie unterstützt Klahr von Zürich aus nach Kräften und mobilisiert Hilfe von internationalen Organisationen. Eine Woche nach seinem ersten Brief schreibt Klahr am 16. November aus dem Camp de Vernet:

Liebe Ilse!

Ich erhielt am 10. ds. Ihren zweiten Brief, just an dem Tage, an dem auch ich Ihnen das zweite Mal geschrieben hatte. Ich bin beschämt durch das Maß der Unruhe, das ich Ihnen durch mein Stillschweigen bereitete – allerdings, ich bin offen, fühle ich dabei auch etwas freudige Überraschung. Ich dachte nicht im entferntesten daran, daß mein Stillschweigen Sie zu so großen Bemühungen veranlassen könnte. Hätte ich das geahnt, ich hätte natürlich schon von einer meiner Zwischenstationen geschrieben und nicht erst die vollendete Entscheidung über mich abgewartet. Ich kann nun nichts tun, als Sie und Frau Dr. um Entschuldigung zu bitten. Das Maß meiner Dankesschuld wächst allerdings in raschem Tempo …

Ich habe hin- und herüberlegt, ob ich sogleich an den Schweizer Vicekonsul in Marseille schreiben soll und bin zum Resultat gekommen, doch lieber abzuwarten, welche Antwort Dr. Borel Ihnen gibt, d. h. wie M. Voisier auf die Empfehlung reagiert hat. Außerdem sehe ich noch nicht klar, was ich von M. Voisier verlangen bzw. erwarten kann für die Verbesserung meiner Lage (soweit es sich nicht um eine materielle Hilfe handelt). Denn wenn ich schon über eine so nette Empfehlung verfüge, möchte ich sie nicht bloß für ein Lebensmittelpaket von der Secours Suisse – so angenehm und wichtig dies auch wäre – einsetzen. Also warte ich noch auf Ihren nächsten Brief; dabei möchte ich Ihnen, liebe Ilse, nicht verschweigen, daß mir Ihre Briefe auch an sich viel Vergnügen bereiten. Ich kann ja nicht sagen, daß mir der letzte Aufenthalt in der Schweiz viel Vergnügen bereitet hat, aber Ihre Bekanntschaft gemacht zu haben, ist ein Lichtpunkt.

An Frau Dr. habe ich am 3. ds. geschrieben. Ich hoffe, mein Brief ist angekommen, obwohl die Bestätigung noch aussteht.

Zu meinem letzten Brief: Mir fiel ein, daß für den Transport von Wäsche und Kleidern, soweit es sich um mein Eigentum handelt, das ich aus bekannten Gründen nicht mitnahm, wohl eine Bewilligung der Ausfuhr zu erlangen sein wird (Übersiedlungsgut). Das wäre wohl das Einfachste. Denken Sie in diesem Falle, bitte, auch an Kleinigkeiten, die notwendig oder angenehm sind, als da sind Nähzeug, Schuhbürsten und Creme (hier nur in sehr schlechter Qualität zu haben), Nährsalze usw. (bin ich doch anspruchsvoll!).

Ich habe noch keine Bücher verlangt. Ich schiebe das auf, weil ich hier manches vorgefunden habe. Aber bitte, bitte, um eine Zeitung. Ich bat Sie um die NZZ nur Subabonnement unter Kreuzband, da ich wußte, daß das wenig Kosten verursacht. Wenn Sie mir aber ein Abonnement der »Basler National-Zeitung« verschaffen könnten, so wäre ich sehr froh darüber.

Nun, Ilse, fürchten Sie nichts, ich behalte den Kopf oben »trotz allem Mist«, und wenn noch mancher Mist auch dazukäme; noch dazu, wenn es in meiner Heimat so steht! Unser Emigrantendasein wird doch ein Ende nehmen!

Seien Sie recht herzlich gegrüßt von Ihrem Lobmaier

P. S. Grüßen Sie die Bekannten.

Klahr überlebt den Winter im Lager nicht zuletzt dank Ilses Hilfe. »Wann werde ich endlich in der Lage sein, Dir einen Brief schreiben zu können, ohne um etwas bitten zu müssen?«, klagt er in einem Postskriptum zu einem Brief im Jänner 1942. Am 18. März 1942 schreibt er an Ilse (ihre Briefe sind nicht erhalten) fast frühlingshafte Zeilen, es sind die letzten Nachrichten von ihm, die Ilse erreichen.

Liebe Ilse!

Soeben komme ich von meiner »Corvée« zurück und mache mich an die angenehme Aufgabe, Dir auf Deinen Brief vom 4. ds. zu antworten. Wieder, wie in den Oktobertagen, als ich herkam, sitze ich vor »meiner« Baracke und lasse mich von der Sonne wärmen. Bei meiner Arbeit lege ich ein Stück Weges längs der Drahtumsäumung zurück – auf der einen Seite, innen, liegt das Lager, auf der anderen Seite Wiesen, ein Acker, auf*

* Die zu leistende Lagerarbeit.

dem die Erde gerade umgebrochen wurde, etwas weiter weg ein Bächlein, darüber hinaus Hügel, Wälder, in der Ferne leuchten die Pyrenäengipfel. Wenn der Raum, in dem man lebt, eng ist, dann – so scheint's mir – ist man aufmerksamer, empfindlicher für alle Veränderungen, die darin vorgehen. Ich habe noch keinen Frühling so erlebt, miterlebt wie diesmal. Ich war noch nie so beeindruckt von den täglichen Zeichen neuen Lebens in der Natur wie jetzt. Vor einigen Tagen war ich hier im Kino. Ja, so etwas gibt es hier auch – wir sind ja ein kleines Städtchen für sich, in dem man lebt, krank ist, stirbt, ins Kino geht, kurz für alle Fälle sich selbst versorgt. Also, zurück zum Kino: Es gab da einen Film mit Benjamino Gigli – »Traummusik«. Eine der üblichen Liebesgeschichten in musikalischen Filmen. Aber das war ganz nebensächlich. Wichtig war allein, daß man wieder Musik hörte (Teile der »Boheme«) und Lieder, Revuen sah und ein Stück des sogenannten Lebens und all das in dieser allgemeinen Frühlingsstimmung: Ich war freudig und traurig zugleich erregt und immer wieder packt es mich in diesen letzten Tagen. Auch das wird vorbeigehen …

Ja, »Deine Sorgen möchte ich haben«. Das heißt aber nicht, daß ich Deine Sorgen als nicht existent, als eingebildete Sorgen betrachte. Nein – jede Lage hat ihre Sorgen, die für diese bestimmte Situation absolut existent, wirksam sind, und gemessen an der entsprechenden Situation, in der man ist, nicht geringer empfunden werden, als die anderen der anderen Situation. Daher lächle ich gar nicht, wenn ich über Deine Sorgen lese und halte sie nicht für gering, weil Deine Lage im allgemeinen wesentlich besser als meine ist. Dafür entgehen Dir auch manche Freuden: Du weißt kaum, wieviel eine warme Dusche Freude bereiten kann oder wie herrlich eine gute Konfitüre schmecken kann (wenn man noch dazu Brot empfangen hat über seine Ration hinaus und sich sattessen kann). So ist alles relativ in diesem Leben, hat jede Lage ihre besonderen Leiden und Freuden. Und doch – »nehmt alles nur in allem« – ist das Leben schön, so wie es ist, mit seinen Sorgen! Sie gehören dazu; man muß sich durchbeißen; und es dem Positiven unterordnen, einordnen; man muß oben bleiben. – Weißt Du, Ilse, gerade gestern war es wieder als ich abends gut (alles relativ!) gegessen hatte, daß ich nach einer Zigarette Verlangen hat-

te und dann, als ich qualmte, mich mit Lächeln im Herzen und im Gesicht daran erinnerte, wie ich nach einem guten Abendessen rauchend bei Euch, bei Dir saß. Weißt Du, auch angenehme Erinnerungen sind etwas wert.

[...] Und nun: recht herzliche Grüße! Und schreibe mir bald wieder! Alles Gute – Lob.

Klahrs Deckung fliegt im August 1942 auf, er wird an die Gestapo ausgeliefert und nach Auschwitz deportiert. Als einem der wenigen gelingt ihm mit Hilfe der kommunistischen Kampfgruppe in Auschwitz um Ernst Burger (1915 bis 1944) und Hermann Langbein (1912 bis 1995) die Flucht aus dem Lager. Klahr schließt sich einer Partisanengruppe an und wird unter ungeklärten Umständen im Juli 1944 in der Nähe von Warschau von einer SS-Patrouille aufgegriffen und erschossen. Ilse erfährt von seinem Tod erst nach 1945.

Im Frühjahr 1941 hatte Gerda in New York ein Affidavit für die Familie in Schweden besorgt, die Lage in Schweden erschien nicht sicher, über Monate wurden Pläne für die Weiterreise in die USA via Wladiwostok geschmiedet. Der Überfall der deutschen Armee auf die Sowjetunion verhindert den Plan, die Familie bleibt in Schweden. Die Eltern übersiedeln von Saltsjöbaden in die kleine Pension Solhäll in Stocksund, einem grünen, hügeligen Vorort im Norden Stockholms. Es gelingt dem Ehepaar zunächst, den alten Lebensstil aus der Wiener Vorstadt in miniaturisierter Form fortzuführen. Vom Obergeschoss des Hauses kann man Stocksund überblicken, ausgedehnte Spaziergänge führen durch kleine Gassen an den benachbarten Villen vorbei bis hinunter zum Jachthafen am Stocksundet. Es gibt einige kleine Restaurants, ein Postamt und ein paar Geschäfte. Mit dem Vorortezug ist man rasch in der Stadt. Ernst Benedikt arbeitet täglich simultan an verschiedenen Essays und gibt im Frühstückszimmer regelmäßig kleine Klavierkonzerte, er genießt, heißt es, den höflichen Applaus der Gäste, und er malt mit großer Energie.

Seine Bilder aus dieser Zeit verarbeiten Träume wie Traumata, in den

Skizzen erscheinen Spukgestalten und groteske Fabeltiere, Figuren aus der Mythologie und Schlangenmenschen, die sich durch phantastische Landschaften und anthropomorphe Architekturen bewegen. Der kreative sinnliche Prozess des freien Zeichnens, des wilden Skizzierens und Malens hat für ihn, wie er selbst in seinem Artikel »Som konstnät i Svärige« (Als Künstler in Schweden) rückblickend festhält, kathartische Wirkung; beim Malen lösen sich in ihm bedrohliche Spannungen und krankhafte Ängste, allerdings sind es Ängste, die nicht allein in ihm, sondern »in der Zeit liegen«, die Befreiung durch die Malerei ist nicht nur nach innen gerichtet, sondern ein Befreiungsversuch »von der Zeit«, in der er lebt. Kreisky vermutet in seinen Erinnerungen, dass das intensive, ungebundene Schaffen Benedikts wie die gesamte Zeit der Emigration für ihn nicht zuletzt auch »ein Akt der Emanzipation von seinem Vater« war.

Der Teil des Vermögens, den die Familie nach Schweden retten konnte, wird in diesen Jahren aufgebraucht. Verkauft werden Schmuck, Hausrat, schließlich die Hälfte der geliebten, mehrere Tausend Bände umfassenden Bibliothek, die nicht den Nazis in die Hände gefallen war. Eine Unterstützung der Töchter ist nicht möglich, im Gegenteil sind die Eltern auf Zuwendungen der Tante Aline aus Finnland angewiesen.

»Ich glaube«, schreibt Susanne in ihren Erinnerungen über die ersten Kriegsjahre, »dass die älteren Drei vergessen haben, dass sie eine kleine Schwester haben.«

Das stimmt nicht. Kein Brief nach Schweden, in dem es nicht auch um die kleine Schwester und ihre Zukunft geht. Die Perspektiven und Auffassungen darüber sind natürlich unterschiedlich, so prasseln von Brief zu Brief widersprüchliche Ratschläge auf die Eltern ein. Kurz nach ihrer Flucht empfiehlt Friedl, dass Susi vor allem »gute Romane« lesen solle, sie empfiehlt ihr *The Portrait of the Artist as a Young Man* von James Joyce als den wichtigsten modernen Roman (Susi wird ihn nie lesen); daneben soll sie als vierte Sprache neben Englisch, Deutsch und Schwedisch Französisch lernen. Damit, so Friedl, »kann sie sich auf alle Fälle durchbringen und schliesslich ist sie erst 15 und wird, was immer sie anfängt, ungefähr drei Jahre brauchen. Faul sind in ihrem Alter alle Kinder und darüber brauchst Du Dich nicht ärgern.«

Das zukünftige »Sich-Durchbringen« der kleinen Schwester – als reflexives Verb bzw. als selbstverantwortliche und eigenständig zu vollziehende Handlung – steht im Mittelpunkt aller Überlegungen. Das »Sich-alleine-Durchbringen« ist eine Selbstverständlichkeit für alle Schwestern. Weniger unbekümmert lesen sich die Passagen in den Briefen Ilses, wenn sie sich nach ihrer kleinen Schwester erkundigt und sich über Susis Zukunft Gedanken macht. Von der schwedischen Schule, die Susi besucht, hält Ilse wenig, im Besonderen, wenn es notwendig ist, von Europa in die USA auszuwandern und sich »drüben durchzubringen«.

Wenn ich denk, wie sie diese drei Jahre vertrödelt hat, so stehen mir – ehrlich gesagt – die Haare zu Berge. Soviel ich weiß, verfügt sie im Moment über eine lückenhafte Mittelschulbildung, einige Sprachkenntnisse und Maschinschreiben. Damit kann sie drüben, nach vielfachen Berichten, überhaupt nichts anfangen. Das würde bedeuten, dass sie drüben erst frisch anfangen müsste, da die einzige Chance für ein Mädel in einem qualifizierten Beruf liegt wie Laborantin, Kindergärtnerin, Diätküche und so weiter. Gerda und viele andere schreiben, dass man mit den in Europa üblichen Sekretärinnenkenntnissen drüben mit den Amerikanerinnen unmöglich konkurrieren kann. Was soll also aus ihr werden? Hat sie in Schweden Arbeitsmöglichkeiten und welche?

Am 18. Dezember 1942 schließt Susanne den neusprachlichen Zweig am Latinsgymnasiet in Stockholm mit dem ersten Teil der schwedischen Matura ab. Das Zeugnis bestätigt der 19-jährigen Emigrantin aus dem ehemaligen Österreich in den Fremdsprachen bis auf Französisch positive bis sehr gute Noten, die naturwissenschaftlichen Fächer werden mit »genügend« bewertet, in Religion (»kristendomsunskap« – Christliches Wissen) erhält sie ein »Gut«. Als Muttersprache wird im Zeugnis Schwedisch vermerkt.

Sie wohnt nach der Matura weiterhin in Privatzimmern in der Innenstadt und besucht die Eltern in Stocksund an den Wochenenden. Sie hat nun ihren eigenen Hund, Rokko, später zieht sie in eine eigene Wohnung am Gärdet. An ein Studium ist angesichts der finanziellen Situation nicht zu denken. Susi arbeitet zunächst als Sekretärin für einen weiteren Emigranten, den ehemaligen Hamburger Bankier Friedrich Warburg. »Arbeiten« sei allerdings der falsche Ausdruck, sagt sie. In der Hauptsache suche er eine Gesprächspartnerin, er sei »zu alt und emigriert«, um ihr sinnvolle Aufträge zu geben. Es folgen erste journalistische Arbeiten als freie Mitarbeiterin verschiedener Zeitungen, über die die Eltern stolz berichten und die von den Schwestern wohlwollend (Friedl) bis kritisch (Ilse) kommentiert werden. Über Susis neu entdecktes Talent habe sie sich zwar »riesig gefreut«, schreibt Ilse aus Zürich, »nur weiss ich nicht, ob gerade in diesem Gebiet das Talent genügt, wenn nicht die notwendige politische Reife vorhanden ist«. Natürlich fürchtet Ilse, dass ihre Schwester die marxistischen Klassiker nicht lesen wird (sie wird sie ebenso wenig lesen wie Joyce). Hingegen schreibt Friedl aus London über die Berufswahl der Schwester:

> *Ich bin sicher, dass sie eine Begabung fürs Schreiben hat. Auf jeden Fall hat sie eine sehr klare und rasche Intelligenz und Beobachtungsgabe, und wenn sie daran arbeitet, würde sie wahrscheinlich eine erstklassige Journalistin werden [...] Ich freue mich riesig, dass Susi es mit dem Journalismus versucht. Aber ich hoffe inständig, dass sie es sich nicht angewöhnt, billiges, leichtes Zeug zu schreiben, wie es die meisten Journalisten früher oder später tun. Ich habe hier einen ganzen Haufen von denen kennengelernt, und sie widern mich wirklich an. Susi ist dafür begabt, da bin ich mir sicher, sie ist eine gute, scharfe Beobachterin und tut sich leicht mit dem Schreiben. Und natürlich ist sie absolut nicht für irgendwelche Büroarbeit oder so was geeignet. Obwohl ich sie so lange nicht gesehen habe, könnte ich darauf schwören. Ich hoffe also, dass sie Erfolg hat, dass sie gute, ehrliche Sachen schreiben wird. Wäre sie doch hier, dann könnte ich lesen, was sie geschrieben hat. Aber ich würde es ja ohnehin nicht verstehen. Es kommt mir so sonderbar und auch traurig vor, dass jede von uns in einer anderen Sprache denkt und lebt.*

Die Besorgnis von Friedl, die im letzten Satz anklingt, dass nach den Jahren der Trennung durch den Krieg das Leben und Denken in verschiedene Sprachen zerfällt und sie die Schwester, die in Schweden und im Schwedischen groß wird, vielleicht kaum noch verstehen wird können, ist heute nur schwer nachzuvollziehen. Die Sorge über eine mögliche Trennung und die Angst vor einer endgültigen Entfremdung wird auch von Ilse empfunden. Bei ihr ist es die Furcht, dass sie die kleine Schwester nach sechs Jahren der Trennung vielleicht kaum mehr erkennt.

> *Mummili – wann schickst Du mir einmal eine Photographie von Dir und Susi? Das ist doch keine so große Sache und ich würde mich schrecklich damit freuen! Dich hab ich immerhin schon 5, und Susi sogar 6 Jahre nicht mehr gesehen und das kleine Mädel in der Pubertät, das ich noch in Erinnerung hab, hat sicher nichts mehr mit der erwachsenen Susi zu tun.*

1943 wird Susi persönliche Assistentin (»Friday girl«) von Ossian Goulding. Goulding war Schwedenkorrespondent des *Daily Telegraph* – und Mitarbeiter des britischen Geheimdienstes.

Das Haus der Gardiners in Downshire Hill, in dem Friedl wohnt, liegt fast direkt am Hampstead Heath, einem ausgedehnten Park mit mehreren Badeteichen, langen Spazierwegen und weitläufigen Heidewiesen, deren Farben an den Wienerwald erinnern. Im südöstlichen Teil des Parks befindet sich der Parliament Hill mit Blick auf die Londoner City, hier eröffnete im August 1938 der Parliament Hill Lido, ein Freibad, das vom Mai bis September geöffnet hatte und ein beliebter Treffpunkt der jungen Leute war. Wem es zu laut wurde, konnte auch in einem der vielen Teiche baden.

Zwischen den Luftangriffen ist Friedl oft mit ihrem Notizbuch im Park unterwegs und genießt die langen Wanderungen, die gleichermaßen ihre Erinnerungen an Grinzing wie ihre Phantasie anregen. Wirklichkeit und Fiktion zerfließen. Im Tagebucheintrag vom 4. Juni 1942 schreibt sie:

Heute Nachmittag war ich schwimmen. Ich habe einen langen Spaziergang über die Heide gemacht und wie ich ueber die Wiesen ging, hatte ich zum ersten Mal – ich glaube seit Grinzing – wieder dieses Gefuehl von grenzenloser Weite – dass man gehen kann, wohin man will, dass man wandern kann, wohin es einen zieht. Das Bad ist ein kleiner Teich, ganz umgeben von Baeumen, ein Bad nur fuer Frauen und sie liegen fast nackt im Gras und auf den Holzbalken, es war heiss und das Wasser war kuehl. […] Ich bin im Gras gelegen und hab in den Himmel geschaut und gelesen und rund um mich lagen die anderen Frauen, die meisten haben ihre Schwimmanzuege bis zu den Hueften heruntergerollt gehabt, alte und junge Frauen, manche hatten eine schoene, schon ganz gebraeunte Haut. Der Teich ist ein wenig gewunden und eine nach der anderen versank darin, so dass bloss noch der Kopf herausschaute, und wenn sie wieder an Land kamen, dann schuettelten sie sich, und die Wassertropfen hingen an ihren Armen. Ich schlief ganz leicht ein, ich hoerte das Summen der Stimmen, und ich spuerte ihre Bewegungen, wenn jemand aus dem Wasser kam, auf dem Weg zu ihrem Platz bespritzte sie die anderen, und die Tropfen fielen auf meine Beine und auf meine Schultern, und der Himmel leuchtete vor Sonnenschein. Wir lagen dort wie ein einziger, riesenhafter Frauenleib und die Hitze verwischte die Gestalten, der Himmel und das Wasser, die Baeume und die Ruhe machten, dass wir Zaertlichkeit fuereinander und die faule Laessigkeit der Schafe auf der Weide hatten, nur die Alten sprachen viel und laechelten die Jungen neidig an. […] wie schoen kann das Leben sein, voll von Hitze, Himmel und Wasser!

Selten ist das Leben so schön, selten verlaufen die Tage so ruhig und verträumt in Hampstead Heath. London war seit 1940 eines der Hauptziele der deutschen Bomber, auch die Vororte wurden getroffen, mehr als 20 000 Menschen starben in London im »Blitz«, die beabsichtigte demoralisierende Wirkung auf die Bevölkerung stellte sich allerdings nicht ein. Friedls Zimmer im Haus der Gardiners weist einen tiefen Riss auf, durch den man den Himmel sehen kann und der sich bei jeder Erschütterung durch Bomben, auch wenn sie weit entfernt fallen, größer wird. Regelmäßig kommen Feuerwehrleute und Handwerker, um die Schäden zu reparieren. Die Nächte, schreibt sie, werden durch »warnings« unterbrochen,

die Sirenen gehen alle fünf Minuten. Das ist jetzt das dritte »warning«. Die Kanonen schießen. Es ist so sonderbar, mitten in dem schrecklichen Kanonenlärm hört man die ganze Zeit dieses dumme Surren von den Aeroplanen. Jetzt ist es still. Die Russen haben »minethrowers«. Sie nennen sie »Katascha«, ein Kosename. Die fliegen durch die Luft, wie flammende Fische, Dutzende auf einmal, durch den schwarzen Rauch, ganz hell und brennend.

Friedl weicht häufig nach Oxford aus und ins Landhaus der Gardiners in Tichborne östlich von Winchester in der Grafschaft Hampshire. Enge, einspurige Straßen verbinden die weit auseinanderliegenden Häuser, dazwischen Felder und Pferdekoppeln. In einem Brief an Canetti in London schreibt sie am Tag ihrer Ankunft:

Ilja,

aus mir ist nun fast ein Schloßfräulein geworden, aus meinem Fenster blicke ich auf grüne, geschorene Rasen und einen Teich, da schwimmen Enten und Schwäne, und Felder und Wiesen – so weit kann man gar nicht sehen. Das gehört alles der Familie Tichborne, das ist ein uraltes Geschlecht, aber augenblicklich ohne Geld und so bewohnen Gardiners das Haus, das recht häßlich ist, das alte wurde nämlich zur Zeit der napoleonischen Kriege niedergerissen und das jetzige besteht nur aus Gängen mit unzählbaren Türen und Heddie hat auf jede Türe den Namen des Bewohners geklebt. Nur in das Speisezimmer wagt man kaum in hellen Kleidern zu kommen, denn an der Wand hängen die Ahnen der Familie. Nachts hat jedes Bild ein eigenes Lämpchen und es scheint einem als ob man nur in schweren schwarzen Trauerkleidern diesen Raum betreten dürfte. Auch eine eigene Kapelle hat das Haus, am Sonntag kommt ein Pfarrer und predigt hier. Unten sitzen die Bauern und Bewohner von Tichborne und oben auf der Balustrade die Familie. Und dann gibt es Möbel, die mit hellblauer Seide überzogen sind, sehr gebrechlich, und rote Plüschteppi-

che und Fenster mit farbigen Glasmustern und überall stehen Diener, so als ob sie bitten würden, man soll doch etwas von ihnen verlangen. Die Zimmer sind groß und voll Blumen und mit sehr hohen Fenstern, aber so, wie aus allen Zeiten mühsam zusammengesetzt und auch die Luft ist so, wie wenn sie schon hundertfach veratmet wäre. [...]

Wahrscheinlich erstickst Du in dem schwarzen London. Geliebtes, liebes Sternchen, vielleicht wird hier noch alles anders und es muß schließlich gehen, nach einem Tag kann man eigentlich noch gar nicht urteilen. Derweil ist alles sehr fremd noch für mich. Aber zwei große Nachttöpfe habe ich in meinem Zimmer – sie sind mein Trost.

Dich küsse ich so sehr ich kann und immer denke ich nur an Dich. Friedl.

London ist zwar weit weg, doch die Bombardements der Deutschen erreichen auch Tichborne Lodge. Brandbomben, die für Winchester oder die nahen Häfen Southampton oder Portsmouth bestimmt waren, treffen Häuser in der unmittelbaren Umgebung:

Lieber Ilja,

vielen Dank für Deinen Brief, [...] Hier war gestern ein großes Feuer. Das Pub und ein winziges Häuschen ist abgebrannt. Das Feuer hat ganz hoch geleuchtet und war nicht zu löschen, weil die Häuser Strohdächer haben. Das ganze Dorf ist auf der Hauptstraße gestanden, die Jungen sind auf dem Geländer gesessen und haben gejohlt und die Mädchen sind in ihren Sonntagskleidern Arm in Arm mit den Burschen ums Haus gezogen und in den Wiesen gelegen. Die Mütter haben ihre Säuglinge gebracht und später ist Father Lion gekommen und hat gesagt: »Well, we won't have any beer for some time.«

Unter allen diesen Leuten ist die kleine bucklige Frau auf einem Sessel in der Wiese gesessen, völlig fassungslos und ihr verrückter Mann, mit dem sie die Hütte bewohnt hat, hat strahlend und lachend ins Feuer geschaut, wie die Kinder, wollte aber immer sein Bett herausholen, das längst verbrannt war. Von ihrer Einrichtung hat sie nur Bildchen und Deckerln und merkwürdigerweise einen Papierkorb gerettet und dazu hat sie gesagt: »It's good, that I've saved the furniture«, und die Dorfleute haben gutmütig gelacht. Je dunkler es geworden ist, desto mehr Leute sind gekommen, die Wiesen waren voll von verschlungenen Paaren und das Dach hat geglüht, wie die Sonne. Mr. Allan, der reichste Farmer, hat Cyder ausgeschenkt, um 9 Uhr waren alle betrunken, am meisten die Feuerwehrleute, die schöne Uniformen tragen und nach denen die Mädchen ganz toll waren, weil sie von Winchester gekommen sind und nicht zum Dorf gehören. [...]

Der Krieg hat sich hier sehr merkwürdig ausgewirkt. Heddie ist selig, daß sie am Land bleiben kann und behauptet, daß das alles nur »eine Generalprobe ist, aber kein Krieg«, sie liest weiter keine Zeitungen noch hört sie die news, wahrscheinlich ist Alan sehr verbittert. Alan würde am liebsten über das ganze Haus eine Gasmaske stülpen, rennt bei jedem Geräusch ins Basement und trägt seine Marke an einem Schnürl um den Hals, wenn er in den Wiesen spazieren geht.

Deine Friedl

Friedl verfolgt das Zeitgeschehen und die Auswirkungen des Krieges auf die Menschen sehr genau, wie ihre täglichen Eintragungen in ihren Notizbüchern, die häufig an Canetti als lyrisches Du gerichtet sind, zeigen. Anders als Ilse versucht sie nicht zu analysieren und die Vorgänge zu bewerten, sondern sie reagiert mit den Mitteln der Schriftstellerin: Sie sammelt Erzähltes auf, versucht, möglichst präzise zu beobachten und eine möglichst präzise Sprache für ihre Beobachtungen zu finden. Am 13. Juni 1942 schreibt sie:

Der John hat zwei phantastische Geschichten erzählt. Die Soldaten in der Wueste vertreiben sich so die Zeit: Wenn eine Fliege in ihr Zelt kommt, so lassen sie sie herumsummen, bis sie muede ist, aber sobald sie sich niedersetzt, jagen sie sie davon. Das tun sie wieder und immer wieder, bis die Fliege vor lauter Erschoepfung auf den Boden faellt und nicht mehr fliegen kann. Aber auch dann lassen sie sie nicht in Ruhe, sondern zwingen sie weiter zu kriechen, bis sie vor Ermuedung stirbt. Wenn ich Kafka oder Du waere, wuerde ich darueber eine Geschichte schreiben, in der das ganze Grauen und die Oedigkeit von den Soldatenleben in der Wueste ist.

Die zweite Geschichte: In England, besonders im Norden und in den Midlands haben sich Hassschulen geformt, gegen die Deutschen. Einmal die Woche gehen diese Leute in eine Schlaechterei, wo ein lebendiges Schwein von oben bis unten aufgeschlitzt wird, so dass das Blut herausspritzt. Sie haben einen besonderen »Instructor« und waehrend das Schwein aufgeschlitzt wird, sagt er »Hate! Hate! Hate the Hun!« Wenn jemandem dabei besonders schlecht wird, so geht er zu ihm und fluestert ihm ins Ohr, bis er sich entweder wieder wohl fuehlt oder ohnmaechtig wird.

In einer dieser Gruppen war ein Chirurg aus London. Als das Schwein getoetet war, ging er hin, badete seine Haende in dem Blut und dann wusch er sich sein Gesicht damit und schleckte es auf.

Seit Oktober 1942 ist Ilse am Züricher Kinderspital angestellt, mit einem Ehepaar teilt sie eine kleine Wohnung in der Freistraße nahe dem Spital. Den Eltern berichtet sie im Herbst 1943 von der intensiven Arbeit im Krankenhaus:

Geliebteste Eltern,

vielen Dank Mummili, für Deinen lieben Brief und das Geburtstagsgeschenk, das mir zu einem neuen Wintermantel verhelfen wird, den ich schon dringend brauche. Ich hoff, dass Ihr inzwischen meinen letzten Brief von Anfang Oktober bekommen habt. Hier gibt es inzwischen nichts Neues, außer viel Arbeit und einem phantastisch schönen Herbst, den man viel intensiver genießen möchte, als es geht. Meine Abteilung besteht aus scharlachkranken Kindern – sie sind sehr herzig und bis jetzt ist alles gut gegangen. […] Leider frisst mich die Arbeit augenblicklich ziemlich vollständig, so dass ich zu nicht viel anderem komme – außer unlängst einer wunderbaren und sehr eindrucksvollen Aufführung von Tolstois »Licht in der Finsternis«. Das Drama des reichen Mannes, der sich sei-

nes Unrechts bewusst ist, aber eben doch nicht aus seiner Haut heraus kann.

So, und jetzt ist's wieder Zeit zur Visite, bez. zum Beschauen der unterschiedlichen Bäuche, Popos und Mundhöhlen – Verschreiben von Diäten und Medikamenten und natürlich als wichtigstes – Krankengeschichtsschreibung.

Bitte schreibt bald wieder – nochmals vielen vielen Dank – und tausend Küsse von Eurer Ilse

Im Frühjahr 1944 beginnt sich die politische Situation in der Schweiz zu entspannen. Zwar ist die Versorgungslage nach wie vor unsicher, es gibt kaum Benzin, und die Lebensmittel sind rationiert, aber die Invasionsgefahr der Deutschen schwindet, und im Sommer '44 werden in vielen Bereichen die restriktivsten ausländerfeindlichen Weisungen der Schweizer Fremdenpolizei zurückgenommen. Dennoch lernt Ilse, auch im Spital vorsichtig zu sein. Im April 1944 schreibt sie:

Geliebteste Eltern,

jetzt ist's schon eine Ewigkeit her, seit ich von Euch ein Lebenszeichen bekommen hab, hoffentlich ist nichts los. Hoffe, daß Ihr inzwischen meinen Brief und Telegramm erhalten habt. Im übrigen gibt's nicht viel Neues – der Frühling ist nun doch endlich gekommen – alles blüht und die Sonne wird täglich heißer. Über Mittag geh ich oft auf den Zürichberg und genieße Aussicht, Sonne u. Luft. Über Ostern musste ich im Spital arbeiten – wäre ganz gern auf ein paar Tage weggefahren. Na – vielleicht zu Pfingsten. Mit meinem Zimmer bin ich soweit zufrieden – ich räume mir selber auf, aber dafür hab ich auch meine Ruhe und das ist das wichtigste. Im Spital lerne ich langsam, aber sicher. Nur ist die ewige Unselbständigkeit etwas recht Unbefriedigendes. Na – im Mai werde ich wahrscheinlich sowieso als Lagerärztin arbeiten müssen und dann wird man weitersehen. […]

Das Spital hat mir letzte Woche Sorge gemacht – ich arbeite bei einer sehr tüchtigen Assistentin, die am Anfang den Anschein erweckt hat, als ob sie hie u. da auch eine andere Meinung als die ihrige vertragen könn-

te – na – ich hab meinen Irrtum schon eingesehen und halte den Mund – was, wie Ihr Euch ja vorstellen könnt, mir nicht immer leicht fällt. Die Leute sind sehr nett, so lange man sie als ganz unfehlbare Götter behandelt – wenn nicht, werden sie ekelhaft und empört über die »Anmaßung«. Der Chef ist komisch – zu uns Ärzten riesig anständig und nett – aber um die Patienten kümmert er sich fast gar nicht. Die »Chefvisite« ist eine reine Formalität – er rast durch die sämtliche [?] und erzählt Witze. Na, es hat eine Reihe ausgezeichneter Oberärzte, die sehr gründlich arbeiten, so dass der Betrieb nicht leidet. Aber bei den schweren Fällen wär es doch gut, wenn er sich ein bissl mit ihnen abgeben würde. Am Sonntag hab ich einen wunderschönen Ausflug gemacht und einen dicken Strauss Schlüsselblumen und grüner Zweige nach Hause gebracht – alles duftet.

Geliebteste Eltern – wenn nicht, wie ich doch hoffe, ein Brief von Euch schon unterwegs ist, schreibt mir bitte sofort!!! Und bitte schickt vorläufig nichts – Ihr könnt es sicher selbst brauchen und wenn ich ganz stier bin, melde ich mich schon. Jedenfalls – vielen vielen Dank und innigste Küsse von Eurer Ilse

Ilse kennt, erzählt Emil Huk, ihr späterer Mann, einen jüdischen Witz, einen einzigen: Blau trifft Cohn während des Krieges zufällig in New York, sie fallen einander in die Arme, sie sind zusammen in Wien aufgewachsen. Cohn lädt Blau in sein nahegelegenes Chambre meublée, um das Wiedersehen zu feiern. In Cohns Zimmer angekommen, sieht Blau als Erstes ein riesiges Hitlerplakat an der Wand. »Warum um alles in der Welt«, sagt Blau entsetzt, »hast du so ein Plakat aufgehängt?« »Na ja, gegen Heimweh«, antwortet Cohn.

Emil (1911 bis 1989) kommt 1941 in die Schweiz, wo sich bereits Max Stern, Turl Maller und – noch – Alfred Klahr befinden. Er stammt aus einer sozialdemokratischen Arbeiterfamilie in der Brigittenau. Der Vater ist Anstreicher, die aus Tschechien stammende Mutter ist Wäscherin und Dienstmädchen. Emil besucht die Bürgerschule, wo er, wie er sagt, nichts lernt, er wird Einzelhandelskaufmann, verbringt aber, angeregt vom Vater, viel Zeit in den Bildungseinrichtungen des Roten Wien. Er liest viel, hört Vorträge in den Volkshochschulen und nimmt an Diskussionsveranstaltungen der Gewerkschaftsorganisationen teil. Zu Beginn der dreißiger Jahre schließt er sich, enttäuscht von der Politik der Sozialdemokraten, den Kommunisten an. Arbeitslos geworden, widmet er sich vollständig dem illegalen politischen Kampf, er schreibt für die *Rote Fahne*, 1933 wird er nach einem Brandanschlag auf die Deutsche Gesandtschaft während der Dimitroff-Prozesse verhaftet und vom September 1933 bis Ende April 1934 im Konzentrationslager Wöllersdorf festgehalten. Danach wird er von der Parteileitung beauftragt, nach Moskau zu gehen. Er besucht die Leninschule in Moskau, die Kaderschmiede der Komintern, wo auch Alfred Klahr unterrichtet. Über zwei Jahre lang wird er in marxistischer Theorie geschult und in der Praxis des militärischen Partisanenkampfes ausgebildet. Emil lernt Russisch, er versteht sich als Berufsrevolutionär im Widerstand gegen den Hitlerfaschismus. 1937 kehrt er im Auftrag der Komintern mit falschem Pass über die Tschechoslowakei nach Wien zurück und verlässt Österreich im Mai 1938, zwei Monate nach dem »Anschluss«. Seine abenteuerliche Flucht aus Österreich führt ihn nach Frankreich, wo er sich der französischen Armee und danach dem britischen Expeditionskorps anschließt. Nach Dünkirchen bleibt Emil jedoch am Kontinent und schlägt sich über Nantes nach Toulouse und Montauban durch, wo die politische Arbeit fortgesetzt wird. Als die Lage im besetzten Vichy-Frankreich durch Spitzel zu gefährlich wird, Emil wird steckbrieflich gesucht, beschließt die Parteileitung, dass er über Marseille in die Schweiz fliehen soll. »Passeurs« bringen ihn nachts im Fischerboot über den Genfer See nach Villeneuve, eine gefährliche Route. Danach fährt Emil über Lausanne mit dem Zug nach Zürich.

Ilse verliebt sich in den erfahrenen und selbstbewussten Widerstandskämpfer, die beiden werden ein Paar. Über ihre Beziehung verliert sie in ihren Briefen kein Wort (es wäre gefährlich für Emil), aber ihre Stimmung bessert sich, auch aufgrund des Kriegsverlaufs. In der Sommeroffensive hat die Rote Armee Minsk und Wilna zurückerobert und der

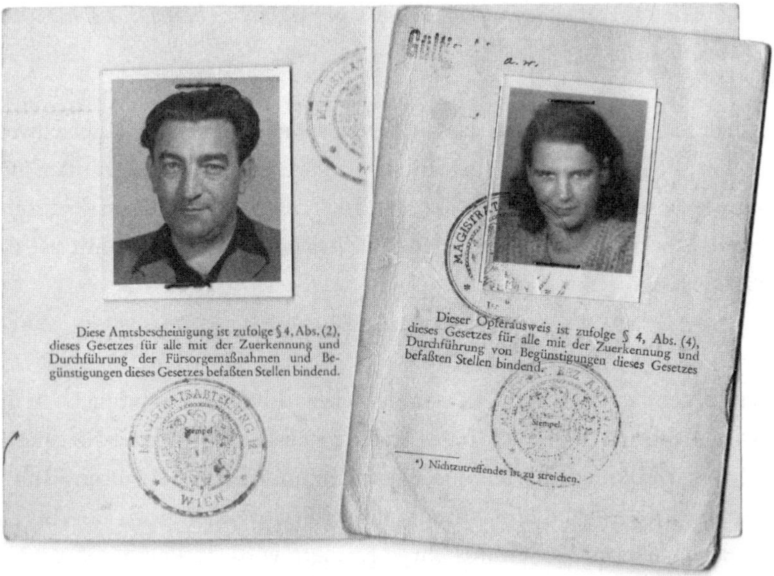

Emil und Ilse, 1944/45

deutschen Wehrmacht vernichtende Niederlagen zugefügt, die Sowjettruppen sind bis Ostpreußen vorgedrungen. Am 6. Juni waren die Alliierten in der Normandie gelandet, Ende August wurde Paris befreit. Das Kriegsende scheint nahe, im September 1944 schreibt Ilse an Susanne in Stockholm:

Bei mir gibt's nichts Neues – arbeite bez. langweile mich augenblicklich im Spital, weil wenig zu tun ist und die Schweizer einer »Usländerin« keine irgendwie dankbare Stelle anbieten wollen. Na – die Aussicht auf das baldige Ende meines hiesigen Aufenthalts versöhnt mich. Meine Wohnung ist jetzt mein Stolz – im zweiten Zimmer wohnt jetzt ein junges Ehepaar, weil meine Freundin doch nicht einziehen konnte. Es sind aber nette Leute und wir vertragen uns sehr gut, trotzdem die Küche für 2 natürlich ein bissl klein ist. Aber mir allein wär's zu teuer gewesen. Ansonsten könnt Ihr Euch vorstellen, wie stark uns alle die letzten Ereignisse berührt haben – die »Insel« ist wieder Festland geworden und ein frischer Wind weht herein und bald werden wir wieder »Menschen« im vollen

Sinn dieses Wortes sein. Trotzdem ich mir natürlich keine Illusionen über vieles mache.

Hofer, Maller und Stern verlassen kurz vor Weihnachten 1944 die Schweiz und schließen sich den jugoslawischen Partisanen an. Sie gründen mit anderen österreichischen Widerstandskämpfern das 2. Österreichische Freiheitsbataillon. Emil Huk bleibt in Zürich und organisiert mit Ilse die Partei im Schweizer Exil.

Rasch gelingt es Alfred Grünwald, Gerdas Ehemann, in den USA die Nostrifikation seines Doktorates und die Anerkennung seiner psychiatrischen Ausbildung in Wien durchzusetzen. 1941 ändern sie ihren Familiennamen. Sie heißen nun Alfred und Gerda Corvin. Warum Corvin (lat. Krähe), bleibt ihr Geheimnis, ihren Kindern wird Gerda über ihren Namen sagen: »The only condition for the name change was that it should not sound to be in any way of Germanic origin.«

1941 erhält Alfred wie erhofft eine Anstellung am Montefiore Hospital in der Bronx, Gerda übersetzt für »Dichter und Journalisten«, das Geld ist dennoch knapp. Der Bruch mit Europa wird während des Zweiten Weltkrieges radikal vollzogen, zugleich will dem jungen Ehepaar Corvin die vollständige Loslösung aus den alten Identitäten nicht gelingen. Eine Verbindung zu Wien: Gerdas Held bleibt Gustav Mahler. Ansonsten: kein Jazz, keine Chanukka-Leuchter, keine Teilnahme an den großen Siegesparaden. Sie hat, schreibt ihr Sohn, in Europa offenbar genug von Demonstrationen und vom Marschieren gesehen.

Nach ihrer ersten kleinen Reise an den Lake George schreibt Gerda Anfang September 1942 nach Schweden. Alles erinnert an Salzburg – außer der Sprache und den Toiletten.

Meine liebste Mummi, liebster Papsch,

Ich schreibe euch in einem Liegestuhl auf der heißen, sonnenüberfluteten Terrasse direkt vor unserem Zimmer. Es ist die zweite Woche meines Urlaubs – und ich genieße ihn, glaube ich, mehr als jeden anderen Ur-

laub, den ich je hatte. Die erste Woche haben wir in New York verbracht – das Wetter war nicht besonders gut, Alfred musste einen seiner Patienten operieren, und es war so viel zu erledigen, wofür mir während der Arbeit die Zeit fehlte. Die letzten paar Wochen habe ich furchtbar geschuftet, neun bis elf Stunden am Tag. Unsere Chefsekretärin war auf Urlaub, ich musste für sie einspringen und nebenbei noch alle meine normale Arbeit machen – und als ich dann in die Ferien ging, war ich vollkommen erschöpft und vor Nervosität beinahe hysterisch. Das hier ist genau das, was ich brauche, um mich wieder aufzurichten. Wir sind in Lake George, sechs Stunden von New York, in einem winzigen Dorf. Der See ist dunkelblau und von grünen Hügeln umgeben. Alles ist genau wie im Salzkammergut – sogar die Luft, sie ist stark und frisch und riecht nach Wasser und Fichten. Der einzige Unterschied sind die Sprache und die WCs. Wir haben perfektes Wetter und verbringen die Zeit mit totalem Faulenzen, abgesehen von gelegentlichen Anfällen von Energie, dann tauchen wir ins Wasser, damit das vergeht. Es ist beinahe unglaublich friedlich und schön. Alles – Krieg, Verdunkelung, U-Bahnen, Schreibmaschinen – scheint sehr weit weg und unwirklich. Es scheint keinen Grund zu geben, sich über irgendetwas Gedanken zu machen, solange man hier ist – wir lassen die Welt sich einfach um sich selber kümmern. Gott, wie sehr wünsche ich mir, dass Ihr hier bei uns sein könntet! Es würde Euch so gefallen, das weiß ich. Wenn man in New York ist, in die U-Bahn springt, den Blick ständig auf der Uhr aus Angst, eine Minute zu verschwenden, dauernd Zeitungen liest und Radio hört – dann kann man sich gar nicht vorstellen, dass so herrliche Dinge wie hier existieren. In New York ist man gar kein menschliches Wesen, bloß eine Maschine, eine kleine Maschine, die Teil einer größeren ist. Abends, wenn es kühler wird, machen Alfred und ich lange Spaziergänge, und ich fühle mich ihm sehr nahe, näher als in all diesen Jahren. Wir entspannen uns beide langsam, sehen nicht mehr so müde und nervös aus und sammeln die Energie, die wir im kommenden Jahr brauchen werden – das zweifellos ein ziemlich hartes werden wird. – Ich hoffe, es ist ein Brief von Euch da, wenn ich nach New York zurückkomme. Es ist so lange her, seit wir etwas von Euch gehört haben. Wenn Ihr doch öfter schreiben würdet. – Bitte lasst uns wissen, ob Ihr die Schnappschüsse bekommen habt, die wir an Euch und Susi geschickt haben. Und schickt uns auch ein paar!

Ich schreibe Euch bald einen »richtigen« Brief. Ich wollte Euch nur wissen lassen, dass es mir ausnahmsweise einmal wunderbar gut geht und dass ich sehr glücklich bin.

In der Zwischenzeit küsse ich Euch alle mit herzlichen Grüßen Eure Gerda

Meine lieben Eltern, uns geht es wirklich wunderbar. Dieser Lake George ist traumhaft und sieht aus wie ein Alpensee. Es ist unser erster richtiger Urlaub, seit wir zusammen sind, und es ist genauso schön, wie es sein sollte. Gerda benützt nicht einmal ihren Lippenstift – und das will was heißen! Habt Ihr wegen des Thomas Mann, um den Gerda gebeten hat, etwas unternehmen können?

Herzlichste Grüße Euer Alfred

Friedl pendelt, soweit es ihr als Flüchtling erlaubt ist, schreibend zwischen Tichborne, Oxford und London. Neben kleineren journalistischen Arbeiten entstehen in den nächsten Jahren drei Romane und mehrere Romanfragmente; ihr vielleicht wichtigstes Medium bleiben ihre literarischen Tagebücher; die handschriftlichen Aufzeichnungen werden abgetippt, redigiert und ergänzt. Es gelingen ihr Porträtskizzen, Erinnerungen an skurrile Dialoge, an Begegnungen in London.

Zum Schreiben ermutigt wird sie von der Lyrikerin Stevie Smith (1902 bis 1971), deren Gedichte regelmäßig in *Time and Tide* publiziert werden, dem einzigen von Frauen dominierten Literaturmagazin Englands. Die beiden mögen einander seit ihrer ersten Begegnung im Haus von Friedls Cousine Margaret. »She looks like a clever bird«, beschreibt Friedl ihre Freundin, »is one of the most amusing and witty persons I've ever met and is thin like a stick, conservative and very English and generous.« Als großzügig erscheint auch Friedl Stevie Smith, wie sich Canetti viele Jahre später erinnerte: »Friedl trug, als Stevie Smith sie das erste Mal besuchte, eine weisse Seidenbluse, in der sie mir gut gefallen hatte. Die Bluse war neu und Friedl hatte sie erst einmal vorher getragen. Stevie bewunderte die Bluse, vielleicht wollte sie Friedls Frische und Jugend loben, aber scheu, wie sie war, lobte sie statt ihrer die Bluse. Friedl entschuldigte sich, verliess das Speisezimmer, ging in ihr Schlafzimmer hinauf, zog sich die weisse Bluse aus, schlüpfte in eine andere, nahm die erste über den Arm, ging wieder zu Stevie hinunter, hielt sie ihr hin und sagte: ›Sie gehört Ihnen. Sie gefällt Ihnen. Sie müssen sie behalten.‹ Stevie, in englischer Kleinlichkeit aufgewachsen, war überwältigt und nahm das Geschenk an.«

Smith wird Friedls ersten Roman gleich nach seinem Erscheinen in *Time and Tide* besprechen.

Friedl will eine englische Autorin sein. Keine einzige Lesung von ihr ist im »Laterndl« – der Bühne der österreichischen Exilschriftsteller – oder als Veranstaltung des Free Austrian Movement belegt. Friedl versammelt in Hampstead rasch eine Gruppe von englischen Freundinnen um sich, die einander unterstützen:

Ich habe mir einen kleinen Kreis an Bewunderern zugelegt. Da ist Susan, sie hinkt und schielt, hat aber ein liebes Gesicht und eine liebe Art und mag mein Buch sehr, weil sie die Hauptperson mag. Sie hat eine Mutter, die 380 Liebhaber hatte, und sie wurde geboren, während ihr Vater und ihre Mutter einander mit Tassen und Untertassen bewarfen! (Immer noch nicht so arg wie Eure neue Freundin, die gebildete und unglückliche Dame, die, da bin ich mir sicher, jemanden ermordet hat, und die Familie wäre nicht vollständig.) Dann gibt es Brenda, die selber schreibt, das heißt, sie ist irgendwie meine Schülerin. Ich habe ihr alles beigebracht, was sie weiß, aber jetzt schreibt sie recht gut und wird wahrscheinlich sehr bald noch besser schreiben. Ich gebe weiter, was mir Canetti gesagt hat. Von Rosalie, dem Mädchen, das bei mir gewohnt hat, habe ich Euch schon erzählt. Dann ist da ein südafrikanisches Mädchen, das ich sehr mag. Sie ist Bildhauerin und mit William Empson verheiratet, Schriftsteller und Dichter, aber sehr unangenehm. Hector hingegen ist sehr süß und sehr schön, groß und blauäugig, und schaut aus wie ein holländisches Bauernmädel. Ich habe jetzt mehr Freundinnen als Freunde. Hilda und Anita wohnen ganz in der Nähe. Anita arbeitet bei Reuters und wird am 8. Dezember einen Captain vom Intelligence Corps, Stephen Bostoch, heiraten. Hilda ist schrecklich aufgeregt und sehr glücklich. Anita ist Katholikin geworden. Stephen sieht gut aus, ist aber ziemlich dumm und verschlafen und fürchtet sich ständig, vor allem vor Hilda, aber überhaupt vor Frauen im Allgemeinen. Er ist 32 und total unschuldig und monatelang wollte er ihr nicht und nicht einen Antrag machen.

Die Amour fou Friedls mit Canetti bleibt auch in England mehrdeutig, das Verhältnis oszilliert zwischen einer nur schwer fassbaren Form permanenter, nachgerade egozentrischer Unterwerfung, die manchmal ironisches Spiel bleibt, und dem Versuch, sich vom Meister und seinem Diktat zu emanzipieren.

Niemals, schreibt sie, »möchte ich mich Dir gleichstellen«, sie schämt sich, dass sie nach einem missglückten Abend »alles verpatzt habe«, sie will »ganz so sein, wie Du mich willst«, und vergleicht sich mit Pinocchio:

Geliebter, geliebter Ilja, ich hab Dich schrecklich gern, ich hab Dich immer lieber. Seitdem Du hier warst, bin ich ganz blödsinnig, ich glaube leider Gottes, ich verliere langsam den Verstand.

Sternchen, als Deine Schülerin geht man durch eine harte Schule. Entweder wird man ein ganz starker, schöner Mensch, oder man zerbricht und wird krank. Wie ernst es ist, habe ich immer geahnt, aber jetzt weiß ich es ganz genau, man lebt ständig zwischen Himmel und Hölle. […] Denn es ist doch meine feste Überzeugung, daß jeder Mensch zuletzt ganz bitter alleine ist, daß keiner zuletzt in irgendjemandes Hut ist, nur glaube ich, darf einem das nicht zu oft und nicht zu krass bewußt werden. Denn ganz alleine wird man zum Gerippe, ohne Haut und Knochen, man ist nirgends. Darum will ich so werden, wie Du mich willst. […]

Weißt Du Sternchen, ich muß oft an den Pinocchio denken. Der arme Meister Giuseppe schnitzt sich da eine Holzpuppe, die tanzen soll und auf den Jahrmärkten Geld verdienen soll für ihren Herrn und Meister.*

* Ein Verschreiber, gemeint ist Gepetto.

Und das erste, was diese Puppe tut, ist, daß sie ihn anschielt und das zweite, daß sie ihm die Zunge herausstreckt. Dieses Buch ist in allen Buchhandlungen erhältlich, kostet 4 Schillinge und ich wünsche es mir zu Deinem Geburtstag. […]

Ach Ilja, mir macht es ein unbeschreibliches Vergnügen, Dich zu ärgern. Ich möchte Dich am liebsten immer anschielen, nur damit ich merke wie wichtig es Dir ist, daß ich nicht schiele. Aber Du jagst einen einfach davon und läßt Dich nicht anschielen. […] und wenn Du mich nicht magst, so liebe ich Dich doch. Amen. Friedl.

Je selbständiger sie schreibt, desto mehr wird die Kritik Canettis als zerstörerisch empfunden, »und ich will mich *nicht* zerstören lassen, auch von Dir nicht«. Stephanie, die Heldin ihres ersten Romans, »muß so tanzen, wie ich es wünsche und nur ich alleine habe zu bestimmen, wie ich es wünsche«. Was sie will, fasst sie in einem eindringlichen Bild zusammen: Ein eckiger Tisch zwischen beiden soll Distanz und Egalität herstellen. Am 12. September 1943 notiert sie:

Im Zug, als ich nach Hause fuhr, mit einem schlafenden Mann im Abteil und dem schwarzen, sternenbedeckten Himmel im Fenster und beim Rattern der Maschine, habe ich gedacht: Die Zeit, in der Du mir den Kopf mit Geschichten vollgefuellt hast, ist vorbei und es sollte nun soweit sein, dass ich Dir gegenueber sitzen kann, Deinesgleichen, sozusagen, Deine Schuelerin, am selben Tisch mit Dir. Ein viereckiger Tisch ist wie ein Arbeitstisch, so liegt zwischen Dir und mir die Arbeit, weder lauf ich hinter Dir her noch stolpere ich neben Dir ueber die Steine.

Professionell gefördert wird Friedl vor allem von der Historikerin und Journalistin Veronica Wedgwood (1910 bis 1997), die später Canettis *Blendung* übersetzen wird. Sie berät Friedl beim Schreiben, korrigiert ihr Englisch und stellt wie eine (allerdings unbezahlte) Literaturagentin für sie die Kontakte zu Londoner Verlegern her. Friedls erster, noch auf Deutsch verfasster und danach selbst übersetzter Roman *Let Thy Moon Arise* erscheint im Frühjahr 1944 beim renommierten englischen Verlag Jonathan Cape, nachdem Secker & Warburg das Manuskript zuvor abgelehnt hatten. Überglücklich schreibt Friedl an Canetti über ihre Verlagsverhandlung:

> *Ilja, ich war eben bei der Wedgwood. Sie werden mir meinen Kontrakt diese Woche schicken. Sie wird selber die grammatischen Fehler verbessern. Ich krieg nur £ 10 advance. Sie sagt, sie geben jetzt im Allgemeinen überhaupt keine. Sie sagt mein Buch ist das Beste, das sie seit 2 Jahren in der Hand gehabt hat. Ich kann nicht schreiben, ich bin so glücklich. […]*
>
> *Du weißt nicht, wie schön es war bei der Wedgwood, als richtige Schriftstellerin behandelt zu werden, mit Achtung und etwas Schüchternheit. […] Die Wedgwood sagt, die Übersetzung ist ausgezeichnet, bis auf einige Fehler, die sie verbessern wird. Sie sagt, man soll Frau und Fräulein lassen. Sie sagt, es ist klar, dass es Wien ist. Sei stolz auf mich, Ilja, sei glücklich über Deine Schülerin. Sie geben ein kleines Bücherl heraus, wo eine kurze Beschreibung des Buches ist (von allen ihren Schriftstellerinnen) und die Veronica wird es schreiben. Verstehst Du, wir sind schon in der Welt, ich meine über unsere Grenzen hinaus, hier in England, im bestialen Empire sitzen wir schon drinnen mit einer kleinen Stimme. […]*
>
> *Deine, Deine, Deine Friedl*

Auf Drängen von Cape wählt Friedl ein national nicht zuordenbares Pseudonym, aus Friedl Benedikt wird Anna Sebastian, trotz Papiermangels werden als erste Auflage des Romans dreitausend Stück gedruckt.

Let Thy Moon Arise ist eine märchenhaft-lyrische, in Wien angesiedelte Geschichte über das Waisenmädchen Stephanie, das nach dem Tod des Vaters versucht, inmitten von Außenseitern in einer ihr rätselhaften, fremden Welt zu überleben. Stephanie ist bei einer Korsettmacherin angestellt, ohne dort viel zu arbeiten, sie lügt und stiehlt aus purer Lust am Lügen und Stehlen und führt Gespräche, die wie in *Alice in Wonderland* seltsam unwirklich bleiben; auf der Suche nach der Mutter ertrinkt Stephanie in der Donau im Spiegelbild des Mondes.

Überschäumend erzählt Friedl den Eltern im März vom Erscheinen des Buches und den ersten Kritiken und gratuliert ihrerseits dem Vater zu den ersten Ausstellungen seiner Bilder in Schweden. Der Vater, der nebenbei auch Dramen schreibt, ist nun ein Künstlerkollege. Die Anrede ist, wie so oft in Friedls Briefen, von zärtlicher Deftigkeit:

Meine geliebten alten Schweinchen, ich war gerade dabei, euch einen wütenden Brief zu schreiben, als Papas Postkarte und Mummis Brief eintrafen. Ihr seid die Höhe! Bittere Beschwerden, weil ich nicht schreibe, und dann lasst Ihr mich monatelang warten! Egal, jetzt bin ich schrecklich froh, von Dir zu hören, Papa, und von Deinem Erfolg mit Deinen Zeichnungen. Schreib sofort und sag mir, wie die Ausstellung war, wer außer Dir ausgestellt hat und welche Zeichnungen sie angenommen haben. Du bist ein Wunder! Ich nehme an, Du wirst bald zu komponieren beginnen. Wie gern möchte ich Dein Stück lesen […]

Und nun zu mir. Du musst inzwischen mein Buch bekommen haben und denkst hoffentlich nicht, ich bin komplett verrückt geworden. Es war jedenfalls ein außerordentlicher Erfolg. Ich hatte Besprechungen in allen großen Zeitungen und wichtigen Magazinen, lange Besprechungen, und bei Cape sind sie höchst zufrieden und sagen, dass das Buch für einen Erstlingsroman eine ganz außerordentliche Resonanz hat. Es wäre wunderbar, wenn Du in Schweden etwas für das Buch machen könntest. Ich werde versuchen, Dir die Kritiken zu schicken, damit Du sie selber lesen und auch einem Verleger zeigen kannst, falls einer Interesse hat. Es wäre nur für einen modernen und fortschrittlichen Verlag interessant, es zahlt sich gar nicht aus, es bei jemand anderem zu versuchen. Aber ich weiß nicht, ob es in Schweden so jemanden gibt. Hier ist das Buch beinahe vergriffen, in den meisten Geschäften bekomme ich es nicht mehr. Aber alle Bücher verkaufen sich jetzt sehr gut.

Ich musste den Brief liegen lassen. In der Zwischenzeit hat mir Putzi erzählt, sie hat einen Brief von Susi bekommen, in dem steht, dass eine von Papas Zeichnungen von der schwedischen Nationalgalerie angekauft wurde. Ich kann euch nicht sagen, wie sehr ich mich darüber freue, Papsch, das ist ein großartiger Erfolg, und ich gratuliere Dir und küsse*

* Jenny Crowder, eine Schulfreundin aus Wien.

und umarme Dich und hoffe bloß inständig, dass Du nicht Mummi und Susi bis auf den Tod sekkierst, jetzt, wo Du ein unsterblicher Künstler bist.

Wie gerne würde ich Deine Arbeiten sehen. Dieser verdammte Krieg hört und hört nicht auf, und wenn er vorüber ist, bist Du wahrscheinlich weltberühmt und ich hab immer noch nichts zu Gesicht bekommen. Ich arbeite nach wie vor an meinem neuen Buch, es heißt »Tantalus«, und ich finde und finde kein Ende. Immer wieder fallen mir neue Sachen auf, die mir nicht gefallen, und dann schreibe ich um. […]

*Canetti geht es sehr gut. Er kommt zwei- bis dreimal in der Woche in die Stadt und arbeitet sehr hart an einer Psychologie von Masse und Macht, ein großartiges Buch voller komplett neuer und origineller Ideen, und seine Verleger sind ganz verrückt danach. Wir streiten sehr viel, entweder weil er eifersüchtig auf mich ist oder ich auf ihn, aber jetzt freut er sich riesig über den Erfolg meines Buches und über das neue und gratuliert sich, dass er mich »aus der Gosse gezogen hat«, wie er meint, und eine Schriftstellerin aus mir gemacht hat, was, wie ich zugeben muss, der Wahrheit entspricht. Ich liebe ihn wirklich immer mehr und danke Gott jeden Tag, dass wir damals in Marions Bar gegangen sind, Mummi, ich nehme allerdings an, dass ich ihn früher oder später sowieso aufgegabelt hätte.**

Heute beehrt mich Theodor Kramer, der am Kaasgraben gewohnt hat und den Du, Papa, sicher kennst, mit seinem Besuch. Er muss seine Inspiration von seinen Därmen beziehen. Ich habe noch nie jemanden getroffen, der so pausenlos über die minimalsten Details seiner Verdauung redet und dazu noch so liebevoll. Ich habe drei große Fische gekauft, die er sicher alleine aufessen wird, ich darf dann an den Schwänzen nagen, und dabei wird er mir ununterbrochen erzählen, wie er unter seinem Bauch zu leiden hat. Ich muss jetzt aufhören mit diesem Brief.

Meine lieben süßen Alten, schreibt mir bald und erzählt mir alles über Euch. Mir scheint, wenn ich will, dass Ihr mir oft schreibt, darf ich Euch

* In der Liliput-Bar von Marion Marx, in die sie von ihrer Mutter mitgenommen wurde, lernte Friedl Canetti kennen. Die erste Begegnung mit Friedl ist auch in Canettis *Augenspiel* beschrieben.

nicht schreiben! Bitte schreibt oft! Ich kann Euch gar nicht sagen, wie glücklich mich Eure Briefe machen. Ich küsse und umarme Euch von Herzen und Papa, ich kann gar nicht sagen, wie stolz ich auf Dich bin – Friedl

Noch im selben Jahr erscheint *The Monster* (1944, französisch 1946, schwedisch 1951, deutsch 2004), eine bereits auf Englisch verfasste und in London spielende, kafkaeske Geschichte über den ebenso größenwahnsinnigen wie charismatischen Staubsaugervertreter Mr. Crisp. Über ihren neuen Roman schreibt sie der Mutter im Februar:

Ich helfe beim Korrigieren und Umschreiben meines neuen Buches. Es wird »Tantalus« heißen und ist ein überaus zorniges und wildes Buch, das Euch gar nicht gefallen wird. Die Hauptfigur, Jonathan Crisp, könnte man einen »privaten Hitler« nennen, und es zeigt ganz gnadenlos, wie er die heutige Gesellschaft zerstört, die sehr satirisch durch eine Vielzahl an Personen aus verschiedenen Klassen repräsentiert wird. Das Wort »Politik« kommt in dem Buch aber kein einziges Mal vor, und es hat auch tatsächlich nicht direkt damit zu tun. Es könnte wirklich ein sehr gutes und einfallsreiches Buch sein, wenn ich nur die Geduld aufbrächte, es richtig fertigzuschreiben. Aber ich muss mich zwingen, daran zu arbeiten, weil es so ein gemeines Buch ist, und ich merke, dass ich selber gemein und unangenehm werde, und es »setzt einem zu«, wie man so sagt.

Crisp ist in den Straßen Londons unterwegs, um das Staubsauger-Modell »Tantalus« zu verkaufen. Zu den Häusern, bei denen er anläutet, führt ihn ein rechnerisch-kabbalistisches Prinzip: Er addiert die Hausnummern und teilt die Zahl durch 13, die Zahl nennt ihm das jeweils nächste Haus, bei dem er anläutet. Crisp ist zudem in der Lage, die Teppiche zu riechen, die sich in den Wohnungen befinden und die er säubern kann.

Nach seinen erfolglosen Verkaufstouren, die allesamt in Demütigungen und Ablehnungen enden, rächt sich Crisp systematisch an seinen Kundinnen. Er erlangt auf erstaunliche Weise Macht über sie, demütigt und erniedrigt sie, zwingt sie, für ihn zu arbeiten und ihm zu dienen. Crisp

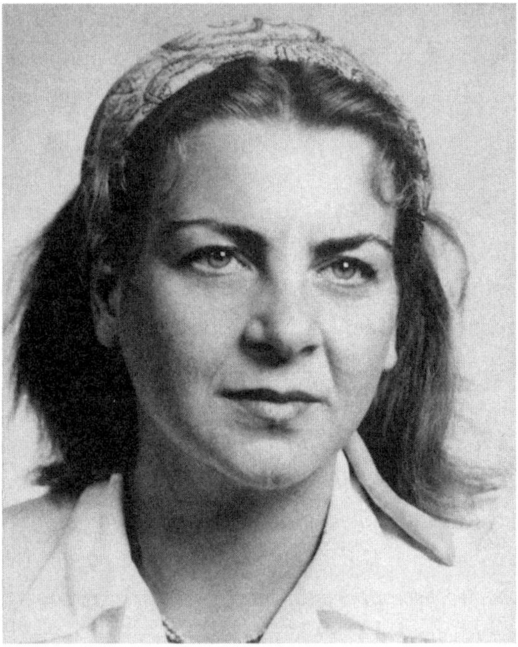

Friedl, um 1944

sieht sich mit gottgleicher Macht ausgestattet. »›Down and pray to your God‹, commanded Mr Crisp. Kate flung herself on the floor before him with a shriek of delight«, lauten die letzten zwei Sätze von *The Monster.*

Man kann in dem Roman über Herrschaft und Knechtschaft, Demütigung und Unterwerfung eine Parabel auf den Faschismus erkennen. Friedl Benedikt bezeichnet Crisp als »privaten Hitler«, in die Figur sind auch deutlich erkennbar Canettis Züge eingewebt. Am 30. Oktober sitzt Friedl über den Fahnen und schreibt ihrer Mutter, der sie *Let Thy Moon Arise* geschickt hat.

Mein liebstes altes Mummischwein,

gerade habe ich Deinen Brief erhalten und schreibe Dir nun mit einer großen Kaffeekanne vor mir, und meine Katze Tilly sitzt auf dem Tisch und schaut mir gierig beim Frühstücken zu. Ich bin sehr froh, dass Du endlich das Buch gekriegt hast, und ich habe sehr genau gelesen, was Du darüber sagst. Es stimmt sicher, dass es zu viele Details gibt, und mir ist sehr wohl bewusst, dass das Buch voller Fehler ist, der wichtigste ist, dass es keine Form hat. Es fällt mir sehr schwer, über die schönen Dinge im Leben zu schreiben in einer Zeit, in der die ganze Welt eine einzige Masse an Leiden ist.

Je mehr ich mich an etwas erfreue, desto mehr wird mir bewusst, dass andere Menschen das Leben nicht genießen, und im Moment finde ich es wichtiger, die Bitterkeit und Hoffnungslosigkeit des Lebens auszudrücken als die schönen und glücklichen Dinge. Ich habe ein Tagebuch, in das ich alles reinschreibe, was ich mag und genieße – aber so ein Buch zu veröffentlichen scheint mir beinahe unmöglich. Wie soll man zum Beispiel über die Schönheit der Natur schreiben, wenn mit der aufgehenden Sonne Millionen getötet werden, wie soll man die Schönheit einer Sternennacht beschreiben, wenn die Menschen nichts als Angst empfinden. Wenn ich zu den Sternen aufblicke, von denen jeden Moment eine Bombe fallen kann wie eine Sternschnuppe?

Die einzige Hoffnung für die Menschen scheint mir, dass sie begreifen, was passiert. Denn sogar in England, einem Land, das vom Krieg so sehr verwundet wurde, weiß die Mehrheit der Leute gar nicht, worum es überhaupt geht. In den Städten, die bombardiert wurden, wissen sie es, aber als ich zu Margaret aufs Land gefahren bin, war ich wirklich entsetzt über die völlige Ahnungslosigkeit der Leute über das, worum es sich handelt. Erinnert Ihr euch, wie schockiert Ihr über Canettis Stück »Hochzeit« wart? Nun, es ist wahr geworden, schrecklicher, als er es sich vorgestellt hatte, die Leute werden in ihren Häusern getötet, die Häuser platt gemacht. Hätten die Leute es damals gewusst und geglaubt, wie viel hätte vermieden, wie viele Leben hätten gerettet werden können.

Steffi ist das verlorene Kind, und wie viele von denen habe ich gesehen! Das Buch ist ein Erstling und hat all die Mängel eines Erstlings, und die Aufnahme, die es erhielt, war absolut gerecht. Von einigen Kritikern wurde es hoch gelobt und von anderen in Stücke gerissen. Das Wichtige aber ist, man hat es zur Kenntnis genommen, der einflussreichste Kritiker hat ausführlich darüber geschrieben, und dieser Mann bespricht pro Monat nur vier Romane.

Ich habe jetzt die Korrekturfahnen meines nächsten Buches bekommen, es heißt »The Monster«. Es ist ein weit substanzielleres Buch, komischer und schrecklicher zugleich. Ich habe darin zu zeigen versucht, welche Eigenschaften in den Menschen einen Hitler möglich machen, aber es ist kein politisches Buch, sondern eine psychologische Studie und Satire. Dieses Mal werdet ihr das Buch viel schneller kriegen, es wird nämlich durch das British Council verschickt. Ich weiß nicht genau, wann es erscheint, aber möglicherweise an Deinem Geburtstag, alte Mummicat, jedenfalls vor Weihnachten, denke ich. –

Aber jetzt wird der Krieg bald vorüber sein, und ich werde Euch sehen, meine geliebten alten Schweinchen, und alles hören, was in diesen fünf Jahren passiert ist. Jetzt, vor dem fünften Kriegswinter, sind alle total grantig und gereizt. Ich habe mit allen meinen Freunden gestritten und sogar mit Canetti, aber ich hab's wiedergutgemacht. Aber ich und alle, die ich kenne, sind nervös und angefressen und zornig. […] Dieser verdammte Krieg hört und hört nicht auf, und man ist so wütend deswegen, weil vollkommen klar ist, dass die Alliierten gewonnen haben, und trotzdem kämpfen die Deutschen weiter.

Meine geliebten alten Schweinchen, ich muss aufhören, ich muss zum Zahnarzt, weil ich mir zu allem Überfluss noch einen Schneidezahn abgebrochen habe. Außerdem muss ich zu einer kranken Freundin und für sie Mittagessen kochen.

Warum schreibt Ihr nicht öfter? Manchmal glaube ich wirklich, Ihr habt Euer armes Kind in England vergessen. Alle meine Freundinnen kriegen Kinder, und sobald ich eine Menge Geld verdient habe, werde ich auch eines haben, verheiratet oder nicht. Tatsächlich, wo immer man hingeht, sieht man schwangere Frauen, und ich werde ganz neidisch. Ich bin fast 28 und habe noch immer kein Kind. […]

Meine liebsten Alten, ich küsse und umarme und liebe Euch, Ihr fehlt mir, schreibt mir bald!

Eure wütende Tochter Friedl

The Monster wird wie *Let Thy Moon Arise* ausführlich (wohlwollend wie kritisch) rezensiert; das *Times Literary Supplement* bleibt zurückhaltend, im freundschaftlich verbundenen *Time and Tide* heißt es, der Roman weise Benedikt aus als »the most original young writer the war years have produced in this country«. Kurz vor Weihnachten 1944 berichtet Friedl den Eltern von den vorteilhaften Rezensionen von *The Monster* und der Verhandlung über zwei weitere Romane:

Hurra! Hurra! Bald habt Ihr eine berühmte Tochter. Und ich werde reich sein und Euch ein wunderschönes Haus kaufen und 5 Katzen und 6 Hunde und wir essen jeden Tag Hendl! Ich liebe euch, meine süßen Eltern. Ich küsse euch, meine geliebten alten Schweinchen, meine guten alten Säue, wir werden glücklich sein und reich und berühmt und jeden Abend ins Theater gehen und am Sonntag in die Oper und wir laden alle Freunde ein und feiern.

Ich küsse euch wieder und wieder – Eure Friedl

Bei aller selbstironischen Freude über die »Berühmtheit« nach einer positiven Rezension von *The Monster* prägen Geldsorgen den Alltag Friedls. Gegen Jahresende schreibt sie an die Eltern:

Meine süßen, geliebten Alten,

ich schick euch hier die Kritik im »Listener«. Die Kritik ist entscheidend für meine ganze Zukunft – das heißt auf gut Deutsch, von jetzt ab bin ich ein für alle Male ein Genie, Mummi, für die englische Öffentlichkeit. Das ist kein Spass, sondern die Wahrheit. Die Kritiken, einmal im Monat, 3 oder 4 Bücher, in dieser Zeitung sind massgebend und tongebend und von heute ab bin ich – berühmt –. Ich bin noch ganz fassungslos. […] Ich wünschte zu Gott, ich hätt Euch hier, meine süssen, entzückenden, verblödeten Eltern, ich weiss nicht, was ich mit mir anfangen soll, ich möchte zu Euch fliegen vor Seligkeit, Euch die Augen und Ohren auskratzen, die Haar ausreissen und Euch zerküssen.

Statt dessen sitz ich zu Hause und habe

a) 10 Pfund für die Miete zu zahlen, was ich nicht besitze.

b) 12 Pfund für das Telephon, was ich ebenso nicht besitze.

c) 14,5 Pfund für das Gas, was ich ebenfalls nicht besitze.

d) 3 Pfund für die Kohle, was ich auch nicht besitze.

Ich nehme an, dass ich in kürzester Zeit auf der Strasse sitzen werde, die ich dann besitzen werde. Infolgedessen geh ich jetzt mit der Eva ins Kino, um mich von diesem Schock zu erholen.

Schreibts, ekelhafte Bagage! […]

Milliarden Küsse – Friedl

The Monster ist – wie alle drei Romane Friedls – Canetti (»Orion«) gewidmet. Sein Einfluss ist unübersehbar, er bleibt trotz aller Streitigkeiten und Zerwürfnisse das Gravitationszentrum ihrer schriftstellerischen Existenz. Ihm, schreibt sie, verdanke sie alles – und ihrer Kindheit (»voller Glück und Verrücktheiten«) bei den Eltern in Wien:

Sollte mein Leben je erfolgreich sein, sollte ich je erreichen, was ich erreichen möchte, das heißt, Künstlerin bis in die Fingerspitzen zu sein, eine ernsthafte, ehrliche und gute Schriftstellerin zu sein und den Menschen durch meine Arbeit Freude und Einsicht zu vermitteln, dann werde ich vor allem ihm zu danken haben, und natürlich Euch, meine süßesten, liebsten, geliebtesten Mummili und Papsch, weil Ihr uns eine Kindheit voller Glück und Verrücktheit geschenkt habt, mit ständigen Überraschungen, mit Polsterschlachten auf der Stiege und Ferien auf der Rax, mit Gästen, die keiner leiden konnte, und Hunden und Katzen und Gebrüll und Geschrei und Löchern und Klavierspielen um 3 Uhr früh und Bildern, die wir um 5 Uhr früh gezeigt bekamen, und all den Dingen, die unser Haus ausgemacht haben. […]

Eure Friedl

Auch Canetti verdankt ihr einiges, wie er selber zugesteht. Über Friedl, die in London durch Margaret Gardiner bestens vernetzt ist, findet er Zugang zur intellektuellen Szene Londons. Nach *The Monster* ist Friedl Benedikt als Autorin erfolgreicher und bekannter als er und Veza Canetti, von denen noch nichts auf Englisch erschienen ist. Die Zuneigung und

und später die amüsierte Verachtung, die Veza Canetti für Friedl, die junge, »läppische« Schülerin und Geliebte ihres Mannes, in Grinzing gezeigt hatte, verwandelt sich, als Friedl mit ihren Büchern als Schriftstellerin ernst genommen wird, in »echten Hass«, wie sich Canetti später erinnern wird.

1942 wird Ernst Benedikt im *Völkischen Beobachter* prominent erwähnt. Der Artikel vom 30. Jänner 1942 polemisiert gegen jüdische Publizisten und ihre kritische Position zu Hitler seit 1933. Benedikt sei einer der »jüdischen Schmierfinken in ihrer Bedürfnisanstalt, die sie Presse nennen«, einer von denen, die »die Wände mit ihren krankhaften Wunschträumen bekritzeln, während das deutsche Volk an allen Fronten für den Endsieg kämpft«.

Zu dieser Zeit hatte Benedikt seine Mitarbeit beim *Svenska Dagbladed* intensiviert, bei der *Judisk Tidskrift* ist Benedikt neben dem Herausgeber Marcus Ehrenpreis der Autor mit den meisten Beiträgen. Abschriften oder Zusammenfassungen seiner Artikel werden den Briefen an die Töchter beigelegt. Mit höchster Intensität malt er jedoch und sieht seine Zukunft als Maler. Er wählt ein Pseudonym, Ernst Martin. Mit einer Auswahl seiner Arbeiten nimmt er an der viel beachteten Ausstellung »Konstnärer i landsflykt« (Künstler im Exil) auf dem Nybroplan in der Stockholmer Innenstadt teil, die auch in Götcborg gezeigt wird. Im Frühjahr 1944 kauft das Nationalmuseum einige seiner Arbeiten für die grafische Sammlung an. Ernst Martin Benedikt ist Autodidakt und Außenseiter in der Kunstszene. Der Mangel an Technik und Wissen über die aktuelle akademische Kunst eröffnet ihm aber auch Möglichkeiten, einen sehr persönlichen Ausdruck in seinen Bildern zu finden, der von der Kritik durchaus beachtet wird. Der sechzigjährige Benedikt schließt sich den um eine Generation jüngeren Avantgardekünstlern an, die sich in der Gruppe »Minotaur« zusammengefunden haben, und trägt zu ihren Ausstellungen bei – mit Bildern »hart an der Grenze der Schizophrenie« (Peter Weiss). Von der Kritik werden seine Bilder in die Nähe zustandsgebundener Kunst gebracht, seine Werke mit denen von Ernst Josephson (1851 bis 1906) und Carl Frederik Hill (1849 bis 1911), die in den Phasen ihrer Psychosen entstanden sind, verglichen. Bei Benedikt werden die Bilderzählungen jedoch durch narrative und humorvolle Elemente eingehegt und unter Kontrolle gebracht.

Es folgen weitere kleinere Ausstellungen, über die den Töchtern ausführlich berichtet wird, die den zum jungen Künstler mutierten Vater ermutigen. Der Verkauf ist freilich wie bei allen anderen Exil- und Avantgardekünstlern in Schweden sehr bescheiden.

Benedikt arbeitet deshalb weiter als Publizist. Die meisten seiner Artikel sind der Literatur und Musik gewidmet, aber im März 1944 erscheint von ihm in der *Judisk Tidskrift* eine Reflexion über »Die Stellung der Juden in einem neuen Deutschland«. Benedikt widerspricht der Auffassung, dass sich Juden am Wiederaufbau in einem neuen demokratischen Deutschland aktiv beteiligen sollten, und rät den Lesern und Leserinnen abzuwarten. Erst nach einer nachweislichen Veränderung der Einstellung der Bevölkerung und nur auf explizite Einladung sollen Juden zurückkehren – einerseits aufgrund des Leides, das Juden widerfahren ist, andererseits aber, um nicht wie nach 1918 Antisemitismus zu provozieren. »Für uns Juden«, fasst Benedikt zusammen, »ist Zurückhaltung am Platz.« Keine der Töchter fühlt sich zu dieser Zeit diesem »uns« zugehörig.

Im *Siebenbürgisch-Amerikanischen Volksblatt* erscheint 1943 eine sentimentale Erinnerungsreise Benedikts durch die Musikstadt Wien. Ausgangspunkt ist das Gasthaus Mondschein im Wiener Bezirk Wieden, wo einst Schubert mehrere Monate wohnte, die Stadtwanderung führt dann über den Musikverein, wo Benedikt noch Bruckner und Aufführungen mit Bronislaw Huberman erlebte, bis zum Beethovenhaus in Grinzing.

Auch der spätere Schwiegersohn Emil berichtet von einem Besuch in den 1930er Jahren in einem Gasthaus Mondschein in Wien, allerdings einem anderen, und der Unterschied zwischen den beiden Etablissements könnte nicht größer sein. Das Gasthaus Mondschein, das Emil erwähnt, liegt jenseits der Donau in der Wiener Donaustadt und ist Treffpunkt der illegalen Nazis. Bei einer Veranstaltung kommt es zu einer Saalschlacht mit kommunistischen Kadern, die sich unter die Teilnehmer gemischt hatten. Die Schlägerei ist nur ein Ablenkungsmanöver. Mit einer kleinen

Gruppe raubt Emil während des Tumults die Parteikassa der Nazis und flieht mit dem Inhalt über das Überschwemmungsgebiet und die Reichsbrücke in die Brigittenau.

Noch im Krieg starten Gerda und Alfred in New York ihre Tradition großer Silvesterpartys, die sie jedes Jahr über Wochen vorbereiten. Manchmal feiern bis zu achtzig Personen in ihrer Wohnung, man spricht Englisch, obwohl die meisten Gäste deutschsprachige Flüchtlinge sind. Am 27. Juni 1945 (der Krieg ist im Pazifik noch im Gange, die Charta der Vereinten Nationen wurde einen Tag zuvor in San Francisco unterzeichnet) erhält Gerda ihre Einbürgerungsurkunde (Certificate of Naturalization). Ihr Aufenthalt ist nun permanent, die Staatsbürgerschaft mit amerikanischem Pass in unmittelbarer Reichweite. Ihre Nachrichten an die Schwestern werden seltener.

Am Ende des Krieges verstärkt sich bei Friedl die Sehnsucht nach der »Schwesterlichkeit« und dem Wien ihrer Jugend, vor allem nachts. »Manchmal wache ich in der Nacht auf«, schreibt Friedl,

> *und erinnere mich mit einer jähen, furchtbaren Traurigkeit an den Moment, als ich unser Haus verließ. Es regnete, und die Kletterrosen am Hauseingang wirkten blau und das Haus sah ganz verschwommen aus, als gehöre es bereits der Vergangenheit an. Dann packt mich eine schreckliche Sehnsucht nach Dir, meine liebste Alte, nach Papsch, nach Susi und Ilse und Gerda, und ich kann nicht schlafen und muss das Licht anknipsen und zum Plafond hinaufschauen, der einen Sprung hat von einem Bombenabwurf.*

Sentimentalität und allzu große Nähe werden durch sarkastischen Witz begrenzt:

Wir alle hier glauben, dass der Krieg im Frühling vorbei sein wird, oder spätestens im Sommer, und wenn ich Euch jetzt schreibe, bin ich mir ganz sicher, dass dies nicht nur Dein letzter Geburtstag ohne Deine verrückten Kinder war, sondern dass ich Dich und Papa bald mit all den Küssen und Umarmungen ersticken kann, die ich für Euch aufgespart habe – das Einzige, was ich jemals gespart habe.

Ich glaube also, dass ich in einem halben Jahr an irgendeinem Bahnhof auf Euch warten und Dich, Papa und Susi aus dem Zug steigen sehen werde, bleich und unwohl und übellaunig und glücklich, und ich freue mich schon auf die Streiterei, die wir haben werden, weil Papa eifersüchtig sein wird, Susi impertinent, Ilse kaltherzig und ich pleite (also ohne einen Penny). Gerda wird der Stolz der Familie sein, nicht nur, weil sie einen Ehemann ergattert hat – ich wäre nicht überrascht, wenn sie darüber hinaus auch ein Bankkonto besäße. O meine süße alte Mummili, es wird wunderbar sein!

Mehrfach wechselt Friedl auch während des Krieges ihre Unterkunft in London und lebt bei Freundinnen und Freunden. Unter vielen anderen lernt sie in dieser Zeit Julian Maclaren-Ross (1912 bis 1964) kennen und zieht mit dem undurchschaubaren Dandy, der Friedl gleichermaßen abstößt wie fasziniert, durch die Pubs von Soho. Maclaren-Ross wird 1947 mit *Of Love and Hunger* einen Roman publizieren, bei dem ebenfalls Staubsauger-Vertreter im Mittelpunkt stehen. Die Übereinstimmung bei der Wahl des Motivs mag Zufall sein, es erscheint aber nicht unwahrscheinlich, dass ihn *The Monster* und die Gespräche mit Friedl zu seinem Roman, der als sein bester gilt, inspiriert haben.

Gegen Ende des Krieges geht Friedl mit dem um sechs Jahre älteren Willy Goldman (1910 bis 2009) eine Liebesbeziehung ein. Seit 1934 ist er, zumindest auf dem Papier, mit der aus Wien stammenden Frieda Goldman-Eisler verheiratet, die als Sozialdemokratin nach dem Februar-Aufstand aus Wien fliehen musste und später als Professorin am University College London zur Begründerin der Psycholinguistik wurde. Goldman ist Kommunist und gehört zu den proletarischen Autoren aus dem Londoner East End. 1940 hatte Goldman bei Faber & Faber *East End My*

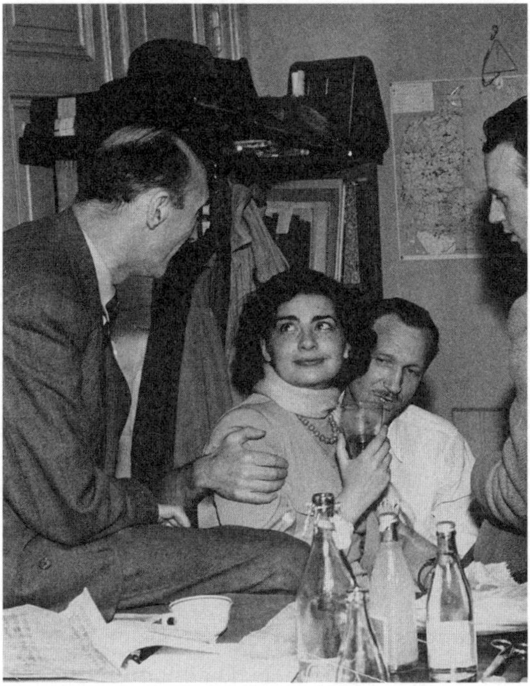

Susi mit Redaktionskollegen, Stockholm 1945

Cradle veröffentlicht, eine Geschichte der jüdischen Einwanderer in London und die Geschichte seiner Kindheit im düsteren Bezirk zwischen Stepney und Whitechapel östlich des Financal District. Über ihn lernt Friedl ein anderes, das plebejische London kennen. Canetti ist rasend eifersüchtig.

1944 wird Ilse zum ersten Mal schwanger, sie entschließt sich, die Schwangerschaft abzubrechen. Eine weitere Abtreibung wird für sie nicht in Frage kommen. »Ich habe schon einmal ein Kind opfern müssen«, schreibt sie an die Eltern, als sie 1946 zum zweiten Mal ein Kind erwartet. 1944 wird Gerdas erster Sohn Michael geboren.

Nach Erscheinen von *The Monster* schreibt Friedl an Canetti:

> *Lieber, lieber Ilja, ich denk über alles nach, [...] Diese Zeit hier ist wie eine Art Wahn in mir, ich kann mir nicht helfen, [...] Ich hab den Crisp mit zusammengebissenen Zähnen geschrieben und diese Art von Besessenheit ist nicht etwas das vergeht, sondern eine Kraft die ausgelöst wird und dann da ist und mit der man rechnen muß. Es ist die Zeit zwischen Büchern, glaub ich, die gefährlich ist für jemanden, der schreibt. [...]*
> *Deine Friedl.*

Die gefährliche Zwischenzeit, das Nachdenken über ihren dritten Roman, der erst 1950 erscheinen wird, hat begonnen.

Susi wechselt im November 1944 vom *Daily Telegraph* zum amerikanischen Sender CBS und arbeitet für Charlie Shaw (1911 bis 1987), den aus Pennsylvania stammenden Europakorrespondenten und Kriegsberichterstatter von CBS. Von ihm lernt sie den unsentimentalen angloamerikanischen Stil der »hard news«. Ein Foto zeigt sie glücklich inmitten ihrer Kollegen bei einer Redaktionsfeier. Ihr beruflicher Weg scheint entschieden, sie ist Journalistin, nicht mehr »Friday girl«, sondern »one of the guys«, wie es heißt.

Ende Mai 1945 erreicht sie eine Einladung der dänischen Untergrundbewegung, die ihre Zentrale im schwedischen Hälsingborg aufgeschlagen hat: Sie soll über die aktuelle Situation in Dänemark berichten. Am 6. Juni (einen Tag vor der Berliner Erklärung der Siegermächte zur Zukunft Deutschlands nach Kriegsende) trifft sie gemeinsam mit Shaw von CBS und Golding vom *Daily Telegraph* per Schiff von Malmö im eben befreiten Kopenhagen ein. Es ist eine riskante Reportage – die Situation ist unübersichtlich, die Jagd nach Kollaborateuren und Verrätern ist noch im Gange, in den Straßen wird wild geschossen. Susanne Benedikt ist, wie es später in einem Artikel heißt, die »erste alliierte Frau im befreiten Kopenhagen«.

7

»ES IST ALLES UNBESTIMMT«

Geliebte alte Schweinchen,

habt Ihr eine Ahnung, wo Ilse steckt? Wenn ja, dann schreibt mir sofort ihre Adresse. Ich bewundere sie wirklich. Ich denke, sie ist wunderbar tapfer. Auch ich möchte so bald wie möglich nach Österreich zurück und würde gerne wissen, wo ich sie finden kann.

Friedls Brief mit der Frage nach der Schwester stammt vom September 1945, Gerüchte mit Andeutungen über eine abenteuerliche Fahrt Ilses nach Wien hatten sich bis Hampstead herumgesprochen.

Im Juni 1945, kaum vier Wochen nach Kriegsende, war es Ilse gelungen, sich mit einem mit Medikamenten vollgepackten Auto durch alle Besatzungszonen hindurch von Zürich nach Wien durchzuschlagen. Durch einen Geleitbrief der Staatskanzlei war sie als Delegierte der Centrale Sanitaire Suisse (CSS) ausgewiesen, eines während des Spanischen Bürgerkrieges gegründeten humanitären Hilfswerks, dem vor allem linke Schweizer Ärztinnen und Ärzte angehören.

Die politische Lage im befreiten Österreich ist instabil, die provisorische Regierung ist noch nicht eingesetzt, dennoch bemüht sich Ilse, medizinische Hilfe für an Tuberkulose erkrankte Kinder und ehemalige KZ-Häftlinge zu organisieren. Die »Schweizer Spende« soll dafür verwendet werden, Medikamente einzukaufen, ab 1946 können hundert ehemalige KZ-Insassen über mehrere Monate in Heilstätten in Davos behandelt werden.

Ilse wohnt zunächst in der Pension Nossek am Graben, die zum Teil vom Zentralkomitee der KPÖ requiriert wurde, später zieht sie in eine kleine Wohnung eines Genossen in der Lange Gasse im achten Bezirk. Nach drei Monaten kehrt sie nach Zürich zurück und erstattet der CSS Bericht über die gesundheitliche und soziale Lage der Bevölkerung in Wien. Den Bericht »Drei Monate in Wien« legt sie einem Brief an die Eltern im Oktober bei, im November wird er in den *Oesterreichischen Nachrichten* veröffentlicht, der Zeitschrift der Frei-Österreichischen Bewegung in der Schweiz.

»Drei Monate in Wien« spiegelt die politische und humanitäre Haltung Ilses (beides wird von ihr zeitlebens zusammengedacht): Trotz größter Anstrengungen ist die Ernährungslage katastrophal, betroffen sind vor allem Kinder und Frauen, auf denen »die Hauptlast ruht«. Dennoch bleibt Ilse optimistisch: Sie kehre im Bewusstsein nach Zürich zurück, dass »ein neues und besseres Österreich im Werden ist«, Voraussetzung für die Genesung ist allerdings »die Reinigung des Staatsapparats von den Nazi und vor allem vom Nazigeist«.

Drei Monate in Wien
Bericht über Wien der Delegierten der Centrale Sanitaire Suisse,
Dr. Ilse Benedikt

Oesterreich ist nach sieben Jahren Naziherrschaft wieder frei. Die Wunden, die der Krieg und die Fremdherrschaft geschlagen haben, sind tief. Lange wird es dauern, bis das Erbe dieser Schreckenszeit überwunden ist, bis wirkliche Friedensverhältnisse eingetreten sein werden. Eine der wesentlichen Voraussetzungen wären die Aufhebung der Demarkationslinie und die Anerkennung der provisorischen Regierung. (Es ist dies im Monat Oktober geschehen. Red.) Oesterreich ist in vier Teile zerrissen. Es ist klar, daß damit diesem kleinen Land eine wirtschaftliche Gesundung verunmöglicht wird, denn keines dieser Teilstücke kann für sich allein existieren. Die Regierung kann nicht richtig arbeiten, solange sie nicht anerkannt ist, solange ihre Beschlüsse nicht wirklich bindend sind, solange das Stadium des Provisoriums, das die faschistischen Kräfte begünstigt, nicht überwunden ist. Oesterreich bekundet den festen Willen, den

Faschismus auszurotten und mit geeinten Kräften ein wirklich demokratisches Land aufzubauen.

All diese Bestrebungen aber überschattet das Gespenst des Hungers. Wohl ist Wien durch die großzügige Hilfe der Roten Armee vor einer Hungerkatastrophe bewahrt worden, doch wer könnte in dieser kurzen Zeit gutmachen, was die Nazi vor ihrem Abmarsch verbrochen haben: Sämtliche Lebensmittellager vernichtet, das gesamte Transportsystem ruiniert und viele Tausende Lastwagen und andere Verkehrsmittel zerstört. Schon aus diesem Grunde ist die Situation in Wien so viel schwieriger als in den westlichen Teilen Oesterreichs. In den drei Wochen, die der Kampf um Wien dauerte, wurde ein großer Teil dessen, was noch von der Bombardierung verschont geblieben war, in Schutt und Asche gelegt. Wie hoch man die Leistungen für die Versorgung Wiens bewerten muß, geht aus der Tatsache hervor, daß die Lebensmittelrationen noch immer höher sind, als sie es nach dem letzten Krieg, im Jahre 1919, waren, und dies, obwohl Wien als Großstadt durch das zerstörte Transportsystem von den Selbstversorgern auf dem Lande abgetrennt ist. Nach dem Ersten Weltkrieg erhielt die Bevölkerung zum Beispiel nur sechs Kilogramm Brot pro Monat, während sie jetzt sieben Kilogramm erhält, damals nur 500 Gramm Fleisch, jetzt 800 Gramm, damals nur 160 Gramm Fett, jetzt 196 Gramm. Vor den Toren Wiens gehen Kartoffeln und Gemüse zugrunde, weil man nicht über die notwendigen Transportmittel verfügt, um sie rechtzeitig in die Stadt zu bringen. Trotz größter Anstrengungen erhalten die Menschen durchschnittlich nur 900 Kalorien pro Kopf und Tag. Die Menschen haben 20 und mehr Kilo abgenommen, und besonders die Frauen sind schwer mitgenommen, denn auf ihnen ruht die Hauptlast.

Durch die Unregelmäßigkeit der Strombelieferung und die Tatsache, daß es so gut wie überhaupt kein Gas gibt, entstehen erneut große Schwierigkeiten. Es fehlt auch an Kerzen oder Petroleum. Die Auswirkung der Unterernährung auf den Gesundheitszustand und die Leistungsfähigkeit ist groß. Die Menschen leiden an Müdigkeitszuständen, Ohnmachtsanfällen und anderen Beschwerden. Hungerödeme sind häufig anzutreffen. Bei meinem Besuch in zwei Kinderspitälern konnte ich mich persönlich von dem katastrophalen Zustand der Säuglinge überzeugen. Die

Säuglingssterblichkeit wird auf 15 bis 35 Prozent geschätzt. Das Bild sogenannter Atrophie, des höchsten Grades der Abmagerung, ist vorherrschend. Trotz größter Anstrengungen von Aerzte- und Pflegepersonal sind Säuglinge nur mit einem Drittel des Normalgewichtes keine Seltenheit. Nachdem in der ersten Zeit nach dem Krieg überhaupt keine Milch für Säuglinge vorhanden war und viele Mütter ihre Stillfähigkeit durch die Kriegsereignisse und die Bombardierungen eingebüßt hatten, erhalten die Säuglinge jetzt 500 Gramm teilweise entrahmte Milch und 20 Gramm Gustin (ein Mehlpräparat) pro Tag. Aber es fehlt an Zucker, Gemüse und Obst. Die Sterblichkeit ist durch die Durchfallepidemie dieses Sommers auf ein Maximum gestiegen. Insbesondere auch deshalb, weil es an den notwendigsten Medikamenten fehlt. Kinder und Erwachsene sterben, weil kein Cibazol, kein Salvarsan und kein Insulin erhältlich ist. Sogar Tierkohle zur Bekämpfung von Darminfektionen fehlt. Das Staatsamt für soziale Verwaltung ist deshalb an die Centrale Sanitaire Suisse und das Schweizerische Hilfswerk für das kriegsgeschädigte Oesterreich herangetreten, mit dem Ersuchen, diese Medikamente möglichst rasch nach Wien zu bringen.

Die Wiener Schuljugend ist zu 30 Prozent hochgradig und zu über 50 Prozent überhaupt unterernährt. Das dadurch bedingte Nachlassen aller natürlichen, dem Alter entsprechenden Fähigkeiten und Neigungen, das innerhalb des Schullebens zum Ausdruck kommt, geht in manchen Schulklassen so weit, daß erfahrene Lehrkräfte erklären, die Kinder wären für jede Art des Unterrichts geistig und körperlich untauglich. Begegnet man ihnen auf den Straßen, wo sie sich auf der Suche nach Lebensmitteln herumtreiben – blasse, schwächliche und vernachlässigte Gestalten, viel zu früh der elterlichen Fürsorge beraubt –, ist man ins Innerste getroffen. Sie sind frühreif, oft frech und erstaunlich selbständig. Viele sehen viel jünger aus, als sie sind. Welche Tragödie, wenn man bedenkt, daß sich zwölf- und vierzehnjährige Mädchen an die Soldaten heranmachen, um ein Stück Brot oder ein Stück Schokolade zu erbetteln! Inzwischen wurde aber eine Schülerausspeisung ins Leben gerufen, und um der Demoralisierung der Jugendlichen entgegenzusteuern, die Bestimmung erlassen, sämtliche Vergnügungslokale an Wochentagen nur zwischen 6 und 9 Uhr offenzuhalten. Die überparteilichen Jugendorganisationen bemühen sich, die Jugend vom Gift des Nationalsozialismus zu befreien und sie zu aufrechten, demokratischen Oesterreichern zu erziehen.

Die Tuberkulose ist bei Erwachsenen auf das Doppelte angestiegen. Ebenso herrschen Darminfektionen, wie Typhus, Paratyphus und Dysenterie vor, ohne daß aber von eigentlichen Epidemien gesprochen werden kann. Zur Bekämpfung der Seuchengefahr hat die Rote Armee fünf Sanitätswagen zur Verfügung gestellt.

Besondere Aufmerksamkeit schenkt man dem Gesundheitszustand der ehemaligen Insassen von Konzentrationslagern, die in Wien von der »Volkssolidarität« betreut werden. Die »Volkssolidarität« wird von Vertretern der drei österreichischen Parteien geleitet und ist dem Staatsamt für soziale Verwaltung unterstellt. Bei der Untersuchung der ehemaligen Häftlinge wurde festgestellt, daß 10 Prozent behandlungsbedürftige Tuberkulose haben. Alle waren durch den Konzentrationslageraufenthalt in gesundheitlicher Hinsicht schwer geschädigt. Trotzdem sind diese ehemaligen politischen Häftlinge die aktivsten und energischsten im Kampf um den Wiederaufbau und gegen die Ueberreste des Faschismus.

Ich habe mit vielen dieser Leute gesprochen und gesehen, wie zum Beispiel einer, der nach siebenjähriger Haft zurückgekehrt war, sich sofort in die Arbeit stürzte; wie eine junge Frau, die vier Jahre in Auschwitz und Ravensbrück verbracht hatte, von dort sieben Wochen zu Fuß nach Wien gegangen war, sich ebenfalls unverzüglich der Wiederaufbauarbeit zur Verfügung stellte. Dieser Typus ist häufig anzutreffen, und wir dürfen es darum aufs wärmste begrüßen, wenn die ehemaligen politischen Häftlinge als erste in den Staatsapparat eingebaut werden. Sie haben die Barbarei und die Grausamkeit der Nazi am eigenen Leib verspürt und sind darum die besten Garanten für eine demokratische Entwicklung. Unter ihnen ist auch der Wille zur Einheit am stärksten ausgeprägt, da sie deren Vorzüge schon in den Gefängnissen und Konzentrationslagern kennengelernt haben und kein Verständnis für die kleinlichen Intrigen gewisser reaktionärer Elemente aufbringen. Aber gerade diese Besten im österreichischen Volk leiden oft die bitterste Not, weil sie, durch Arbeit überlastet, nicht die Zeit aufbringen können, um sich um ihre Nahrungsmittel, Klei-

der und Wohnungen zu kümmern. Eine Hilfsaktion für sie wäre am dringendsten nötig.

Und trotzdem gleicht Wien einem Patienten, der sich nach schwerer Krankheit langsam erholt. Obwohl noch keineswegs alles so ist, wie es sein sollte, ist jeden Tag ein kleiner Fortschritt zu verzeichnen. Die Aemter funktionieren alle, die Gemeindeverwaltung wurde reorganisiert, die lebenswichtigen Betriebe in Gang gebracht, die Straßenbahn funktioniert in den Außenbezirken, die Geschäfte, Kaffeehäuser und Restaurants sind geöffnet, und das Wiener Kunstleben ist in voller Entfaltung. Wien unterscheidet sich von den übrigen Teilen Oesterreichs vor allem durch die Tatsache, daß hier vom ersten Tag der Befreiung an die österreichische Selbständigkeit nicht nur proklamiert, sondern dank dem großzügigen Entgegenkommen der Sowjetunion von den drei demokratischen Parteien in die Tat umgesetzt werden konnte. Die vorbildliche Zusammenarbeit der drei Parteien (der Volkspartei, der Sozialdemokratischen und der Kommunistischen Partei) bildet die Grundlage jedes Ausschusses, jeder Versammlung und jedes Amtes. Ich selber war immer wieder begeistert von dem Willen zur Einheit, der überall, wo der Wiederaufbau mit gemeinsamen Kräften in Angriff genommen wird, aufs energischste zum Ausdruck kam.

Was die angeblichen Zwischenfälle betrifft, die sich während der Kämpfe um Wien ereignet haben sollen, kann ich nur erklären, daß, wenn man sich vor Augen hält, was Deutsche und leider auch sehr viele Oesterreicher jahrelang im Osten an Schrecken und Greueln verübt haben, man von Vergeltung überhaupt nicht sprechen kann. Außerdem wird jede Disziplinwidrigkeit vom russischen Kommando strengstens geahndet. Während der drei Monate, die ich selbst in Wien verbracht habe, war die öffentliche Sicherheit vollständig gewährleistet, so daß weder Mann noch Frau irgendwelche Ursache zu Besorgnissen haben müssen.

Im täglichen Leben steht der Kampf gegen die Nazi im Vordergrund. Einen großen Fortschritt stellen die Volksgerichte dar, die nach österreichischem Gesetz urteilen und deren Rechtsprechung nichts mit der Nazijustiz gemein hat. Das Hauptgewicht wird auf die Erfassung der Kriegsverbrecher und hohen Nazifunktionäre gelegt, die allerdings zum allergrößten Teil nach Salzburg und Tirol geflüchtet sind. Die größte Bedeutung wird der Reinigung des Staatsapparates von den Nazi und vor allem vom Nazigeist beigemessen.

Ich bin mit der Ueberzeugung aus Oesterreich zurückgekehrt, daß tatsächlich ein neues und besseres Oesterreich im Werden ist. Denn es vereinigt heute die besten und edelsten Begriffe: Die Liebe zur Heimat und die Liebe zur Freiheit. Die patriotischen Kräfte, die früher reaktionär waren, haben gelernt, patriotisch zu denken. Oesterreich will sich selber helfen und will nicht als Bettler vor die Welt treten. Was wir brauchen, sind die Möglichkeiten zu arbeiten, damit wir wieder fest auf eigenen Füßen stehen können. Dazu braucht es heute noch die Unterstützung der freiheitsliebenden Nationen, deren Hilfe nicht zuletzt durch die Tatsache gerechtfertigt ist, daß ein gesundes, demokratisches Oesterreich ein wesentlicher Beitrag für den Frieden in Europa ist.

Ilses Bericht wirbelt einigen Staub auf, nach einer Pressekonferenz des Schweizer Hilfswerks Ende September 1945 wird der jungen österreichischen Ärztin aus dem Züricher Kinderspital »politisierende Wohltätigkeit« und »kommunistische Propaganda« vorgeworfen, was, so schreibt sie an die Eltern, »mich allerdings nicht weiter stört«. In einem Brief vom 1. Oktober berichtet sie den Eltern von ihren ersten Eindrücken im Sommer 1945, vom Auffinden und vom Verschwinden von Freunden:

Geliebteste Eltern –

endlich habe ich eine ruhige Minute um Euch zu schreiben. Also – ich bin Mitte Juni als Delegierte der »Central Sanitaire Suisse« nach Wien gefahren und auch mit vollständig heiler Haut zurückgekommen und möchte spätestens Anfang November endgültig nach Wien zurückfahren. In Wien ist natürlich sehr viel kaputt und der erste Eindruck recht deprimierend. Aber die Freude, wieder zu Hause zu sein hat überwogen, ich hab Grinzing, unseren Kahlenberg, den Kobenzl und sogar unseren Konzerthaussaal ziemlich unversehrt gefunden und sogar der Wiener Galgenhumor ist trotz alledem erhalten geblieben. Von unseren alten Freunden hab ich Frau Dr. Domes, Lilly Claudy, Liesl Schmutzer und die Fami-

lie Will angetroffen – von entfernteren Bekannten Mauritius Fontana, der im Rathaus amtiert und den Legationsrat Skrbensky, der sogar noch Grosspapa noch gut in Erinnerung hat. Von Lilly hab ich einen Brief an Eja mitgebracht, der inzwischen schon unterwegs ist. Ihre Wohnung ist von den Bomben schwer mitgenommen, sodass sie zu ihrer Schwester übersiedelt ist. Wie alle Leute, hat sie viel abgenommen – was ihr aber weniger als anderen geschadet hat, weil sie immer ein bissl zu fett war – im übrigen hat sie sich wenig verändert und ist genau so eitel und geschwätzig wie eh und je. Sie lässt euch tausendmal grüssen und hofft auf ein baldiges Wiedersehen. Liesl ist auch sehr mager geworden und sieht ausgesprochen schlecht aus. Das Haus ist ihr erhalten geblieben und Susi hat nun auch geheiratet. Ich hab einen sehr netten Abend bei ihr verbracht, sie leidet unter der Unterernährung, ist aber im Ganzen doch optimistisch. Riesig lieb war die Familie Will, denen die Söhne glücklicherweise erhalten geblieben sind. Auch Frau Dr. Domes, die ebenfalls wenig verändert ist, hat mich mit offenen Armen empfangen. Gretl Bauer lebt und ist in Budapest, der arme Hauptmann Mann ist aber doch allem Anschein nach in Theresienstadt zugrunde gegangen. Nach Alida habe ich ganz vergessen mich zu erkundigen.

Ilse verlässt die Schweiz endgültig im November 1945, auf ihrem Schweizer Konto befinden sich zu diesem Zeitpunkt noch 23 Franken.

Am 25. November werden die ersten Wahlen in Österreich und in Wien durchgeführt. Bei der Nationalratswahl erhält die ÖVP unter Leopold Figl die Mehrheit, das Ergebnis der KPÖ mit kaum fünf Prozent der Stimmen ist für Ilse enttäuschend. Bei den am gleichen Tag durchgeführten Wiener Gemeinderatswahlen gewinnt die SPÖ, Theodor Körner wird Bürgermeister. Aus Wien schreibt Ilse in ihrem ersten Brief an die Eltern am 4. Dezember 1945:

Geliebteste Eltern –

eben bietet sich eine Gelegenheit, Euch zu schreiben. Bin also glücklich hier angelangt, sogar mit dem wirklich sehr komfortablen Arlbergexpress mit Schlafwagen u. hundefreiem Speisewagen. Hier ist nun vorläufig alles noch recht schwierig, vor allem hab ich noch keine Wohnung, sondern nur ein äußerst ungemütliches Durchgangszimmer in einer Pension. Ab nächste Woche werde ich bei Prim. Kundratitz im Kinderspital (Mautner-Markhof) arbeiten. Dazwischen gibt's noch eine Menge zu tun. Elsa hab ich noch nicht gefunden, beim Roten Kreuz wußte man nichts von ihr. Die Lebensverhältnisse haben sich seit meinem letzten Aufenthalt etwas gebessert, es gibt schon ein bisschen Fett u. Kartoffel. Glücklicherweise konnte ich mir aus der Schweiz einen elektrischen Strahler mitbringen, so daß ich nicht ganz erfriere.

Die Wahlen haben allgemein überrascht – sowohl bezüglich der Stärke der Christlichsozialen wie der Schwäche der Kommunisten. Eine große Rolle haben die vielen tausenden Angehörigen der Nazis gespielt, die wählen durften und denen die sog. Volkspartei sich versprochen hat. Ungünstig haben sich andererseits gewisse Übergriffe ausgewirkt, die zwar leicht erklärlich, aber wenig angenehm für die Bevölkerung waren. Jedenfalls scheint sich die ganze Naziideologie fester verwurzelt zu haben, als wir gedacht haben.

Auch für Friedl ist die finanzielle Situation und die Versorgungslage im Winter 1945 in England nicht sonderlich gut. Im Weihnachtsbrief an die Eltern schreibt sie über ihre Sehnsucht nach einem Weihnachten in Wien. Sie erfüllt sich einen lang gehegten Traum: Als Weihnachtsessen gibt es Huhn – nach wie vor der höchste aller möglichen Genüsse. Wenn die Hendlknochen knacken, wird an Wien gedacht. Dem Vater, er ist Vertrauter und Künstlerkollege, tritt sie liebevoll, aber auch selbstbewusst entgegen:

Meine liebsten Alten, ich muss Euch schreiben. Ich habe solche Sehnsucht nach Euch, und Weihnachten ist schrecklich ohne Euch. Euch zu Ehren habe ich am Heiligen Abend Hendl gegessen, und als die Knochen knackten, knackte auch mein Herz, und ich dachte an unsere wunderbaren Weihnachtsessen zuhause. […]

Ich habe einen langen Brief von Ilse bekommen und gerade eben einen von einem Freund Gerdas, er ist in der US-Armee, hier in England, und will mich sehen. Ich möchte ihn unbedingt treffen und alles über Gerda hören. Georg Lederer, der vor ein paar Monaten nach Amerika gegangen ist, hat sie gesehen, aber ich weiß noch nicht, was er für einen Eindruck hatte. Es scheint mir so eigenartig und wunderbar, dass Leute den ganzen Atlantik überqueren und auf der anderen Seite eine Schwester von mir vorfinden.

Ilse gelingt es sehr schön, auf vier großen Seiten nichts zu sagen, außer dass sie ihren Job verloren, aber in der besten Klinik der Schweiz einen neuen gefunden hat. Das ist also sehr gut.*

Canetti war heute hier und Theodor Kramer, den Du, Papa, wahrscheinlich kennst. Er wohnte am Kaasgraben, und hier ist es ihm sehr schlecht gegangen, aber er hat einen Gedichtband herausgebracht. Er tut mir zwar leid, aber er machte Canetti und mich fast verrückt, weil er den ganzen Nachmittag mit sehr tiefer und dröhnender Stimme über seine diversen Krankheiten redete. Sie scheinen zahllos und eine grauslicher als die andere. Am Ende war ich so mitgenommen von allem, dass ich lachen musste, was ihm nicht sehr mitfühlend schien, aber wenn ich nicht gelacht hätte, hätte ich geweint. […]

Meine liebsten, süßesten, geliebten Alten, ich hätte 16 Partys aufgegeben, hätte ich Euch eine halbe Stunde hier gehabt und Eure lieben, komischen Gesichter wiedersehen und Euch küssen und umarmen können. Aber ich muss diesen Brief jetzt schließen, denn es ist schon wieder 2 Uhr früh, und ich werde morgen wie eine Leiche sein, wenn ich nicht schlafen gehe. Ich habe die letzte Woche überhaupt nichts gearbeitet und möchte morgen wieder anfangen. […]

* Diese Information ist nicht richtig, Ilse ist bereits in Wien.

Schreib mir, Papa, etwas über Deine Arbeit, was Du schreibst, malst, liest. Oh, wie sehr wünsche ich mir, dass ich alle Deine Sachen lesen könnte, und wir könnten darüber reden, schon beim Schreiben sehe ich vor mir, wie Du mit der Faust auf den Tisch haust, weil Du die frechen Kritteleien Deiner Tochter nicht duldest. Aber wenn ich erst Deine Arbeiten sehen und lesen werde, werde ich verdammt noch mal sagen, was ich davon halte.

Meine Liebsten, ich küsse und liebe Euch und denke die ganze Zeit an Euch.

Friedl

Die Rollen von Tochter und Vater kehren sich nach Erscheinen von *The Monster* ein wenig um. Bei der Eröffnung einer Ausstellung mit seinen Bildern im Academy Cinema in London zwei Jahre später wird Ernst Benedikt von E. L. T. Mesens als »father of Anna Sebastian, the novelist« vorgestellt.

Die Frequenz der Briefe erhöht sich zu Beginn 1946, sie fliegen zwischen Wien, Stockholm und London hin und her, überschneiden und widersprechen sich. »Es ist alles unbestimmt«, wie Friedl schreibt. Sie fragt nach den Plänen der Eltern und der Schwestern, während sie gerade ihr Zimmer renoviert, ihre eigene Zukunft ist unsicherer denn je. Sie wohnt nun am Hampstead Square 11:

Wie schauen Eure Pläne aus? Habt Ihr vor, in Schweden zu bleiben bis weiß Gott wann? Es wird Arbeit im Überfluss geben für Dich, Papsch, und soweit ich weiß, kriegen die Leute ihr Geld und ihre Häuser zurück. Überleg Dir das um Himmels willen sehr genau und ernsthaft. Jetzt, wo dort enorm viel zu tun ist, suchen sie Intellektuelle, und laut allem, was mir aus Wien berichtet wird, herrscht vollkommene geistige Freiheit, allerdings auch große Nahrungsmittelknappheit. Das wird sich natürlich ändern, und ich glaube, es besteht jetzt eine reelle Chance für einen so aktiven und vielseitigen Mann, wie Du es bist, Papsch!

Aber wie auch immer, ich möchte gerne wissen, wie Eure Pläne sind. Wie Ihr wisst, hat England die österreichische Regierung noch nicht anerkannt, aber sobald das der Fall ist (und sie müssen es jetzt bei dieser Weltkonferenz tun), können wir aus England zurückkehren. Ich würde nicht fahren, wenn ich kein Visum zur Rückkehr nach England hätte, mithilfe meiner Verleger werde ich, glaube ich, eines bekommen. Aber sobald ich es habe, werde ich sofort fahren. Ihr habt in keinem Eurer Briefe jemals diese Möglichkeit erwähnt. Und Susi, hat sie gar nicht den Wunsch zurückzukehren? Gerda, nehme ich an, denkt nicht im Traum daran, Amerika zu verlassen. Sie hat keinen Grund, auf mich böse zu sein. Ich habe ihr einen langen Brief geschrieben, den sie nie beantwortet hat, was um Himmels willen ist los mit ihr? Ich hasse es, dass Ihr nie ordentlich schreibt und ich bloß vage Hinweise bekomme, was los ist!

*Tut mir leid, wenn dieser Brief grantig klingt. Ich bin den ganzen Tag auf dem Bauch gelegen, habe die verdammten Möbel in meinem verflixten Zimmer gestrichen und gegrübelt**: Wenn mein Mütterlein mich sehen würde, sie würde ihren Augen nicht trauen. Meine blonden Löckchen, Mummi, sind grau von der Farbe, mein Gesicht ist verschmiert und meine Hände so dreckig, dass ich sie nicht mehr rein kriege. Meine einzige Freude ist, dass sich die Heddie den Arm gebrochen hat und ich nicht. Ferner ist vor zehn Minuten das Licht in diesem herrlichen Gebäude ausgegangen, weil meine Hausfrau, dieses Schwein, keinen Schilling in den elektrischen »Meter« (wenn Du weisst, was das ist: ein Apparat, wo Du Schillinge einwirfst und dann kriegst Du Gas und Licht, eine widerwärtige geizhälsige Erfindung) eingeworfen hat. Infolgedessen muss ich wie eine Irrsinnige meine sämtlichen Taschen umdrehen, nach einem Schilling absuchen, auf eine Leiter steigen, wobei ich mir fast den Hals gebrochen hab, und das Geld einwerfen. Evelyn, meine Hausfrau, wird täglich fauler und verrückter: Ihr Mann ist Gott sei Dank ins Irrenhaus zurück, nachdem er sie fast erwürgt hat und ich ihr mit einem Schrei das Leben gerettet hab. Daraufhin ist sie schluchzend auf ihr Bett gesunken, ihr*

* Bis hier ist der Brief auf Englisch verfasst, Originaltext siehe S. 403 f., dann geht es auf Deutsch weiter.

Mann auf meinen herrlichen Balkon gerannt, von wo er sich angeblich hinunterstürzen wollte, was er aber im letzten Augenblick doch nicht getan hat. Dann hat er in meinem Zimmer geschluchzt, sie in ihrem und ich bin zwischen beiden hin und her geschossen. Am nächsten Tag ist er, Gott sei gelobt, zurück ins Spital gefahren. Jetzt erwartet sie ein Kind.

Im unteren Stock wohnt eine äusserst distinguierte Dame mit zwei Töchtern, wovon die eine, offenbar unter dem Einfluss dieses Hauses, innerhalb drei Wochen einen ebenfalls verrückten ex-kriegsgefangenen Matrosen geheiratet hat und zum Entsetzen der noblen Mama nächsten Monat mit ihm nach Persien abfährt, wo er in einer Ölfirma eine Stelle hat. Die Dame heisst MacLaudite und verabscheut Katzen, deren es hier drei gibt. Meine gute Hausfrau bestiehlt sie hinten und vorn, ist aber noch nicht dabei erwischt worden.

Ganz unten in der Kellerwohnung haust ein tratschsüchtiges, altes Weib mit ihrer ältlichen Tochter, sitzt den ganzen Tag am Fenster und wartet auf den Moment, wenn der Landlord die Evelyn endlich hinausschmeissen wird, weil sie ihre Miete nicht zahlt, damit sie heraufziehen kann. Eine Minute von hier ist ein Pub: The Duke of Hamilton, das zwei alten Huren, Mutter und Tochter gehört. Die Mutter heisst allgemein »Duchess« und die Tochter Vera. Die Mutter hat die Haare schwarz gefärbt und die Tochter platinblond – im Grunde haben sie beide so wenig Haare, dass es kaum dafürsteht. Sie sind äusserst »foin«, unbeschreiblich neugierig und geschminkt. Dort, in diesem Lokal, trifft sich das Hampsteader Gesindel und sauft, bis es nicht mehr auf den Beinen stehen kann. In meinem Zimmer hör ich das Gekreisch und Lachen, wie man es in Grinzing manchmal von den Heurigen gehört hat.

Genug für heute, geliebte Alte, schreibt's bald und ausführlich und gedenkt Eurer verschmutzten Tochter mit Zärtlichkeit

Friedl

Der Brief ist ursprünglich in einer in diesen Jahren für Friedl typischen Mischung aus Deutsch und Englisch geschrieben. Der Wechsel zwischen den Sprachen ist bezeichnend: Friedl beginnt den Brief auf Englisch, ab dem Wort »thinking« (»painting the bloody furniture in my confounded room and thinking: Wenn mein Mütterlein mich sehen würde …«) schreibt sie auf Deutsch weiter, denn »gedacht« wird noch auf Deutsch, zumindest die Mutter soll das glauben.

Als Einzige ihrer Familie kehrt Ilse dauerhaft nach Wien zurück. Die Situation ist nicht einfach, die Anstellung im Mautner-Markhof'schen Kinderspital ist unbezahlt, die Nostrifizierung fehlt. Ilse wohnt zunächst wie in der Schweiz in einem möblierten Zimmer, wieder in der Lange Gasse in der Josefstadt. Briefe und Pakete müssen an das Spital geschickt werden, da in der Lange Gasse kein Briefkasten existiert. Es hat sich, bemerkt sie, politisch nicht viel geändert, privat allerdings einiges: Sie ist schwanger, trotz aller Schwierigkeiten will sie das Kind zur Welt bringen. Emil ist in Tirol und organisiert die kommunistische *Neue Zeitung*. Er wird den Eltern zu Jahresbeginn 1946 als Journalist – also quasi als ein Kollege des Vaters – vorgestellt und ein wenig jünger gemacht, als er ist:

> *Geliebteste Eltern,*
>
> *endlich kann ich Euch nun wieder schreiben u. hoffe, dass Ihr die Feiertage gut »überstanden« habt und wünsche Euch von ganzem Herzen ein anständiges (»schönes« ist heute wohl noch zu viel verlangt) neues Jahr. Was mich anbelangt, so bin ich nun seit Anfang November wieder im Land, habe hier zuerst meine »Mission«* zu Ende geführt, war dann noch 2 Wochen in Innsbruck bei Emil und bin seit Anfang Dezember wieder endgültig in Wien und arbeite im Mautner-Markhof Kinderspital. Leider noch unbezahlt, weil ich erst nostrifizieren muß.*
>
> *Nun einige Neuigkeiten, über die Ihr Euch hoffentlich ebenso freuen werdet wie ich. Erstens werde ich – Euer Einverständnis voraussetzend – in ein paar Wochen heiraten und außerdem ist im Juli ein Enkelkind zu erwarten. »Er« heißt Emil, ist 32 Jahre alt und ist – hört und staunt – Chefredakteur der »Tiroler neuen Zeitung« in Innsbruck, wird aber in 1–2 Monaten nach Wien kommen. Wir kennen uns schon ca. 3 Jahre –*

* Das Organisieren der »Schweizer Hilfe«, siehe oben.

nur konnte ich Euch nie über ihn schreiben, weil er aus verschiedenen Gründen als »U-Boot« gelebt hat. Er hat hier eine sehr sehr liebe alte Mutter, war als politischer Flüchtling im Ausland und ist knapp nach mir zurückgekommen. Er ist sehr gescheit, gebildet und – was schließlich das Wichtigste ist – wir haben uns sehr gern und werden sicher glücklich miteinander werden.

Das Balg macht mir natürlich große Sorgen und ich hab vorläufig noch keine Ahnung, wie ich mir alles nötige beschaffen werde. Aber haben will ich's auf alle Fälle – hab schon einmal eines opfern müssen – und irgendwie wird's schon gehen.

Die Lebensmittellage ist zwar keineswegs besonders ermutigend, aber eigentlich gehungert hab ich noch nicht. Man lebt von Brot, Hülsenfrüchten und Mehlprodukten. Fleisch, Kartoffeln u. Gemüse sind nicht aufzutreiben, Fett außerordentlich knapp (400 g monatlich). Obst fehlt vollständig. Ich wohne als Untermieterin in einer recht primitiven Wohnung, deren Hauptvorteil darin besteht, daß ich vorläufig allein bin, weil die Mieter fort sind. Die Kälte ist eben noch erträglich und ich hab mir ja schon vorsichtshalber einen elektrischen Strahler mitgebracht, den ich vorläufig noch benützen kann, weil noch niemand vom E-Werk da war. Nach der nächsten Kontrolle werd ich ihn allerdings sicher nicht mehr verwenden dürfen, weil die Stromration sehr klein ist.

Im ganzen ist die Stimmung hier noch recht deprimiert, was bei den tausend Schwierigkeiten des täglichen Lebens wirklich kein Wunder ist. […] Im ganzen wundere ich mich je länger, je mehr darüber, wie wenig sich die Menschen hier in diesen 7 Jahren verändert haben. Noch ein bissl vergrämter u. verbitterter – das ist alles. Und sie können nicht verstehen, daß all die furchtbaren Leiden dieses Krieges umsonst gewesen sein sollen. […]

Und wie geht es Euch? Ich erwarte schon sehnsuchtsvoll einen Brief. […] Jedenfalls möchte ich Euch unbedingt noch dieses Jahr sehen! 7 Jahre Trennung sind wirklich lange genug.

Geliebtestes Papschilein, süßes Muschili, bitte schreibt mir sofort!!!

Und Susi, wie geht's Dir? Schreib auch!

Viele innige Küsse und alles alles Liebe Eure alte Ilse

Der Winter 1946 ist außergewöhnlich streng. Häufig wird der Strom abgeschaltet, Heizmaterial ist knapp, es wird verboten, die Gasherde zur Beheizung der Wohnungen zu verwenden. Die Gaswerke sperren vormittags die Zufuhr, dafür eröffnet die Gemeinde Wien Wärmestuben, die alliierten Militärbehörden richten Kinder- und Schülerausspeisungen ein. Ab Mitte Jänner findet ein durch die »Schweizer Spende« ermöglichter Kindertransport in die Schweiz statt, den Ilse im Sommer zuvor mit vorbereitet hat: Fast fünfhundert Wiener Kinder werden für drei Monate bei Schweizer Familien zur Erholung untergebracht.

Von größter Bedeutung für das Überleben im Nachkriegswien sind für Ilse die Pakete der Eltern und ab und zu auch eines von Schwester Gerda aus Amerika. Der Erhalt wird sofort bestätigt, ebenso der Inhalt der Pakete, damit festgestellt werden kann, was am Postweg »verloren gegangen« ist. Die Hoffnung auf einen politischen Neubeginn, die sie noch im Sommer in ihrem Bericht für die Schweizer Centrale Sanitaire Suisse gehegt hatte, scheint sich wenige Monate danach für Ilse zerschlagen zu haben.

Bezüglich der österreichischen Zukunft sind wir hier keineswegs übertrieben optimistisch. Unser Grundübel – das Fehlen eines starken, fortschrittlich-demokratischen Patriotismus – wirkt sich auf allen Gebieten der Wirtschaft u. der Politik katastrophal aus. Und die Gegensätze zwischen den Großmächten werden in unsere »Innenpolitik« getragen. Wenn trotzdem gewisse Fortschritte zu verzeichnen sind, so liegt das im Zug einer Normalisierung, die natürlich doch auf die Dauer unausbleiblich ist. Daß wir diesbezüglich kilometerweit hinter unseren Nachbarländern – Cechoslowakei, auch Ungarn u. Jugoslawien, her sind, ist eine traurige Tatsache. Die meisten Leute sind aber apathisch und haben Angst, sich irgendwie zu »exponieren«, nachdem sie schon 3 mal erlebt haben, daß erst die Roten, dann die Schwarzen und schließlich die Braunen dabei draufgezahlt haben.

Im Spital ist politisch – leider – alles beim Alten. Am 11. Februar 1946 schreibt sie:

Geliebteste Eltern –

so – nun kann ich Euch noch einmal in aller Ruhe für die herrlichen Pakete und Eure lieben Briefe danken. […] Durch die Paket-Aktion habe ich – außer Elsa's – bisher 1 Paket erhalten, also 2 im ganzen. Falls Ihr wirklich 2 (im ganzen 3) geschickt habt, reklamiert bitte – ich werde es hier auch tun. Das, was gekommen ist, war auch sehr schön, enthielt 1 kg Fleisch, 1 kg Kaffee, 1 kg Hörnli, ½ kg Margarine.

Augenblicklich schwelge ich in Butterbrot, Milchkaffee (Elsa hat mir Milchpulver geschenkt) und hab mir aus dem Eipulver sogar eine herrliche Eierspeise gemacht. Direkt Friedensmahlzeiten …

[…] Im Spital ist alles beim Alten – die Kollegen sind nett, aber leider erzreaktionär und noch immer weitgehend nazistisch eingestellt. Viele haben wirklich »nichts gelernt u. nichts vergessen«. Ansonsten rührt sich meine Schweizer Organisation und es scheint, daß last not least doch noch etwas, außer einigen giftigen Zeitungskommentaren, aus der Arbeit herausschauen wird. Wie Ihr wahrscheinlich schon gehört habt, ist die Presse wieder auferstanden, sie erscheint als Wochenblatt und der Molden dürfte Chefredakteur sein. Hat natürlich die Vorgängerin mit keinem Wort erwähnt und nennt sich nur mehr »die Presse«. Sie ist nicht schlecht – wird aber vorläufig nicht viel gelesen. Es fehlt halt das jüdische Publikum … und überhaupt die ganze »Gesellschaft« in materieller und kultureller Hinsicht. […]

Um mich braucht Ihr Euch wirklich keine Sorgen zu machen – es renkt sich hier alles doch nach u. nach ein und trotz aller Schwierigkeiten, Widrigkeiten, Entbehrungen u. Enttäuschungen bin ich doch noch immer glücklich, daß ich zurückgekommen bin und hab gar keine Sehnsucht nach der »schönen« Schweiz. Nur hie u. da, wenn ich an Äpfel u. Orangen denke – möcht ich ganz gern einen Katzensprung über die Grenzen machen. Nach Euch hab ich eine Riesen-Sehnsucht und wenn ich ein Visum hätte, möcht ich lieber heute als morgen auf ein paar Wochen zu Euch, trotzdem Elsa B. sagt, daß die Transportverhältnisse noch recht schwierig sind. Mumili – der Schal, den Du geschickt hast, erweckt überall helle Begeisterung und die Jacke ist herrlich weich u. warm. […]

Inzwischen viele tausend innige Küsse von Eurer Ilse

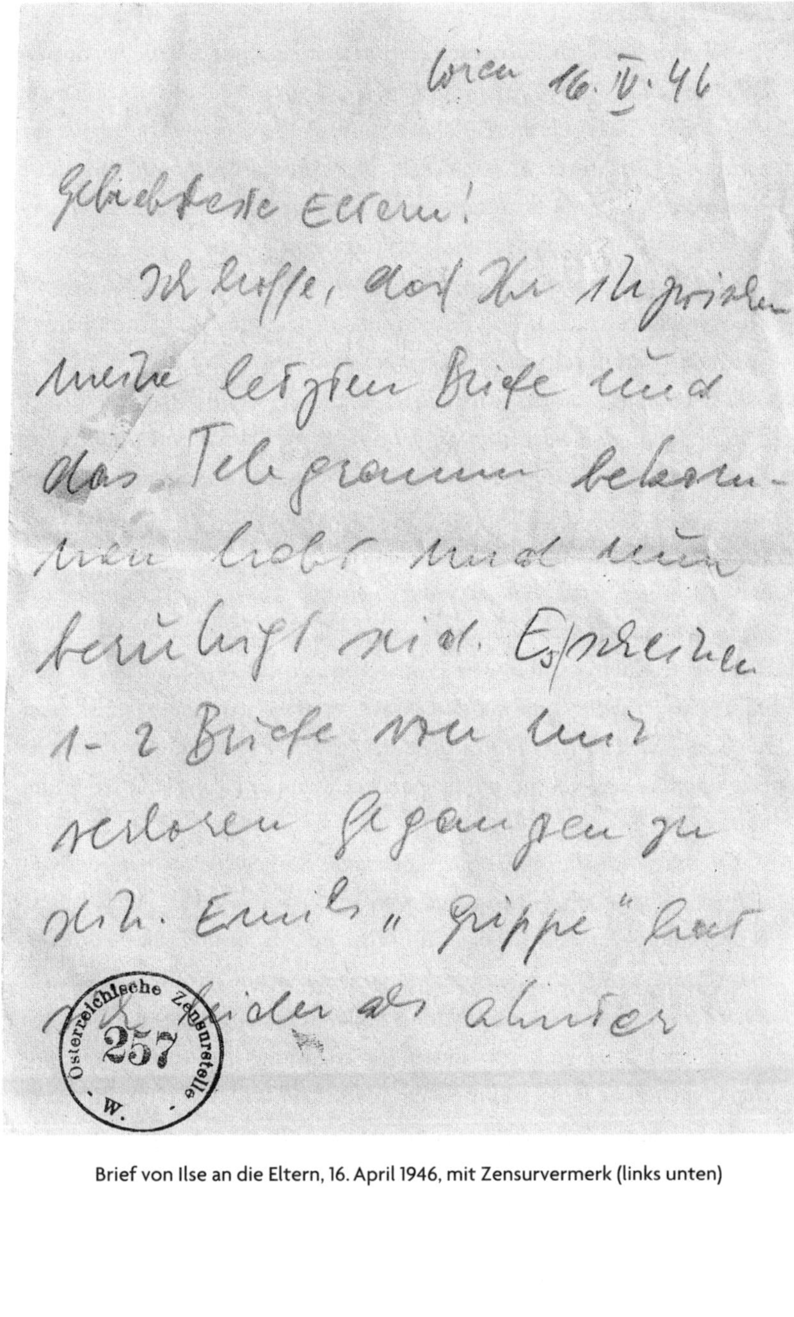
Wien 16. IV. 46

Geliebteste Eltern!

Ich hoffe, daß Ihr inzwischen meine letzten Briefe und das Telegramm bekommen habt und nun beruhigt seid. Es scheinen 1–2 Briefe von uns verloren gegangen zu sein. Emils „Grippe" hat [illegible] leider das [illegible]

Österreichische Zensurstelle 257 W.

Brief von Ilse an die Eltern, 16. April 1946, mit Zensurvermerk (links unten)

Im Frühjahr 1946 erfolgte die Zulassung Ilses zur »Prüfung zwecks Nostrifikation« ihres in Zürich erworbenen Doktorats, die Prüfung ist notwendig, um in Wien als Ärztin arbeiten zu können. Drei Viertel der Hochschullehrer an der medizinischen Fakultät waren kurz vor oder nach dem »Anschluss« entlassen worden, die meisten »wegen jüdischer Abstammung«, aber sogar Mitglieder des Vereins deutscher Ärzte in Österreich und typische Ständestaatsbesetzungen verloren während des Krieges ihre Ämter. In diese wurden vor allem Gefolgsleute des Nationalsozialistischen Deutschen Ärztebundes gehievt. Ende 1945 waren manche von den Schwerbelasteten auf dem Sprung nach Südamerika, andere fanden Unterschlupf in den Schutzzonen politischer Netzwerke in Österreich. Drei Prüfungen sind von Ilse im Mai 1946 abzulegen. Die erste Prüfung geht, so berichtet sie; bei der zweiten steht ihr Leopold Arzt als Prüfer gegenüber, ehemals Bundeskulturrat im Ständestaat, Freund von Dollfuß und Schuschnigg und Schüler von Gustav Riehl, der kaum drei Jahre zuvor von der *Wiener Medizinischen Wochenschrift* noch für die erfolgreiche »Entjudung der Dermatologie« gerühmt wurde. Die Prüfung ist schwierig, aber Ilse besteht sie.

Die dritte Prüfung, im Mai 1946 in der Sensengasse (Gerichtsmedizin), gilt zwar als »leicht«, ist aber die schlimmste. Der Prüfer wartet bereits, sichtlich nervös, die Kandidatin wird freundlich begrüßt, ihre Hand herzlich geschüttelt. »Aber gehn S', a Formsache des Ganze, Frau Kollegin.« – »Wolln S' vielleicht an Kaffee, a Zigarett'n?« – »Wie geht's eigentlich dem … in Zürich?« und so weiter und so fort. Ein Dialog wird inszeniert, so als ob nichts gewesen wäre, nur eine Art längerer Urlaub in der Schweiz, während hier in Wien die Bomben fielen und die Stellung gehalten wurde. Die Kandidatin muss eine halbe Stunde lang mitspielen, man raucht eine Zigarette miteinander, bis dem Ritual der Nicht-Prüfung Genüge getan und der Vorgang ihrer Nostrifikation in Österreich beendet ist. Jean Améry hat die besondere Art der Freundlichkeit, der man in Wien begegnet, einmal den »fermentierenden Charme« genannt, eine Mischung aus Heimtücke und Schmeichelei, die »jeden Widerspruch mit Duliöhgelächter auffängt«. »Mir war ausgesprochen mies an diesem Tag«, schreibt Ilse an ihre Eltern.

Im Juni 1946 heiraten Ilse und Emil, im Juli kommt Martin, das »Zwetschkerl«, zur Welt. Eine geplante Reise zu den Eltern und zur Schwester Susanne muss verschoben werden, obwohl Ilse bereits ein Visum hat. Emil gibt seine kurze Journalistenkarriere auf und wird Personalchef der USIA-Betriebe, eines Konglomerats aus Betrieben in der sowjetischen Besatzungszone, die beschlagnahmt wurden und nun unter sowjetischer Führung standen. Die USIA-Betriebe verfügen über 53 000 Mitarbeiter, neue Betriebsstrukturen müssen aufgebaut werden, das Leitungspersonal, das mit den Nazis kooperierte, muss ausgetauscht werden, es gibt viel für ihn zu tun.

Gerda hält sich in ihren frühen Briefen mit Kritik am »American Way of Life« weitgehend zurück. Es geht ihr wie vielen Immigranten in New York, die sich in der neuen Heimat assimilieren wollen. Sie reist nur wenig, ein Urlaub führt die Familie nach Cape Cod, einer traditionellen Sommerfrische nahe Boston in Massachusetts, ein anderer an den Lake George im Norden New Yorks bei Albany. Der See erinnere sie an Salzburg, schreibt sie. Andere Reisen Gerdas in der ersten Zeit nach dem Krieg sind nicht belegt. Sie scheint die Stadt nicht zu verlassen und lebt wie viele Emigranten aus Europa nicht in Amerika, das sie gar nicht kennt und auch später kaum kennenlernen wird, sondern in New York.

Hilde Spiel hat 1968 diese einzig auf die Stadt bezogene Lebensweise der Flüchtlinge in ihrem Exilroman *Lisas Zimmer* beschrieben. Zwei alte Emigranten aus Österreich, die in New York leben, unterhalten sich darüber bei einer Party: »Sie leben nicht in diesem Land. Keiner von euch. Amerika ist Pittsburgh und das Tennessee-Tal und die Sümpfe von Louisiana und die Kornfelder von Illinois und das Hochland von Colorado und Monterey. Es ist nicht einmal Boston oder Washington. Am wenigsten aber, wie Sie auch ohne mich wissen könnten, ist es New York. Irgend jemand […] nannte New York eine europäische Stadt in irgendeinem unbestimmten Land. Macht euch doch nichts vor: keiner von euch hat Europa je verlassen.«

Die Geflüchteten leben in einem Leerraum zwischen dem »Liebeshaß

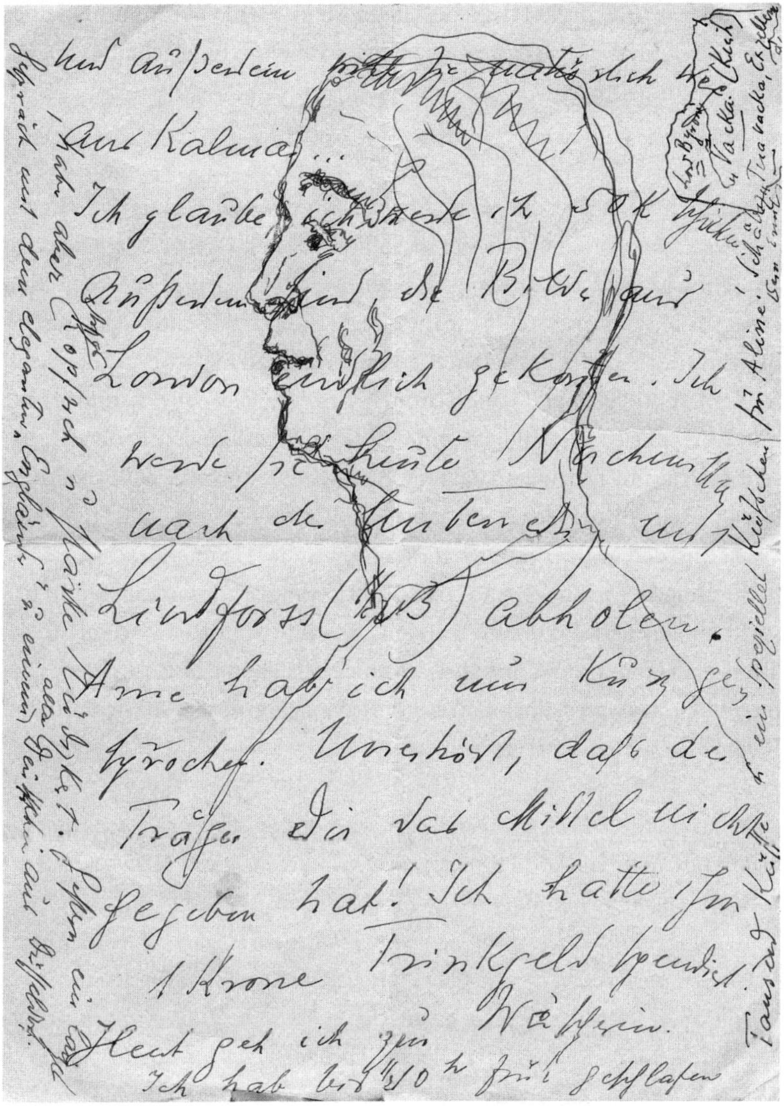

Brief von Ernst Benedikt an Irma (?), 18. Juni 1946 (?)

auf Europa« und ihrer »Haßliebe zu Amerika«. Gerda übernimmt kleinere Übersetzungsaufträge, sie übersetzt sowohl vom Englischen ins Deutsche wie umgekehrt.

In Schweden hat sich der Vater zunehmend der Malerei zugewandt, ein eigenes Zimmer in der Pension in Solhäll wird als Atelier adaptiert. Mit großem Ehrgeiz werden einige kleinere Ausstellungen in schwedischen Galerien organisiert. Stets wird in den Briefen der Töchter nach neuen Bildern und Ausstellungsplänen gefragt, der Vater wird ermutigt. »Ich freu mich riesig über Deine schönen Erfolge, Papschilein, und es tut mir schrecklich leid, daß ich Deine Bilder nicht selber anschauen kann«, schreibt Ilse im Februar 1946, ganz Ähnliches kann man bei Friedl und Gerda lesen. Über ihren Vater lernt Friedl auch den gleichaltrigen Peter Weiss und den Maler Endre Nemes (1809 bis 1985) kennen.

Susanne beginnt als Radio- und Printjournalistin zu arbeiten und besucht einen Englischkurs im British Council in Sigtuna zwischen Stockholm und Uppsala. Während des Kurses verliebt sie sich in einen Vortragenden, fast ein halbes Jahrhundert danach erinnert sie sich an eine Weggabelung in ihrem Leben:

> *Ich war sehr verliebt. In einen Cedric H., ein englischer Sprachen- und Literaturlehrer. Er war Gastlektor an der Universität in Uppsala und hielt Vorlesungen in Sigtuna.*
>
> *Ich war zumindest zehn Jahre jünger als Cedric, aber ich wusste, dass ich ihm auch gefiel. Er war irgendwie elegant, irgendwie linkisch, sehr intellektuell, gleichzeitig aber auch sehr weltlich. […] Bei Kursschluss erzählte ich Cedric, dass ich ein paar Wochen später meine Mutter, die in Nordschweden auf Ferien war, besuchen würde. Ah, sagte er, dein Zug wird also in Uppsala Aufenthalt machen, Du könntest am Rückweg aussteigen und mich besuchen kommen, da ist meine Telefonnummer und Adresse. Der Mutti erzählte ich meine Liebesgeschichte und schwärmte weiter von Cedric. Aber, bevor ich wieder nach Hause in Stockholm fuhr, liess sie mich schwören, in Uppsala brav im Zug sitzen zu bleiben.*

Susi mit unbekanntem Kollegen (Charles Shaw?), Schweden um 1947

Ich weiss noch, dass ich es mir trotzdem sehr überlegte auszusteigen. Ich hatte seine Adresse und Telefonnummer mit und die Mutti hätte es eigentlich nie erfahren können. Ich überlegte zu lang. Der Zug fuhr weiter nach Stockholm – mit mir. Zu Hause war die Friedl [am Telefon], die mir sagte, Du blöde Kuh hättest ruhig Deinen Schwur brechen können – die Mutti hätte es nie erfahren …

Irgendeinmal später schickte Cedric mir eine Marika: seine Frau! Ich traf sie, eine nicht sehr hübsche, aber sehr lebhafte, lustige Ungarin. Sie wusste von mir und behauptete, Cedric hätte sie nur geheiratet, weil ich nicht in Uppsala ausgestiegen bin.

Und was wär mit mir gewesen? Der Cedric wäre mein erster Lover geworden, vielleicht mein erster Mann. Ich hätte bestimmt sehr viel von ihm gelernt, vielleicht wäre ich was anderes als Journalist geworden. Aber ich hätte kaum den Rest meines Lebens mit ihm verbringen können, nachdem ich viel zu jung war, um überhaupt mit wem zu leben – glaub ich, heute mit all dem hindsight von mehr als einem halben Jahrhundert.

Nach einem Jahr beim *Daily Telegraph* kommt sie als freie Mitarbeiterin zu CBS (Columbia Broadcasting System). Ihr Leiter, Charles Shaw, bestätigt der kaum 22-jährigen Journalistin Mitte 1945, eine Unzahl von Reportagen verfasst zu haben, und lobt im Empfehlungsschreiben ihr Engagement und ihre Vielsprachigkeit. Noch im selben Jahr wechselt Susanne zu *United Press* und schließlich zu *Associated Press*. Daneben verfasst sie Beiträge und Reportagen für *Barometern*, eine Regionalzeitung in Småland (Südschweden) mit Redaktionssitz in Kalmar, *Judisk Krönika*, das jüdische Magazin in Stockholm, und *Svenska Dagbladet*. Sie schreibt in der angloamerikanischen Tradition des Journalismus, in dem präzise zwischen Fakten und Meinung unterschieden wird. Wie Friedl in London und Gerda in New York versucht sie, sich wenig in Emigrantenkreisen zu bewegen, sondern sich im neuen Land und in der neuen Sprache unsichtbar zu machen. Nach sechs Jahren spricht sie fast akzentfrei Schwedisch, sie schreibt auf Englisch und übersetzt wie Gerda aus dem beziehungsweise ins Deutsche.

Nach *The Monster* gilt Friedl »in der ›hohen Literatur‹ als der wichtigste englische Romanautor, den der Krieg hervorgebracht hat«, schreibt Canetti im April 1946 an seinen Bruder Georges, »die halbe englische Literatur« renne ihr nach. Die Einschätzung Canettis ist reichlich übertrieben, aber durch die Ankündigung der Übersetzungen von *The Monster* ins Französische und Schwedische und den Zuspruch der Kritik glaubt Friedl mehr denn je an ihre Zukunft als Autorin. Sie verzettelt sich trotz Geldsorgen nicht in kleineren Auftragsarbeiten, sondern arbeitet intensiv an einem dritten Roman, *The Dreams*. Er soll etwas gänzlich Neues in der englischen Literatur sein, die zwar fantastische Literatur, aber kaum einen surrealistischen Roman hervorgebracht hat. »Wenn Du je die ersten hundert Seiten des dritten Romans zu Gesicht bekommst, an dem Friedl bis zur Katastrophe gearbeitet hat«, heißt es in Canettis Brief an seinen Bruder, »wirst Du mir recht geben. Es war das Werk eines wirklichen Dichters [...]. Dieses wilde chaotische lächerliche Geschöpf hatte das Zeug zu einem Dichter in sich. Auch die ersten beiden Bücher waren begabt, wenn auch noch ganz unter meinem Einfluss; im dritten war sie daran, ihren eigenen Ausdruck zu finden.«

Friedl arbeitet verbissen an ihrem großen Vorhaben, ihre privaten und finanziellen Verhältnisse gestalten sich immer unübersichtlicher.

> *My sweetest old pigs, Papsch, es ist im Augenblick ein solches Durcheinander in meinem Leben, dass ich Euch schwer irgendetwas darüber schreiben kann. Es sind viele und schrecklich ernste Schwierigkeiten zwischen Canetti und mir. Ich wollte Euch erst schreiben, bis die Dinge halbwegs geklärt sind, aber da sich nichts klärt, schreib ich Euch jetzt.*
>
> *C's Buch, das jetzt herausgekommen ist, ist ein ganz grosser Erfolg, es wurde am BBC darüber gesprochen, grosse Artikel über »Die Blendung« sind in allen Zeitungen und Zeitschriften erschienen. Es kommt auch in Amerika, bei Knopf, heraus. Das ist die einzig wirklich gute Nachricht im Augenblick, ausser dass mein eigenes Buch, glaub ich, wirklich schön wird.*
>
> *Mummi, wenn Du wirklich ein Paket schicken könntest, wäre ich begeistert, wenn Du mir Wurst oder Salami und Schokolade schicken könntest. Ich hab schreckliche Lust auf eine gute Wurst und hier kriegt man's überhaupt nicht. Auch sehr wenig Zuckerln. Das Essen ist hier wirklich scheusslich. Es ist nicht einmal so wenig, aber immer das gleiche, kein Obst, schrecklich wenig Butter und Eier und Milch (aber schick mir keine Büchsenmilch!), überhaupt keine Abwechslung und nichts, worauf man sich freut ausser man hat sehr viel Geld und kann Geflügel kaufen.*

Der Vorschuss von Cape ist rasch aufgebraucht, die mediale Aufmerksamkeit, die sie durch Interviews und Rezensionen erhält, ändert nichts an ihren Geldsorgen. Zu Ostern 1946 fährt Friedl für eine Woche mit ihrem neuen Liebhaber, dem Schriftsteller Willy Goldman, ans Meer und fasst danach erste Pläne, die Eltern und die kleine Schwester in Schweden zu besuchen. Zuvor will sie jedoch nach Wien.

Aus Wien berichtet Ilse zu Beginn 1946 vor allem über die soziale und politische Lage der Menschen. Die Geburtenzahl liegt, beobachtet sie, trotz vieler Abtreibungen wieder bei der von 1938.

Die kleine Familie erhält eine Wohnung in der Heumühlgasse 18, mit zwei hohen, schwer beheizbaren Räumen, aber mit Badewanne und sogar Telefon:

Aus der alten Wohnung sind wir mit Klamauk ausgezogen – die »Nazisse«, die früher dort gewohnt hat, glaubte, von unserem Auszug profitieren zu können, um sich wieder hineinzusetzen. Wir hatten aber schon 2 zurückgekehrte Flüchtlinge, deren Vater vergast worden war, einquartiert, und mußten die »Nazisse« von der Polizei wegbringen lassen. Was sie aber nicht hindert, auch jetzt noch die Wohnung zu belagern und mit allen möglichen Kniffen zu versuchen, einzudringen. »Zuaständ san dös« (Oh du mein Österreich!).

Das »Großreinemachen« ist halt auf die lange Bank geschoben worden und jetzt liegt halt noch der ganze alte Dreck (genau wie in den Straßen) herum und verpestet die Atmosphäre.

Ilse wird Betriebsärztin im Globus-Verlag. Erste Anstrengungen werden unternommen, das Haus in der Himmelstraße zurückzubekommen.

Geliebteste Eltern,

vielen Dank für Eure liebe Karte – ich hoffe, daß Ihr Euch wirklich richtig erholen könnt und weiter schönes Wetter habt. […]

Von Friedl kam ein recht deprimierter Brief, sie hofft aber, bald zu Euch kommen zu können. Das wäre sicher das beste für sie und ich glaub, wenn man sie richtig unterstützt, wird sie bald wieder ins Gleichgewicht kommen und sich endgültig von Canetti, der sie doch nie glücklich machen wird, losmachen. […]

Und nun eine Bitte: Zigaretten! Wir haben gerade wieder den letzten »Tschick eines Tschicks« »gewuzelt« und Emil wird ganz nervös und gereizt, wenn er nichts zu rauchen hat – ich übrigens nicht minder. Nochmals vielen Dank, Tausend Küsse u. alles Liebe

Eure Ilse

Langsam entspannt sich die unmittelbare Notlage der Menschen in Wien, die Straßenbeleuchtung wird teilweise wieder instand gesetzt, Hilfslieferungen der UN und aus dem Osten treffen ein, enorme Schuttmengen werden abtransportiert, dennoch, schreibt Ilse, sind

die meisten Menschen [...] durch die Not demoralisiert, nervös und mehr oder minder bösartig geworden. Zu den Stoßzeiten gibt es in Tram- und Stadtbahnen regelmäßig giftige Streitereien – weil einer nicht schnell genug aussteigt und ein zweiter sich noch unbedingt ans Trittbrett hängen möcht. Ein Schaffner hat begütigend gesagt: Aber geht's, Leut'ln, habt's ja alle den gleichen Hunger!

Bei uns gibt's nichts Neues. Emil hat glücklicherweise etwas Heizmaterial auftreiben können, so daß unser Kleines nicht friert – übrigens kennst Du ja auch meine große Sympathie für warme Öfen! [...] Alles wartet schon sehnsuchtsvoll auf normale Zeiten, die nicht u. nicht kommen wollen. Die Geschäfte sind voll mit allen möglichen teuren »Schmonzes«, aber die wirklichen Gebrauchsgegenstände wandern nach wie vor auf den Schwarzen Markt, der z. T. schon ganz offen vor sich geht – so stehen fast bei jeder Straßenbahn Männer, die »schwarze« Zigaretten anbieten, und am Resselpark staut sich täglich eine beträchtliche Menge Schleichhändler mit ihren Kunden. Leider unvermeidlich bei den jetzigen Zuständen. [...] Mummili, bleib gesund, arbeite u. ärgere Dich nicht zu viel, schreib bald, tausend Dank und Küsse von Deiner alten Hauskröte Ilse

In London führt Friedl ein selbstbestimmtes Leben, mit vielen Beziehungen und mitunter nur kurz andauernden Liebschaften; das Verhältnis zu Canetti ist zusehends zermürbend und zerbricht. Zwar wird sein Engagement und die Zuneigung zu ihm in vielen Briefen Friedls auch weiterhin hervorgehoben, regelmäßig ist allerdings auch von »Quälereien« die Rede. Als »Engel und Dämon« beschreibt Iris Murdoch Canetti, »schrecklich in seiner Distanz und dem Rätsel seines Leidens«. Ilse warnt vor dem »Dr. Colerus«, wie sie Canetti aufgrund seiner Wutanfälle bezeichnet.

Auch die Beziehung Friedls zu Veza Canetti, in Wien und zu Beginn des Krieges in London eine – zumindest nach außen hin – durchaus herzliche, verdüstert sich. Veza sieht ihren Mann von den Launen der Geliebten bedroht und verteidigt ihn, wobei die Forderung Vezas nicht darin besteht, dass ihr Mann die Beziehung zu Friedl aufgibt, sondern dass sich Friedl von ihren diversen Geliebten trennt und sich wieder ausschließlich Elias zuwendet, sich also ohne Komplikationen in den Harem Canettis, der zeitweise an- und abschwillt, einfügt. In einem Brief an Georges Canetti, Elias' Bruder, schreibt Veza im März 1946, dass sie Friedl für »skrupellos und gefühllos« hält. 1946 wohnt Veza einige Monate lang bei Margaret Gardiner, Friedls Cousine in Hampstead, sie berichtet Elias von einem Besuch bei der an Grippe erkrankten Friedl, dem »heiligen Sebastian« oder »Sebastl«, wie sie Friedl aufgrund ihres literarischen Pseudonyms nennt: »Der Sebastl lag im Bett und blickte mir mit gefühlvoller Lügenhaftigkeit stumm ins Gesicht.« Nach einer kleinen Mahlzeit wird der Plan gefasst, Elias ein Telegramm zu schicken, worauf »der Sebastl nackend aus dem Bett sprang und schöne mollerte Gliedmassen enthüllte«. Friedl gibt das Telegramm am Postamt auf und bringt Tee. »Nach zwei Stunden ging ich weg und wir besprachen, dass sie jetzt Margarete bald aufsucht und wenn ich Grippe haben sollte revanchiert sie sich und kommt auch. Ein letzter herzlicher, gefühlvoller Blick aus dem Clownsgesicht, der Bajazzo verbiss sich bereits das Lachen.«

Auf einem der vielen Briefe Friedls an Elias Canetti finden sich Spuren der Lektüre Vezas. Veza studiert den Brief genau, und zwar mit dem Stift in der Hand. Ihre knappen Kommentare über den Stil und die Fehler der Kollegin (und Konkurrentin) sind gleichermaßen süffisant wie bitter.

Der milde, subtile Spott, der in Wien noch vorherrschte, verwandelt sich in den folgenden Jahren in Hass. Friedl sei eine Proust'sche Odette, in die Canetti/Swann über beide Ohren verliebt sei und die er vorbehaltlos unterstütze und dabei die eigene Arbeit vernachlässige.

Friedls Zukunft ist unklar. Sie erfüllt die Voraussetzungen, um britische Staatsbürgerin zu werden: Sie lebt seit mehr als fünf Jahren in England, beherrscht die Sprache und war dem Land gegenüber stets loyal. Wie ein nicht unerheblicher Teil der rund 16 000 österreichischen Flüchtlinge in England könnte sie sich dauerhaft im Land ansiedeln. Zur Diskussion steht eine zweite Emigration in die USA zu ihrer Schwester Gerda oder die Rückkehr nach Österreich. Doch eingeladen wird sie von niemandem, und vor allem: Wovon soll sie leben?

Neben ihren Arbeiten als Übersetzerin beginnt Gerda wieder zu malen und kümmert sich um ihren Sohn, der viel Unterstützung benötigt. Ehemann Alfred hat neben seiner Arbeit im Spital auch als Psychoanalytiker erste Erfolge, immer mehr Klientinnen und Klienten aus der Upper East Side frequentieren seine Praxis: Ein rascher materieller Aufstieg seit ihrer Ankunft im Jänner 1941 führt Gerda in das »gute Leben« auf Amerikanisch. Die Familie bezieht eine geräumige Wohnung 200 Riverside Drive an der 92. Straße W an der Upper West Side am neu angelegten Riverside Park nahe dem Hudson River. Die Nachbarschaft zwischen Clinton (»Hells Kitchen«), dem ehemaligen Armenviertel, und Harlem ist heute eine teure Wohngegend. In den späten 1940er und 50er Jahren war die Upper West Side ein Ort unterschiedlicher Emigrantengruppen aus Osteuropa, der Karibik und Puerto Rico und von gewalttätigen Auseinandersetzungen rivalisierender Jugendbanden geprägt. Leonhard Bernsteins *West Side Story* spielt hier. Gerda beginnt eine Psychoanalyse (nicht bei ihrem Mann, wie sie betont), ihre Ehe kriselt. 1947 wird Gerdas zweiter Sohn Steve geboren.

Im Herbst 1946 wird Friedl schwanger, sie trennt sich in London von Canetti und von Willy Goldman. Die Arbeit am neuen Roman ist schwierig, vieles wird umformuliert und danach wieder verworfen, sie schreibt an den Vater:

Die Arbeit geht gut, wenn auch leider nicht mehr so schnell. Ich hab eine Unmenge korrigiert und das MS schaut nicht mehr so herrlich aus. Langsam aber sicher krieg ich dieses verdammte Buch satt, es zieht sich und zieht sich wie eine endlose Landstrasse. Und dann ist dieses verfluchte Problem von Zeit – weisst Du, was ich meine Papa? Die Zeit in einem Buch ist immer was Scheussliches, denn entweder muss man ungenau sein oder, wenn man genau ist und leider bin ich's, ist es eine sauschwere Arbeit. So komm ich langsam weiter, aber ein Spass war dieses ganze Buch von Anfang bis zu Ende keiner und ich kann mir nicht erklären, welche teuflische Perversität einen Menschen dazu treibt, sich freiwillig ein Thema zu suchen, was eigentlich zu schwer ist. Ich arbeite jeden Tag zähneknirschend, weil ich wie eine Schnecke weiterkomm.

England, »dieses widerliche Land mit seinen ungeschriebenen Gesetzen«, in dem »die Leute so verstockt und blödsinnig trinken, anstatt sich dabei zu freuen«, wird ihr zunehmend verhasst. *The Monster* erscheint auf Französisch bei Calman-Lévy, eine schwedische Übersetzung wird vorbereitet. »Ich muss mein Buch fertig schreiben«, heißt es in einem Brief an die Mutter. Und, kurz nachdem sie nach wochenlangem Warten ihr Visum nach Schweden und das Ticket für die Schiffsreise erhalten hatte:

Mummili, geliebte alte Sau, ich hoff zu Gott, dass Du gesund sein wirst, wenn ich komm. Hoffentlich werd ich nicht seekrank. Ich hab eine endlose Rennerei nach der anderen, ausserdem hab ich im letzten Moment noch eine gräuliche Zahngeschichte gekriegt, so dass ich jeden Tag beim Zahnarzt bin. Hoffentlich werdet Ihr nicht entsetzt sein, wenn Ihr mich seht. Ich fühl mich jetzt oft wie eine scheussliche, alte Schachtel. Ich kann mir noch überhaupt nicht vorstellen, dass ich Eure geliebten, verblödeten

Gesichter küssen werd. Nachts kann ich vor Aufregung nicht mehr schlafen. Millionen Küsse. – Friedl

Über mich schreib ich jetzt nichts, weil ich Euch ohnedies in ein paar Wochen sehen werd.

Ich muß schon wieder umziehen, weil hier das Leben mit den Irrsinnigen mir schon wirklich zu unerträglich geworden ist. Da ich aber aller Wahrscheinlichkeit nach nichts anderes finden werde, möchte ich von Schweden gar nicht mehr hier nach England zurückkommen, sondern vielleicht nach Frankreich oder nach Irland fahren. Vielleicht auch nach Österreich. Es ist alles unbestimmt.

Am 23. und 28. Dezember schreibt sie über ihre Reise und die Ankunft in Schweden zwei Briefe an Canetti, offenbar wieder »on speaking terms« mit ihm. Sie berichtet launig über die Überfahrt und blickt optimistisch in die Zukunft.

23.12.46

Mein geliebter Ilja, wir sind doch noch Samstag Nacht gefahren und ich komm Dienstag um halb sieben in der Früh in Stockholm an. Zu meinem größten Erstaunen und obwohl der Rest des Schiffes schamlos speibt, bin ich nicht seekrank aber die ganze Zeit entsetzlich müde. Ich hab gestern fast den ganzen Tag geschlafen, wenn ich nicht gegessen hab. Das Essen ist unbeschreiblich. Butter, Eier, Gänse, Turkeys, Schinken, das herrlichste Obst, Kaffee mit Schlagobers, Milch. Ich hab mich nicht überfressen. Wiener Würstchen – ich kann unmöglich alles aufschreiben. In meinem ganzen Leben hab ich nicht so gute Sachen gegessen. Ach Sternchen, wenn Du nur da wärst und es mitessen könntest. Sogar ich schäm mich. […]

Das Meer ist grau mit ganz weiten tiefen Wogen. Das Schiff schwankt stark. Gerade kann kein Mensch hier gehen oder stehen. Ich glaub, daß ich nicht seekrank geworden bin, weil mir so wie dem Schiff zu Mute ist. Du gehst und gleitest nach allen Seiten auf einer winzigen Oberfläche und nichts wie Meer um Dich. Kaum hat das Schiff sich bewegt, hab ich keine Angst mehr gehabt. Gestern hab ich gebadet, denk Dir am Meer in einer Badewanne! Es ist zum Lachen. Kaum hab ich das geschrieben gehabt, ist mir zum Sterben übel geworden.

Im Augenblick sitz ich im Grand Hotel in Gothenburg mit einem Cambridge Architekten und trink Kaffee. Was sagst Du, bei der Ankunft in Gothenburg bin ich von schwedischen Journalisten interviewt worden und photographiert für die Gothenburger Post und Evening News in Stockholm. Weiß Gott, was sie dazu bewegt hat. […]

Ich hab jetzt vier Stunden Zeit mir die Stadt anzuschaun, dann geht um 10 Uhr der Zug nach Stockholm. […] Deine Friedl.

Der zweite Brief wird in der Rigagatan 6 am Gustav-Adolf-Park in Stockholm geschrieben, der kleinen Wohnung ihrer Schwester Susi. Er gibt auch Auskunft über die Situation der Eltern:

28.12.1946

Rigagatan 6. Stockholm.

Mein geliebter Ilja, das ist die Adresse von der Susi bei der ich wohn. Ich weiß nicht wovon ich anfangen soll Dir zu schreiben. Unser Zug ist um halb sieben in der Früh in Stockholm angekommen. Die Susi hat mich abgeholt. Ich hab sie nicht erkannt. Jetzt erkenne ich sie schon ganz. Ihre Augen sind nicht mehr grau sondern gelb. Sie ist lebendig und närrisch und rasch, lieb und gänzlich ohne Ziel. Die Wohnung in der ich bin ist eine moderne Wohnung in einem block of flats, warm (überhaupt kommt es mir hier warm vor) und es gibt zu jeder Tages- und Nachtzeit heißes Wasser und Bäder, die Susi hat ein Dutzend Wiener Würstchen für mich gekauft, 15 Eier und drei große Pakete Butter. […]

Milch gibt es hier so viel Du willst. Ich trink die ganze Zeit riesen Gläser. Die Luft ist hier klar und kühl und grau, wie bei uns in Wien. Die Straßen sind breit und rein und ruhig mit schönem, stillem Licht, selbst die Lichtanzeigen oder wies heißt, verwirren einen nicht. Überall glitzert das Wasser. […] Aber ich kenn die alte Stadt noch nicht. Um drei ist es schon dunkel. Nirgends ist ein Gedränge. Die gebildeten Leute sprechen alle entweder englisch oder deutsch. Die Operation scheint hier so einfach zu sein wie bei uns in Wien. Wieviel sie kostet, weiß ich noch nicht. Es wird auch hier so gemacht wie in Wien. [...]

Ilja, über die Eltern schreib ich Dir zuletzt, weil mich der Gedanke an sie entsetzlich quält. Wie ich die Mummi gesehn hab, ist mir fast das Herz stehn geblieben. Sie ist im Bett gesessen, mit dem süßesten Gesicht, zitternd und bebend vor Aufregung, ganz grau und elend. Sie wohnen in diesem wunderschönen Stocksund in einer Art Pension, aber das Zimmer von der Mutti hat grüne Wände und schwarze Türen. Sie ist fieberfrei und steht schon auf und ist so süß und lieb und verständnisvoll wie nie vorher, aber die Eltern sind wirklich arm und ich hab immer noch irgendwie die Vorstellung gehabt, daß sie so sind wie in Wien. Sie haben alle Sachen von Wien zu Schleuderpreisen verkauft, weil der Papa damals unbedingt nach Amerika wollte und sie streiten sich noch jetzt darüber. [...]

Der Papa ist Gott sei Dank genau so wie er war, nur netter. Er wohnt in einem Zimmer, das überhaupt jeder Beschreibung spottet mit Bildern und Farben und Büchern und Tinten- und Farbenflecken an den Wänden und dem Boden und Socken zwischen den Bildern und Hosen unter dem Bett und Knäckebrot und Kompott auf dem Waschtisch – eine Sauwirtschaft wie ich sie noch nie gesehn hab. Dabei hat er eine herrliche Aussicht über die Hügel – wenn Du so ein Zimmer hättest, wärst Du entzückt. Seine Bilder gefallen mir ganz ehrlich – sie sind phantastisch, mit starken Farben, märchenhaft und grotesk. Viele sind wie Illustrationen zu E. T. A. Hoffmann. Dabei mußt Du wissen, haßt der Papa noch immer die ganze moderne Kunst, mag weder Picasso noch Braque, auch nicht Klee und überhaupt niemanden modernen. [...]

Ich glaub, die Mutti war entsetzt über mein Aussehen, aber sagt, daß ich jetzt schon wieder mein altes Gesicht hab. Ich muß sagen, daß ich mich wirklich in den paar Tagen unglaublich viel besser fühl. Vor allem, verstehst Du, nehmen die Eltern die Dinge nicht so entsetzlich schwer und wir lachen schrecklich viel, auch die Susi und ich. Alles scheint nicht mehr so furchtbar. [...]

Deine Friedl.

Die beiden Schwestern feiern zwei Wochen lang das Wiedersehen, um nachzuholen, was sie in den Jahren der Trennung versäumt haben, danach zieht Friedl in eine eigene Wohnung in der nahen Körsbärsvagen 10, an Canetti berichtet sie über die ersten Tage:

> *Die Susi hat mich hergebracht und obwohl sie schrecklich lieb ist, bin ich doch froh, daß ich jetzt allein wohne. Wir haben Nacht für Nacht bis vier Uhr früh gesprochen und sie hat mir alles erzählt und ich ihr. […]*
>
> *Die Susi sagt, in diesen ganzen Jahren war der einzige wirklich starke Einfluß in ihrem Leben ich, d. h. das halbe Jahr, bevor sie weggefahren ist, in dem ich mich um sie geschert hab. Du mußt wissen, sie hat äußerlich eine unverschämte Sicherheit und Frechheit […]. Sie ist manchmal ganz ausnehmend hübsch und reizvoll und andere Male einfach scheußlich. Auch das scheint in der Familie zu liegen. Wie sie mich vom Zug abgeholt hat, waren wir beide voneinander so entsetzt, daß wir uns den ersten Tag lang überhaupt nicht angeschaut haben. Ich hab mich Gott sei Dank, äußerlich zumindest, einigermaßen erholt. Sogar meine Haare sind in drei Wochen wieder dick geworden und die schwarzen Ringe unter meinen Augen vergehn. […] Am Abend ist die Mutti heute gekommen, bepackt mit Äpfeln und Süßigkeiten. Sie sitzt da, auf Besuch bei ihrer Tochter, mit einem seligen Lächeln im Gesicht. […]*
>
> *Deine Friedl.*

Geld ist wie in England auch in Schweden ein Problem. Der Vater kümmert sich wenig darum, die Honorare für seine Artikel sind überschaubar, und die Zuwendungen der Verwandten aus England decken kaum die Hälfte der Lebenskosten. Die Mutter verkauft nach und nach ihren Schmuck und die Möbel. Mitunter werden die beiden, unerfahren in Gelddingen, betrogen. Im März 1947 ersucht der Vater den türkischen Gesandten, ihn beim Verkauf mehrerer Teppiche, die er aus Wien retten konnte, zu unterstützen. Der von ihm vermittelte Händler kauft dem Vater die Teppiche um einen Spottpreis ab, wenig später sehen sie sie wieder: beim Besuch in der Wohnung des Gesandten.

Ilse lädt die Schwester ein, nach Wien zu kommen »mit oder ohne

Kind«, doch sie will nicht zurück nach Österreich. Friedl entschließt sich zum Schwangerschaftsabbruch – die im Brief erwähnte »Operation« –, er wird medikamentös durchgeführt. Abtreibungen waren in Schweden zwar auch nach 1945 strafbar, doch – im Gegensatz zu England und vielen anderen Ländern – geduldet, wenn sie sozial-medizinisch indiziert waren. Die Zulässigkeit der Gründe wurde aber sehr unterschiedlich gehandhabt, sodass Friedl bei vielen Ärzten vorsprechen muss, bis einer gefunden ist. Die offenbar mangelhaft durchgeführte »Behandlung« erstreckt sich über zwei Wochen und verursacht heftige Schmerzen, Blutungen und Krämpfe. Schließlich wird sie im Februar mit hohem Fieber ins Spital eingewiesen, eine Kürettage ist notwendig.

Den Februar verbringt Friedl in einer billigen Pension in Getå, einem Dorf an der südschwedischen Küste, um sich zu erholen und dem teuren Alltag in Stockholm zu entgehen. Sie arbeitet trotz ihrer Rekonvaleszenz ohne Unterbrechung an ihrem dritten Roman. Regelmäßig schreibt sie Canetti, und wie schon in Wien schildert sie ihre Beobachtungen und bemüht sich um erzählenswerte Geschichten.

Lieber, lieber Ilja,

Mein ganzer Tag, aber, ist auf das Buch gerichtet, […] mein Zimmer ist schön und ruhig mit einem guten Tisch und Licht. Es ist ein sehr helles, reines Zimmer.

Das Publikum hier, das ich jetzt langsam kennen lern, ist einfach unbeschreiblich. Es sind hauptsächlich Frauen, eine verrückter wie die andere. Ich glaub, es ist das gefrorene Meer, das die Frauen so außer Rand und Band macht. Sie sind durchwegs von einer Schamlosigkeit, die keine Grenzen kennt und die Engländerinnen sind asketisch verglichen mit diesen Schwedinnen. Der Held des Hauses ist ein kahler Ingenieur (alle Schweden, die ich bisher gesehen hab, sind Ingenieure), mit einem bleichen Gesicht und ausgewaschenen, blauen Augen, der Gonorrhoe gehabt hat, säuft und frißt, was die Weiber hier aber in keiner Weise davon abhält mit ihm »go to bed«, wie sie sagen.

Die Sensation hier war eine Frau von Lüdof. Die Lüdofs sind eine sehr bekannte Familie hier, einerseits weil sie berühmte Juristen waren, ande-

rerseits weil ein Lüdof seine ganze Familie zusammen mit dem Dienstmädl erschossen hat. Diese Frau von Lüdof ist eine lange Bohnenstange mit dem unschuldigsten Gesicht der Welt, mit strahlenden, veilchenblauen Augen und eines Tages traf sie den Lehrer der Gunila – die Tochter von der Casparsson – im Wald und am selben Abend ward sie nicht mehr gesehen. Am nächsten Tag erschien sie, ihr Blick noch unschuldiger als vorher und erzählte allen und jedem, wers nur hören wollte, daß sie mit dem Lehrer die Nacht verbracht hatte. Vorher hat sie ihn nicht gekannt. Überhaupt hab ich gemerkt, daß die Schwedinnen mit jeder neuen Liebschaft unschuldiger werden. Als die Lüdof vorgestern wegfuhr, von ihrem Mann geholt und nachdem sie die Nacht mit ihrem Lehrer verbracht hatte, hatte sie den Blick einer Fünfjährigen. Es ist außerdem ein Mensch hier, der auf einer Art Gitarre spielt und mit einer fürchterlichen Stimme Lieder, russische und deutsche, singt, in einer Uniform herumwandert und mit dem Ausdruck einer verwöhnten Ballerina um sich blickt. Auf jeden neuen Gast wandert er langsam und mit einem, von sich, entzückten Lächeln zu und stellt sich vor. Aber wie er sich mir vorgestellt hat, hab ich einen derartigen Lachkrampf bekommen, daß ich ihm nicht einmal die Hand hab geben können und mein Gesicht naß vor Tränen war. […]

Deine Friedl.

Friedls Stimmung schwankt. Stockholm im Frühling »duftet nach Blumen und Linden und das Wasser ist überall. Je länger ich hier bin, desto besser gefällt es mir. Ich fühl mich hier nicht als ein Fremder«, notiert sie. Und kurz darauf:

Ich kenn mich in meinem Leben schon gar nicht mehr aus. Ich lebe von Tag zu Tag mit meinem Buch […] und ich hol mir mein Leben aus dem Letzten, was mir ganz geblieben ist, nämlich mein Buch. Hier in Schweden, […] komm ich mir vor wie in No-mans-land – oft geh ich durch die Straßen hier oder durch die Wälder, als wäre aller Boden unter mir nichts wie Eis, das jeden Augenblick zerbrechen wird und darunter ist das schwarze Meer.

An den Tagen, an denen sie durch das Eis bricht und in das schwarze Meer taucht, zerfließen Phantasie und Wirklichkeit, sie berichtet über Träume, über schemenhafte Figuren oder über Begegnungen, die gleichermaßen schön wie unwirklich sind:

Ich hab einen pechschwarzen Flieger gefunden, mit einem winzigen Aeroplan, der mich jetzt täglich auf eine halbe Stunde in der Luft spazieren führt. Der Aeroplan ist so winzig, daß Du wirklich ein Gefühl von Fliegen hast und obwohl mir jedesmal von Neuem schlecht wird, ist das das Schönste, was ich seit Langem erlebt hab. Außerdem hat er jetzt angefangen mich zu unterrichten, so daß ich bald selber werde fliegen können. Aber es ist etwas ganz Unerhörtes, Großartiges in einem so winzigen Ding zu sitzen, und Dir einen großen Ozean von fliegenden weißen Wolken und sonst nichts wie den blauen Himmel und eine heiße, strahlende Sonne. Und wie eine Landschaft sich verändert, wenn Du sie vom Himmel ansiehst. Der Flieger sitzt hinter mir in seiner schwarzen Uniform und mit pechschwarzen Augen und Haaren. Er kann kein Wort Deutsch oder Englisch. Das Einzige, was er kann, ist fliegen und lachen und er lacht sich tot, wenn mir schlecht wird. Dieser Aeroplan ist silbern und wirklich wie ein Vogel und gar kein großer, fast wie ein Spielzeug. […]

Seit ich geflogen bin, sind mir eigentlich alle die Dinge, die mich gequält haben, so sonderbar gleichgültig geworden – eigentlich alles, außer mein Buch.

Der Kampf um die Rückstellung des Hauses der Familie in der Himmelstraße 55 in Grinzing, den Ilse als die einzige nach Wien Zurückgekehrte vehement führt, ist aufwendig. Er erstreckt sich über sechs Jahre und kann als Beispiel für die Zögerlichkeit bei der Rückgabe von geraubtem jüdischen Eigentum in Österreich gelten.

Von den rund 182 000 Jüdinnen und Juden, die bis zum »Anschluss« in Österreich gelebt hatten (davon 167 000 in Wien), waren rund 66 000 ermordet worden. Nur wenige kehrten unmittelbar nach Kriegsende zurück. Im Dezember 1945 zählte die Israelitische Kultusgemeinde in Wien kaum tausend Mitglieder, zwei Jahre später waren es immer noch weniger als neuntausend, die den Weg zurück in ihre Heimat gefunden oder besser: gewagt hatten. Die politische Stimmung gegenüber den heimkehrenden Juden war vielerorts misstrauisch bis feindselig, im Besonderen natürlich, was die Rückgabe des ab 1938 geraubten Gutes betraf. Im August 1946 sprach sich fast die Hälfte der Österreicherinnen und Österreicher im Rahmen einer Umfrage gegen eine Rückkehr der österreichischen Jüdinnen und Juden aus.

Die Rückgabe der Vermögenswerte durch die Erlassung der gesetzlichen Grundlagen und durch die Verwaltung erfolgte dementsprechend schleppend. »Ich wäre dafür«, so heißt es in einem erst spät durch den englischen Historiker Robert Knight bekannt gewordenen Protokoll einer Wortmeldung von Innenminister Oskar Helmer in einer Ministerratssitzung am 9. November 1948, »daß man die Sache in die Länge zieht. [...] Die Juden werden das selbst verstehen, da sie im Klaren darüber sind, daß viele gegen sie Stellung nehmen.« So wie Helmer dachten viele Österreicherinnen und Österreicher, sie konnten sich ja seit der Moskauer Deklaration 1943 ebenfalls als Opfer des Nationalsozialismus betrachten. Und man hatte viel zu verlieren: Wohnungen, Arbeitsplätze, Mobiliar.

Die Villa in der Himmelstraße 55 war der Familie im Mai 1939 vom Nazi-Werber und WU-Dozenten Hanns Ferdinand Josef Kropff zu einem sehr geringen Kaufpreis abgepresst worden. Selbst von diesem Betrag blieb nichts: Er wurde für die Judenvermögensabgabe und andere Gebühren verwendet und von den Nazibehörden einbehalten. Mit dem Haus war der wichtigste Bezugspunkt von Gerda, Friedl, Ilse und Susanne in Österreich verschwunden, es war ihr (einziges) Zuhause gewesen; die Schwierigkeiten bei der Rückgabe ließen Jahr für Jahr die Entfernung der Schwestern zu Wien wachsen – so weit, bis die Stadt als Zuhause unerreichbar war.

Schon im Dezember 1945 hatte Ilse das arisierte Haus in der Himmelstraße besucht und noch vor Erlassung des ersten Rückstellungsgesetzes auf die Möglichkeit einer Restitution beziehungsweise eines Rückkaufes hingewiesen:

Unser Haus steht noch und ist nach wie vor von der Familie Kropff bewohnt. Sie haben es vollständig umgebaut, wodurch es aber meiner Ansicht nach nur verloren hat. In der heutigen Situation könnte man versuchen, es zurückzubekommen, insbesondere, weil die Mark sehr billig ist. Wollt Ihr, dass ich diesbezüglich etwas unternehme? Könntet Ihr eventuell das notwendige Geld auftreiben, um es zurückzukaufen? Bitte schreibt mir ausführlich darüber.

Ein Rückkauf des Hauses kommt für die Eltern nicht in Frage, das restliche Vermögen war völlig aufgebraucht, im Gegenteil, die Hoffnung auf ein Auskommen im Alter hing entscheidend von der Restitution des Hauses ab. Ilse versucht zunächst einen Termin beim zuständigen Minister Peter Krauland (ÖVP) zu bekommen, was misslingt. Dennoch ist sie – mit Einschränkungen – optimistisch:

Wir werden zweifellos das Haus zurückbekommen – es fragt sich nur wann. […] Wie ich jetzt herausgefunden habe, war der Kropff ein Parteinazi und ausserdem Reichsdeutscher und ich hoffe, die Sache baldmöglichst in Ordnung zu bringen, und zwar so, daß noch bevor die »Wiedergutmachungsgesetze« erscheinen, er hinausfliegt und ich – als Eure nächste Anverwandte zunächst als »öffentlicher Verwalter« eingesetzt werde. Bitte schickt mir sofort eine Vollmacht, besagend, daß Ihr mich ermächtigt, in Eurem Namen zu handeln und das Haus zu treuen Händen zu übernehmen. Es wäre ein kompletter Irrsinn, dem Kropff noch einen Groschen Geld zu geben.

Im August 1946 bringt sie eine Klage gegen das Eigentumsrecht von Kropff und den Antrag auf Rückgabe der Liegenschaft ein. Ende September erfolgt eine Vorsprache im Ministerium, Ilse berichtet:

Geliebteste Eltern!

Soeben komme ich aus dem Ministerium und habe mit Sektionsrat Klebel und Ministerialrat Granichstätten gesprochen. Der Fall liegt klar und wir werden das Haus sicher zurückerhalten, sobald die Gesetze ver-

abschiedet sind, was ca. nächstes Frühjahr zu erwarten ist. Inzwischen kann ich aber »öffentliche Verwalterin« werden, d. h. daß das Haus beschlagnahmt wird, und bis zur endgültigen Klärung die Eigentumsrechte mir übertragen werden, soferne Ihr mir eine Vollmacht dazu erteilt. Ich bitte Euch dringendst, mir dieselbe zu schicken. Um den Löb hab ich mich nicht mehr gekümmert. Der Granichstätten war sehr freundlich, und will die Sache sofort erledigen, wenn Ihr die notwendigen Unterlagen schickt. Bitte wartet nicht damit, es wird sowieso noch alles lang genug dauern. Was ist eigentlich mit der Wohnung in der Wohllebengasse und dem Haus Fichteg. 11, das noch steht, seinerzeit geschehen? Sollen und können da auch Ansprüche gestellt werden? Und habt Ihr noch Möbel dagelassen? Was ist mit ihnen geschehen?*

Eine Rückgabe der beiden (Miet-)Wohnungen ist im Rückstellungsgesetz der Republik nicht vorgesehen, und der anfängliche Optimismus, dass »wir das Haus bald zurückbekommen«, weicht Ende des Jahres der Skepsis über die Wiedergutmachungsgesetze. Der vorliegende Entwurf ist, schreibt Ilse am Ende des Jahres, »bedeutend ungünstiger als erwartet« ausgefallen.

Emil verfügt durch seine Funktion bei den sowjetischen USIA-Betrieben über gute Beziehungen zum russischen Geheimdienst und zur Wiener Polizei. Er schlägt vor, die Sache auf direktem Weg, und zwar durch Androhung von Gewalt, zu beenden: Er organisiert einen Jeep mit Militärpolizei, dem schwer belasteten Nazi Kropff soll Angst (etwa vor einer Entführung in die russische Zone) eingejagt und ihm 24 Stunden gegeben werden, um das Haus zu räumen und zu verschwinden. Der Schwiegervater lehnt das Angebot von Stockholm aus im letzten Moment ab, er ist um eine juristisch unangreifbare Lösung bemüht und vertraut auf die Rechtsstaatlichkeit des Rückstellungsverfahrens. Das Verhältnis zum Schwiegersohn wird schwierig, Emils Grüße am Rand von Ilses Briefen an die Eltern wirken seitdem angestrengt.

Kropff kämpft und verzögert die Rückgabe ebenso schamlos wie trick-

* Der alte Freund und Anwalt des Vaters, den Ilse allerdings für ungeeignet hält.

reich. Er versucht, den Erwerb 1939 als rechtmäßig erscheinen zu lassen. Nachdem dies vom Gericht abgelehnt und die Rückgabe angeordnet wird, stellt er Gegenforderungen für Renovierungs- und Instandsetzungsarbeiten während des Krieges. Im April 1947 schreibt Ilse:

Was das Haus anbelangt, so hat Kropff nun eine Rechnung von rund 60 000 Schilling für Investitionen u. Ausbesserungen gestellt, von der aber maximal ½ zu bezahlen sein wird. Die Wiedergutmachungskommission wird Mitte [des Jahres] tagen, der Anwalt sagt, daß sich die Angelegenheit noch ca. 1 Jahr lang durch die höheren Instanzen schleifen kann. Es wird sich jedoch nicht mehr um die Rückstellung, die ja gesetzlich bereits feststeht, handeln, sondern nur um den Betrag, den er für seine Umbauten von uns verlangen kann.

Im Juli 1947 wird das ganze Verfahren öffentlich. In einem mehrspaltigen Artikel im *Neuen Österreich* wird die verzögerte Restitution ausführlich als »typischer Fall einer Arisierung« beschrieben und auf das Fehlen effektiver gesetzlicher Grundlagen hingewiesen. Dennoch ist an eine rasche Abwicklung der Rückgabe nicht mehr zu denken. »Die Kommission«, schreibt Ilse Ende 1947, »lässt auf sich warten.«

Schließlich gewinnt Ilse den Prozess. Ende Juli 1948 vermeldet sie den Eltern in Schweden:

Geliebtestes Elternpaar!

Na also – unser altes Häusl in Grinzing gehört wieder uns. Die Verhandlung darüber war relativ kurz u. schmerzlos, weil einerseits die Sache juristisch klar war und andererseits Kropff durch die Tatsache, daß gegen ihn in dieser Sache ein Prozess wegen »mißbräuchlicher Bereicherung« läuft, bereits sehr gedeftet war. Diese Anklage wurde von der Staatsanwaltschaft wegen der Schiebungen bei der Schätzung des Grundes erhoben. Kropff hat in Hinblick darauf verzichtet, Berufung einzulegen, wodurch alles in die Länge gezogen worden wäre. Seine Forderungen werden durch die kommende Prozessverhandlung geklärt werden u. der Anwalt glaubt, daß sich die Benützungsgebühr, die er zahlen muß, mit seinen Investitionen (soweit dieselben als notwendig anerkannt werden) ca. decken, so daß für uns keine Belastung entstehen wird. Unabhängig davon erfolgt nun einmal die Eintragung ins Grundbuch und dann wird der Anwalt eine Räumungsklage gegen K. erheben, so daß er in ein paar Monaten einmal endgültig ausziehen muß.

Kurz darauf erfolgt der richterliche Auftrag zur Rückgabe, Ilse überlegt, ob sie ihre Praxis im Haus einrichten soll, das sich dann aber doch als zu groß erweisen könnte und außerdem im falschen Bezirk liegt. Die anderen Schwestern freuen sich über das wiedergewonnene Haus oder zumindest über einen Anteil an einem möglichen Verkaufspreis, der ihr Leben im Ausland für ein paar Monate einfacher gestalten könnte.

Die Eltern reisen im Sommer 1950 mit Friedl aus Schweden an, in der Hoffnung, endlich das restituierte Haus verkaufen zu können und zu ein wenig Geld zu kommen. Sie treffen Ilse, um gemeinsam mit ihr den Kaufvertrag abzuschließen. Doch vergeblich, Kropff gibt sich noch nicht geschlagen. Er weist einen Mietvertrag vor: Er habe die Villa an einen Freund (Vorname Adolf) vermietet und lässt wissen, dass selbst nach einer erzwungenen Rückstellung an die alten Eigentümer ein Wiedereinzug durch den Eigentümer durch den bestehenden Mietvertrag keineswegs gesichert sei. Ebenso wäre die Erzielung eines adäquaten Verkaufspreises durch die Existenz eines Hauptmieters problematisch. Friedl schreibt an Canetti:

Bei uns geht alles schief. Wir sind doch hergekommen, weil wir gedacht haben, daß wir hier das Geld für unser Haus haben werden. Aber der Käufer, der ein Gauner und Schieber ist, zahlt nichts und der Advokat, den wir haben und den der Papa liebt, ist ein Esel. Die Ilse hat den Eltern Geld geliehen, aber nicht genug und tatsächlich sind wir unbeschreiblich knapp dran. In Wien sind mir unsere Gespräche so vorgekommen, als ob sie direkt aus der Hochzeit gestohlen wären. Die Eltern haben von Früh bis Abends nur über Geld, Haus, Verkauf, Kurse, Loeb (das ist der Advokat), Haus, Geld, Haus, Geld, Kurs gesprochen. Dabei verstehn sie natürlich einen Dreck davon und der Papa ist völlig unfähig, dafür aber umso eigensinniger entschlossen dem Gauner beizukommen. Der einzige der es könnte ist der Mann von der Ilse, aber das paßt wieder den Eltern nicht. Ich weiß nicht, was geschehn wird, denn die Eltern haben auch fast ihr ganzes Geld in Schweden ausgegeben und stehn jetzt tatsächlich vor dem Nichts, wenn dieses Haus nicht bald verkauft wird. […] Deine Friedl.

Es dauert bis 1951, bis die Rückstellung abgeschlossen ist. Die Villa muss an den Wiener Darmhändler Adolf Frey verkauft werden. Beim Verkauf müssen die Investitionen Kropffs abgegolten werden, ein zweiter Teil des Erlöses muss für angehäufte Schulden der Eltern in Schweden verwendet werden. Den dritten Teil des Geldes investiert der Vater in ein Bauunternehmen des Cousins Walter Krassa – mit desaströsen Folgen.

Durch die sich über sechs Jahre erstreckende Dauer des Verfahrens, an dessen Ende der Verlust des Hauses steht, verlieren die Schwestern den Ort ihrer Kindheit und das Refugium für eine eventuelle Rückkehr nach Wien.

Die um sieben Jahre jüngere Susanne wird in den kommenden Jahren zu einem Anker in Friedls ruhelosem Leben zwischen verschiedenen Sprachen, Büchern, Wohnungen und Partnern. Sie organisiert Wohnungen, eilt in schwierigen Situationen herbei, berät und schreibt für sie Briefe. In Stockholm geht Friedl mit dem Schweden Arne Widholm aus Vaxjö im Juni 1947 eine Scheinehe ein, um zu einem schwedischen Pass zu kommen; er erleichtert das Reisen durch Europa und den Aufenthalt bei der Schwester und den Eltern. Widholm ist ein freundlicher, humorvoller Mann, ein Vertreter eines Stockholmer Vitaminvertriebs, der Friedl bewundert und verehrt. Er zeichnet seine Briefe mit »Mannen med Vitaminera« (Der Mann mit den Vitaminen). Da Arne weder Deutsch noch Englisch kann und Friedl kaum Schwedisch spricht, haben sie keine gemeinsame Sprache, was Friedl eher amüsiert als beunruhigt. Die Ehe, die nicht vollständig eine Scheinehe bleibt, wird Ende Mai 1952 geschieden.

1947 lernt Friedl den aus Deutschland stammenden Maler und Schriftsteller Peter Weiss kennen. In seinem Roman *Fluchtpunkt* über das schwedische Exil während und kurz nach dem Zweiten Weltkrieg erscheint Friedl in der Figur der Fanny. Weiss beschreibt ihre Poetik des spielerischen Umgangs mit Figuren und Positionen, die in diametralem Gegensatz zu seiner politischen Ästhetik steht. Er lässt Fanny über den Prozess des Schreibens berichten: »Für Fanny war diese Arbeit wie ein Schachspiel, das nach bestimmten Regeln geführt werden mußte. Sie stellt Figuren auf, die den berechneten Weg auf ihr Ziel zurückzulegen hatten, und dabei von anderen Figuren angegriffen und behindert wurden. Die einzelnen Figuren jedoch, die ihren Namen, ihr Alter, ihr charakteristisches Aussehen hatten, wurden mit einem Material von inneren Vorgängen gefüllt, über das sie, Fanny, sich keine Rechenschaft ablegte. Nichts, was aus ihrem bewußten persönlichen Leben stammte, wurde dabei benützt. Was ihr bekannt war aus ihrer privaten Wirklichkeit, hatte kein Interesse mehr für sie, es war durchlebt und überwunden, nur im frei Erfundenen sah sie einen Ausdruck für ihre tiefsten Erfahrungen. Sie schrieb nicht, um diese Erfahrungen zu deuten, um innere Zusammenhänge herzustellen und sich selbst besser zu verstehen, sondern nur, um die Spannung und Freude zu verspüren, die bei dem langsamen Lebendigwerden ihrer Figuren entstand. Sie lehnte es ab, Symbole für ihre eigenen Bestrebungen in den Figuren zu sehen, ihr einziger Wunsch war, das Spiel, das sie sich gestellt hatte, zu Ende zu spielen.«

Die Beschreibung ihrer Poetik beruht auf langen Diskussionen mit ihr. Auch Friedl reflektiert über die Gespräche mit dem Kollegen, und zwar in ihren Tagebüchern. Auch sie erkennt, bei aller Wertschätzung, die Ästhetik von Weiss als diametral entgegengesetzt zu dem, was sie durch Literatur erreichen will. Mitten während der Arbeit an *The Dreams* – mehrmals glaubt Friedl, das Buch fertig zu haben, und fasst dann doch wieder weite Teile neu – beschreibt sie eine Begegnung mit Weiss:

> *Gestern war ich beim Peter Weiss, und er hat mir den ganzen Nachmittag aus seinem neuen Buch vorgelesen. Es ist schon merkwürdig, wie in ganz verschiedenen Ländern Menschen dieselben Dinge auszudrücken versuchen. Dieses Buch, der Teil, den er mir vorgelesen hat, war voll von einer Stadt, besessen von der Stadt.*

Peter selbst ist ein Mensch, den ich nicht ganz verstehe. Spricht man eine Weile mit ihm, so hat man plötzlich den Eindruck, die Worte stimmen hier nicht, er löst sich von einem Bild ins andere auf, und man begreift nicht ganz, daß es doch ein Mensch mit einem bestimmten und ziemlich unveränderlichen Gesicht ist, der vor einem sitzt. Seine Bilder sind kalt und abstrakt, früher hat er gemalt. Diese starken visuellen Erlebnisse sind, soweit ich jetzt feststellen kann, das einzig echte an ihm. Was dahinter liegt, also, was man Persönlichkeit nennt, ist schwach, flach, unbedeutend. Die Frage ist, ob das ein Dichter ist, wenn er auch in Worten eine lyrische Begabung hat. Jedenfalls hat es mich sonderbar beruhigt, einen Menschen in meinem Alter zu finden, der ähnliche Probleme hat, und mit ihm 5 Stunden lang nur über Bücher zu sprechen.

Aber ich müsste wie ein Teufel an meinen eigenen Sachen arbeiten, statt die Zeit zu verschwenden. Diese neue Sache kann gut und stark werden, wenn ich nur arbeiten würde. Es ist ein Jammer, seine Konzentration so zu verschwenden. Und doch ist gleichzeitig in mir mein alter Menschenhunger […], so daß ich in alle Häuser hineinschauen will, in jedes Zimmer und die Menschen und die Menschen und die Menschen.

Ihr Resümee über Weiss fällt hart aus:

Er schreibt so, daß man einen Stein nehmen möchte und in die Seifenblasen hineinwerfen und hören, wie sie wie Butterblumen zerplatzen. Es ist dabei kein Kitsch, sondern bloß ohne Kern, ohne Härte, lauter abstrakte Luftgebilde.

Friedl liest mit großem Interesse *Die Falschmünzer* von André Gide und (mit einigem Erstaunen) mehrere Bücher von Henry Miller:

Das hat sich gewaschen – oder vielmehr nicht gewaschen. Ich hätte nie gedacht, daß man solche Dinge tatsächlich schreiben kann – es ist die reinste, ordinärste, unverblümteste Pornographie und dabei mit so einem enormen Gusto geschrieben und mit einer solchen Kraft, daß man wirklich staunt.

Elias Canetti, undatiert

Über ihren Vater, der Zugang zur Avantgardegruppe »Minotaur« gefunden hat, macht Friedl im Juni 1947 Bekanntschaft mit Endre Nemes. In einem langen Brief an Canetti erwähnt sie die Begegnung mit ihm, ganz nebenbei:

Lieber, geliebter Ilja […]

Die Tage hier sind jetzt endlos geworden, es ist überhaupt nicht mehr dunkel. Nachts geh ich manchmal um ein Uhr hinaus und kauf mir Würsteln bei einem kleinen Stand um die Ecke und der Himmel ist ein leuchtendes Grün über mir. Überall liegen die kleinen Schiffchen, die die Schweden im Sommer herausholen und frisch streichen. Wenn es irgendwie geht möchte ich später nach Lappland fahren, wo um Mitternacht die Sonne rot am Himmel stehn soll.

Mein Buch ist so gut wie fertig. Es sind einige Stücke darin, die ich noch verbessern will, aber es ist eigentlich fertig geschrieben und es fällt mir sehr schwer mich davon zu trennen. Ich muß es aber noch tippen, nur ist es wieder das alte Problem, daß ich keine Maschine hab.

Der Willy [Goldman] hat mir alle meine Briefe an ihn zerrissen zurückgeschickt. Ich hab sie verbrannt. […]

Der Papa hat mich hier zu einem sehr berühmten Maler mitgenommen, der Endre Nemes heißt und ein guter Freund vom Steiner und auch vom Günther Adler ist. Es ist ein Ungar, der aber in Prag gelebt hat, und seine Sachen finde ich wirklich wunderschön. Er hat mir sofort eine »leidenschaftliche« Liebeserklärung gemacht, gefällt mir aber gar nicht. Seit einer Woche ruft er fast täglich an, schaut aus wie ein Fisch, ist aber blitzgescheit und sehr gerieben. Er hat nicht gesagt, daß er mich malen will. […]

In ganz Stockholm riecht es jetzt nach dem Meer, die Luft ist voll davon. Oft steh ich lang am Wasser und schau und schau und es ist fast als wärst Du da und ich denke, wie schön Du es finden würdest. Denn es sind herrliche Brücken hier, die über das Wasser nur so fliegen und aussehn, als wären sie aus Glas und sie flimmern in der Sonne. […]

Gute Nacht, geliebter Ilja. Es ist zwei Uhr und ich muß schlafen.

Deine Friedl.

Es ist nicht ganz so, wie sie schreibt. Der Roman ist noch nicht fertig, und Endre Nemes gefällt ihr doch, zumindest geht sie im Frühjahr 1948 eine Beziehung mit ihm ein. An Canetti schreibt sie über ihn:

Der Endre ist zurück nach Göteborg gefahren, was mir sehr leid tut, denn ich hab ihn sehr gerne. Übrigens ist sein bester Freund in England ein Maler namens Bauernfreund, ein Bekannter von Günther Adler und hat mir hier erzählt, daß der Adler Tag und Nacht überhaupt nur über Dich spricht. Er war hier auf einen kurzen Besuch und ich hab ihn zwei Mal getroffen. Der Endre hat einen teuflischen Humor, was mir, abgesehen von seinen Bildern, sehr gut gefällt. Wenn er gut gelaunt ist und nicht gerade jammert ist er äußerst unterhaltend […]*

In mich ist der Endre verliebt, besonders gefällt es ihm, daß ich, wie er

* Jakub Bauernfreund (1904 bis 1974), slowakischer Maler und Zeichner, der über Paris nach London emigrierte.

sich ausdrückt, einerseits saudumm, andrerseits gar nicht so blöd bin und daß ich »verrückt« bin. Er liebt nämlich auch die Verrückten und dieses Buch von Prinzhorn sieht er ständig an.*

Vom November 1948 bis Mai 1949 lebt Friedl mit Unterbrechungen in Göteborg mit ihm, sie bewundert den aus Ungarn stammenden, surrealistischen Maler und seine grausamen wie grotesken Bildwelten. In einem langen, in Solhäll verfassten Artikel über ihn schreibt sie:

Beim Anblick von Mr. Endre Nemes' Arbeiten werden wir unmittelbar hineingezogen in eine turbulente, phantastische und eigenständige Welt von Farben, Symbolen und Visionen: eine geheimnisvolle und oft rabiate Welt mitten im durchsichtigen Licht von Stockholm, seinen Brücken aus Glas und weiß getünchten Straßen. Es ist das Werk eines Künstlers, der von der Vergangenheit besessen und deshalb heimatlos ist; überzeugt von der Endgültigkeit des Todes und dagegen aufbegehrend; der menschlichen Schwäche grimmig bewusst und doch sich ihr fügend [...] wir werden hineingezogen in einen wirbelnden, endlosen Teufelskreis. Die Gewalt von dessen Rhythmen reißt den Betrachter mit sich fort; die unirdische Ruhe einiger seiner Kompositionen und Farben sagt dem Herz, stille zu stehen; die Spannung und Überzeugung von der Verzweiflung des Künstlers ergießt sich über den Betrachter: eine glitzernde Lawine, die ihn erstickt.

Die Beschreibung der Bilder von Nemes lässt sich auch als codierter Bericht über Friedls Beziehung zu Nemes in Göteborg lesen: eine glitzernde Lawine. Nemes war 1938 über Finnland und Norwegen nach Schweden geflohen. Er war Mitbegründer der surrealistischen Gruppe »Minotaur« und leitete ab 1947 die Kunstschule Valands Konstscola in Göteborg. Seit 1945 war er mit Hélène Exemplaroff verheiratet. Nemes wird als aufbrausend und unberechenbar beschrieben. In seinem Atelier, wo er Friedl trifft, kommt es zu schweren, auch körperlichen Auseinandersetzungen.

* Hans Prinzhorn: Die Bildnerei der Geisteskranken, Berlin 1922.

Sie lebe mit einem Verrücken zusammen, notiert sie in ihrem Tagebuch, und berichtet von wüsten Eifersuchtsszenen und Misshandlungen. Nemes warnt sie, jemals nach England zu Canetti zurückzukehren, Friedl notiert in ihr Tagebuch:

> *Ich geriet in eine Art Panik, hielt mich aber zurück aus Angst vor einem weiteren Streit. [...] Ich spüre, dass ich gehen muss. Das ist mein erster Gedanke am Morgen und mein letzter am Abend. Doch als ich in England war, war es das Gleiche.*

Überraschend kommt es zur Versöhnung zwischen ihr und Canetti, eine Entscheidung, die allerdings nicht ohne Zweifel bleibt, im Tagebuch schreibt sie:

> *Ich höre auf C., weil ich seine Worte brauche und trotzdem möchte ich sie sofort in Stücke reißen. Ich bin verstimmt, wenn ich ihn nicht sehe, und wenn ich weiß, dass er kommt, würde ich am liebsten fortlaufen. Ich sehne mich danach, dass er bei mir ist, mich küsst und hält und trotzdem sträube ich mich immer dagegen. Und was sind die Gefühle für Endre? Er ist ein Künstler, aber ein so großer Künstler ist er nicht, dass er mich überwältigen kann. [...] C. und ich müssen zusammen sein.*

In *Fluchtpunkt* schildert Peter Weiss schließlich die endgültige Trennung von Nemes und Friedl. Weiss geht dabei erzählerisch geschickt vor, indem er seine Romanfiguren – Friedl erscheint in der Figur der Fanny, Nemes als Anatol – aus unterschiedlichen Blickwinkeln berichten lässt. Es entstehen, wie in Kurosawas *Rashomon*, bei aller Übereinstimmung der Szene zwei unterschiedliche Geschichten. Eine dritte, für den Autor Weiss wenig schmeichelhafte Version findet sich in Friedls Tagebuch. Von London schaltet sich auch Canetti ein, er warnt mehrfach und eindringlich vor Nemes »und dem schrecklichen Labyrinth der Szenen, in dem sie langsam oder vielleicht gar nicht mehr so langsam zerstört wird«. Der Konflikt blockiert das Schreiben und das Interesse an den Menschen. Am Ende des Sommers notiert Friedl erschöpft:

Ich zweifle nicht wirklich daran, dass ich eine Schriftstellerin bin, obwohl mir seit Monaten nichts Schreibenswertes eingefallen ist […]

Schließlich gelingt Friedl die Flucht – vor allem durch Susis Hilfe, die ihre Schwester nach einem Zusammenbruch kurzerhand aus Göteborg abholt und nach Stockholm bringt. Nach ihrem Abschied nennt Friedl Nemes den »Miesenzwerg«, auch Canetti bezeichnet ihn in seinen Briefen als »Zwerg« – obwohl er selbst kaum größer war.

Eine (intellektuelle) Flucht gelingt auch vor Canetti, im März 1948 schreibt sie an ihn über ihre Zeit in Schweden:

Für mich hat sich hier etwas Sonderbares ergeben: daß ich ein Schriftsteller »in my own rights« bin – eine Sache, die einen zwingt es zu werden. Ich habe mich nach Deinen Worten so lange gesehnt, bis ich gezwungen war, meine eigenen zu finden, nach Deiner Luft, bis ich mir eine eigene geschaffen habe, nach Deinem Rat, bis ich ihn mir selber geben mußte.

In Wien hatte sich 1947 die Versorgungslage langsam gebessert, die Schutt- und Müllberge, rund drei Millionen Kubikmeter Schutt, wurden abgebaut, und ein Teil der rund 89 000 zerstörten Wohnungen wurde wieder instand gesetzt. Heizmaterial ist jedoch immer noch rar, sodass an Wiener Schulen Kälteferien erlassen werden, die Stromversorgung bricht regelmäßig zusammen. Wie viele andere ist auch Ilse auf Hilfe von außen angewiesen:

Und nun hätt ich wiedereinmal eine große Bitte: Ich bin wiedereinmal am Ende mit Seife, Waschpulver, Thee und Kaffee. Alles andere ist natürlich auch sehr willkommen, aber speziell Seife brauch ich schon ganz dringend. Und ohne Thee hört sich natürlich auch die Gemütlichkeit auf – speziell bei dem herrschenden Sauwetter. Bitte seid nicht bös, daß ich Euch schon wieder anschnorre, aber was bleibt einem schon übrig. Hier gibt's nichts Neues, außer der Euch sicher aus den Zeitungen be-

kannten Kohlenkatastrophe – das Licht war tagelang bis 10 h abends ausgeschaltet, Gas gibt's in der Früh nur bis ½ 8 h, dann wieder zu Mittag knappe 2 Stunden und abends auch nur 2 Stunden. Was um so unangenehmer ist, weil Emil irrsinnig viel Arbeit hat und meist erst viel später nach Hause kommt. Aber im übrigen sind wir alle gesund, was ja die Hauptsache ist.

Im September 1947 lässt Ilse Wien für zwei Wochen hinter sich, sie reist zu ihren beiden Schwestern und den Eltern und verbringt zwei unbeschwerte Wochen in Stockholm. Das Wiedersehen nach zehn Jahren ist herzlich, Ilse erscheint der Schwester Friedl »süßer denn je«, wie sie Canetti vermeldet:

Sie hat wunderbar ausgesehn, hat hier durch ihre dunkle Haut und Haare eine derartige Aufregung unter den Schweden hervorgerufen, daß es geradezu widerlich war, mit ihr in einem Zimmer zu schlafen, ununterbrochen hat jemand gefensterlt. […] Sie hat gierig in sich hineingefressen und – wie es sich gehört – im breiten Wiener Dialekt gesprochen.

Über Politik spricht Ilse weder mit den Schwestern noch mit den Eltern, es wird gefeiert und kräftig getrunken.

Ende September 1947 glaubt Friedl endlich, *The Dreams* abgeschlossen zu haben. Nichts hält sie mehr in Schweden. Aus Getå schreibt sie an Canetti:

Lieber Ilja, es ist so, daß ich einfach nicht mehr weiß, wie ich Dir schreiben soll. Ich versuch es immer wieder und zerreiß dann den Brief – so sinnlos kommt mir jedes Wort vor.

Mein Aufenthalt hier ist für mich, in mir, zu Ende. Ich ertrage weder dieses Land, in dem ich kein Dichter bin dafür aber meine Sprache verlerne, mehr, noch die Eltern, so gerne ich sie hab. Die Ilse ist übrigens wieder weggefahren. Seitdem dieses Buch fertig ist bin ich vogelfrei und wurzelloser als je vorher in meinem Leben. Es war meine letzte Heimat, ich hab mit Recht Angst gehabt, es abzuschließen. […]

Leb wohl. Laß es Dir gut gehn. Deine Friedl.

Bis zum Erscheinen des Buches werden noch drei Jahre vergehen. Sie hat kein Geld mehr, und von den Eltern ist keines zu erwarten. Aus Stockholm schreibt sie, dass sie bald nach England zurückkommen will:

Ich kann hier längstens!! noch zwei Monate bleiben, auch das nur mit den allergrößten Einschränkungen, so daß ich jetzt bloß einmal im Tag ess. […]

Gestern bin ich hier wieder umgezogen und es wackelt mir der Boden unter den Füßen. Ich denke jetzt oft, daß ich jetzt einfach so rasch wie möglich nach England zurückfahren sollte, ich geh hier herum und meine Augen sitzen auf den Bäumen, wie kleine Vögel und es ist mir als wär ich selbst an allen Ecken und Enden verstreut. Ich bin fast ein Jahr hier und es fängt auf eine sonderbare Weise an einer zweiten, sinnlosen Emigration zu gleichen, nur ist die Armut ärger und alles wie ein Gelächter.

Leb wohl Ilja. Deine Friedl.

Die Sorge, die sie quält, ist, dass sie ihr Englisch verlernt, »was eine Katastrophe ist«, die nicht ernst genug genommen werden kann. Zu den Geldsorgen, den Beziehungssorgen und der Sorge, wo sie in Zukunft leben kann, tritt eine weitere Sorge hinzu – der Sprachverlust. Das Land und die Begegnungen mit den Schweden sind ihr verleidet:

Die Leute halten einen mit Vorliebe hin, sagen weder ja noch nein, sind überaus höflich und tun nur selten etwas. Außerdem saufen sie so wahnsinnig viel, daß man von Glück reden kann, wenn man sie im nüchternen Zustand erwischt und sie trinken Schnaps, was wahnsinnig stark ist und sie vollkommen verrückt macht, so daß sie alles vergessen. […]

Weißt Du, genau das, was mich früher hier so beruhigt hat: daß nichts so ernst ist, nichts wirklich zählt, alles doch schön weitergeht, macht mich jetzt ruhelos und entsetzlich ungeduldig, so daß ich vor allem meine gan-

ze Familie abkrageln könnte und die faden, blöden Schweden, die einen aus ihren dummen Augen stier anstiern und in ihren schwarzen, gebügelten Anzügen herumstolzieren, so daß man immer Lust hat ihnen ein Bein zu stellen und zu sehn wie sie in den Kot fallen. Das ist ein lebendiges, total gesundes und abscheulich schönes Land –

Nach einem Jahr in Schweden kehrt Friedl nach Hampstead zurück. Es entstehen konkrete Pläne für ein Kinderbuch, ein Theaterstück und einen Roman, *The Suicides*, der Text soll alle Arten der Selbstzerstörung enthalten. Nach Phasen der Näherung, der Zerwürfnisse und Wiederannäherungen erfolgt die endgültige Trennung von Canetti als Geliebtem. Beruflich und auch persönlich bleiben die beiden einander jedoch innig verbunden.

Einen Einschnitt im Nachkriegsalltag in Wien bildete der Geldumtausch Ende 1947, die Militärschillinge der alliierten Behörden wurden durch österreichische Schillingmünzen ersetzt, zugleich wurde der Schilling um zwei Drittel abgewertet. Kurz vor Weihnachten 1947 schreibt Ilse den Eltern über Wien:

Hier ist ganz angenehmes, kaltes u. trockenes Wetter u. seit es die neuen Schillinge gibt, füllen sich die Schaufenster wieder mit dem üblichen Kram. Draufgezahlt haben nur die armen Teufel, die im Strumpf ein paar hundert oder tausend Schilling gespart hatten – alle anderen haben »sich's richten« können. Jedenfalls war große Aufregung u. viele haben darüber auf ihre Krankheiten vergessen, so daß mein Wartezimmer selten ruhig war. Alle haben noch so rasch als möglich ihre Schulden bezahlt u. auch wir haben sämtliche Rechnungen u. Erlagscheine, die schon monatelang sanft geruht haben u. sicher noch lange nicht ans Tageslicht gekommen wären, herausgesucht. Weshalb wir jetzt natürlich stier sind.

Nach wie vor arbeitet Ilse als Betriebs- und auch als Schulärztin. Anfang März 1948 schreibt die »Hauskröte« über ihre Situation:

Liebstes Mummschilein u. Papschi!

Tausend Dank für das schöne Postpaket, das diesmal unbeschädigt angekommen ist. Ich hab telegraphiert, weil ich schlecht geträumt hatte – u. obwohl ich nicht abergläubisch bin, war ich doch besorgt – insbesonders, weil ich schon seit Wochen auf einen Brief von Euch warte. […] Ansonsten rast die Zeit. Kaum dreht man sich um, ist die Woche schon vorbei. Montag waren wir bei einem Fest in der Hofburg – ich leider ohne Abendkleid, was das Vergnügen etwas beeinträchtigt hat, obwohl ich keineswegs die einzige war. Im Betrieb hab ich jetzt viel »prominente« Patienten, die aber leider therapeutisch recht undankbar sind – vor allem deshalb, weil sie durch nichts dazu zu bringen sind, ihre Arbeitszeit einzuschränken. Ansonsten hab ich nach langem Hinundher eine Anstellung als Schulärztin bekommen, was mich einerseits sehr freut, weil die Arbeit wirklich sozial nützlich ist. … Ich hab jetzt wirklich viel Arbeit – wobei ich von der schulärztlichen Tätigkeit sehr enttäuscht bin. Viel Arbeit, viel Fahrerei, wenig bezahlt und nichts machen zu können ist wirklich undankbar. Die Kinder sind großteils unterernährt, vielfach tuberkulös u. es fehlt an den primitivsten Hilfsmitteln – wie z. B. Waagen zur Gewichtskontrolle, Tuberkulinsalbe zur Feststellung der Infektion usw. Sämtliches Schuhzeug ist in einem solchen Zustand, daß es in früheren Zeiten längst am Misthaufen liegen würde. Viele Eltern können nicht einmal mehr eine Schulausspeisung, die 35 Groschen pro Mahlzeit kostet, bezahlen. Dabei wächst die Arbeitslosigkeit.

Nochmals tausend Dank für das herrliche Paket u. viele innige Küsse von Eurer Hauskröte Ilse

Im Sommer 48 bessert sich die Lage:

Das Leben hier ist schon viel leichter geworden, der Naschmarkt schaut sich wieder ähnlich und die »Schleichpreise« sind stark gesunken. Textilien sind noch sehr teuer, aber schon frei erhältlich, und die Stimmung allgemein bedeutend besser.

Anfang September 1948 eröffnet Ilse eine Praxis im Goethehof, einem im Februar 1934 heftig umkämpften Gemeindebau mit drei Höfen und fünfzig Stiegen in Wien-Donaustadt, einem bevölkerungsreichen Arbeiterbezirk jenseits der Donau. Später zieht sie selbst mit ihrer Familie in eine bescheidene Wohnung im mittleren Hof, nur wenige Stiegen von ihrer Praxis entfernt. Sie ist eine der wenigen praktischen Ärzte im Bezirk und hat rasch mehrere Tausend Patientinnen und Patienten. Sie macht fast täglich Hausbesuche, eine eigene Nachtglocke wird zu ihrer Wohnung im dritten Stock gelegt. Ilse steht kurz vor neun Uhr auf und arbeitet zumeist bis nach 22 Uhr, oft bis Mitternacht. Regelmäßig ist von Überarbeitung in den Briefen die Rede, besonders widmet sie sich wie in der Schweiz den Kindern, häufig noch unterernährt und chronisch krank, und den jugendlichen Mädchen. Geschlechtskrankheiten und die frühen und ungewollten Schwangerschaften sind ein zentrales Problem in der Nachkriegszeit, Ilse wird für viele eine Vertraute.

Am 1. Mai, dem Tag der Arbeit, werden im Goethehof an fast allen Fenstern kleine Fahnen gehisst, die große Mehrheit der Fähnchen trägt drei Pfeile, das Emblem der Sozialdemokratie, aber rund ein Viertel zeigt Hammer und Sichel, der Goethehof ist zu dieser Zeit eine rote Hochburg. In keinem anderen Wahlsprengel war der Anteil der Kommunisten ähnlich hoch, dennoch sind die Ergebnisse der KPÖ bei den Wiener Gemeinderatswahlen enttäuschend. Man hatte sich mehr Zustimmung erwartet. Die Rolle der Roten Armee sieht Ilse weit weniger positiv als noch kurz nach Kriegsende in ihrem Bericht im Auftrag der Centrale Sanitaire Suisse. Das arrogante Auftreten der sowjetischen Offiziere, die Diebstähle und Vergewaltigungen wirken sich in hohem Maße negativ auf die Arbeit der KPÖ aus, wie sie bei ihrem Besuch in Stockholm im Herbst 1947 der Familie eingesteht. Friedl schreibt über Ilse:

Über die Russen hat sie – als Kommunistin – schrecklich geschimpft. Sämtliche »Greuelnachrichten« sollen leider wahr sein und sie sagt, daß die Russen ihnen unbeschreiblich schaden, nämlich der Partei. Sie sind völlig undiszipliniert und tun vor allem nichts, ohne daß sie vom Obersten bis zum Untersten davon überzeugt sind, daß es notwendig ist. […]

Frauen haben die Russen massenhaft vergewaltigt, sich aber immer nachher entschuldigt, wie die Ilse sagt. Alle Leute sind apathisch und frech, die Kaffeehäuser voll mit Schiebern, jeder der kann kauft auf dem schwarzen Markt, wer nicht kann, hungert. […] Ich glaube, daß die Russen eine riesige Enttäuschung für die Parteimitglieder waren. Z. B. haben sie eine Deputation hingeschickt, um die Russen zu begrüßen, alles sehr feierlich und sehr gespannt. Das erste was die Russen gesagt haben, war: »Uhr!« Die Ilse sagt, wenn sie nicht bald verschwinden, so hat die Partei überhaupt keine Chancen. Am anständigsten sind die Engländer. Die Amerikaner kaufen auf, was nur zu kaufen ist. Ebenso kommen Schweizer, die alles aufkaufen und den Österreichern dafür Schweizer Konten eröffnen. So scheint dort ein Saustall ohnegleichen zu sein.

Dennoch kandidiert Ilse bei der Gemeinderatswahl als Mandatarin für die Partei, zum Glück, wie sie an die besorgten Eltern schreibt, »an aussichtsloser Stellung«. Mehr als alles andere im Leben ist sie Ärztin.

Im Frühjahr 1948 reist Friedl – als wäre alles nicht schwierig genug – mit Nemes zur Ausstellung der Minotaur-Gruppe nach London – auch der Vater nimmt daran teil – und im Anschluss daran nach Paris. Sie fährt allein weiter nach St. Hilaire, wo sie Canetti bei seinem Bruder Georges trifft und wieder mit ihm zusammenkommt. St. Hilaire ist ein Dorf auf einem Hochplateau in den französischen Alpen nahe Grenoble, Georges Canetti ist Arzt am dortigen Krankenhaus. Aus St. Hilaire schreibt Friedl an die Eltern:

Geliebtes süsses Väterchen und Mummili,

[…] Gestern bin ich hier angekommen. Es ist ein unbeschreiblich schöner Ort, ganz von den Alpen umgeben, aber flach. Es ist ein sonderbares Wetter hier – den ganzen Tag wechselt es und in fünf Minuten können alle Berge hinter Nebel verschwinden und ganz plötzlich wieder da sein. Sie sind alle schneebedeckt.

Heute waren wir oben beim Georges – er ist ein ganz ungewöhnlicher Mensch. Ein altes Weiblein war dort, die Frau von einem Prof. Schlesinger – sie behauptet, dass sie bei uns in Grinzing war und kennt auch die Coudenhoves gut.

*Endre ist nach Paris gekommen – dank Dir vielmals Schnieze für Kleid und Strümpfe und Hutbänder. Canetti und er haben sich äusserst gut vertragen, wir haben chinesisch zusammen gegessen und Endre und auch C waren sehr guter Laune. Canetti war übrigens in Deiner Ausstellung, Papa, und die Sachen haben ihm sehr gefallen.**

Endre hat Dein Lob gesungen.

Dieses Hotel ist gar nicht unangenehm. Mein Zimmer ist gross und hübsch, wenn auch sehr einfach, aber mit einem guten Bett und einer herrlichen Aussicht. Das Essen ist ganz gut und gerade genug.

Wie mir zu Mute ist, weiss ich eigentlich nicht. Diese ganze Reise ist für mich noch völlig unwirklich, als würde ich sie mir die ganze Zeit nur ausdenken. Wie ich endlich den C. wiedergesehen hab und mit ihm war, war es wie das natürlichste von der Welt und gleichzeitig als könnte es unmöglich wahr sein.

*Die Arnegeschichte*** *hab ich erzählt, aber es hat keine sehr grosse Wirkung gehabt, Gott sei Dank. Vielleicht ist es meine Müdigkeit, die alles so ganz unwirklich macht, ich weiss es nicht. Es ist ein ungeheures Glück, dass ich dieses Jahr bei Euch gehabt hab. Ich hab nicht mehr dieses Gefühl von Ausgeliefertsein – in mir, bin ich auf alle Fälle viel ruhiger. Selbst diese zwei Zimmer in einem Pensionat bedeuten mir enorm viel – ich kann mich immer in sie hineindenken. Canetti ist dabei wirklich sanft und sehr rücksichtsvoll und gar nicht tyrannisch. Er quält mich auch nicht mit alten Geschichten. Indessen ist noch immer alles schrecklich schwer, aber ich glaube tatsächlich, es ist alles nur wegen dem Geld. Wie das einzurichten ist, weiss ich nicht. Seine Geldsituation ist katastrophal. Er ist aber der einzige Mensch in der Welt, den ich wirklich ganz liebe – es ist*

* Das stimmt nicht, Canetti hat die Ausstellung nicht besucht, wie sie in einem Brief an ihn schreibt.

** Die Heirat mit Arne Widholm.

sonderbar, Schnieschen, dass alle die anderen Dinge verschwunden sind, als ob sie nie gewesen wären – ich hätte gedacht, das Jahr mit W[illy Goldman] muss alles zerstören. […]

Ach, meine geliebten, entzückenden Elternstachelschweine, ich wünschte Ihr wärt hier – es blüht Enzian hier und die Wiesen sind richtige Alpenwiesen, es ist eine herrliche Luft. Bitte schreibt's gleich – Papa alles was Du arbeitest und Mummi allen Quatsch und grüsst's bitte alle von mir. Im Herbst komm ich ganz bestimmt zurück.

Tausend Millionen Küsse, auch an Rokko – Friedl*

Danach reist sie zurück nach Paris, wieder begleitet von Canetti. Sie verbringt einige Tage mit ihm, bisweilen ist sie erschöpft. Canetti schreibt über die Tage mit ihr an den Bruder Georges: »Ich wohne mit ihr in einem ganz kleinen Zimmer in einem alten, stimmungsvollen Hotel (des Saints Pères) und ich bin in diesen wenigen Tagen so glücklich gewesen wie noch nie zuvor. […] Ihre Müdigkeit, von der Krankheit her, ist noch sehr stark; sie liegt viele Stunden des Tages, ich sitze bei ihr wie bei einem kranken Kind und beantworte ihre Millionen albernen Fragen. Das Alles dauert nun noch wenige Tage, sie weiß es, und vielleicht ist es diese merkwürdige Sorglosigkeit und Leichtigkeit, die ich nie erlebt hab, was mich so glücklich macht.«

Nemes, eifersüchtig auf seinen Nebenbuhler, ist ebenfalls noch in Paris, und, als wär das nicht Pech genug, läuft Friedl noch dazu Willy Goldman über den Weg. Friedl schreibt an die Eltern:

Geliebte, widerliche Alten,

Eure diversen Brandbriefe sind wirklich widerlich – noch dazu unberechtigt. Inzwischen habt Ihr hoffentlich meinen Brief. In Eurem steht kein Wort, was Ihr wirklich macht.

Ich fahr nächsten Freitag nach London; ich hoff, Schnieschen, Du hast an die Heddie geschrieben. Ich würde viel lieber früher fahren, hab aber

* Irma und Susie Benedikts Hund.

nirgends wo ich hinkann. Der Canetti, der morgen fährt, wird versuchen, mir etwas aufzutreiben. […]

Hier ist es weiter saukalt und das grosse Zimmer, das wir haben, ist wie ein Eiskeller. Dafür ist es billig, nur der Patron von einer unbeschreiblichen Neugier. Ich hab mir gestern neue Dauerwellen machen lassen, was beim Canetti einen Wutanfall hervorgerufen hat, weil er meine Haare am liebsten hat, wenn sie mir glatt ins Gesicht hängen. Ausserdem habe ich mir Stirnfransen schneiden lassen, was mir, zu meinem eigenen Erstaunen, sehr gut passt. – Sonst geht mir Paris schon entsetzlich auf die Nerven – die vielen Leute und der Schmutz und natürlich bin ich nie ausgeschlafen. Ausserdem habe ich schon eine schreckliche Lust zu arbeiten, hier vergehen die Tage, ich weiss nicht wie. – Der Endre hat dem Canetti seine Bilder (vier oder fünf, die hier sind) und Fotografien von den übrigen gezeigt, wovon er sehr beeindruckt war. Der Endre aber zerspringt vor Eifersucht. […]

Vorgestern, auf dem Boulevard St Michel, bin ich am Willy vorbeigegangen. Er hat mich aber, Gott sei's gelobt, nicht bemerkt und ich bin ins nächste Café aufs Klo gerast, wo ich eine Viertelstunde mit solchem Herzklopfen, wie ich sie noch nie gehabt hab, gesessen bin. Ich bin wirklich erschrocken. Das ist eine verfluchte Stadt, wo man jeden Menschen, den man kennt treffen muss da sie alle in derselben Gegend wohnen und in die gleichen Caféhäuser gehen.

Hier herrscht noch immer grosse Anti-Bevin Aufregung über Palästina. * *Die englischen Zeitungen (Pariser Ausgaben) sind voll von wilden Angriffen auf ihn, vor allem wegen dem Verlust an Prestige in Amerika. Sie betrachten den Krieg ausnahmslos als eine englische Schuld und persönliche Rache vom Bevin. Über Malaparte sind grosse Artikel in den Zeitungen. Seine politische Vergangenheit scheint ziemlich einwandfrei*

* Ernest Bevin (1881 bis 1951) war von 1945 bis 1951 britischer Außenminister in der Regierung von Clement Attlee und für seine kritische Haltung gegenüber Israel bekannt. Er lehnte den Teilungsplan für Palästina und die Besiedelung der palästinensischen Gebiete ab.

zu sein, nämlich insofern, als er immer anti-deutsch war, wenn auch nicht antifaschistisch.

Ich war hier bei meinem Verleger, der mehr oder weniger bankrott ist und hab mir meine Kritiken geholt, die sehr gut sind, wenn auch blöd. Mein Humor ist typisch englisch. Überhaupt ist das ganze Buch ein typisches Produkt der angelsächsischen Literatur. Und ich bin von Wells – den ich nie gelesen hab – beeinflusst. Jedenfalls war der Herr Levy sehr zufrieden mit dem Erfolg.*

Geliebte, süsse, entzückende Alten, schreibt mir bitte gleich, ich habe schreckliche Sehnsucht nach Euch und Rocco. Ruh Dich gut aus, Schnieschen, und Papsch, ich wünscht, Du könntest mich am Rücken kratzen und ich könnt mit Dir Schach spielen.

Ich umarm und küss Euch

Friedl

Nachdem Canetti zurück nach London gefahren ist und sich auch Nemes abgesetzt hat, bleibt Friedl einige Tage allein in Paris. An die Mutter schreibt sie aus dem Hotel Toulier über das Alleinsein in der Stadt, die sie als Frau nicht ungestört genießen kann:

Geliebte, alte Schweinchen,

ich schreib Euch nur aus Pflichtgefühl, weiss Gott nicht, weil Ihr es verdient. Ihr schreibt offenbar nur, wenn ich nicht schreibe und dann auch nur blöde Briefe in denen nichts drinsteht.

Canetti ist weggefahren. Ich fahre definitiv nächsten Dienstag. Paris gefällt mir weniger und weniger. Der einzige Vorteil ist, dass ich jetzt, wo C nicht mehr da ist mir alle Sachen anschauen kann, die ich sehen will. Ich war in einem herrlichen neuen Museum für ostasiatische Kunst, hab mir auch einige Kirchen angeschaut und geh heute mit dem Endre in ein paar moderne Ausstellungen.

Der Endre ist unerwarteterweise wieder sehr nett geworden, aber nach C's Abreise war mir so grässlich traurig zu Mute, dass ich umgezogen bin.

* Friedls französischer Verleger.

Bitte merkt's Euch die neue Adresse. Andererseits schlaf ich mich endlich wieder aus, was schon sehr notwendig war.

Hier ist augenblicklich eine Hitzewelle und man weiss nicht, was man sich noch herunterreissen soll. Die Französinnen wandeln alle in langen weiten Röcken herum, ich habe mir alle Kleider bis auf den letzten Millimeter verlängert.

Mein Verleger hat mich Montag zum Lunch eingeladen und mir auch ein paar tausend Franc ausbezahlt, weshalb ich noch so lang hier bleiben kann. Ansonsten verderb' ich mir hier unentwegt den Magen, denn wenn man nicht teuer isst, isst man schlecht und ich habe auch schon etwas abgenommen, worüber ich sehr froh bin.

Ich hab alle möglichen Dinge angefangen zu schreiben. Den Artikel über Paris hab ich fertig, aber natürlich ist wieder dieses verfluchte Schreibmaschinenproblem, was mich aufhält. Ich weiss nicht wo ich tippen kann.

Die Männer hier sind wie vermin. Wo man hingeht, zwicken sie einen in den Arsch, laden einen zu Champagnergelagen; gestern hat mich einer angesprochen, ob ich bei ihm Milchkakao trinken will.*

Das klingt komisch, ist es aber gar nicht, wenn man hier alleine etwas herumgehen will. Mich, jedenfalls, irritiert es ungeheuer, besonders wenn ich hingerissen im Kino sitz und plötzlich eine Hand unter meinen Kleidern (um mich fein auszudrücken) spüre.

Mit diesen interessanten Nachrichten werd ich diesen Brief beschliessen.

Geliebtes Väterchen und alte Katz, schreibt's gleich. Es ist saublöd, dass Ihr nicht hier seid. Was gäb ich um eine Partie Schach und um ein gutes Wurstbrot mit Dir, Schnieschen.

Tausend Küsse Friedl

---

* Ungeziefer.

Im November 1948 – Friedl ist wieder zurück in Schweden, in Getå – beginnen die Schmerzen. Zunächst sind es undefinierbare Schmerzanfälle, verbunden mit Müdigkeit und Gewichtsverlust, der Arzt habe, schreibt Friedl den Eltern beruhigend,

> *irgendeine Kleinigkeit gefunden – das ist wahrscheinlich der Grund, warum ich noch immer so wahnsinnig müde werde.*

Friedl erhält Morphium und starke Schlaftabletten. Im Tagebuch notiert sie am 28. November 1948:

> *Hab so viel Morphiumtabletten genommen, der Kopf ist weit weg von mir, schwer und leicht zugleich, als läg er tief unter mir, auf einem tiefen Wasser schwebend. Der Schmerz ist auch so, als hätt' er nichts mit mir zu schaffen, als ob ein Schmerz an sich wie ein kleines wundes Pünktchen existieren könnte. Alle Leute, die wissen, daß man einmal krank war, wünschen einen wieder krank, man merkt es an ihren Fragen, in der Art einen, auch wenn man ganz gesund ist, zu behandeln als wäre man noch krank.*

Und zwei Tage später:

> *Heute Nacht hab ich solche Schmerzen gehabt, daß ich gedacht hab jeden Moment muß mein Bauch explodieren. Alle haben schon geschlafen. Der Schmerz ist wie ein Tier, das sich in einen verbeißt. Ich hab drei Morphiumtabletten auf einmal genommen. Dann verlor ich ganz das Bewußtsein. Der Schmerz springt auf wie ein Tier manchmal und manchmal wie eine große, purpurne Blume, es ist sonderbar, daß ich immer an Blumen denken mußte, die einem doch nie weh tun.*
>
> *Draußen hat ein Hund unentwegt gebellt, oft war mir aber, als ob das Bellen aus meinem eigenen Leib käme. Es ist auch merkwürdig, daß Schmerzen Farben haben wie Gegenstände: rot, grün oder gelb, manchmal kann ein Schmerz in allen Farben glitzern. Die Farben sieht man nicht, fühlt sie aber. Das Blut ist rot, und auch die meisten Schmerzen*

sind rot, aber weshalb gelb oder grün? Warum ist so ein spitzer, kurzer Schmerz gelb und so ein beißender, klammernder, verkrampfter grün, die breiten, schweren Schmerzen sind die roten.

Die »Kleinigkeit«, die die Schmerzen erzeugt, sind Gallensteine. Eine Operation ist notwendig, Friedl wird ins Serafinerlazarett in Stockholm eingewiesen und zusätzlich einer gynäkologischen Untersuchung unterzogen. Sie schreibt:

Langsam geht es mir besser. Von allen Dingen und vielleicht mehr noch als diese grauenhaften Schmerzen ist das unerträglichste das Spital. Diese Routine um Kranke erbittert mich. Die Schwestern und Dienstboten sind wie die Raben, die darauf warten, was sie von jedem Kranken noch wegschnappen können. Jetzt bin ich zu Hause. Jedes Wort ist wie ein Vogel, den man erst einfangen muß: Die, die man selber spricht und was die Leute zu einem sagen. Ich war überzeugt davon, daß ich an dieser Operation sterben werde. Nacht für Nacht hat mich plötzlich ein grauenhafter Schrecken gepackt, wenn ich plötzlich das scharfe dünne Messer gesehn hab, mit dem mir der Arzt den Bauch aufschneidet und dann eine klaffende rote Wunde und alles darinnen. Nach der Operation war ich auch todsicher, daß ich sterben werde. Angst hab ich davor eigentlich nicht gehabt, nur eine grauenhafte Traurigkeit, so daß ich immerzu hab heulen müssen. Dann hab ich mir auch inständigst gewünscht, daß, bevor ich sterb, diese fürchterlichen Schmerzen aufhören sollen […]

Wenn die Schmerzen besser werden, fühlt man sich leicht wie Glas. Während der letzten Untersuchung, die mir so weh getan hat, daß ich heulen mußte, läutet das Telephon. Der Arzt antwortet und spricht gute zehn Minuten mit einem Freund. Man liegt da, aufgerissen, erniedrigt, gekränkt. Dann dreht er sich um, als ob man ein totes Vieh wär, untersucht weiter. Es erbittert mich, daß Frauen alle diese Dinge mitmachen müssen und Männer nicht. Daß ein Mann selbst mit der Phantasie von C. keine Vorstellung hat, was vorgeht.

Eine Besserung setzt Anfang 1949 ein, am 19. Jänner schreibt sie aus Getå an Canetti (»Afrik«):

Mein geliebter Afrik, […]

Mir geht es jetzt viel besser. Dieses Getå ist doch ein herrlicher Ort. Die Luft ist stark und kalt und macht mich ganz selig. Geh ich eine Stunde, so fängt mein ganzer Körper an zu singen und zu brennen und zu knistern. Jetzt ist auch der Rokko hier. Heute Nachmittag war ich lange mit ihm im Wald spazieren. Wenn die Sonne untergeht ist der Himmel rot und grün und das Meer leuchtet wie frisch gepflügte Erde. Die Tannenbäume sind dicht mit Tannenzapfen behängt, unten fast schwarz, aus den Spitzen leuchtet die rote Sonne. […]

Ich gehe als hätte ich ein Paar neue Beine gekriegt, an die ich mich erst gewöhnen muß und zu denen man noch kein sehr großes Vertrauen hat. Ich geh so leicht als wärs nicht wahr. […] Deine Friedl.

1949 veröffentlicht Ilse die kleine aufklärerische Schrift *Probleme des Geschlechtslebens. Ärzte raten der Frau.* Die leicht lesbare Broschüre, gemeinsam verfasst mit zwei Kollegen, erscheint im Globus-Verlag in der Buchreihe »Stimme der Frau«, sie wendet sich speziell an junge Frauen vor oder während der ersten sexuellen Erfahrungen. Es geht um Geschlechtskrankheiten, um Schwangerschaft und um Empfängnisverhütung, es geht aber auch um das Recht der Frauen auf erfüllte Sexualität. Diese ist für Ilse Grundlage jeder tiefen und innigen Beziehung. Sie pocht auf Gleichberechtigung der Geschlechter und dabei auf die Verantwortung der Männer in der sexuellen Beziehung zu ihrer Partnerin. »Ziel jedes Beischlafes«, schreibt sie, »ist der Orgasmus bei Mann *und* Frau.« Das Ziel ist »unter sonst normalen Umständen sicherlich immer zu erreichen«.

Hingewiesen wird auch auf die Not der Frauen und ihre wirtschaftlich mitunter aussichtslose Lage, die die Ursache für viele Schwangerschaften und den Wunsch nach einer Abtreibung ist. Der Schwangerschaftsab-

Ilse, Goethehof, Wien 1948

bruch, damals noch mit schwerem Kerker von bis zu fünf Jahren belegt, ist für Ilse als Ärztin zwar nicht wünschenswert und medizinisch nur in seltenen Fällen indiziert, Ilse diskutiert aber ausführlich die gesundheitspolitischen Folgen eines Verbotes und die Fragen einer »sozialen Indikation« der Abtreibung. Sie ist sich sicher, dass sich das Dilemma nur in »einem nach sozialen Gesichtspunkten organisierten Gemeinwesen«, also durch gesicherte Arbeitsverhältnisse und gesunde Wohnungen, lösen lässt.

Einige Passagen erinnern an Sofie Lazarsfelds frühe feministische Schrift *Wie die Frau den Mann erlebt* von 1931, die Ilse aus der Vorkriegszeit in Wien kannte. Das Buch spiegelt aber vor allem das konkrete Denken und die pragmatische Haltung der Ärztin. So schreibt sie etwa, jungen Männern und Frauen sei es peinlich, Kondome und Pessare zu kaufen, sodass sie auf die Verwendung von Schutzmitteln verzichten. Statt eines allgemeinen Appells an die Leserinnen, Mut zu fassen und zur eigenen Sexualität zu stehen, empfiehlt die Autorin einfach, einen Zettel zu verwenden, auf dem die Bestellung aufgeschrieben ist und der wortlos überreicht werden kann.

Im Oktober 1948 reist – endlich – auch Gerda zu den Eltern und den Schwestern Friedl und Susanne nach Schweden. Sie trifft Friedl mitten im schwierigen Schreibprozess zu *The Dreams*, es wird viel gestritten in der Pension von Solhäll, in der die Eltern nun bereits seit neun Jahren auf engstem Raum und in bescheidenen Verhältnissen leben. Friedl schreibt an Canetti:

> *Mein lieber, geliebter Afrik, […]*
>
> *Die Eltern treiben mich leider Gottes auch außer Rand und Band. Sie streiten und sticheln einander, der Papa ist aufdringlich und unausstehlich und ständig »unwohl«, wie er sagt, außerdem liest er mir unentwegt den faden Kaiser Joseph* vor, kommt in aller Früh mit grauenhaften politischen Prophezeiungen ins Zimmer, ärgert sich bis zur Weißglut über mich, weil ich schlecht Schach spiele, während die Mutti hier mit sämtlichen Diensttrampeln herumschimpft und in Burgtheatertönen sich die Haare rauft. Kaum rühr ich mich, kreischt alles durcheinander. Nebenan wohnt ein langes, dünnes englisches Ehepaar aus irgendeinem Londoner Vorort, das so erschrocken über unsere Familienverhältnisse ist, daß es sich in sein Zimmer eingesperrt hat und nicht mehr herauskommt, nur das Weib rast zu den Mahlzeiten in den Speisesaal und holt das Essen. […] Deine Friedl.*

Auch Ilse hatte über die »alte ewig überspannte Existenz« geklagt, doch der Besuch von Gerda verläuft anders als der von Ilse im Jahr zuvor. Friedl:

* Ernst Benedikts Biografie *Kaiser Joseph II.* erschien 1947 in zweiter Auflage im Gerold-Verlag.

Mein lieber, lieber, mein geliebter Ilja, wie geht es Dir, mein Sternchen? […]

Die Gerda und ihre blödsinnigen Affären geht mir so wahnsinnig auf die Nerven, daß ich nur der Eltern willen nicht mit ihr streite. In Amerika ist es Mode sich unentwegt – aufzuregen, »Nervenzusammenbrüche« zu kriegen, »empfindlich« zu sein und zu jammern. Alles das tut sie unentwegt und dabei ist sie von vornherein tatsächlich in einem schlechten, hysterischen Zustand, den sie mit allen Mitteln pflegt. Das Blödsinnige ist, daß ich noch immer im selben Zimmer mit ihr wohne, so komme ich zu keiner Ruhe, an Arbeit gar nicht zu denken.

Es wird dann doch gestritten, und zwar laut, ganz »in benediktinischer Tradition« (Susanne), die allen Schwestern aus ihrer Kindheit und Jugend bekannt ist. Der Streit eskaliert, das erste direkte Wiedersehen misslingt, am Ende reist Gerda ab und verstummt für lange Zeit. Noch drei Jahre danach wird sie in ihrem ersten Brief an die Schwester Susi an den Streit erinnern und gestehen, dass sie sich davon erstaunlicherweise noch immer nicht ganz erholt hat.

Im Sommer 1949 machen bei Friedl die Schmerzen Pause, es gelingt ihr, das Manuskript zu *The Dreams* abzuschließen und es nach sechs Jahren aus der Hand zu geben. Sie fährt nach London, trotz großer Geldsorgen schickt sie den Eltern einen heiteren Brief aus Hampstead:

Geliebte Alten, es ist grossartig, wie Ihr Euch immer darüber ärgert, dass man Euch nicht schreibt, aber einem wochenlang selber nicht ein Wort schreibt! Schnieschen, Du bist wirklich von Sinnen oder Du hast, wie sich irgend jemand ausgedrückt hat, »Paprika im Popo«. Woher soll ich 10 Pfund nehmen? ZEHN PFUND!!! Irrsinniges Weib, ich schulde der dicken Eva 10 Pfund für die Miete, und Gott weiss woher ich es nehmen werde, da die Heddie mir nichts schickt. Dass ich überhaupt noch am Leben bin, ist ein Wunder, das dem Canetti zu danken ist, der wie ein grosser Leberknödel durch die Stadt rollt, sich Geld für mich ausleihen. […]

Hier ist eine neue heat-wave, es ist ein Sommer gewesen, wie ich ihn überhaupt noch nie in England erlebt hab, ein herrlicher Tag nach dem anderen. Jetzt ist es so heiss wie im Hochsommer. Ich sitz tag-täglich stundenlang in unserem kleinen Garten und arbeite – mit meiner Arbeit geht es besser als seit Jahren. Das Buch ist so gut wie fertig. Ich bin braun wie ein Neger, meine Haare, Mütterchen, sind golden und das Nonnenleben, das ich führe, tut mir äusserst gut. Ich komme mehr und mehr drauf, dass es für mich vollkommen falsch ist, wenn ich auf die Dauer ein »normales« Leben führe, es macht mich nur verrückt. Seit drei Jahren hab ich eigentlich zum ersten Mal trotz aller Komplikationen und Schwierigkeiten das Gefühl, dass ich wieder zu mir selber gekommen bin und wieder ganz ICH geworden bin – wie wenn ich nach einer langen, langen Krankheit endlich wieder gesund geworden wäre. Ich glaube – touch wood – was immer jetzt geschehen wird, es kann doch nie wieder so schlimm sein, wie in diesen letzten Jahren. Zum grossen Teil verdanke ich das dem Canetti, der mir nicht nur äusserlich mein Leben zumindest so geordnet hat, dass ich nicht unentwegt über Geld nachzudenken brauch, aber sich auch in allen anderen Dingen wie ein selbstloser Engel benimmt – weiss Gott, alles was er mir je in der Willyzeit an Quälereien angetan hat, hat er jetzt mehr wie gut gemacht.

The Dreams, wie das letzte Buch heisst, ist bereits angekündigt und ich muss jeden Tag die Fahnen kriegen. Ausserdem hab ich mit der Veronica, dieser Historikerin, gesprochen, die mich ursprünglich zu Cape gebracht hat, wegen einem neuen Verlag, der mir mehr zahlt und auch die anderen Bücher wieder druckt. Ich will auf keinen Fall mit diesem neuen Buch wieder zu Cape gehen, da sie wirklich einer der geizigsten Verlage in England sind. Die Veronica, die sehr einflussreich ist und jeden Verlag in der Stadt kennt, steht auch auf schlechtem Fuss mit Cape's im Augenblick und hat versprochen mir zu helfen. Das wird sie auch tun. So Gott will, werd ich also mit diesem 4. Buch doch endlich zu etwas Geld kommen: Sowie ich mit dem Buch fertig bin, werd ich rasch das Kinderbuch herunterschreiben – auch wenn ich nicht den Bonnierpreis krieg, kann ich es leicht unterbringen.

Von Endre kommt jetzt ein Brief nach dem anderen, in dem er mich *beschwört nach Göteborg zu kommen. Mit der Helena* scheinen aber die Dinge äusserst schwierig zu sein. Sie droht mit Selbstmorden (ich dreh Euch die Hälser um, wenn das irgendein Mensch erfährt!!!) und der gute Endre scheisst sich an, vor Angst. […]*

Ich frage mich selber immer wieder, ob es für mich das Richtige ist, eine »Ehe« zu führen – noch jeder Versuch in dieser Richtung ist gescheitert. Ich weiss noch nicht, was ich tun werde, denke aber doch dass wenn ich mein Buch fertig habe und meinen Kontrakt unterschrieben hab, ich nach Schweden kommen werde.

Wie lange werdet Ihr in Österreich bleiben? Es wäre natürlich herrlich, wenn ich Euch dort treffen könnte und dann mit Euch zurückfahren könnte. Ich glaube, es wird hier ungefähr noch sechs Wochen dauern, bevor ich alles geordnet hab. Mitte Oktober, denk ich, dass ich wegfahren könnte. Schreibt mir und genau wo Ihr seid, süsse, geliebte Alte. Streitet Euch um Gottes willen nicht all zu sehr auf der Reise und in Österreich, sondern benehmt Euch wie Turteltauben. Ihr fehlt mir entsetzlich, meine süssen, geliebten Schnickerln, und rauf Dich nicht mit dem Emil, Papa, und ärgere Dich nicht über die Ilse. Und Mutti, lass Dir gefälligst Deine Haare nicht grün und gelb färben, bevor Du wegfährst, sondern verlass Dich auf Dein ewig junges, süsses Gesichtchen und Deine damenhafte Anmut, um Leuten zu gefallen. Immerhin, find ich, brauchst Du ein anständiges Kostüm für diese Reise und nicht den B. W. Mist.

Schreibt's bald und Milliarden Küsse. – Friedl

Das Kinderbuch, das Friedl im Brief erwähnt, *Fairy Tale*, handelt vom Mädchen Noname, das die Sprache der Tiere und Pflanzen spricht und sich selbst, da es ihre Eltern verabsäumt hatten, einen Namen geben muss. Es ist ein zartes, Fragment gebliebenes Gegenstück zu dem älteren *Monolog eines Mörders*, dem wüsten und fiebrigen Geständnis eines narzisstischen Sadisten und Frauenmörders.

---

* Nemes' Ehefrau.

Kurz vor Erscheinen von *The Dreams* reist Friedl nach einem Weihnachtsbesuch bei den Eltern Ende 1949 mit der Britannia von Schweden nach England, die Überfahrt nach Tilbury (Essex) verläuft nicht ganz ohne Probleme:

Meine geliebten, süssen Alten,

[…] Die Reise war nicht gar zu arg. Es war ein Sturm, aber dank Nautisan und dadurch, dass ich mich überhaupt nicht gerührt hab, war mir nur leicht schlecht. Die meiste Zeit hab ich geschlafen. Es war nur ein Mädel in der Kabine, eine wirklich reizende Schwedin aus Uppsala, Kerstin Nordin. Es ist fast unglaublich, aber sie und ich, wir haben buchstäblich VERGESSEN in Tilbury auszusteigen. Wir sind in der Kabine gesessen, haben Zigaretten geraucht und geredet und nicht gemerkt, dass die Britannia bereits wieder auf offener See ist. Die Besatzung hat vor Vergnügen gejohlt wie wir wieder aufs Deck gekommen sind, es war ein einmaliges Ereignis. Schliesslich sind wir mit einem besonderen Boot abgeholt worden und mit einem besonderen Zug nach London befördert worden – die typische Benediktinische Extrawurst, Mutti. Der Immigration Officer war scheissfreundlich zu mir – dank dem Pelzmantel, glaub ich.

[…] Mein Buch ist schon im Times Literary Supplement GROSS angekündigt: One of the four distinguished novels Cape are publishing in 1950. Irgendwie freut es mich, dass das Buch im neuen Halbjahrhundert herauskommt. Canetti hat wirklich unglaublich gute Kritiken in Frankreich – einen riesigen Artikel in Le Monde, der nicht ehrenvoller sein könnte. Zu Silvester war ich mit ihm auf Piccadilly und Trafalgar Square. Es war ein Meer von Menschen, aber alle sehr steif und ruhig, eben Engländer. […]

Es ist saukalt hier und das Haus wie ein Eiskeller.

Mummi, kränk Dich nicht all zu sehr über Deine ungeratenen Töchter. Meine süssen, geliebten Alten, ich dank Euch Millionen Mal für das schöne Weihnachten in dem »gemütlichen« Heim, der sonnigen Familienatmosphäre, wo man trotz Gebrüll und Krachen einander doch tausendmal mehr liebt als andere Menschen.

Ich umarm und küss Euch und alles, alles Liebe. – Friedl.

Im Februar erscheint nach sechs Jahren Arbeit Friedls dritter Roman bei Jonathan Cape. *The Dreams* ist wie alle Romane Canetti (»Orion«) gewidmet, doch hat sich die Autorin von ihrem Lehrer, wie Canetti selbst (nicht ohne Stolz) bemerkt, emanzipiert. Das Buch wird von Cape nach dem Erfolg von *The Monster* groß angekündigt und stark beworben. In *The Dreams* erzählt Friedl über Michael und Tobias Glace, ein ungleiches, dionysisch-apollinisches Brüderpaar, von dem der eine nachts, der andere am Tag lebt, der eine Zahlen, der andere Wörter bevorzugt. Beide, der König der Nacht und der König des Tages, gleiten durch die Welt eines Londoner Pubs und durch die halluzinatorische Landschaft von Träumen, wie in einem Varieté betreten Figuren die Bühne der Erzählung und verlassen sie wieder. Offen bleibt, ob es sich bei dem Brüderpaar um zwei Personen oder um die Spaltung einer einzigen handelt.

Von der Kritik wird der Roman geteilt aufgenommen. Galten ihre ersten beiden Romane noch mehr oder minder einhellig als innovative, romantische und surreale Experimente, welche die realistische englische Literatur bereichern, geht das melancholische Traumspiel manchem Kritiker formal zu weit: Der Text sei rätselhaft und nur schwer lesbar, heißt es in einer Kritik im *Observer*, für die *Tribune* ist die Handlung brüchig und unecht, der ganze Roman bloß ein Spiegelkabinett »chi-chi and spurious«. Andere vergleichen die Figurenzeichnungen mit Gemälden Chagalls und erkennen in ihnen »the unmistakable accent of a genius«, der bedeutende Schriftsteller und Literaturkritiker Angus Wilson konzidiert Anna Sebastian brillante Zeichnung der Figuren. »She has more than fulfilled the promise of her earlier work *The Monster*«, schreibt Wilson begeistert und empfiehlt das Buch als »directly exciting« und »ultimately illuminating«. Im Ganzen ließ der experimentelle expressive Roman die Kritik aber eher ratlos zurück, am Buchmarkt war *The Dreams* kein großer Erfolg. Friedl verlässt England und begibt sich wieder auf Reisen.

Der neue, vierte Roman, den Friedl im Brief an die Eltern erwähnt und auf den sie ihre Hoffnungen setzt, nimmt Motive von *The Dreams* auf und radikalisiert die offene surrealistische Form. *The Autobiography of a Thief* wird auf Reisen durch ganz Europa verfasst, das Typoskript umfasst 65 Seiten. Es ist ein düsteres, verstörendes Fragment, das weniger an Canetti als an Leo Perutz oder Bruno Schulz erinnert. Canetti bezeichnet es als ihr »großartigstes Werk«. Die Geschichte, erzählt aus der Perspektive des Protagonisten Nicholas, handelt von seiner Suche nach dem Vater, vom Ringen um die Anerkennung seiner Mutter und dem Kampf gegen seinen Stiefbruder. Im Mittelpunkt steht die bizarre, homoerotische Freundschaft zu seinem Mitschüler Quentin. Nicholas und er entwickeln ein eigenes Spiel, in dem Quentin ihn minutenlang anlächelt und Nicholas ihn dafür küsst. Das Lächeln, das Quentin seinem Freund schenkt, ist jedoch nicht Zeichen der Zuneigung, wie Nicholas erfährt, sondern die verzweifelte Abwehr einer traumatischen Erinnerung Quentins an eine Spukgestalt, die er durch das Lächeln bannt und der Nicholas ähnelt. Am Ende beschuldigt Quentin Nicholas, ihm sein Lächeln gestohlen zu haben, die grauenvolle Erscheinung kehrt nach dem Diebstahl wieder Nacht für Nacht zurück und raubt ihm jede Lebenskraft. Der Text bricht nach dem achten Kapitel ab.

Bei Friedls erstem Besuch in Österreich im Sommer 1950 entsteht ihre Reisereportage »Diary of a Journey Home«, sie soll in englischen oder schwedischen Magazinen erscheinen und wird in Abschrift an Schwester Susanne geschickt.* Friedl bleibt bis Anfang September. Auf dem Weg nach Wien trifft sie in Lunz am See mit Ilse zusammen. »Diary of a Journey Home« erzählt von der Armut der Einheimischen und vom Schrecken der Heimfahrt; von der Schönheit der Landschaft und des Sees, in dem sich die Berge spiegeln und der durch die verschwommene Spiegelung wie der Traum der Berge wirkt. Sie ist, schreibt Friedl, nach Jahren wieder mit dem weichen österreichischen Dialekt konfrontiert, einer Sprache, in der nur ihre engsten Freunde zu ihr gesprochen haben, als sie Österreich als junges Mädchen verlassen hat. Alle Erfahrungen des Erwachsenwerdens erfolgten in einer anderen Sprache. Nach einigen Tagen in Lunz fahren beide Schwestern weiter nach Wien. Friedl besucht die

* Die im folgenden zitierte Textfassung beruht auf einem Transkript von Susanne.

Himmelstraße, an einem Abend steigt sie heimlich in die 1939 arisierte Villa ein und geistert durch die Räume.

Ihr literarisches Tagebuch über den ersten Versuch einer Heimkehr wurde mehrfach überarbeitet, 1951 nach einer zweiten Österreichreise aktualisiert und um Schilderungen der Festspielstadt Salzburg und Eindrücken aus St. Gilgen am Wolfgangsee und vom neu entstehenden Nachkriegstourismus ergänzt, es wurde aber nie veröffentlicht. Der folgende Auszug enthält die Abschnitte über Lunz am See und Wien.

Lunz, 13. Aug.

Der See ist klein und sehr tief und liegt zwischen den Bergen, als wäre er ihr Traum. Er ist sehr dunkel, fast schwarz, und spiegelt die Berge. Wenn man darauf rudert, scheint das Boot eine gefahrvolle Fahrt zwischen Fichten und Bergkämmen zu machen, die hier bis in unbekannte Tiefen reichen. Die Sonne geht früh hinter den Bergen unter, und während ich durch die Wiesen heimwandere, beginnen die Blumen mich anzustrahlen, Sonnen meiner Kindheit. Es sind kleine, weiße und gelbe Blumen, deren Namen ich nie wusste, die mich aber als Kind mit Entzücken erfüllten. Die Wiesen sind noch nicht gemäht, und das Gras reicht mir bis an die Taille. Im goldenen Licht dieser Stunde schimmern und glänzen alle Dinge, und die Stimmen sind weit weg, als kämen sie hinter den Bergen hervor. Die Luft ist mild, und die Kuhglocken sind ein ewiges Tönen, das über die Himmel segelt wie die großen weißen Wolken. Es gibt hier keine festen Straßen und Wege, nur weichen Boden, und es ist, als würden deine Füße liebkost von der schweren, schwarzen, duftenden Erde.

Wir reisen morgen nach Wien ab. Ich bin froh, dass der erste Ort, an den wir kamen, einer ist, den ich vorher nicht kannte, sodass ich noch glauben kann, der bittere und wilde Schmerz, der mich zu erwürgen scheint, sodass ich alleine dahingehe, tränenlos schluchzend, sei bloß eine natürliche Reaktion auf die Schönheit der Umgebung.

Wien, 16. August

Die Russen sind hier, die Amerikaner, die Briten, die Franzosen. Wenn man den Kopf hebt, erwartet man nicht, den blauen Himmel zu sehen, der von der Tag um Tag zunehmenden Hitze flirrt, sondern man erwartet, irgendein unglaubliches Gebilde zu erblicken: eine zweite, abstrakte, präzise und doch verworrene Stadt, die über Wien schwebt, etwa so wie die Flugzeuge während des Krieges. Sie waren der Donner und der Blitz, das unvorhersehbare Schicksal, das einen erwischen oder verschonen konnte – man wusste es nie. Jetzt sind keine Flugzeuge mehr da. Stattdessen nur »sie«, die Besatzungsarmeen und die Länder und Überzeugungen, die sie vertreten. Ihre Stimme unterscheidet sich nicht sehr von jener der Flugzeuge.

Was wussten die Piloten über die Städte, auf die sie Bomben warfen? Eine bunte Karte mit Orten von strategischer Bedeutung und anderen militärischen Zielen, dick unterstrichen. Statt der Bomber nun diese neue Wien-Karte: Wien, ein Ort von unverzichtbarer Bedeutung für den Osten, für den Westen; Wien, eine strategische Position; Wien, ein militärisches Ziel. Als wäre sie aus irgendeiner glasartigen, schimmernden, mit Sprengmaterial gefüllten Substanz in den Himmel gebaut, ist diese zweite Stadt stets gegenwärtig, beinahe nicht zu erkennen, doch deutlich sichtbar für alle. Und jeder schaut mit Sorge und Staunen hin und fürchtet den Augenblick, wenn diese leblose mathematische Konstruktion auf die Stadt niedersinken und sie von der Erde löschen wird. Ist es unter diesen Umständen nicht kleinlich, die Vergangenheit zu erwähnen? Wie engstirnig, über die Nazis zu reden, über den Krieg – von der anderen Seite gesehen, Schuld oder Vergeltung, die eigenen Bomber und V-Waffen. Es stimmt, es war bedauerlich. Es stimmt, es war ein Fehler, aber man ist ja schließlich auch nur ein Mensch. Und außerdem, wen kümmert es schon? Die Amerikaner? Die Russen? Überhaupt nicht. Also warum uns?

Ganz plötzlich ergreift mich das Gefühl, dass, während diese andere, konstruierte Stadt über der Stadt schwebt, die Stadt selbst versunken ist, eingesunken in die Keller und Luftschutzbunker, in die sie während der Luftangriffe verschwunden ist und aus denen sie noch nicht wieder aufgetaucht ist. Das triste, umfassende nihilistische Chaos, das Beschäftigt-Sein mit den alltäglichsten praktischen Problemen, die enorme Wichtigkeit von Nahrung und wo und wie man sie bekommen kann – all das scheint mir sein Gegenstück im Gemüt der Leute zu haben, mit denen ich gesprochen habe, und die brütende Hitzewelle über der Stadt scheint nur die reflektierte Hitze von Feuern, die noch nicht gelöscht sind und mir die Fußsohlen versengen.

19. Aug.

Spät am Abend ging ich hinaus in den Regen und wanderte stundenlang durch die Stadt. Ich bin der Ritter aus dem Märchen, der mithilfe eines Fadens, an dem er sich festhält, seinen Weg zurück aus dem Labyrinth sucht. Die nassen Straßen sind breit wie Flüsse. Zu dieser Stunde und bei diesem Wetter sind sie leer und die Kaffeehäuser verlassen. Im Regen liegt die Stadt in vollkommener Stille da. Ich gehe weiter, finde meinen Weg und verirre mich wieder. Ich kenne jedes Haus, aber wenn ich davor stehe, bin ich verblüfft und beinahe erschrocken. Ich kenne die großen Plätze, die schönen Schmiedeeisengitter, die Statuen, die Tore, jeden Pflasterstein. Jetzt gehe ich hier, als könnten meine Füße mit jedem Schritt diese Straßen verschlucken und verschlingen. Ich betrachte sie, als könnten meine Augen die Häuser einsaugen, die tropfenden Bäume, die Fenster, die stillen Fassaden und engen Hintergässchen.

Ich könnte weiterträumen und die Sprache mit mir nehmen. Aber die Stadt, Wien, ist zur fernen, undeutlichen Stadt eines Mythos geworden, wo jedes Haus Augen und Ohren und einen eigenen Atem hat, wo jeder Stein die Schritte der Vorübergehenden festhält und widerhallen lässt, wo die Kirchenglocken aus geheimen, tückischen Gründen läuten und alles mit einem Herzen pocht, gewalttätig und bösartig, leidenschaftlich und verräterisch. Wie ein höhnisches, unerreichbares Ziel entfernte sich diese Stadt, in der ich meine Kindheit und frühe Jugend verbrachte, weiter und weiter von mir und wurde zu einem Bild, das ich immer gesucht und heraufbeschworen habe und nie vergessen konnte und das mir manchmal so nahe kam, dass ich glaubte, es in meiner Hand zu halten; aber wenn ich sie öffnete, war sie leer, und weit weg hinter dem Horizont lag das geheimnisvolle Glitzern der Kirchtürme, die schräge Krümmung der Straßen, und die Häuser starrten mich an mit kranken Augen, wie von einer bösartigen Krankheit befallen. Doch ich war durch einen langen, bitteren Faden aus Sehnsucht, Verzweiflung und Mitgefühl daran gekettet.

Jetzt stolpere und schwanke ich. Es ist, als würden meine Beine über den Geheimnissen dieser stillen Straßen und Häuser brechen, ich kann mich zwischen den fremden Füßen, die hier vorbeigegangen sind, nicht orientieren. Nicht ich nehme diese Straßen und Häuser in mich auf, sondern die entsetzlichen, unsagbaren Geschehnisse, von denen ich nichts weiß, wandern neben mir, verwirren mich und verwandeln die Straßen in einen Irrgarten. Die Einsamkeit der Stunde war plötzlich nicht mehr natürlich, sondern wuchs zu einer Behauptung heran, die meine Ohren füllte und zusammen mit dem Regen auf den Boden trommelte. Ich ging schneller und schneller.

Aus einer Seitenstraße hörte ich eine laute österreichische Stimme, die in einem grauenhaften Englisch rief: »Oh, hallo, Mr. Toni Weber. I haven't seen you for a long time. How are you?« »Oh, hallo«, kam die Antwort, »I'm fine, thank you. How's life been treating you?« Beide brachen in Gelächter aus. Ich hörte, wie sie sich rasch entfernten. Ich kann nicht sagen, warum, aber diese scherzhaften Bemerkungen in schlechtem Englisch schienen in diesem Moment wie eine für mich bestimmte Beleidigung.

23. Aug.

Gestern Abend ging ich W. besuchen, den Bildhauer, und seine Frau. Er war emigriert, aber unmittelbar nach dem Krieg nach Wien zurückgekehrt, »weil ich den Dschungel mag«. Sie schienen mir ganz unverändert. W. bewegt sich immer noch mit dem weichen, gleitenden Gang eines Panthers, den Kopf vorgeneigt, als versuche er, irgendeinen Geruch oder eine Fährte aufzunehmen. Er hat jetzt eine Wohnung mitten in der Stadt in einem sehr schönen alten Haus, und sie haben sie mit viel Geschmack und Kultiviertheit eingerichtet. In Zimmern scheint er mir immer fehl am Platz. Wie groß auch immer, sie scheinen zu klein für ihn, und er springt plötzlich auf, beginnt hin und her zu gehen und verbreitet ein unbehagliches Gefühl von Eingesperrtsein und Klaustrophobie.*

Wie üblich begann er nach den ersten höflichen Bemerkungen über

* Wohl Fritz Wotruba (1907 bis 1975).

sich zu sprechen. »Alle halten mich für verrückt, weil ich zurückgekommen bin. Ich habe viele Freunde in Z[ürich], und ich mag das Land. Finanziell ging es mir dort viel besser als hier. Aber ehrlich gesagt, was mich betrifft, sind mir Zentralheizung, Kühlschränke und der ganze stereotype sogenannte gute Geschmack scheißegal, das langweilt mich zu Tode. Lieber ist mir das hier: Dreck meinetwegen, zerbombte Häuser, sogar Gewalt, wenn sie nicht vermieden werden kann, Armut und alles, was damit zusammenhängt. Ich habe hier keine einzige Skulptur verkauft, stimmt, und sie haben nicht die leiseste Ahnung, worum es bei moderner Kunst geht. Sie fangen nicht einmal an, es zu verstehen. Trotzdem ist mir das lieber.

Ich sag euch was: Hier erfährt man stärker als irgendwo anders, wo man hingehört. Ich mag die Russen nicht und alles, wofür sie stehen, und ich mag die Amerikaner nicht mit ihrem ganzen geschmacklosen Tamtam. Es ist eine Wahl zwischen zwei Übeln, und für mich sind die Amerikaner das geringere, weil sie sich wenigstens nicht in meine Arbeit einmischen. Aber das ist eine rein praktische Wahl – nicht weil ich an ihre ›Ideologien‹ (er sprach das Wort mit zischendem, verächtlichem Hohn aus) glaube. Nein. Und außerdem, wären sie keine verrückten Idioten, dann würden sie allen Künstlern, Schriftstellern und Musikern die Köpfe abhacken. Von ihrem Standpunkt aus, ob Russen oder Amerikaner, ist es der schiere Wahnsinn, dass es uns gibt. Es kommt nur daher, dass ihnen immer noch nicht klar geworden ist, was ein Künstler ist. Sie machen sich immer noch vor, dass sie uns benützen können. Sie basteln noch immer an irgendeinem unmöglichen Kompromiss, weil sie nicht die Schneid haben, das zu tun, was ohnehin passiert: mit aller Kultur zu brechen. Sie glauben, sie bauchen einen Vorwand dafür. Deswegen sind wir noch da. Den Nazis ist es fast gelungen, aber nicht einmal die haben es zu Ende gebracht.

Es bleibt uns also meiner Meinung nach nur ein Weg offen: absolute Einsamkeit und kompromisslose Strenge. Ich bin der Ansicht, dass der Künstler seiner eigenen Arbeit gegenüber anspruchsvoller, kritischer sein muss als je zuvor, denn früher konnte er sich noch auf irgendeine Art Gruppe stützen und verlassen. Heutzutage ist das reiner Blödsinn. Wel-

che Gruppe auch immer einen unterstützt, sie tut es aus Eigennutz und schert sich den Teufel um deine Kunst. Man muss sich zur Isolation entschließen, zu mehr Isolation und noch mehr, auch wenn es einen erstickt. Hier bist du, und sonst gibt es nur den Dschungel. Und jetzt gehen wir und trinken einen Wein.«

Wir gingen in einen der Weinkeller, wo es am vollsten war, und W. fuhr fort in seinem wüsten Monolog inmitten einer berauschten, singenden, scherzenden Menschenmenge. Mir scheint, als folge er mit seinem ganzen Körper den Bewegungen und dem Rhythmus der ihn umgebenden Menge.

26. Aug.

Ich spazierte lange durch die Weingärten und über die Hügel. Die Hitze hat nicht nachgelassen, aber hier draußen ist sie sanft: der Atem dieser grünen Hügel. Die Trauben sind beinahe reif, grün und rot unter gelackten Blättern. Auf der anderen Seite des steilen Weges, der mein geheimes Versteck war, wenn ich die Schule schwänzte, stehen die Obstbäume der großen, uneingezäunten Gärten, die zu den Villen in unserer Straße gehören. Da wachsen die dicken gelben Butterblumen am kleinen Bach, der nun beinahe ausgetrocknet ist.

Während ich höher und höher hinaufgehe, erhebt sich die Stadt zu meinen Füßen, halb aus der Erde und halb vom grenzenlosen Himmel und den süßen, schweren Weintrauben geschaffen. Auf der trockenen Erde der Weingärten liegen die Liebenden in stiller, hitzedurchfluteter Umarmung. Die einsame Anmut der Hügel, ihre breiten, weichen Kurven bergen für mich die riesigen Geschöpfe, die grotesken Grimassen und verkrümmten Figuren, die langen Spinnenfinger und Glieder von Dämonen: die wunderlichen Geschichten, die meine Kindheit bedrängten. Nun folgen sie mir wieder mit ihren abstrusen, höhnischen Gesten, ihren komplizierten Sätzen und unbegreiflichen, langatmigen Flüchen, mir treu, genau wie diese ungerührte, gelassene Landschaft treu scheint.

Ich wende mich um und versuche über meinen eigenen Schatten zu springen. Aber er spielt Verstecken mit mir; er ist in die Büsche hinaufgeklettert. Und als ich ihn dort zu erwischen versuche, windet er sich auf der Wiese, und als ich ihn berühren will, fliegt er fort, ein Adler mit sieben Flügeln. Er kichert hinter mir, und ich drehe mich im Kreis auf der Suche nach ihm. Aber er ist verschwunden. So gehe ich weiter, fühle mich leicht wie ein Mensch ohne Vergangenheit. Bis ich ihn plötzlich wieder entdecke, er sitzt in den Zweigen des niedrigen Apfelbaums, zusammengekrümmt wie ein frierender alter Mann. Dann schleiche ich mich vorsichtig heran, voll Angst, dass er wieder entwischt, aber als ich so nahe bin, dass ich bloß noch meine Hand auszustrecken brauche, um ihn zu berühren und einzufangen, fliegt er wieder fort und steht hinter mir, ein größeres Wesen, als ich es je gesehen habe, und dünn wie ein Faden. Um es zu fangen, muss ich mich auf den harten, steinigen Boden legen wie die Liebenden im Weingarten. […]

31. Aug.

Diese Wohnung ist so ziemlich die lauteste, die ich jemals erlebt habe. Drei Tramways fahren durch die Straße, der Naschmarkt ist gleich um die Ecke. Und fast direkt neben uns ist ein Café, berühmt für seine Unterwelt-Kundschaft: Prostituierte, Schwarzmarkthändler und anderes Gelichter. Es gibt keine Ruhe hier, weder bei Tag noch bei Nacht und wie Ilse (meine Schwester) sich hier eingewöhnen konnte, ist mir unvorstellbar.

Tagsüber schrillt das Klingeln der Straßenbahnen durch die Wohnung, dass man den Eindruck hat, ein ganzer Schwarm von Besuchern oder Bettlern stehe ständig vor der Tür. Die Stimmen der Straßen sind in allen Zimmern, und es passiert mir wieder und wieder, dass ich mich umdrehe und die Person suche, die gesprochen hat. Aber wenn ich mich aus dem Fenster lehne, sind sie schon fort, und ich sehe nur das ausgemergelte Gesicht des kranken Schusters, der am Kellerfenster gegenüber sitzt und seinen Kopf hinausstreckt, teils, um ein wenig frische Luft zu schnappen, und teils, um das Kommen und Gehen der strohblonden Prostituierten zu beobachten, die an der Ecke ihr Revier hat.

Dann sind da die Stimmen der Männer und Frauen auf dem Markt, die manchmal hereinfliegen wie faules Obst, weil normalerweise nur die gemeinsten Flüche so weit reichen. Am Abend ist das Geflüster, das Gekreisch und Gezanke der Straßenmädchen und ihrer Freunde so nahe, als finde das alles im Schlafzimmer meiner Schwester nebenan statt. Vereinzelte Brocken unglaublicher Unterhaltungen sind die Begleitmusik zur ernsthaften Besprechung eines »Falls«. (Sie ist Ärztin.) Rund um Mitternacht gibt es dann eine kurze Pause vergleichsweiser Stille. Es fahren weniger Straßenbahnen, die Prostituierten sind heimgegangen. Manchmal ein gelegentliches betrunkenes Geträller oder das Kreischen einer Katze, die einen Tritt erhalten hat.

Zu dieser Stunde flog plötzlich ein Vogel ins Zimmer. Er prallte gegen die Wände und flog in irren Kreisen rundherum und rundherum. Dann fiel er zu Boden, aber als wir ihn aufzuheben versuchten, entkam er und flog blindlings gegen den Plafond und den Kleiderkasten. Dann versteckte er sich unter einer Truhe. Es erschien mir unglaublich, dass sich hier irgendetwas verfangen könnte, in einer Wohnung, die so ausgesetzt scheint, als wäre sie Teil der Straße. Und unter allen lebendigen Geschöpfen ein Vogel. Ich erwischte ihn schließlich und entließ ihn aus dem Fenster.

Ab etwa halb zwei Uhr früh kommen die großen Lastwagen. Sie sind mit allen Arten Obst und Gemüse beladen und bleiben direkt vor dem Haus stehen. Wenn ich aus dem Fenster schaue, sehe ich Äpfel und Birnen, Orangen und Bananen, ordentlich in offenen Kisten sortiert, und ich erwarte, dass sie sofort ins Zimmer geflogen kommen wie alles andere, das auf der Straße vorgeht. Unter den Fahrern und den Männern, die die Lastwagen entladen, wird viel gescherzt. Ihre Stimmen haben die eigentümliche Fülle, die beherrschende Resonanz, die, so habe ich bemerkt, die Stimmen von Arbeitern um diese Stunde oft haben, wenn die Stille der schlafenden Stadt Worten Gewicht und Kraft verleiht, die ansonsten nie gehört würden.

Dann folgen laute, scherzhafte Wortwechsel zwischen den Männern und den paar heruntergekommenen ältlichen Prostituierten, die um drei Uhr herum wieder hervorgekrochen kommen und geduldig und ohne viel Hoffnung beim Markt herumlungern. Nach und nach werden die Lastwagen entladen. Das Zimmer ist schon bläulich von der Morgendämmerung. Unter Rufen, Gelächter und Geschimpfe fahren die Lastautos ab. Während ich einschlafe, höre ich das erste grelle Klingeln der Straßenbahnen.

2. Sept.

Gegen Abend wanderte ich die steile Straße hinauf, wo wir früher gewohnt hatten – nicht den Weg an der Rückseite, den ich bisher immer gegangen war. Ich wusste, dass die Amerikaner in unserem Haus eine Familie einquartiert hatten, und erwartete, dass das Gartentor und das Haus abgeschlossen sein würden und ich um Zutritt ersuchen müsste. Aber das Tor stand offen. Ich trat ein und ging, besorgt, jemanden im Haus anzutreffen und ausgefragt zu werden, auf Zehenspitzen nach hinten in den Garten. Jahrelang hat sich niemand darum gekümmert, er ist eine Wildnis aus Blumen, Brennnesseln und Gebüsch. Ich konnte mich kaum zurechtfinden, doch ein paar Bäume stehen noch da, und allmählich erkannte ich sie. Unser Garten grenzt an die Weinberge, und von der Rückseite hat man einen Ausblick über die ganze Stadt. Das weiß ich, aber schon jetzt, es ist erst ein Uhr nachts, kann ich mich nicht mehr erinnern, dass ich es gesehen habe. Ich ging durch den Garten wie von Blindheit geschlagen. Ich sah nichts, außer dass der Weg von dicken, stacheligen Brennesseln und Unkraut überwachsen war, und weiß nichts, außer dass ich den genauen Ort, wo ich stand, nicht bestimmen und erkennen konnte.

Ich schlüpfte durch die Hintertür ins Haus und ging die Treppe hinauf, ohne jemandem zu begegnen. Oben waren die Zimmer alle leer. Die Familie, die jetzt im Haus lebt, bewohnt nur den unteren Stock. Und auch hier konnte ich die Räume nicht wiedererkennen. Das Schlafzimmer meiner Mutter, groß und sehr hell und mit einem Balkon, ist bis zur Unkenntlichkeit geschrumpft. Der Balkon ist weg. Unser Kinderzimmer wiederum, von mittlerer Größe, wie ich wusste, war nun geräumig wie ein Saal. Das kleine Zimmer, wo einst die Schneiderin saß und nähte, ist jetzt nichts als ein Winkel voller Spinnweben. Das Schlafzimmer meines Vaters, einst ein riesiger Stapel von Zeitschriften und Büchern, ist unerwartet hell mit sehr großen Fenstern. Das Zimmer, in dem ich wohnte, als ich älter war, hatte sich ebenfalls verändert, ich hätte es nie erkannt. Wo sind die Fenster, aus denen man zum Haus an der gegenüberliegenden Straßenseite sah, in dem das Licht nie abgedreht wurde und wo ich den Schwarm Motten beobachtete, der in den warmen Sommernächten durch ein offenes Fenster hereinflog und von dem ich den Schatten sah, ein rie-

siger haariger Kopf, der sich um die Lampe bewegte. Es gibt nur noch zwei Fenster, beide mit Blick zum Garten, und auch mein Balkon ist weg. Ich wanderte durch die Räume, hin und zurück, und wurde immer verwirrter. Alle Proportionen haben sich verändert und sind auf den Kopf gestellt, als hätte sich das ganze Haus von innen nach außen gestülpt. Dann stieg ich in den Dachboden hinauf, zu den Zimmern der Hausmädchen. Sie waren unverändert. In einem davon, wo das Fenster bis fast zum Boden reicht, setzte ich mich auf den nackten Boden und sah hinaus auf die Kronen der hohen Bäume. Dann schlüpfte ich aus dem Haus, ganz leise, damit niemand mich sah.

Nach den Tagen in Wien bei Ilse fährt Friedl weiter in die Tiroler Alpen nach Hintertux, den Ort, den sie seit ihrer Kindheit kennt. Sie wohnt wie stets in einem billigen Hotel und schreibt an Canetti über ihren Wienbesuch:

Mein geliebtes Sternchen,

die Landschaft ist unverändert, auch Grinzing und der Kobenzl, es ist alles genau wie es war und noch schöner als jeder Traum davon.

Wenn auch mir das ganze Wien fremd ist, so ist es, als ob einen die Landschaft da draußen umarmt und küßt und die kleinen Wege einen liebkosen und der Himmel gütig ist. Es ist jede Bank noch da und die Laubbäume, und Wien glitzert unverändert. Die Heurigen sind alle offen und abends hört man das Singen und die Musik. […]

Die Weintrauben sind schon fast reif und überall sind Nußbäume. Ich bin gestern sechs Stunden lang herumgegangen, alle unsere Wege hin und zurück, nur in Sievering war ich noch nicht. Der 38er fährt mit unveränderter Langsamkeit, aber es ist sonderbar, daß man nicht ein bekanntes Gesicht darin sieht und durch Grinzing geht, ohne einen Menschen zu begrüßen. Ich war im Kafé Rudolfshof und es ist noch die gleiche Kellnerin und der gleiche Kellner da und das kleine Terrassenkaféhaus ist noch immer bis 4 Uhr offen und hat noch immer einen unermüdlichen Klavierspieler.

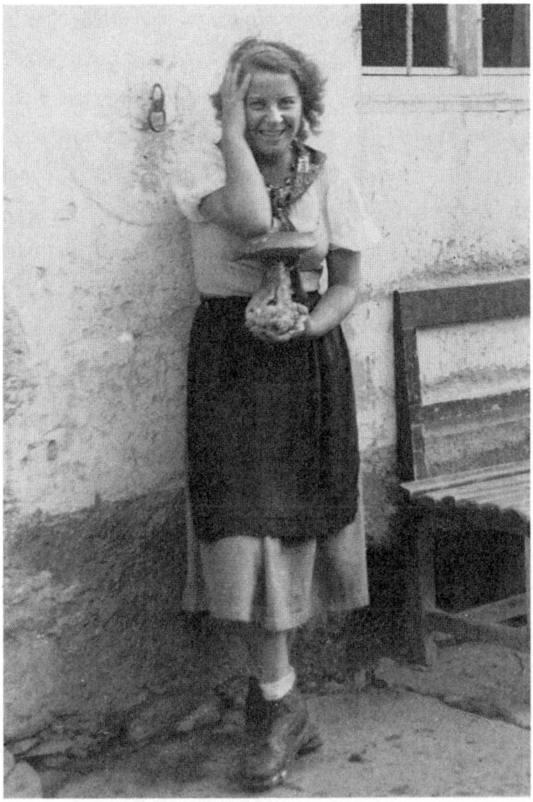

Friedl, Hintertux, Tirol, 1951

Ich war fast täglich in Grinzing, am Leopoldsberg und am Kobenzl, wo jetzt ein unglaublich schönes Kaféhaus ist, von dem man den Blick auf die ganze Stadt hat, weshalb man auch das Doppelte für einen Kafé zahlt – wegen dem Lichtermeer – wie mir der Kellner gesagt hat. Direkt hinter der Meierei und 5 Minuten von dem Lichtermeer sind die stinkigsten schmierigsten Baracken, dieser Teil vom Kobenzl sieht jetzt aus wie ein italienisches Dorf mit unzähligen Kindern, die herumlungern. Es war eine glühende Hitze in Wien und ich bin oft noch abends hinausgefahren und die heißen, summenden Wege gegangen und von dort oben sieht Wien aus, als ob es eine Stadt wäre, die aus Liebe entstanden ist. […]

Es ist sonderbar, wie man hier nach ein paar Tagen völlig gleichgültig wird für die politische Vergangenheit von den Menschen – mir ist es jedenfalls fast egal geworden, außer einer war ein bekannter Nazi. »Ich bitt Sie, was wollen S' von dem Menschen?« hat einer, der sich übrigens sehr anständig benommen hat, gesagt und es ist so. Wenn Du die Armut und Schäbigkeit siehst und die großartigen Lügen hörst, die jeder ausnahmslos erzählt – man kann den Haß nicht mehr fühlen. Und welche Seligkeit ist es, daß die Leute lügen und aufschneiden und für jeden Dreck noch eine »Zulage« nehmen und wenn man dies armselige Leben mit dem in England vergleicht, so kommt es einem bunter und schöner, anmutiger und vor allem freudiger vor, obwohl die Menschen hier bei Gott nichts zu lachen haben. Trotzdem lachen sie […].

Deine Friedl.

1951 ist Friedl fast ohne Unterbrechung quer durch Europa unterwegs. Sie hat wenig Geld, doch ihre Reisen führen sie von London aus nach Dänemark, durch Deutschland nochmals nach Österreich, nach Wien, Tirol und Salzburg, durch die italienischen Städte, in die französischen Alpen, schließlich in die französischen Pyrenäen – ein Jahr des Glücklichseins. An die Eltern schreibt sie atemlos über die ersten Wochen in Italien und »den schönsten, glücklichsten Sommer, den ich jemals in meinem Leben gehabt hab«:

Geliebte Alten, eigentlich müsste ich tausend Seiten über alles schreiben. Seitdem ich nach Italien gefahren bin, ist die Zeit vorbeigeflogen wie ein narrisches Ringelspiel und es hat sich mehr ereignet als in den letzten fünf Jahren. Alles, was ich je vorher über Kunst gedacht habe, kommt mir völlig lächerlich vor, seitdem ich in Florenz war. Ich habe eine Sehnsucht dorthin wieder zurück zu gehen und wenigstens ein Jahr dort zu leben und täglich diese Kunst zu sehen und zu lernen.

Die Reise war wie eine Reise ins Paradies. Von allen Landschaften sind die Apenninen das Schönste, was man sich erträumen kann und nachher ist mir alles in Österreich viel zu lieblich und »süss« vorgekommen. Nein, bei Gott, ich bin nicht »undankbar«. Ich möcht Euch alle beide zerquetschen und zerküssen vor lauter Dankbarkeit, denn nach diesem schwe-

dischen Alpdruck – es ist ein Märchen, Papsch, aber ein sehr düsteres – habe ich wirklich das Gefühl gehabt, ich bin im Himmel und alle Engel singen.

Schreibt's gleich und ausführlich!

Ich umarm und küss Euch, meine Geliebten, süssen, ekelhaften Alten –

Friedl

Und fast zeitgleich berichtet sie über ihren ersten Besuch in Venedig an Canetti:

Mein geliebtes, über alles geliebtes Sternchen,

[…] es ist seit Jahren zum ersten Mal daß ich endlich ganz geworden bin. Es ist die großartigste und unheimlichste Wirkung, die die ganz große Kunst hat: daß sie den Menschen zu seiner echten Form eint, ihm seine Ordnung gibt und ihn reinigt. Am Rückweg sind wir um 12 Uhr nachts in Padua gewesen, wo viele herrliche Kathedralen sind und gleichzeitig ein riesiger fun-fair mit Lichtern und Ringelspielen war, umgeben von dem Park wo eine wunderbare Skulptur neben der andren steht und man gerät in eine große Verwirrung weil man nicht mehr weiß in welchem Jahrhundert man ist. Um zwei Uhr nachts waren wir in Venedig und obwohl ich mehr tot wie lebendig war, bin ich durch die ganze Stadt gegangen zum St. Markusplatz. Mir hat der Kopf vor Müdigkeit gesungen und plötzlich auf einem winzigen Platz um drei Uhr Früh habe ich eine Musik gehört wie von Engeln und ich bin lange stehn geblieben und hab gedacht, das singt so in meinem Kopf. Dann hab ich entdeckt, daß in einer winzigen Seitengasse ein Chor von Kindern gestanden ist und sie haben gesungen. Auf den Stühlen vor den Kaffeehäusern sind geisterhafte Figuren gesessen und haben geschlafen oder heftig diskutiert, mehr mit dem Körper wie mit den Mündern. Es ist dieser eigenartige, hohle Geruch über der Stadt und obwohl fast kein Mensch zu sehen war, war es mir als ob jedes kleinste Fensterchen voll mit Köpfen ist und alles sieht: So beseligend Florenz ist, wo es mir war als ob der Himmel sich mir geöffnet hat, so fantastisch ist Venedig, das wie eine abgründige, menschliche Seele ist, ich habe niemals geträumt, daß es eine Stadt geben kann, die in ihrer Anlage, in

ihrer Verzwicktheit, voll mit Ecken, heimlichen Plätzchen, großartigen, allzu reichen Fassaden, mit ihren doppelten Gesichtern und Verkleidungen, heimlichen Brücken und Wasserwegen die vollendete Darstellung des menschlichen Gemütes ist: würde man diese Stadt wirklich erlernen, so wüßte man alles über die Menschen.

Das »Wir«, das Friedl in diesem Brief an Canetti noch unbestimmt lässt, meint zwei junge, »besonders nette Amerikaner«, die sie zuvor in Florenz kennengelernt hat und die sie in ihrem Auto mitnehmen. Auch nach St. Gilgen, Friedls nächster Station nach Venedig, kommen sie mit.

Meine geliebten Alten, ich hab Euch einen fünf Seiten langen Brief geschrieben, nachdem ich von Florenz zurückgekommen bin – ich begreif nicht, dass Ihr ihn nicht bekommen habt. Jedenfalls – es geht mir wunderbar. Ich war in meinem Leben noch nie so glückselig wie in Italien, es war das Schönste was ich jemals erlebt habe. Ich schlaf ohne Schlafmittel wie ein Bär und die ganzen Scheusslichkeiten der letzten Monate sind wie ausradiert und weggewischt – ich denk nicht mehr daran.

Hier, wo es entzückend ist, hab ich die erste Zeit nur gebadet, spazieren gegangen, geschlafen. Dann ist der Otto mit zwei Amerikanern aufgetaucht und hat mich nach Wien verschleift, wo ich so viel gedraht hab wie noch nie in meinem Leben und mehr gelacht hab als jemals.*

Die Amerikaner sind zwei besonders nette Burschen, von denen der eine meine Bücher wahrscheinlich in Amerika unterbringen wird. Er ist selber ein Schriftsteller, seine Familie eine der ältesten in Amerika und in engem Kontakt mit Verlegern und Künstlern. Ich hab mich ein bisserl, aber nur ein bisserl, in ihn verliebt und er und sein äusserst gescheiter Freund, der ein junger Komponist ist, haben mich jetzt zweimal hier besucht und wir haben miteinander die Nächte durchgetrunken und vertanzt. Natürlich habe ich nichts gearbeitet, aber ich glaub nicht, dass es etwas macht. Ich hab ohnedies nichts zu Stande gebracht und jedes Wort aus mir herauszerren müssen. Ich war an den ganzen Seen hier, der Otto

* Gemeint ist wahrscheinlich der Musikverleger Otto Preiser (1920 bis 1996).

hat uns nach Aussee geführt, nach Gmunden, an den Attersee, Mondsee, u. s. w.

Der Ilse geht es gut, sie hat aufgehört zu arbeiten und sehnt sich schon sehr danach, ihren grossen Bauch los zu werden. Sie sieht gut aus aber bräuchte dringend eine Erholung, weil sie doch sehr abgearbeitet ist. Mit ihrem Bauch hat sie das Gefühl, dass sie nirgends hingehen will. Sie zieht Mitte Juli um und wahrscheinlich werde ich dann zu ihr fahren, weil die Haslinger auf Urlaub geht.*

Mit dem Geld ist es äusserst mies. Italien hat genau das 3-Fache gekostet von dem, was der Otto gesagt hat und ich bin ihm 1000 Schilling schuldig. Dies, obwohl ich mir nichts geleistet hab, in den dreckigsten Beiseln gegessen. Ich weiss nicht, wie ich ihm das zurückgeben werde. Ich hab jetzt ein ganz billiges Zimmer in einem Bauernhaus. Die Putzi, die reizend und lieb ist, ist auf ein paar Tage nach Fuschl zu einer Freundin gefahren und meine Kavaliere sind gestern nach Wien gefahren. So bin ich allein und gedenke mich jetzt langsam wieder an meine Arbeit zu machen. Ich hab einen kleinen Balkon mit der Aussicht über die Berge und den See, und das Wetter ist wunderschön.

An Canetti schreibt sie aus St. Gilgen:

Ich führe ein schändliches Leben […], wir waren jeden Abend tanzen und es ist mir als ob eine Fröhlichkeit, die ich schon ganz vergessen habe und eine Dummheit, die mich wirklich entsetzt, aus mir nur so herausexplodiert und ich überhaupt keinen ernsten Gedanken mehr fassen kann – geschweige denn an meine Arbeit denken. Ich kann mir nicht helfen – nach all der gräulichen düsteren Zeit dieser letzten Jahre ist es die reine Glückseligkeit, kein ernstes Wort zu reden und sich leider Gottes so zu benehmen, wie man es mit 15 Jahren oder höchstens 17 getan hat und ich kann nicht einmal sagen, daß ich ein sehr schlechtes Gewissen dabei habe. […]

Je länger ich hier bin, desto lustiger werde ich und kann mich nur mit

* Ilses Hausangestellte.

Mühe daran erinnern, daß ich auch noch zu etwas andrem als zum Lachen auf der Welt bin.

Ilse ist wieder schwanger. »Sie ist sehr merkwürdig«, berichtet Friedl über die Schwester, die sie im Juli trifft, »wie ein schweres, unruhiges Tier, das in der heißen Sonne zittert.« Am 2. August 1951 wird Ilses Tochter Irma geboren. Ilse schreibt am selben Tag an die Eltern:

Geliebtestes Elternpaar!

Spät aber doch – aber wenigstens mit guten Nachrichten. Die kleine (2600 g) Irma Susanne hat's sehr eilig gehabt – um ½9 h in der Früh haben die Wehen begonnen u. 5 Minuten vor 11 h war sie schon da – fast wär ich zu spät ins Spital gekommen. Mummili, Dein Instinkt ist wirklich phantastisch! Dein Telegramm ist ganz genau während der Entbindung weggegangen u. ich hab's noch am gleichen Tag bekommen. »Sie« war zuerst furchtbar häßlich – hat eine Hackennase, rote Flecken im Gesicht u. eine Glatze gehabt – aber jetzt hat sie sich schon repräsentabel herausgemacht – hat ein paar dunkle Härchen, dunkelblaue Augen, glatte rosige Haut, entzückende langfingrige Handerln u. einen in jeder Hinsicht ausdrucksvollen Mund, mit dem sie wie ein kleiner Fisch zuschnappt, wenn die ersehnte Fütterung kommt. Sie säuft wie ein Loch, besonders seit ich zu Hause bin und sie nicht unnütz aufwecke u. andererseits auch nicht überflüssig brüllen lasse. Mit Milch bin ich ausreichend versorgt, worüber ich natürlich sehr glücklich bin.

Die zwei jungen Amerikaner, die Friedl in Italien kennengelernt hat, sind Tom Crowther und Allan Forbes. Sie sind im Auftrag der Bostoner Haydn-Gesellschaft quer durch Europa unterwegs, um eine Gesamtausgabe der Werke Haydns vorzubereiten. Die Arbeit scheint nicht sonderlich fordernd. Forbes und Friedl verlieben sich ineinander, der junge gutaussehende Amerikaner aus der wohlhabenden Forbes-Dynastie wird Friedls

Geliebter und treu sorgender Begleiter. Sie reisen kurzerhand nach Collioure, einem malerischen Fischerdorf nahe der spanischen Grenze. Das Schreiben rückt in weite Ferne:

Geliebter Ilja, […]

Ich kann Dir unmöglich jetzt genau schreiben – ich habe aber ein Tagebuch für Dich: denk Dir, daß ich fast in Spanien war – eine Stunde von der spanischen Grenze, in einem Dorf, wo alle katalanisch gesprochen haben, und die Bevölkerung schon überhaupt nicht mehr französisch war. Ich hab Dir so viel zu erzählen, daß auch ein Jahr nicht ausreichen wird – und dabei denk ich die ganze Zeit, daß Du überhaupt nicht hören wirst wollen, was ich Dir sagen will. […]

Ich habe natürlich viel zu wenig gearbeitet und meine Arbeit ist mir fremd geworden: ich kann zu diesem schrecklichen Buch nicht mehr finden – es ist mir wie ein längst vergangener Alpdruck und eine Qual, die ich nicht mehr, überhaupt nicht mehr durchleben will. In vielen Dingen bin ich zu feig geworden: es sind zu viele Dinge in mir selber die mich jetzt tief schrecken.

Dieses viele Herumreisen kommt mir oft so vor wie das Märchen von den roten Schuhen, wo sich am Ende das Mädchen die Füße abhacken läßt, nur damit sie zurück in die Kirche findet, und aufhören soll zu tanzen. […]

Ich umarm Dich, Deine Friedl.

Verzeih mir und verzeih mir und verzeih mir!

An die Mutter, die ihr mit Geld ausgeholfen hat, schreibt sie aus Paris:

Mein geliebtes Schnieschen,

ich bin ein schreckliches Schwein, dass ich Euch nicht schon längst geschrieben hab und mich vor allem für das Geld bedankt hab, ohne das ich in einer gräulichen Patsche gewesen wäre.

Dieser Brief ist nur für Dich, nicht für den Papsch. […] Bei uns geht alles drunter und drüber, aber auf eine äusserst angenehme Weise. Am Tag, wo ich abfahren sollte, ist der gute Alan aus Frankreich zurück nach

St. Gilgen gekommen, hat mich einfach an den schönsten Ort (ausser Italien), den ich kenn verschleppt – nämlich in ein Fischerdorf an der spanischen Grenze, am Mittelmeer, wo wir zehn herrliche Tage gehabt haben. Mein schlechtes Gewissen ist in dieser unbeschreiblich schönen Gegend mit wirklich erschreckender Geschwindigkeit vergangen. Der Ort heisst Collioure, es ist das Paradies von sämtlichen französischen Malern, liegt mitten in den Pyrenäen, ist verdreckt, verschmiert und uralt, mit Festungen und Ruinen aus dem 10. Jahrhundert und einer Luft, die wie eine süsse Orange ist.

Der ganze Ort strahlt von Licht und einer unglaublichen Auswahl von Obst und Gemüsen und die Sterne nachts sind so, wie ich sie noch nirgends niemals gesehen habe: Es ist, als ob das Meer seine ganzen Wunder in den Himmel geworfen hat. Die Küste ist wild und voll von den herrlichsten Buchten.

Was den Alan und mich angeht, so ist ein Tag schöner und glücklicher wie der andere. Er ist ein entzückender Mensch, der Dir sehr gefallen würde, voll von einer überströmenden Zärtlichkeit und schrecklich lustig und ich überlege hin und her, ob ich ihn heiraten soll – was er unbedingt will. Was mich abhält ist, dass er keinen wirklichen Beruf hat, sondern der Sohn reicher Eltern ist, mit einem zwar sehr ausgeprägten Kunstverständnis und grosser Gescheitheit und einer ziemlich guten Bildung, aber bis jetzt jedenfalls hat er noch nicht irgendetwas Besonderes geleistet. Er sieht schrecklich herzig aus und so viel und so ausschliesslich war ich noch nie mit einem Menschen zusammen, der noch dazu jetzt seit Wochen alles für mich bezahlen muss – ohne dass es zu Krachen und Streiten gekommen wäre. Er hat, was Dich freuen sollte, ein äusserst gutes Benehmen, wenn auch seine Frechheit zum Himmel stinkt.

Sprich bitte über diese ganze Angelegenheit noch nicht mit dem Papa: Alles schwebt noch hin und her und ich bin einen Tag entschlossen und den nächsten Tag schwank ich wieder und vor allem hab ich noch nicht meine Scheidung: Kannst Du herauskriegen, wie lang das noch dauert? Es wäre ein schrecklich schwerer Entschluss, nach Amerika zu gehen und*

* Die (Schein-)Ehe mit Arne Widholm wird erst 1952 geschieden.

dort zu leben und das Ganze schreckt mich sehr. In den nächsten Tagen wird es sich entscheiden, ob der Alan noch in Europa bleibt oder nach Amerika zurück geht. Er ist bei einer Gesellschaft angestellt, die die Haydn-Gesamtausgabe herausgibt, und hier machen sie Schallplatten aus deren Verkauf die Kosten gedeckt werden. Es ist möglich, dass er nach Kopenhagen fahren muss. Er will unbedingt, dass ich in diesem Fall mitkomm, aber ich weiss noch nicht, ob ich das tun werde: einerseits weil es mir doch entsetzlich peinlich ist, dass ich überhaupt kein Geld hab, aber hauptsächlich weil ich endlich wieder in die Arbeit kommen muss, die ich auf die skandalöseste Weise vernachlässige. Es ist mir unbegreiflich, wie aus diesem gräulichen Winter plötzlich ein so herrlicher Sommer geworden ist und aus so viel Unglück und Miesität plötzlich nichts wie Glück.
[…]

Geliebtes, süsses Schnieschen, ich kann Dir nicht sagen, wie Du mir abgehst – entsetzlich. In Paris sind wir seit ein paar Tagen und warten eben hier ab, was mit dem Alan geschieht.

Süsse, alte Muttersau ich umarm und küss Dich tausendmal.

Deine ungeratene Tochter Friedl

Die gemeinsame Fahrt geht von Paris weiter nach Kopenhagen, wo es zu einem Treffen mit Forbes' Mutter und Bruder, zum Streit und dann zu einer großen Versöhnung kommt. Man beschließt zu heiraten.

Seit 1951 arbeitet Susi, über Empfehlung von Ossian Goulding vom *Daily Telegraph* (und vom Britischen Geheimdienst), bei *Radio Free Europe* (RFE) in Schweden. *Radio Free Europe* ist ein Kind des Kalten Krieges. Wie *Radio Liberty* (ursprünglich *Radio Liberation*), der auf Russisch sendet, und RIAS *(Radio in the American Sector)* in Berlin ist RFE ein antikommunistischer, vom CIA finanzierter Sender. *Radio Free Europe* sendet ab Mitte 1950 in zehn Sprachen und soll die Bevölkerung der Warschauer-Pakt-Staaten von der Münchener Zentrale aus mit Informationen über die politische Lage aus amerikanischer Sicht versorgen. Durch Radiowellen soll der Eiserne Vorhang durchlässig gestaltet werden. Der kommunistischen Herrschaft im Osten wird ein baldiges Ende prophezeit, der Sender ist ein bedeutsames politisches Instrument auf dem Weg zu diesem Ziel. Am Höhepunkt verfügt RFE über mehr als zweitausend Mitarbeiter und Mitarbeiterinnen in Westeuropa. RFE ist im Selbstverständnis »the voice of the opposition« und ist dementsprechend umkämpft: Störsender erschweren den Empfang, mehrere Attentate auf Mitarbeiter, darunter vor allem Dissidenten, und Anschläge auf die Sendezentrale werden verübt. Zusätzlich zu den Radiosendungen organisiert RFE ab 1951 den Abwurf von Flugblättern über der Tschechoslowakei und Ungarn. Von Westdeutschland aus starten bei günstigem Wetter Flottillen von Ballons mit Flugblättern, die zum Widerstand aufrufen und über Städten und ländlichen Gebieten mit schwachem oder keinem Radioempfang abgeworfen werden. »Tyranny«, heißt es programmatisch auf einem der Flugblätter von RFE, »cannot control the winds.« Einige der Ballons werden von der tschechischen Luftwaffe abgeschossen, doch bis 1953 werden auf diese Weise im Zuge mehrerer Kampagnen rund 23 Millionen Flugblätter jenseits des Eisernen Vorhangs von der Luft aus verteilt.

In den frühen Jahren ist *Radio Free Europe* ein Mix von Amateuren und professionellen Journalisten unterschiedlichster kultureller Provenienz, die mit unterschiedlichen politischen und persönlichen Motiven ans Werk gehen. Im Rückblick wird der Sender von den Mitarbeitern und Mitarbeiterinnen als ein in sich widersprüchliches Medium wahrgenommen, er ist gleichzeitig »propaganda« und »surrogate free press«. Aus der Sicht der amerikanischen Führung war die Sache allerdings klar, wie ein früherer Direktor, J. F. Brown, in einem Interview im Jahr 2005 festhielt: »People forget what the Cold War was like. It really was a war, and we were a weapon in that war.« Während Schwester Ilse also in Wien als Kommunistin für die Zukunft des Sozialismus kämpft, arbeitet Susanne für die Gegenseite.

Elias Canetti hatte Susanne schon in den späten 1930er Jahren in Wien kennengelernt, als sie noch Schülerin war und ihrer älteren Schwester Friedl geholfen hatte, Canetti wie zufällig zu begegnen. Beide blieben auch nach dem Krieg in losem Kontakt. Susanne berichtet ihm vor allem über die Schwester, 1950 schickt ihr Canetti ein Exemplar der Erstausgabe der *Komödie der Eitelkeit*, die im Willi Weismann Verlag erschienen ist, mit einer persönlichen Widmung nach Stockholm.

Susanne ist die wichtigste Brücke zu Friedl: Er habe, schreibt Canetti im März 1951, seit fünf Jahren keinen frohen Augenblick gehabt. »Ich habe mich oft froh *gestellt*; in mir sah es immer anders aus. Es ist wahr, dass ich einige äusserlich glückliche Monate im Jahr 1948 mit Friedl hatte, aber ich wusste die ganze Zeit, wie es wirklich steht und dass sie mich nur benützt, um ihren Preis bei diesem Scheusal zu steigern. Was immer ich gesagt, wie immer ich mich gestellt habe, ich habe jede Sekunde an Friedl gedacht.« Das »Scheusal«, das auch Susanne gut kennt, ist Endre Nemes.

Ende 1952 ersucht Canetti Susanne dringend, ihn auf ihrer Rückreise von Paris nach Stockholm in London zu besuchen. »Ich muss Dich sehen«, schreibt er, »und würde Dir's nicht verzeihen, wenn Du es nicht möglich machst.« »Muss« ist mehrfach unterstrichen. Susanne werde sein Gast sein, er wolle ihr ein Zimmer in einem Hotel (»in meiner Nähe natürlich«) besorgen, wenn sie nicht bei Margaret (ihrer Cousine) oder bei Veza sein wolle.

Susanne fährt nicht zu Canetti nach London. Sie hat kurz zuvor in Stockholm Silvio Ovadia (1915 bis 2004), ihren späteren Ehemann, kennengelernt. Eine Kette von unwahrscheinlichen Zufällen und plötzlichen Entscheidungen hatte beide zusammengebracht. Ein halbes Jahrhundert später erinnert sie sich an die Kette: ein verspäteter Aufbruch zu einem Flug nach Paris, die Begegnung mit einem russischen Freund von Silvio, Wladimir Arschawski, der die beiden einander vorstellen wird, ein Déjà-vu Silvios, der Susanne schon Tage zuvor staunend am Beifahrersitz eines Cabrios mit offenem Verdeck gesehen hatte – mitten im Winter:

Mit meinem Treffen mit Silvio war das auch so eine Frage von Entscheiden. Wenn ich, ungefähr am 29. Dezember 1952, meiner Gabe, nur im Moment zu leben, nicht nachgegeben hätte, sondern reisefiebrig gewesen wäre, hätte ich nicht so lange mit dem Hans genachtmahlt vor meiner ersten Reise nach Paris […]. Ich wäre also nicht zu spät zum Flugplatz gekommen, dass da schon eine neue queue gewesen war für den Flug. Der grosse, dicke Wladimir Arschawski hätte mir also nicht seinen Platz anbieten können. Er hätte sich deshalb auch nicht neben mich setzen können im Flugzeug und hätte sich deshalb auch nicht vorgestellt. Ich hätte nicht repliziert mit meinem Namen, den er kannte, und erkannte!! Also hätten wir kein Rendez-vous haben können für ein Schachspiel zwischen ihm und meinem Vater, kein dem vorhergehendes Dinner Appointment mit mir – und kein Treffen von Silvio und mir.

Dabei muss noch daran gedacht sein, dass Silvio den Hans und mich am eiskalten Vortag auf der Strasse nach Saltsjöbaden mit Staunen im offenen Auto bemerkt hatte und sich dachte: Ils sont fous, ces Suédois –

Silvio stammt aus einer alten spaniolischen Unternehmerfamilie aus Istanbul. Die Familie lebt seit Generationen kosmopolitisch, Silvio wächst mehrsprachig auf, er spricht Italienisch mit seinem Vater, Französisch mit seiner Mutter und mit seiner Gouvernante Griechisch. Er besucht die Schule in Paris und maturiert in Istanbul. Nach einem längeren Aufenthalt in Italien arbeitet er in Paris zunächst als Tontechniker und bei einer Bank im Wechselkursgeschäft. Nach dem Einmarsch der Nazis in Paris weicht Silvio mit seiner Mutter nach Südfrankreich aus, lebt in Cannes, Nizza und Biarritz und führt seine Geschäfte auch während des Krieges weiter. Im Dezember 1940 wird er bei einem Goldtransfer von den Deutschen verhaftet, kommt jedoch nach zweimonatiger Haft nach Entrichtung einer hohen Geldstrafe wieder frei. In Bollène entgeht er als Jude knapp der Deportation und taucht danach mit seiner Mutter in Südfrankreich unter. Nach Kriegsende bleibt Silvio im internationalen Devisengeschäft. 1951 lernt er über den erwähnten russischen Geschäftspartner Susanne kennen, sie treffen einander in den nächsten Monaten regelmäßig in Stockholm, aber auch in Brüssel, in Hamburg und Paris. Das Problem: Beide haben Partner, Susanne trennt sich rasch, Silvios Scheidung dauert noch bis 1956.

Seit 1945 wurde Ilse vom Schweizer Geheimdienst in Wien wegen Verdachts auf Spionagetätigkeit observiert. In den Berichten der Mitarbeiter, die sich in den Geheimdienstakten über sie finden, werden detailliert ihre Lebensumstände in Wien beschrieben, ihre politische Haltung, der Zustand ihrer Wohnung und die Zahl ihrer Patienten. »Ihre kommunistische Einstellung«, heißt es in einem Protokoll der Schweizerischen Bundesanwaltschaft vom 1. Dezember 1948, »ist im Häuserblock des Göthehofes (sic!) allgemein bekannt. Sie selbst macht aus ihrer Sympathie für die KPÖ kein Hehl.« Und grotesk, im Stil einer Stasi-Überwachung mit helvetischer Mentalität: »In Punkto Reinlichkeit soll sie es nicht sehr genau nehmen und ihre frühere Wohnung hat sich stets in großer Unordnung befunden.« Offenbar mit ein Grund, ihr – neben dem Verdacht auf Spionage – eine etwaige Einreise in die auf Sauberkeit bedachte Schweiz zu untersagen.

Die Observation durch den Schweizer Geheimdienst wird, wie die Akten zeigen, bis 1955 fortgesetzt und endet mit der Unterzeichnung des österreichischen Staatsvertrages.

Nach langem Schweigen meldet sich Gerda im März 1952 aus New York mit einem Brief an Susanne, die älteste Schwester schreibt an die jüngste. Gerda hat ihre vier Jahre zuvor begonnene Psychoanalyse abgeschlossen, sie wohnt nach wie vor mit ihrer Familie am Riverside Drive 200 in der Upper West Side in Manhattan. Gerdas Ehemann Alfred hat sich als Analytiker etabliert, aber die Aufbruchsstimmung in die Neue Welt ist verflogen. Gerda übersetzt und kümmert sich um ihre zwei Kinder, vor allem ihr älterer Sohn Michael und seine Entwicklung bereiten ihr Sorgen. »Weißt Du vielleicht, weshalb wir Benedikts alle so widerliche Masochisten sind?«, fragt sie Susanne. Sie kann, schreibt sie, seit Langem schon mit niemandem mehr »persönlich« sprechen, sie sei deprimiert, bis an die Grenzen der Resignation. »It's the kicking, the hopeless kicking that hurts more than anything else.«

Geliebtes Susikind –

Ich hab seit einigen Wochen aus unerfindlichen Gruenden solche Sehnsucht nach Dir und denk so viel an Dich und mach mir solche Sorgen um Dich, dass mir nichts andres uebrig bleibt, als Dir zu schreiben. Ganz abgesehen davon, es natuerlich eine Schweinerei ist, dass ich das nicht schon laengst getan hab. Aber ebenso, wie es mir seit langer Zeit schon nicht mehr moeglich war, mit Leuten »persoenlich« zu sprechen, konnte ich auch nicht schreiben. Das geht schon so, seit ich in Schweden war – damals ist irgendetwas, was ich nicht definieren kann, in mir geschehen und – so phantastisch es auch klingt – ich hab mich bis heute, dreieinhalb Jahre spaeter, noch immer nicht davon erholt. Natuerlich ist es so, dass was immer passiert ist, eine viel, viel aeltere Sache sein muss, die in mir latent war und dann nur durch den Schock der Reise und des Wiedersehens mit den Eltern und vielleicht auch durch diese verrueckte Geschichte mit Anthony (die mir allerdings bereits wie ein Symptom vorkommt) akut geworden ist. Ausserdem hab ich natuerlich inzwischen one hell of a time gehabt; rein praktisch gesprochen, durch Ms. [Michaels] ganzes Benehmen – ein ewig verwirrendes, voellig unberechenbares Gemisch aus Reife und Primitivitaet. […] Es ist verdammt schwer, sich ewig ablehnen und bis aufs Blut sekkieren zu lassen, ohne in irgendeiner Form zurueckzuhaun. Und ich bin doch meiner Natur nach bei Gott kein Christus, werde auch nie einer werden. Ausserdem bin ich vielleicht unfair, denn es gibt ja auch Zeiten, wo alles viel rosiger ausschaut, wo ich das Gefuehl hab, dass so etwas wie kameradschaftliche Freundschaft zwischen uns besteht […] ausserdem macht ihm S[teve] natuerlich unerhoerte Konkurrenz – in jeder Richtung. S., der im Jaenner fuenf Jahre alt war, ist das genaue Gegenteil von Michael. Er ist von einer hinreissenden Heiterkeit, blitzgescheit und so charming, dass er allen Leuten den Kopf verdreht, einschliesslich seiner Lehrerin, die mir jedes Mal ins Gesicht springt, wenn ich es wage, etwas an ihm auszusetzen. Dabei ist er von ei-

ner unueberbietbaren Frechheit und fuerchtet sich vor nichts und niemandem. Aber das Wichtigste ist, dass er ein wirklich netter und lieber Kerl ist und erstaunlich sensitiv. Er ist eine grosse Freude und es weiss niemand besser als ich, zu schaetzen, was das fuer ein Glueck fuer uns ist, ihn zu haben. Seine Frechheit und die Art seiner Witze erinnert mich ein bissl an Friedl als Kind, aber ich glaub, dass seine sonstige Persoenlichkeit etwas solider gebaut ist als ihre. Apropos, Friedl: Ich hab seit Wochen nichts mehr von den Eltern gehoert und ich nehm daher an, dass sie endlich gesund ist. Weisst du vielleicht, was ihr in Wirklichkeit gefehlt hat? Es war unmoeglich, etwas darueber von den Alten zu erfahren, aber vielleicht haben sie es selbst nicht gewusst. Was war das fuer eine Druesengeschichte? Kennst Du Alan? Wird sie ihn etwa wirklich heiraten? Nach dem, was Jenny ueber ihn erzaehlt hat, scheint er ein ziemlich verrueckter Mensch zu sein, aber ich hab nicht herauskriegen koennen, ob er ausserdem sonst noch was ist, zum Beispiel, nett.*

Alfred ist […] durch seine Analyse und vielleicht auch durch das zunehmende Alter viel menschenfreundlicher und zugaenglicher geworden, als je zuvor. Vor allem hat er mir gegenueber eine loyalty bewiesen, die furchtbar wichtig fuer mich war und mir sehr geholfen hat und hilft. Wie Du ja weisst, haben wir grauenhafte Schwierigkeiten und Konflikte miteinander gehabt, aber irgendwie scheinen sie sich im Lauf des letzten Jahres beruhigt zu haben – oder zumindest sind sie nicht mehr so wichtig und die Spannung ist nicht mehr so unertraeglich. Er ist sehr erfolgreich in seinem Beruf und seine Kollegen scheinen ihn nicht nur sehr zu achten, sondern auch gern zu haben, was natuerlich riesig viel fuer ihn bedeutet. Ich wuensch mir nur manchmal, dass er ein bissl heiterer waer, dass ich mit ihm bloedeln koennte – aber das ist ja wirklich nicht das Wichtigste in einer Beziehung, […] Aber genug von meiner Familie – das muss stinkfad fuer Dich sein. Ich schreib Dir das alles nur, damit Du ein bissl verstehst, was bei mir vorgegangen ist und weshalb ich deprimiert und verschlossen bin. Thoreau schreibt irgendwo: »Resignation is confirmed desperation.« Well, I'm not completely resigned as yet; but it won't take long

* Jenny Crowder, »Putzi«, eine Jugendfreundin aus Wien.

and then, I'm sure, I will feel much better. It's the kicking, the hopeless kicking, that hurts more than anything else.

Und Du, mein bloedes Altes? Ich weiss nicht einmal, was Du arbeitest und schon gar nicht, wie es Dir ansonsten geht. Was ist mit Ossian? Weisst Du vielleicht, weshalb wir Benedikts alle so widerliche Masochisten sind – angefangen von der Mutti? Diese unwiderstehliche Anziehungskraft, die Maenner auf uns haben, wenn sie uns nur schlecht genug behandeln … zum Kotzen. – Bist Du noch beim Radio? Bist Du gesund? Willst Du nicht doch zumindest fuer eine Zeitlang zu mir kommen? Du wuerdest hier sicherlich nicht mehr demoralisiert werden, als Du es eh schon bist und ich koennte Dich so gut brauchen und so ein paar lange Nachtgespraeche mit Dir und ein bisschen von Deinem sogenannten pep. Ich bin ueberhaupt nicht mehr peppy; ich fuehl mich alt, mies und entsetzlich mued. Dabei bin ich fast arbeitsunfaehig, schon seit Monaten. Das eine Buch hab ich mit Mueh und Not fertig gemacht und jetzt warten zwei andere auf mich, von denen ich eins angefangen hab, aber nicht vom Fleck damit komm. Ich kann mich nicht konzentrieren, meine Gedanken kommen immer zwischen mich und meine Arbeit. Vielleicht sollte ich wegfahren, aber man kann doch von seinen Sorgen nicht davonlaufen und ich bin ohnedies auch dazu zu mued.

Irgendwann muss man aufhoeren. Sei nicht boes, dass ich Dich so viel angeweint hab. Aber schreib mir bald, ja? Und bitte behalt das fuer Dich, was ich ueber M. geschrieben hab – es kann mir eh niemand dabei helfen und es hat keinen Sinn, die Eltern aufzuregen. Ausserdem will ich keine Fragen beantworten muessen, die unbeantwortbar sind.

Servus, Geliebtes – schreib. Ich kuess Dich – Gerda

Im Sommer 1952 übersiedelt Susanne ins neu gegründete Pariser Büro von RFE in der Rue de la Paix. Sie wird Chief editor, obwohl sie noch keine 30 Jahre alt und keine amerikanische Staatsbürgerin ist, eine der üblichen Vorbedingungen für die Bestellung von Führungskräften bei *Radio Free Europe*. Wie in Schweden koordiniert sie Korrespondenten in unter-

Friedl, um 1951

schiedlichen Sprachen und schreibt selbst täglich Berichte für die Zentrale in München. Ihr wichtigstes Kommunikationsmittel ist neben dem Telefon der Fernschreiber.

Immer häufiger ist Friedl erschöpft und fiebert hoch. In Kopenhagen bricht sie im Spätherbst 1951 zusammen, Allan bringt sie ins Bispebjerg Hospital. Friedls Erkrankung wird als Lymphdrüsenkrebs (Morbus Hodgkins) diagnostiziert. Sie wird bis Februar mit sehr hohen Röntgendosen bestrahlt. Friedl ist über ihre Diagnose informiert – sie spricht von einer Bronchiallymphdrüsenschwellung, an der früher alle Leute gestorben seien –, sie verliert aber nicht den Mut und schon gar nicht ihren Witz. Sie schreibt im März an Canetti:

Mein geliebter Afrik, ich erhole mich ganz langsam. Das Eis ist wieder gefroren. […]

Hab ich Dir von meiner lesbischen Krankenschwester geschrieben? Es war ein gräulich häßliches Frauenzimmer mit dem fürchterlich riesigsten Hintern, den man sich vorstellen kann, einem pockennarbigen Gesicht und einer langen Nase. Dieses Wesen war die Oberschwester und lange bevor ich gewußt hab daß sie lesbisch ist, hat mich eine heiße Liebe zu dem Weib erfaßt und ich hab täglich mit einer Mischung von Schrecken und Sehnsucht auf sie gewartet. Die Ärzte und die Schwestern stehn immer wie die strengen Engel am Fußende vom Bett und schauen auf einen herunter. Sie flüstern und nicken einander zu und halten Gericht. Sie stehn da, als wüßten sie die ganze Geschichte eines Menschen und seine Zukunft – und nichts kann sie in ihrem Wissen erschüttern. Diese Schwester ist jeden Morgen so gestanden und hat mit ihrer festen Stimme gesagt: »Das Fieber geht herunter, das weiß ich.« Sie hat mich niemals angeredet und keinerlei Annäherung versucht – auch als mein Fieber schon heruntergegangen ist. Aber es war zwischen uns eine heftige Zärtlichkeit, die ich nie ganz verstehn kann. Ich glaub, ich hab das Gefühl gehabt, daß ihr enormer Popo zwischen mir und Gott weiß welchen Katastrophen steht. […]

Deine Friedl.

Ilse in Wien ist über die Form der Behandlung in Kopenhagen alarmiert, sie rät, Spital und Arzt zu wechseln. Die Erkrankung Friedls verläuft nach zwischenzeitlichen Remissionen in Schüben. 1952 werden sie immer schwerer und bestimmen ihren Alltag. Es wird beschlossen, die Behandlung in Paris im modernen American Hospital fortzusetzen. Georges Canetti, Elias' Bruder und selbst Arzt, vermittelt ein Bett und informiert die Kollegen in Neuilly.

Mitte des Jahres muss sie halb ohnmächtig von Stockholm nach Paris in das American Hospital geflogen werden, ihr erster Flug. Ihre erste Tagebucheintragung aus dem neuen Spital erzählt von ihrem ersten Tag, dem Blick aus dem Zimmer, dem Klang der Stadt:

Die Bäume stehen hier in voller Blüte. Mein Zimmer ist auf der Höhe der Baumkronen: Es steckt wie ein Nest in diesem unendlich dichten Laubwerk. Ich erinnere mich so wenig an den Flug hierher: Es war das erste Mal, dass ich flog und ich wusste es kaum. Hier in Paris kreischen die Katzen des Nachts – ein Geräusch, das man in Schweden niemals hört. […] Es ist seltsam, dass mir besonders Allan im Moment so unwirklich erscheint, Ilse hingegen mit all ihren komischen Eigenheiten nicht.

Es ist seltsam, von einem Krankenzimmer ins andere zu fliegen – man kann kaum glauben, dass sich irgendetwas verändert hat – und doch hat sich alles verändert.

Das American Hospital in Neuilly war zu Beginn des 20. Jahrhunderts von einigen wohlhabenden amerikanischen Emigranten als Privatkrankenhaus gegründet worden, es wurde nach dem Zweiten Weltkrieg stark erweitert, unter anderem wurde eine radiologische Station eingerichtet. Auf einigen medizinischen Gebieten galt das »American« als führend.

Friedl wird auch in Paris einer Strahlen- und Injektionskur unterzogen, moderne Chemotherapien standen allerdings noch nicht zur Verfügung. An die Eltern schreibt sie aus Paris:

Meine geliebten Alten, ich muss Euch doch selber schreiben, sonst glaubt Ihr zuletzt gar nicht, dass ich noch existiere. Es hat einige Tage hier gedauert, bevor ich es selber geglaubt hab. Das Fliegen hierher war wie eine Fieberphantasie. Ich hab überhaupt nicht fassen können, dass ich plötzlich in Paris bin und alles hier im Anfang ist mir völlig unwirklich vorgekommen. Mein Zimmer ist wunderschön mit den herrlichsten Baumkronen direkt vor dem Fenster. Die Behandlung, die ich zuerst hier gekriegt hab, war eine gräuliche Rosskur, aber sehr effektiv. Trotz 40 Grad Fieber hab ich sofort angefangen, mich besser zu fühlen. Der Arzt, Tzanck, der mir diese fürchterlichen Injektionen, die eine viertel Stunde gedauert haben, verabreicht hat, ist ein Engel – das Zarteste und Rücksichtsvollste, was es gibt – nebenbei einer der besten Freunde von Georg Canetti – ist das nicht sonderbar? Er kümmert sich auch weiter um meine Behandlung und kommt jeden Tag herein – er war äusserst zufrieden mit der Wirkung

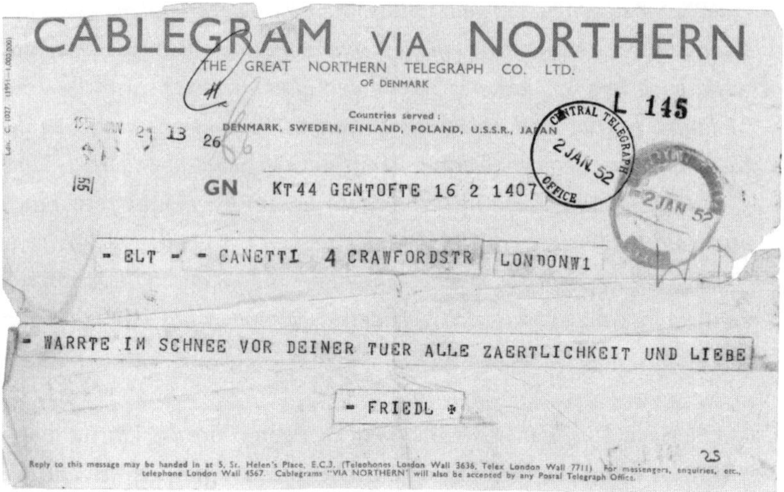

CABLEGRAM VIA NORTHERN

THE GREAT NORTHERN TELEGRAPH CO. LTD.
OF DENMARK

Countries served:
DENMARK, SWEDEN, FINLAND, POLAND, U.S.S.R., JAPAN

L 145

CENTRAL TELEGRAPH OFFICE 2 JAN 52

GN KT44 GENTOFTE 16 2 1407

- ELT - - CANETTI 4 CRAWFORDSTR LONDONW1

- WARRTE IM SCHNEE VOR DEINER TUER ALLE ZAERTLICHKEIT UND LIEBE

- FRIEDL +

Reply to this message may be handed in at 5, St. Helen's Place, E.C.3. (Telephones London Wall 3636, Telex London Wall 7711). For messengers, enquiries, etc., telephone London Wall 4567. Cablegrams "VIA NORTHERN" will also be accepted by any Postal Telegraph Office.

Friedl, Telegramm von Friedl an Elias Canetti, 2. Jänner 1952

seiner gräulichen Injektionen. In den Dreyfus hat sich Eure himmelhohe Tochter fast verliebt – mir ist er nicht so sympathisch, obwohl ich unbedingtes Vertrauen zu ihm hab. Er ist sehr gescheit, sehr quick und einer der besten in seinem Fach hier. Er ist sehr elegant und arrogant und sieht sehr gut aus. Im Spital hier bekomm ich alles: Tee, Kaffee etc., worauf ich aber sonderbarerweise nicht sehr viel Lust hab. Ich ess anständig und die Kost hier ist phantastisch persönlich zubereitet – alle die Dinge, die man haben will. Ich ess hauptsächlich Griesskoch und Obst. Das Jucken ist besser – viel besser, aber noch immer nicht gut.*

Jetzt bekomme ich Röntgenbehandlung – ganz anders – viel vorsichtiger – wie in Kopenhagen. Ich glaube, dass Du vollkommen recht hast, Papsch, mit dem, was Du über den Körper schreibst und dass es »Güte« ist, die ihn zusammenhält. Ich glaub ganz daran und halt meinen diversen Drüsen lange, liebevolle Vorträge.

Eure Friedl

* Der zweite behandelnde Arzt.

An Canetti schickt sie Mitte Juni einen Krankenbericht und teilt einen Entschluss mit:

Mein geliebtes Sternchen Afrik von Thor,

[...] Ich hab kein Fieber mehr und Appetit, aber bin entsetzlich schwach und die Röntgenbehandlung, die ich jetzt bekomm, schwächt noch mehr. Ich habe den gewaltigen Entschluß gesund zu werden gefaßt, und ich glaube, daß die Ärzte selber verwundert sind über den Fortschritt, denn wie ich hergekommen bin, war ich sehr krank. [...] Ich hab ein Zimmer mitten in den Baumkronen – es ist wie ein Nest. Du hast keine Ahnung wie schön die reichen Baumkronen im Sturm sind, wie sie leuchten und sich beugen und fast fliegen und doch bleiben sie ganz was sie waren. Eines Nachmittags bin ich mit dem Gedanken aufgewacht, daß ja kein Grund da ist, daß ich sterben muß, und ich war so erstaunt darüber, als wäre es eine große, neue Weisheit. Ich habe fest beschlossen, ganz gesund zu werden. Die Schwierigkeit ist, daß ich so wenig von mir selber weiß. [...]

Ich umarm Dich und küß Dich tausendmal. Deine Friedl.

In Behandlungspausen darf Friedl das Spital verlassen. Im Juli kommt Canetti nach Paris. Sie plant, mit ihm und Allan Forbes in die französischen Alpen zu fahren, Forbes und Canetti sind nun in Sorge um sie freundschaftlich verbunden.

1952 gelingt es Friedl noch, beruhigende Briefe an die Eltern auszusenden, bald werde sie das Krankenhaus gesund verlassen, die Ärzte seien »über alle Maßen zufrieden«. Auch an Ilse, die ihr Blumen schickt, schreibt sie fast euphorisch (und gibt der Schwester Tipps für ihre Haarpflege):

Geliebtes Ilschen,

die herrlichen Rosen sind gekommen, sechs wunderbare rote Rosen. Du bist ein verschwenderisches Engelsgespinst – dank Dir und Emil tausendmal.

Mir geht es unglaublich viel besser, sogar le beau Dreyfus ist verwun-

dert über diesen raschen Fortschritt. Kein Fieber, einen wahren Heißhunger, mit dem ich es aber leider bisher nur zu 49 kg gebracht hab, aber es wird täglich besser. Die verschissenen Drüsen sind jetzt nur noch lauter Kirschenkerne, plötzlich, vorgestern, sind die Schwellungen rapid zurückgegangen. Schwach bin ich natürlich gräulich, aber nicht so schwach wie in Kopenhagen, da ich nur mit großer Entschlossenheit am 1. fieberfreien Tag aufgestanden bin.

Du gehst mir sehr ab [...] Das Spital hier ist phantastisch. Du hast keine Ahnung, wie lieb die Schwestern sind, echt lieb, keine verbissenen, miesen alten unbevögelten Jungfern. Das Essen ist unglaublich gut und mit Verstand zusammengesetzt. Ich freß und freß in mich hinein wie eine Sau. Deinem Rat nach richt ich mich täglich her, was tatsächlich eine sehr gute Wirkung hat – man fühlt sich als Mensch, der krank ist, nicht als ein Kranker, der kaum noch ein Mensch ist.

Täglich sitz und steh und geh ich ungefähr 2–4 Stunden. Allan ist unbeschreiblich lieb und selbstlos wie immer.

Servus und wasch Dir Deine Haare und pfleg sie, damit sie wieder dicht werden – und lass Dir den Hals rückwärts nicht ausrasieren – lass Dir die Haare nur von einem guten Friseur schneiden, sonst schaust Du von rückwärts aus wie ein halb gerupftes Henderl. Ich hab eine schreckliche Sehnsucht nach Dir [...]

Friedl

Die Fahrt mit Allan und Canetti führt tatsächlich in die Alpen, Friedl verbringt die meisten Tage im Hotelzimmer und schläft während der Autofahrten. Im Anschluss daran muss Friedl ins Krankenhaus zurück.

Susl,

daß Du Dich endlich dazu bequemt hast, mir ein paar Zeilen zu schreiben, faule Sau! Es wär natürlich herrlich, wenn Du herkommen könntest – aber nicht solange Canetti hier ist – 3 Leute sind zu viel. Da es mir aber jetzt täglich besser geht glaub ich nicht, daß der Canetti noch sehr lange hier bleiben wird. Wann kannst Du weg? Schreib ein genaues Datum.

Bis vor 4 Tagen hab ich mich so schlecht gefühlt wie überhaupt noch nie vorher. Die Reise in die Berge war eine Katastrophe – gleich hab ich das gewohnte 39.6–8 Fieber bekommen und wie wir endlich angekommen sind, hab ich mich ins Bett legen müssen und bin erst wieder zur Rückreise nach Paris aufgestanden. Die neue Behandlung hier war die grauenhafteste, die man sich denken kann. 2 Mal täglich die bestialisch wehtuendsten Injektionen in den Arsch. Die ganze Zeit eine völlig salzlose Kost. Am Ende hab ich noch (was 1mal in 7 Fällen passiert) die wirklich wahnsinnigsten Schmerzen bekommen, die mich völlig fertig gemacht haben. Mein Gewicht war 42 kg – jetzt ist es auch noch nicht viel mehr. Mein einziger Trost war Canetti und Allan. Canetti mag den Allan echt und ist überströmend lieb und zärtlich zu mir. Von Anfang an war nicht die geringste Spannung und alles schön und ruhig und ich selig, daß der Canetti da war.

Ab Mitte 1952 kommt Friedl kaum noch aus dem Krankenhaus heraus. Ilse schaltet sich ein, sie fährt nach Paris und lässt sich Diagnosen und Therapiepläne vorlegen, um sie kritisch zu prüfen. Friedl hat aber Vertrauen in die behandelnden Ärzte und lehnt die Intervention der Schwester ab.

Susi eilt im Mai 1952 von Stockholm ans Krankenbett der Schwester und verbringt jeden Tag abwechselnd mit Forbes einige Stunden bei ihr. Auch Canetti kommt wieder aus London. Im Herbst schreibt Friedl an die Eltern, nun beschönigt sie kaum noch etwas:

Meine geliebten unausstehlichen Alten, das ist der x-te Brief, den ich anfange und dann aus Erschöpfung nicht zu Ende schreiben kann – hoffentlich geht's mit dem:

[…] Soviel ich weiss, schreibt Allan alle 36 Stunden, und was Ihr von dem armen Burschen noch erwartet, ist unbegreiflich! Nicht nur rennt er täglich herum und kümmert sich um jede kleinste Kleinigkeit, die mir angenehm oder nützlich sein könnte, dann sitzt er täglich 5–6 Stunden im Spital und dann soll er ausführliche Rapporte an Euch, die Ilse, den

Alfred, den Canetti, der Margaret und der Heddie und seiner Familie schicken! Dabei hast Du, alte Schnieskatz, ihm höchstens 2 Mal geschrieben und der Papa schreibt überhaupt nur Beleidigungen an ihn ausser einem einzigen Dankbrief. Also hört's auf! Der Allan ist ein Engel, aber er wird ja verrückt, wenn er täglich lange Berichte über jeden Dreck schreiben müsste.

Dieses Mal war es wirklich unbeschreiblich scheusslich, aber jetzt ist das Ärgste Gott sei Dank vorbei und ich komme, zwar sehr langsam aber doch, ein bisserl wieder zu Kräften. Sie haben eine Kur mit mir versucht, die manchmal Wunder wirkt (mit Cortison), die auf mich aber eine sehr schlechte Wirkung gehabt hat und mich schrecklich geschwächt und ausserdem deprimiert hat. Ein anderes Wundermittel, Rinifen, hat mich langsam wieder zu mir gebracht und jetzt habe ich die äusserst gut wirkenden Nitrogenmustard-Injektionen bekommen. Ich bin unbeschreiblich verkratzt und das Jucken ist zeitweise eine wahre Tortur – jetzt ist es auch etwas besser.

Das ist schon eine bestialische Scheißkrankheit. Um sie völlig zu heilen, braucht man zwischen 9–18 Monate, mit Behandlungen alle sechs Wochen, wenn's gut geht und nicht vorher ein Rückfall eintritt. Ich komm mir tatsächlich vor wie ein Märtyrer, mit einem völlig zerkratzten und von widerlich wehtuenden Injektionen zerstochenen Arsch, mit Beinen dünn wie Zündhölzer und ebenso zerkratzt, mit einem nicht existierenden Bauch (von Busen gar nicht zu reden, er ist tatsächlich völlig verschwunden). Durch die Nitrogeninjektionen wird die Haut wie Leder – also, geliebte Alten, Ihr könnt Euch meine Schönheit leicht vorstellen. Mein einziger Trost sind die Ärzte und Schwestern, die mich Gott sei Dank sehr gerne haben, und dann natürlich Canetti.

Er war überströmend von Liebe und Zärtlichkeit und Rücksicht, er und Allan haben sich echt gerne und damit ist das gräulichste und scheinbar unlösbarste Problem aus meinem Leben draussen und ich hab das Gefühl, dass es sogar all dieses Elend wert ist, nur damit ich endlich Ruhe für mich gefunden habe, und die hab ich jetzt. Jetzt ist es nur eine Frage von Zeit und Geduld und Durchhalten, aber nicht mehr ein seelisches Problem – oder wie Canetti sagt, scheistig-schölisch.

Meine geliebten Alten, ich hab grosse Sehnsucht nach Euch, aber sonderbarerweise überhaupt nicht das Gefühl von irgendeiner Distanz – es ist mir, als ob Ihr immer da seid, der Papsch schnarchend am Boden liegend und die Alte nicht schnarchend in dem grossen, äusserst bequemen Fauteuil und nur erwachend, wenn um 4 Uhr der Tee kommt.

Meine süssen geliebten, närrischen Alten, ich küss und umarm Euch millionen Mal – Friedl

Allan ist »ein Engel an Zärtlichkeit und an Selbstlosigkeit«, »he lives entirely within my illness«, schreibt sie. Canetti ist ein liebender Freund, der dringend erwartet wird.

Geliebter Ilja,

Allan hat mir eben Deinen Brief vorgelesen, und so sehr ich mich freue (vorsichtig!), so tief verletzt es mich, dass Du diese Nachricht zuerst an ihn schickst – dass Du wirklich kommst. […] Ich kann es tatsächlich nicht fassen, dass Du wirklich kommen sollst. Wenn ich zwei Herzen hätte, würde das eine vor Freude in die Baumkronen fliegen, während das andere traurig hierbliebe.

Ich möchte nicht, dass Du mich dazu treibst, den Allan aus Eifersucht zu hassen, wie ich es jetzt tue, weil er Deine Schrift in seinen Händen gehalten hat, nicht ich. Du musst verstehen, dass ich weit davon entfernt bin, gesund zu sein, und wenn ich einmal hier herauskomm, es nur auf 3 Wochen ist – dann muss ich wieder hierher zur Behandlung. Ich möchte denken, dass Du zu mir kommst, ich möchte nicht, dass Du ihn siehst, bevor Du mich siehst – bedenke doch, wie kränkend es ist.

Ich soll Samstag, d. h. am Tag, an dem Du vielleicht kommst, aus dem Spital kommen. Es ist nicht bestimmt, weil ich vorige Woche wieder einige bestialische Injektionen bekommen hab, die das Fieber in die Höhe treiben und derweil ist es noch nicht wieder heruntergegangen.

Glaube ja nicht, dass Du den Allan kränkst, wenn Du zu mir kommst – mich hingegen kränkt es über alle Massen, wenn Du zu mir durch ihn sprichst oder ich zu Dir durch ihn spreche. Es ist Deine Stimme, nach der ich mich sehne.

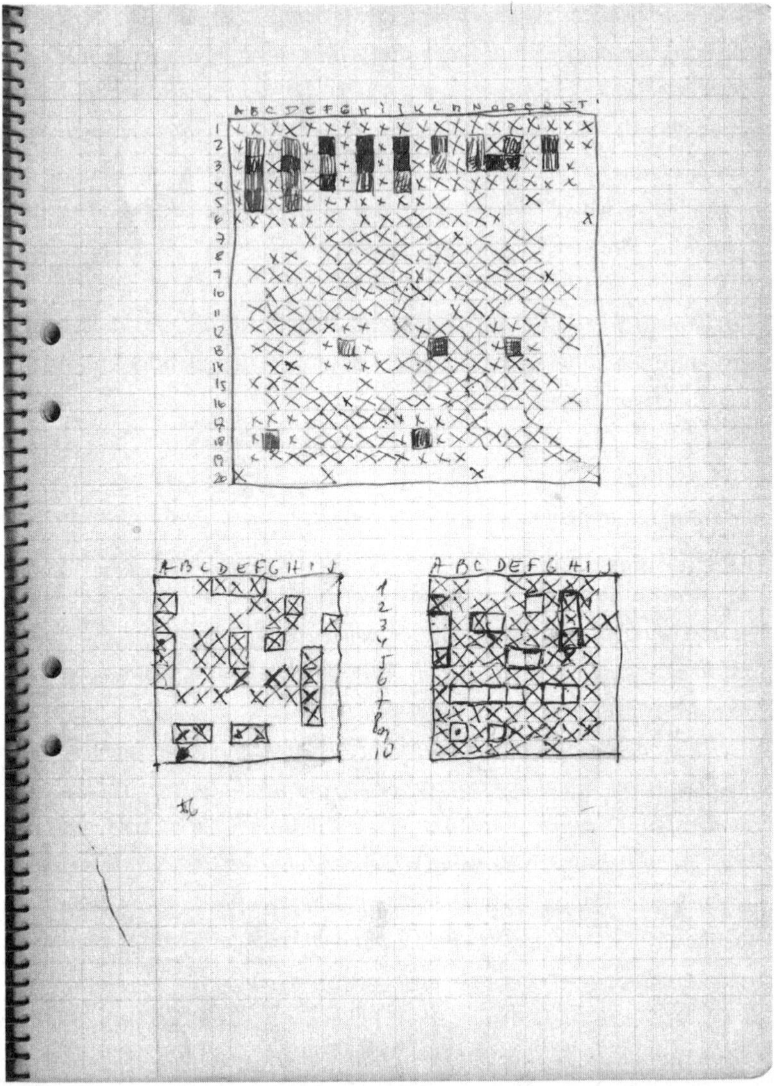

»Schifferlversenken«, Spiel von Susi und Friedl in Friedls Notizbuch, 1953

Im letzten Notizbuch, das sie vom Winter 1952 bis 1953 führt, fliegen ihre Gedanken zwischen der Gegenwart im Krankenhaus und den Erinnerungen an Grinzing. Deutsch und Englisch vermischen sich. Im Oktober notiert sie:

> *There are moments of relief – or hours in which I can see myself again as I ought to be – well or nothing. Sich bei den Haaren aus dem Dreck ziehen, heißt alles, was am Besten in einem ist zu sammeln. [...]*
>
> *I am what I mainly am: a piece of unsatisfied, cold curiosity.*

Und danach, im November, geschwächt und ohne Optimismus, aber voll Zuversicht als Künstlerin:

> *Nur ein Satz jeden Tag, die verlorenen Tage, sie sind nur Schwäche und Schwäche. Die Sache ist die [...]: Wenn man daraus den witzigsten, wundervollsten Roman machen kann, hat man nicht vergeblich gelitten – dann segnet man die Tage.*

Das Badezimmer ist der letzte private Ort, an dem sie allein sein kann »with that thin scratched body«. Dann versöhnt ein Blick aus dem Fenster des Krankenzimmers wieder – das Haus gegenüber ist fertiggebaut, die Laterne auf der Straße ruft ihr zu: »Komm finde mich.«

Am Ende des Notizbuches findet sich eine Grafik mit Quadraten, Punkten, Kreuzen und Buchstaben: die Matrix eines Spiels aus ihrer Kindheit, »Schifferlversenken«, das sie, wenn sie zu müde zum Schreiben und zum Sprechen ist, mit Susi spielt.

Über die letzten Monate des Sterbens der Schwester schreibt Susanne einen sechzigseitigen, tagebuchartigen Bericht. Sie habe, schreibt Susanne, abgesehen von ihrer Tochter, in ihrem Leben niemanden mehr geliebt als Friedl. Der Bericht ist journalistisch klar und nüchtern verfasst. Sie beschreibt detailliert das Krankenzimmer und den Korridor, in dem Forbes und später Canetti auf Nachricht von ihr warten, da Friedl sie beide nicht mehr sehen will, sie beschreibt den Silvesterabend 1952, an dem Friedl kein Glas mehr trinken kann, sie beschreibt den finalen Verlauf der Krankheit: der ständige Juckreiz, der mit Blasen übersäte und mit Narben gezeichnete Körper, der Haarausfall und die Atemnot, das Gesicht, das bis zur Unkenntlichkeit abmagert, schließlich der Verlust der Stimme, die tägliche Angst vor der Nacht, die letzte Bewegung der Hand, Sauerstoff, das letzte Seufzen.

Friedl stirbt im 37. Lebensjahr am 3. April 1953. Auf ihrem Totenschein, ausgestellt am 7. April 1953, ist als Beruf »femme de lettres« vermerkt. Etwas anderes wollte sie nie sein.

8

»SCHREIBT'S, SCHREIBT'S, SCHREIBT'S!«

Die Dinge verlangsamen sich, die Orte, an denen sich die Schwestern ihr Leben eingerichtet haben, werden nicht mehr verändert, man bleibt, wo man ist.

Nach Friedls Tod bleibt Susanne in Frankreich im ständig wachsenden Korrespondentenbüro von *Radio Free Europe*. Nur langsam erholt sie sich von dem sich über Monate erstreckenden Sterben der Schwester. Sie spekuliert – dem Zeitgeist entsprechend – über die mentalen Ursachen der Entstehung von Krebs. Noch Jahre nach dem Tod der Schwester begleiten Selbstvorwürfe Susanne, und nur langsam gelingt es Ilse, sie von den physiologischen Ursachen der Erkrankung zu überzeugen und sie von jeder Schuld freizusprechen.

Auch Ilse reagiert auf den Tod der Schwester: Sie verfasst ein Theaterstück, das Manuskript hat mehr als fünfzig Seiten und ist ganz im Stil der Brecht'schen Lehrstücke geschrieben: Es wird über Klassenmedizin und über die gesellschaftlichen und politischen Aspekte des Todes der Schwester räsoniert, auch Canetti hat einen wenig rühmlichen Auftritt. »Ich glaube an das Leben und an den Kampf«, heißt es im Prolog. Das Stück bleibt Fragment.

1954 übersiedelt Gerda mit Alfred und ihren beiden Kindern in das El Dorado Building Central Park (300 Central Park West, New York), ein Apartmenthaus im Art-déco-Stil direkt am Central Park mit zwei mächtigen, 24-stöckigen Türmen, Concierge und Liftboy. Die weitläufige Wohnung der Corvins mit drei Schlafzimmern und Bädern, Küche mit Frühstückszimmer, großem Living Room und Speisezimmer liegt im siebenten Stock, nicht mit Blick auf den Park, sondern zur 90. Straße. An den Wänden hängen vor allem Gerdas Bilder. Sie hat im Laufe der Jahre einige Schüler, aber nie eine eigene Ausstellung. Eines der Schlafzimmer wird ihr Atelier. An Susi schreibt sie über die neue Wohnung und ihre ungewohnte Rolle als nur Mutter und Hausfrau:

Mir beginnt [die Wohnung] erst jetzt wirklich zu gefallen, trotz der Heidenarbeit, die damit verbunden ist. Es ist phantastisch, einmal Platz fuer seine Sachen zu haben. Ausserdem sind waehrend des Sommers noch die restlichen Moebel, die ich gekauft hab, geliefert worden und es schaut alles wirklich sehr schoen aus. Natuerlich fehlt noch eine ganze Menge, aber nach und nach wird schon alles zusammenkommen.

Ich bin jetzt eigentlich zum allerersten Mal eine wirkliche Hausfrau und ich muss sagen, dass ich mich in dieser Rolle noch aeusserst ungewohnt und nicht hundertprozentig wohlfuehl, […] irgendwie kommt mir vor, dass ich zu viel Zeit fuer mich hab, obwohl das in Wirklichkeit gar nicht stimmt, weil es ja mit den Kindern und dem Haus, den diversen Zahnaerzten, Musikstunden, dem Malen, Gaesten, usw. immer etwas zu tun gibt und ich den ganzen Tag auf den Beinen bin. Ich glaub, mir geht das Stimulierende ab, das meine Arbeit doch gehabt hat und auch das Zusammenkommen auf beruflicher Basis mit anderen Leuten. Ich hab dem Alfred gesagt, dass ich wieder arbeiten will, worauf er einen Tobsuchtsanfall und einen Mordsschnupfen bekommen hat, mit dem er einen Tag zuhaus gesessen ist und mich sekkiert hat, um mir zu beweisen how essential it is for me to be around the house. Vorlaeufig werde ich also nichts machen, ich muss auch erst sehen, wie's weitergeht und ob ich mich nicht doch an diesen Zustand gewoehn. – Uebrigens darfst Du mir gratulieren – ich hab vorm Sommer meine Analyse beendet (nicht abgebrochen), nach viereinhalb endlosen Jahren. Aber obwohl sie mir im Allgemeinen ueberhaupt nicht abgeht, so ist das sicher mit ein Grund, warum ich mich jetzt etwas verloren fuehle. Jedenfalls bin ich froh, dass es vorbei ist, es war, weiss Gott, kein Vergnuegen.

Gerda liest viel, sie spricht, so erinnert sich ihr Sohn, nahezu akzentfrei Englisch, auch wenn ihr manchmal amerikanische Phrasen fehlen. Mit den Kindern spricht sie ausschließlich Englisch, Deutsch ist die Sprache des Streits mit ihrem Mann. Man fährt amerikanische Autos – Buick, Dodge, Plymouth –, der Spielplatz der Kinder ist der Central Park, Ehemann Alfred arbeitet hart an seiner Karriere als Psychoanalytiker in New York. Er etabliert seine Praxis an der Upper East Side und ist aktives Mitglied des American Psychoanalytic Institute und des New Yorker Psychoanalytic Institute. Über viele Jahre leitet er auch die psychiatrische Abteilung am Mount Sinai Hospital an der Madison Avenue in Manhattan. Viele seiner prominenteren Kollegen stammen wie er aus Europa, manche aus Wien; auch wenn er wenig publiziert, ist er fixer Bestandteil der klassisch-freudianischen Szene der Psychoanalytiker in New York. Trotz aller Versuche einer vollständigen sprachlichen und kulturellen Assimilation bleiben Gerdas beste Freunde Emigranten aus Wien: Marianne Stein, Sylva Farau und ihr Ehemann Alfred, ein früher Schüler von Alfred Adler und Gründer der Alfred-Adler-Gesellschaft, Marianne und Paul Steiner. Ein Hausmädchen kümmert sich um die Wohnung und um die Mahlzeiten, wie ihre Schwestern kocht Gerda nur am Sonntag.

Immer häufiger ist in Gerdas Briefen von Traurigkeit die Rede, die Jahrzehnte andauernde »Schwesternlosigkeit« wird immer deutlicher beklagt. Ihre bevorzugte Briefpartnerin bleibt auch in den 1950er Jahren die jüngste der Schwestern; Susi wird nach Liebeskummer getröstet, sie soll zu ihr in die USA kommen, in das »Scheissland«, das aber als einziges eine Zukunft sichere.

Mein armes, verlassenes, einsames, suesses und verruecktes Schwesterchen – ich war sehr froh mit Deinem Brief, so ungluecklich er auch war. Er war immerhin ein Lebenszeichen und jetzt weiss ich zumindest, wo

Du bist. Was ich monatelang nicht gewusst hab, da die Eltern spezifische Fragen doch prinzipiell nicht beantworten. Und Du, bloede Sau, hast mir natuerlich auch nicht geschrieben. Allerdings kann ich Dir lebhaft nachfuehlen, dass Du dazu weder Lust noch Geduld gehabt hast. Na, Gott sei Dank ist der Kontakt wieder hergestellt. […] Mein Geliebtes, Du weisst gar nicht, wie sehr ich Dir Deine Einsamkeit und Deine Schwesternsehnsucht nachfuehlen kann. Diese Schwesternlosigkeit ist doch genau das, worueber ich in den 15 Jahren, die ich in diesem verdammten Land leb, nicht hinwegkommen kann, worunter ich konstant mehr oder weniger akut leide und worueber ich ebenso konstant fluch. Dabei kenn ich doch eine ganze Menge Menschen, sogar ganz nette, und hab auch sogenannte Freundinnen. Aber es ist eben niemals dasselbe und wenn ich mir auch tausendmal vorsag, dass das nur ein kindisches Ueberbleibsel ist, aendert's doch nichts an der Sehnsucht. […]

Ganz abgesehen von allem, find ich ja nach wie vor, dass Du herueberkommen solltest. Erstens meinetwegen. Ich brauch Dich genauso dringend, wie Du mich. Zweitens bin ich davon ueberzeugt, dass Du hier professionally and otherwise weit mehr Moeglichkeiten hast, wie drueben. Und dann ist dieses Scheissland, trotz aller Schweinereien, die sich abspielen, ja doch das einzige Land, glaub ich, in dem man sich eine halbwegs sichere Zukunft bauen kann. Jetzt koenntest Du sogar bei uns wohnen, bis Dir mies davon wird – und mein Bettzeug ist nur teilweise zerfetzt. Ich glaub, dass wir Dir schon einmal angeboten haben, Dir eine Fahrt zu zahlen – the offer is still good. Also komm. –

Servus, mein geliebtes, verbloedetes – ich umarm Dich innig, mit grosser grosser Sehnsucht.

Deine Gerda

Schreib bald wieder – ja?

Im September 1954 kommen die Eltern ein weiteres Mal auf Besuch nach Österreich. Sie haben zwar wenig Geld, doch mit Hilfe von Tochter Ilse und einem Zuschuss der Schwester Heddie Gardiner aus England fahren Irma und Ernst mit dem Zug von Stockholm nach Salzburg und dann nach Wien. Regelmäßig berichtet Irma Tochter Susanne über die Reise. Susi lebt seit Kurzem allein in Paris und hat eine eigene Wohnung bezogen. Aus dem Kurhaus Gastein schreibt Irma Ende September an sie.

Mein süsses, geliebtes Kind.

So erfrischend und gut wars Deinen Brief zu bekommen! Papsch, der ja immer sich über irgend etwas beunruhigen muss – war schon ganz toll u. nur mit Mühe konnte ich ein Telegr. an Allen D. hintanhalten. […] Mir tuts ordentlich weh, dass Du Dich vereinsamt fühlst in Deiner so ersehnten Wohnung. Übrigens ein Mordsglück unter diesen Umständen eine zu finden. – Wie kommst Du in Dein Bureau und fühlst Du Dich dort heimisch bereits? Ich glaube, ich hätte nie so viel Courage gehabt wie Du u. mich in ein ganz, ganz fremdes Milieu versetzt. Sag mir, könntest Du Dich nicht in den skandinavischen Klub einschreiben lassen um an Tagen, wo Silvio oder maman wenig Zeit für Dich haben, Anschluss zu finden? Es gibt doch massenhaft viele Schweden u. Finnländer etc. in Paris u. Du könntest es zuweilen recht lustig haben u. die alten Beziehungen aufrecht erhalten. –*

[…] Hier komme ich mir wie die reinste Hochstaplerin vor – die Preise gehen weit über das, was wir ausgeben sollten u. ich wundre mich nur, dass die Spucke nicht auch bezahlt werden muss. – Mein einziger Trost ist, dass wir auch am 6. X. unser letztes Bad nehmen u. dann gleich abfahren können. Zu alledem habe ich gestern meine kl. Brillantbroche verloren u. meine einzige Hoffnung ist nur noch das Fundamt, das heute u. gestern gesperrt war. Ich versuche alles, um mich nicht zu kränken – aber es gelingt nicht recht. – Es gibt Tage, Stunden, wo es wunder-wunderschön hier ist. 15 Min. vom Centrum u. die Alpenwelt mit ihren wunderbaren Wiesen, ihren Kudelimudelis u. ihrer Stille u. Einsamkeit beginnt. Da regen sich alte Glücksgefühle u. nichts Quälendes tritt an mich heran.

* Gemeint sein könnte Allen Dulles (1883 bis 1969). Er leitete das Büro des amerikanischen Geheimdienstes während des Zweiten Weltkrieges in der Schweiz und gründete 1953 die CIA.

Am 17. 10. sind Wahlen in Wien u. Ilse kandidiert als Bezirksrätin. Du kannst Dir Papschs Wut vorstellen u. wir sollen erst nach d. 17. nach Wien fahren. […] Glaub mir, dass mir mindestens eben so bang nach Dir ist – wie Dir nach uns u. dass ich wirklich anfangen werde um einen Haupttreffer zu beten, damit wir nach Paris kommen können um so lang wie möglich Dir nahe zu sein.*

Tausend Millionen Küsse für Dich u. alles Liebe für Silvio et mes compliments à maman.

Innigst Mumi

Mitte Oktober treffen beide in Wien ein, sie beziehen ein Zimmer in der Pension »Atlanta« in der Währinger Straße. Anfang November schreibt die 75-jährige Irma an Tochter Susi:

Mein süsses Geliebtes,

Dein heutiges Telegramm tut mir unendlich wohl. Mir ist die ganze Zeit nämlich recht bang nach Dir – obwohl ich scheinbar gar keine Zeit dazu habe – da wir immerfort etwas vorhaben – Theater, Besuche, Vorträge – aber zwischendurch fahr ich immer nach Grinzing hinaus und wenn ich gegen den Cobenzl marschiere – bist Du nahe bei mir u. wir tratschen ganz wundervoll. – Wie das auf die Dauer in Schweden werden wird ohne Dich ist überhaupt nicht auszudenken.

Wien ist diesmal überraschend schön – der Aufbauwille auf allen Gebieten bewundernswert u. die äussere Liebenswürdigkeit u. Herzlichkeit der Bevölkerung sehr wohltuend. Von der Armut u. dem Elend früherer Jahre spürt man sehr wenig – alle u. alles macht einen eher heiteren, beschwingten Eindruck. […]

Heute hat der Regen eingesetzt nach goldig schönen Herbsttagen. Papsch ist viel beruhigter hier als in Schweden u. vermeidet tatsächlich Skandale zu machen, was eine unerhörte Erleichterung ist. Leider nur ist seine Zerstreutheit u. Vergesslichkeit ärger denn je.

Und Du, Du, mein Herzensschatz? Mögest Du Dich ein bissl besser in

* Für die Kommunistische Partei Österreichs in Wien-Donaustadt.

Paris eingewöhnt haben u. vielleicht hast Du Stina bei Dir, die Dir bissl Heimat schenkt. Schreib, bitte, schreib! Alles wird mit grösstem Interesse u. noch grösserer Liebe verschlungen.*

Voll Zärtlichkeit und Liebe Deine Mumi

Ende November müssen die Eltern zurück nach Schweden, die Suche des Vaters nach beruflichen Kontakten in Wien ist erfolglos geblieben, das Reisegeld wird knapp. Aus Schweden schreibt Irma an Susi:

Mein sehr, sehr Geliebtes.

Seit d. 25. sind wir zurück. Der Abschied von Ilse u. ihren Fratzen schmerzt noch immer sehr u. dass wir ihren grossen Wunsch über Weihnachten dort zu bleiben nicht erfüllten. Aber Ernst fürchtete sein Zimmer hier zu verlieren. Nun hat er scheusslichen Katzenjammer, weiss nichts mit sich anzufangen u. ist schrecklicher Laune.

Mir tut die plötzliche Ruhe gut u. vor allem das Land! Der blödsinnige Verkehr in Wien, die Raserei der Autos u. der Motorfahrer machte mich total hysterisch, jeder Strassenübergang war wie ein mir aufgezwungener Selbstmordversuch. Die Rückreise – ohne Schlafwagen u. mit äusserst knappen Geldmitteln – war recht beschwerlich – die Überfahrt bei tobendem Sturm scheusslich. Aber Papsch war während der Reise besonders lieb u. besorgt, was sehr wohl tat trotz greulicher Seekrankheit. […] Alles fragt ob Du schon verheiratet bist – auch in Finnland. – Aber ich will Dich nicht quälen, mein Suserle, nur damit, dass Du mir schreibst.

Ich bin ja scheusslich vereinsamt hier u. der arme Papsch hat das traurige Gefühl hier den Boden für seine journalistische Tätigkeit verloren zu haben. Seit 4 Monaten wartet er auf einen Abdruck in Svenska Dagbladet. Und doch hätte er so viel zu sagen!!

Muckili, ich bin heut sehr erschöpft u. muss ins Bett. Aber diese Zeilen müssen noch fort u. Dich veranlassen gleich zu schreiben. Mutti

---

* Christina Lindell, ihre schwedische Jugendfreundin.

Susi heiratet im Februar 1956 Silvio, der zwei Kinder mit in die Ehe bringt. Die Hochzeit entwickelt sich zur Groteske. Die Eltern sind aus Stockholm angereist. Vater Ernst versucht den Schwiegersohn gleich nach der Zeremonie zum Besuch einer Ausstellung, die ihn interessiert, zu überreden, Susanne droht mit sofortiger Scheidung im Fall einer Zusage seitens ihres Mannes, der Abend verläuft turbulent. Es kommt zum Streit, Susanne verbringt den Abend mit Forbes, am nächsten Morgen jedoch bereits: allgemeine Versöhnung. Susis Bericht an Schwester Ilse, die nicht zur Hochzeit nach Paris gekommen war, liest sich wie eine Szene aus einem Skript zu einem Film ihres Lieblingsregisseurs (neben Ernst Lubitsch) Billy Wilder:

Tepperte, alte Drecksau – wie wär's, wenn Du vielleicht doch zur Kenntnis nehmen wolltest, dass Du nunmehr nicht eine einzige Schwester namens Benedikt mehr hast, sondern dass sich die letzte des illustren Stammes seit dem 24. Februar Ovadia nennt und 36, rue Scheffer, Paris 16e, wohnt. Wenigstens daweil.

Die Eltern haben mir gesagt, dass sie Dir mehrmals (je nachdem sich das Datum der »Hochzeit« veraendert hat) von diesem Ereignis Mitteilung gemacht haben, und dass sie sich sogar in Hoffnungen Deines – sehr vermissten – Beistandes gewiegt haben. Mir selber war so unbeschreiblich mies vorher und ich hab so unbeschreiblich viel vorher zu tun gehabt, dass ich mich schon um ueberhaupt nichts mehr hab kuemmern koennen. Jedenfalls kann ich Dir nur sagen, dass Du und der Emil uns aufs Äusserste gefehlt habt in diesen Tagen, die in jeder Hinsicht den benediktinischen Traditionen wuerdig waren.

Es hat sich alles abgespielt, was sich nur abspielen kann unter den Umständen. Vor allem verlangen ja die Franzosen so alles was man ueberhaupt nur an Papieren und Dokumenten verlangen kann, was bei uns, mit den komplizierten Geburts- und Nationalitätsverhältnissen (um gar nicht von dem Silvio (der ja Italiener ist) seiner Scheidung zu reden) nicht so ganz einfach und leichtweg gegangen ist. Dann ist alles passiert was nur passieren kann: Die Mutti hat die Schlüssel zum »reichen« Koffer verloren – der Papsch den Kopf und die Geduld – und hat schon Visionen *gehabt von verlorenen Pässen, Gerstl* und Schmuck; ich hab in der Nacht vor der Zeremonie noch schnell sämtliche Identitätsdokumente – aber auch wirklich sämtliche – die auf Benedikt ausgestellt waren, am Place Vendome verkommen lassen (und Du willst nicht dem Freud glauben!); dem Papa war unentwegt »unwohl«, der Allan Forbes hat sich ununterbrochen verschlafen und ist ueberall verdreckt und mit verklebten Augen erschienen im allerletzten Moment (dabei war er aber besonders engelhaft lieb); der Ivar hat versucht, Öl auf die aufgeregten Gemüter zu giessen, hat aber vergessen, dass wir alle sehr inflammabel waren; die Stina – eine Freundin von mir, die aus Schweden extra gekommen ist – hat kein Wort franzoesisch gekonnt; und schliesslich und endlich haben der Silvio und ich einen Mordskrach unmittelbar nachher gehabt und haben unsere neuerworbenen Ringe augenblicklich auf den Kuechentisch geschmissen und uns getrennt. Das heisst, er ist mit einem schrecklich wunden Hals ins einsame Hochzeitsnachtbett geschnobt, waehrend ich mit den uebrigen in das Tschoch vom Allan in Saint Germain gegangen bin. Wie Du siehst – alles in guter Ordnung.*

Ausserdem hat sich die Mutti sofort nach ihrer Ankunft hier wiederum erkaeltet und hat sehr wenig ausgehen koennen, was geheissen hat, dass ich fast die ganze Zeit (mit Ausnahme von drei Abenden – Hochzeitsnacht eingeschlossen) in der Kueche verbracht hab, um fuer den Papa eine Eierspeis, fuer die Mutti Wuerschtel, fuer den Allan ein Hendl, fuer den Ivar ein Beufsteuk, fuer den Silvio ein Lammkotlett, fuer die Stina ein Rentierfilet zu kochen. […]

Jetzt sind wir wiederum langsam im Begriff uns zu derfangen, besonders wo wir seit der Abfahrt von den Eltern ein herrliches Fruehlingswetter haben – was wirklich eine schändliche Gemeinheit ist, denn es war eiskalt, wie sie hier waren und in Paris sind doch die Wohnungen nicht anständig geheizt.

Uns geht es abgesehen von dieser Ehe ganz gut. […] Ich hoffe sehr, dass ihr meinen Grossmut, Euch zu schreiben, richtig einzuschaetzen wisst, widerliche und schweigende Bande! Dabei denk ich sehr oft an Euch und

* Wiener Dialektausdruck für »Geld«.

wuerde schrecklich gern wissen, was bei Euch los ist und vor allem, wie es den Kindern geht.

Alsdann, mobilisiert ein bisserl Energie! Ich küss Euch alle viel vieltausendmal, Susie

---

Ilses Briefe an die Schwestern und die Eltern sind sachlicher als die der Schwestern und doch voller Sehnsucht. Manchmal hat sie, schreibt Ilse an Gerda,

neben einem prächtigen, häufig explodierenden Schnupfen, ein bissl Epicondylitis, eine unbestimmte Sehnsucht und unbestimmte Angst, die mich an die Zeit erinnert, wo wir noch zu dritt in einem Zimmer geschlafen haben.

Die fünfziger Jahre bedeuten für sie die Abkehr vom Stalinismus, der Weg führt sie in ein ideologisches Niemandsland. 1953 verteidigt sie noch die Niederschlagung des Arbeiteraufstandes in Berlin in der für Kommunisten üblichen Form: als notwendige Maßnahme beim Aufbau des Sozialismus in der jungen DDR in Abwehr imperialistischer und revanchistischer Kräfte. Nach der Rede Nikita Chruschtschows am 20. Parteitag der KPdSU im Februar 1956 über die Verbrechen Stalins und den Einmarsch der Sowjetarmee in Budapest im Oktober gelingt eine solche Verteidigung nicht mehr; Ilse bleibt aber den Grundideen des Kommunismus verbunden und in der kommunistischen Partei (1959 rutscht sie sogar auf die Kandidatenliste der Nationalratswahl – »Na ja – mitgegangen, mitgehangen u. Gottseidank ist's bald vorbei«, schreibt sie den Eltern). Trotz der politischen Divergenzen bemüht sich Ilse, die Brücke zu den Eltern nicht abzubrechen.

In einem der Briefe aus dem Jahr 1963 erwähnt sie Milovan Djilas' *Gespräche mit Stalin* und empfiehlt den Eltern die Lektüre des eben erschienenen Buches:

Es ist das erste Buch dieser Art, mit dem ich mich persönlich identifizieren kann – vor allem weil es in jeder Hinsicht aufrichtig ist. Lest's wenn Ihr könnt.

Djilas war Partisan und danach einer der führenden Parteiideologen in Jugoslawien, Minister und zeitweise Vizepräsident. Ursprünglich linientreuer Kommunist, vertrat er als Kritiker des Realsozialismus und des autokratischen Stalinismus ab Mitte der fünfziger Jahre eine eigenständige Position, die zum Bruch mit Moskau, aber auch zum Bruch mit der Partei und zum Ausschluss aus dem Zentralkomitee führte. Ilse verfolgte die politische Entwicklung in Jugoslawien sehr genau. Djilas verbüßte mehrfach lange Haftstrafen wegen »feindlicher Propaganda«. In den *Gesprächen mit Stalin* erzählt Djilas über die Veränderung seiner Einstellung zu Stalin: von der ursprünglichen »Begeisterung« als Partisan im Kampf an der Seite der Rotarmisten gegen den Faschismus zum »Zweifel« seit den Moskaubesuchen in den späten 1940ern bis hin zur »Enttäuschung« nach der Ungarn- und Albanienkrise in den 1950er Jahren – so die drei Abschnitte von Djilas' politischen Memoiren, sie entsprechen auch Ilses politischer Entwicklung nach dem Zweiten Weltkrieg, die ebenfalls von der Begeisterung über den Zweifel zur Enttäuschung führt. Insofern kann sie sich mit Djilas »persönlich identifizieren«.

Die Empfehlung des Buches zeigt einerseits ihre Abkehr vom Stalinismus, andererseits ist es ein Friedensangebot an die konservativen Eltern. Über eine konkrete politische Heimat verfügt sie nun – fast zwanzig Jahre vor den Programmen des Eurokommunismus in Italien und Spanien – nicht mehr.

Die finanzielle Situation der Eltern ist auch in Schweden prekär. Die Unterstützungen, die sie von Irmas Schwester aus England und den finnischen Verwandten erhalten, reichen nicht, um das Auslangen in der kleinen Pension in Solhäll zu finden. Der Vater, er feiert 1956 seinen 74. Geburtstag, kann mit Geld nicht umgehen, ab und zu gelingt es ihm, ein Bild zu verkaufen, aber ein Einkommen lässt sich daraus nicht erzielen. Irma schreibt an Susi nach einer nur wenig erfolgreichen Ausstellung in einer kleinen Stockholmer Galerie im Mai:

Mein geliebtes Schweinchen,

ein ordentlicher Brief wird's nicht. Dazu liegt mir doch die Schwere der letzten 2½ Wochen zu sehr in den Gliedern und das ganze Unbehagen, das diese Ausstellung – die teilweise wirklich entzückend war – in mir hervorgerufen hat. Nur Spinnen vergleichbar lagen Ernst und ich auf der Lauer, ob der oder die Besucher der Galerie »anbeißen« würden – aber 95 % waren überhaupt ohne das geringste Verständnis und die anderen 5 % arme Schlucker, aber sehr wortreich in ihrer Bewunderung. Zum Glück stellten sich die alten Käufer ein, die helfen werden, dass Papsch zum größten Teil auf seine Kosten kommt – er dürfte nur 150 Kronen verlieren – aber da er unmöglich rechnen kann, soll es ihm nicht bewusst werden. […] Trotz totaler Erschöpfung u. ununterbrochener Wutis spricht Papsch schon von erneuten Ausstellungen, die ich einstweilen, so weit es mir möglich ist, verhindern werde. […]*

Voll Zärtlichkeit und Liebe Mami.

Die vielen späten Briefe der Mutter erzählen von ihrer Sorge um ihre Töchter und um das eigene Auskommen und von der sich einstellenden Einsamkeit in Schweden. An Ilse schreibt sie nach einem Besuch von Allan Forbes und seinem Bruder Jim:

Mein schlimmes, sehr geliebtes Kind!

Diesmal war ich wirklich sehr, sehr fuchtig weil Du weder auf Telegr. noch Telephon reagiertest und doch verstehen musstest, wie unruhig wir waren. Natürlich machten uns dann Deine beiden so lieben Briefe windelweich – aber nichts ersetzt doch den Schlaf langer, langer wacher Nächte, die einen so unfähig für den Tag machen. Also, bitte, bitte, wiederhole es nicht. Ich fühle mich dies Jahr besonders vereinsamt hier und lebe nur wirklich mit Euren Briefen […]

* Wutausbrüche.

*Leider gehts mir mit Geld nicht so gut wie ich erhoffte – da ich nichts von Finnland mitnehmen konnte und mir contre cœur einen dickeren Mantel anschaffen müsste – das engl. Geld wollen wir so wenig wie möglich angreifen, damit das grosse Familien rendez-vous nicht ins Wasser fällt.**

Wir haben 2½ sehr frohe, sehr glückliche Tage verlebt. Allan u. Jim kamen Freitag abends aus London angeflogen u. wir waren fast ununterbrochen mit ihnen beisammen. Für ihre Herzlichkeit und Wärme und Humor und Takt finde ich keine Worte – sie waren uns so zugehörig wie Söhne, die nach längerer Trennung zurück zu den Eltern kommen. Und Friedl war uns so nahe, nahe. […]

Mir tut das Herz sehr, sehr weh, wenn ich an Euch alle denke – aber solange wir von Walter keinen Bescheid haben, können wir unmöglich Pläne machen. Papsch ist unausstehlich nervös u. es war für mich grosses Glück, dass ihn Allan und Jim zwangen sich zu beherrschen. Auch er freute sich unerhört mit ihnen. –

Ich schreibe bald wieder. Nochmals innigsten Dank für die lieben Briefe u. die märchenhaft schönen Blumen!

Und innigste Umarmung und Küsse. Eure Mumi

Mit »Walter« ist Walter Krassa gemeint. Er sollte der Retter sein, ein »Engel«, wie der Vater in seinen Erinnerungen den Cousin pathetisch nennt, der vermochte, »die materielle Verdammnis zu lindern«. Krassa sollte helfen, den Lebensabend halbwegs zu sichern. Der Vater hat ihn bei seinem Wienbesuch 1954 zufällig getroffen, Krassa war nach seiner Flucht vor den Nazis aus Chile zurückgekehrt und Inhaber einer Baufirma in Graz. In seinen Memoiren beschreibt Ernst Benedikt die rettende Begegnung:

Niemand hätte mich vor dem Zusammenbruch schützen können, wenn nicht – – ja wenn nicht wie ein Engel mein Vetter Walter Krassa plötzlich auf der Bildfläche erschienen wäre. Mein Jugendgespiele seit eh und je, dessen Klugheit, Bildung, Musikbegeisterung uns viel enger zusammen-

* Das geplante Zusammentreffen kam nicht zustande.

geführt hatte als es dem Verwandtschaftsverhältnis entsprach. Von einer Stunde zur anderen war meine Lage verändert. Ich konnte aufatmen, da er aus Santiago de Chile zurückgekehrt, einen Teil seines Kapitals hatte bewahren können. Er hatte nahe bei Graz ein Kalkwerk mit vier Hochöfen geerbt.*

Ernst Benedikt investiert in der Folge den gesamten Betrag, der ihm vom Verkauf des restituierten Hauses in der Himmelstraße verblieben war, in das Kalkwerk des Cousins in Erwartung entsprechender Rendite. Doch die »Klugheit« des Cousins erweist sich ebenso als Illusion wie die Hoffnung auf Verbesserung der finanziellen Lage. Die erwarteten Auszahlungen verzögern sich von Monat zu Monat, von Jahr zu Jahr – Walter ist »noch ganz tief in der Schlammaslik«, schreibt der Vater nach zwei Jahren an Ilse. Das »noch« deutet die Hoffnung auf Erholung des Unternehmens an.

Der Vater steht wie schon in Wien vor dem Krieg erst gegen Mittag auf, er malt und schreibt bis zum frühen Morgen. Er arbeitet nun auch an historischen Dramen, unter anderem über Napoleon, Alexander den Großen und Don Quichote, die er Ehefrau Irma diktiert. Sie schreibt an Tochter Susanne über die Produktivität des Ehemannes und ihre Schwierigkeiten mit seiner Textproduktion in Permanenz:

Mein sehr Geliebtes,

hab Dank für Deinen süssen Brief – full of details – der nur einen Fehler hatte: keinen Gruss an Papsch, was mir einen Mordsskandal zuzog. – Armer Papsch, er ist in einer schauerlichen Verfassung momentan, er geht wie mit Schaum vor dem Mund herum, alles ärgert ihn, alles regt ihn auf, und alles wird irgendwie meine Schuld –. Dabei hat er doch Arbeit, schreibt jede Nacht eine neue Szene zu einem seiner Dramen, die ich in der Früh unausgeschlafen, ungewaschen, Tante Magersüchtig, überprüfen soll. Dabei habe ich die Empfindung, dass Papsch durch seine grosse Beherrschung – und Ausdrucksleichtigkeit – der Sprache viel zu

* Gemeint waren wohl Kalköfen zur Herstellung von Branntkalk.

viel schreibt – weniger wäre in vielen Fällen weitaus besser – aber wie ihm das sagen –? [...]

Ich küsse u. umarme Euch aufs Innigste. Mumi

Die Sorgen des Alltags und die finanziellen Sorgen lasten fast vollständig auf den Schultern von Irma, selbst kleine Anschaffungen und Arztbesuche stellen vor Probleme: Lange überlegt die fast Achtzigjährige, ob sie ein dänisches Hörgerät anschaffen soll, natürlich auf Abzahlung.

Nach und nach werden der Schmuck und die Restbestände der Bibliothek verkauft. Die Mutter stellt sich auf die beengten Verhältnisse ein und klagt selten. »Je weniger sie hat, desto großzügiger wird sie«, bemerkt Tochter Susanne über ihre Mutter, die in Wien nie großzügig gewesen war. Eine kleine Sozialrente des schwedischen Staates erleichtert ihre Existenz, aber ab Mitte der fünfziger Jahre sind die Eltern auf die ständige Unterstützung der Töchter angewiesen, sie schicken von New York, Wien und Paris aus kleine und größere Beträge nach Stockholm.

Immer stärker bedrücken sie auch die Einsamkeit und das »Bangesein« um die Kinder. Der Vater schwankt zwischen »Katzenjammer und Zornausbrüchen«. Nach einer längeren Erkrankung schreibt Irma an Susi:

Gottlob fang ich an, mich kräftiger zu fühlen und allmählich verlier ich das innere Zittern und die damit verbundene große Unsicherheit. Nur nach Menschen hab ich noch nicht die geringste Sehnsucht, obwohl alle wirklich lieb sind. – Papsch tut mir schrecklich leid – all die vielen Versprechen zerrinnen, auch unsere grosse Hoffnung, einmal endlich festen Fuß zu gewinnen. Unsere Heimatlosigkeit geht mir entsetzlich auf die Nerven – aber ich sehe keine Möglichkeit diesen Zustand zu verändern.

Der Vater verliert trotz Alter und schwieriger Lage nicht seinen skurrilen Witz. An Susi schreibt er im Februar 1957 einen für ihn typischen Klagebrief in expressiver, nur schwer lesbarer Handschrift nach Paris:

Da ich weder Schnieschen, noch Mietzchen, noch eine Muttersau für Dich altes Ferkel bin, meine liebe Susie, sondern nur als Wurmfortsatz an den (ich glaube) dritten Brief anstandshalber angehängt werde, so fühle ich mich nicht zu größeren Gefühlsépandements veranlasst, da es sich, um eines Deiner Lieblingsworte zu gebrauchen, doch »nicht auszahlt« u. Dein Herzensinteresse ja neben dem »süssen Schnieschen« ja vor allem der Armen, um ihr Seelen- u. Körperheil Betrogenen, (gilt)! Also, Du wünschest, von mir zu hören:

Ich bin vergrämt, gealtert, geärgert.

1.) Über Dich,

2.) Dass nichts erscheint: 2 Artikel über Prinz Eugen liegen seit Monaten. Ein grosser, mit Viechsarbeit hergestellter Aufsatz über Freiheitsbezeugungen in Polen (12 Schreibmaschinseiten) hat bisher kein Glück gehabt, obwohl, falsch wie die Hunde sind, sie alle mich dazu ermuntert haben.

3.) Weil W[alter Krassa] momentan in einer verdammten Klemme ist – so daß ich nicht weiß, ob u. wann wir nach Österreich fahren werden.

4.) Weil mir die Gesellschaft I[var Iverus'?], so gern ich ihn hab, wegen seiner inneren Kälte und seinem ewigen Dozieren mit halbem u. Viertelwissen u. aufgegabelten Lesefrüchten auf die Nerven geht – obwohl es furchtbar gemütlich sein kann, wenn man zu zweit mit ihm schmaust.

5.) Weil A[lan] G[ardiner] mir auf Grund eines rein tatsächlichen Berichtes, der unsere wirklich angespannte Lage schildert, ohne auch eine Antwort zu verlangen, frech geschrieben hat, that I owe not and indeed should not be allowed (!) to send you more. Es wäre Eure u. der finnischen Verwandten Sache, uns zu helfen! Ich hab ihm sehr ruhig geantwortet, daß ich durchaus […] nicht in »beggarly mood« geschrieben habe. Oh Götz!

6.) Weil ich krank war, der Hals geschwollen, matt […] u. schlaflos. Er hat sich aber rasch bei Wiederkehr der trockenen Witterung gebessert.

Für die »Presse« hab ich die neue Literaturseite durchschnüffelt, […] für Sv. Dagbl. über neue Enthüllungen aus der Bismarckzeit geschrieben, auf Bestellung – aber sie haben 35 Artikel liegen u. so muß ich wieder warten, warten …

[Einschub:] Lies wieder einmal die Odyssee den 11. Gesang, ich lese ihn nie ohne Tränen.

Jetzt ist es glücklich ¾ 1 geworden, [...] Henry u. ein sehr lieber Inder versorgen mich mit atomischen Neuigkeiten, die ich schon fast verstehe!

Also, jetzt ist mein Zorn verflogen, ja, ja, Du falsches Biest, grinse nur, Ungeheuer! Und so schliess ich Dich höchst unverdientermaßen in meine Arme, Zwockerl, Nockerl, Trotterl! Grüß den Gottsöbersten innig.

Also Schluß jetzt! Und viele, viele, viele Küsse, Papa

Der häufigste Topos in den Briefen des Vaters, dass ihm niemand schreibt und niemand ihm ausreichend Aufmerksamkeit schenkt, wird auch im Brief an Ilse selbstironisch variiert:

Gerda war hier, zuerst ein wenig, so wie Du geschrieben hast, unbalanciert, dann immer herzlicher u. lieber. Ich hab ihr den »Don Quichote« fast ganz vorgelesen – den Du sofort kriegst, wenn Du Zeit u. Lust hast, das Zeug zu lesen (immerhin 100 Seiten, 5 Akte) u. Einzelnes aus den Homersachen, was sie (u. mich) ergriff. So verging die Zeit rapid.

Eine Bitte nun! Wir haben seit Wochen u. Wochen von Susie kein Wort! Bitte, schreib oder telegraphier ihr (wenn Du Geld hast), daß der elterliche Fluch sie bis ins Jenseits verfolgen wird, daß wir sie enterben werden (ohne daß sie meinen gesamten künstlerischen Nachlaß bekommt!), wenn sie sich nicht sofort hinsetzt und einen anständigen ausführlichen Brief mit kniefälliger, demütiger Bitte um Verzeihung schreibt [...].

So, nun, mein Goldenes, Schwarzwurzel, Rapunzel, Alraunchen! Schreib auch Du sofort!

Tausend, tausend innige Küsse, Papa

Das Verhältnis zum kommunistischen Schwiegersohn ist weiterhin schwierig, die im Habitus noch immer großbürgerlichen Eltern sehen nun auch die Tochter Ilse »ganz proletarisiert«. Dennoch freut man sich auf die Wienbesuche und das Wiedersehen.

Über fünf Jahre gelingt es Krassa, den Cousin hinzuhalten, doch lässt schließlich ein »Blitzstrahl, ein Donnerschlag« (Benedikt) alle Hoffnung auf den Erhalt der Investition entschwinden: Über die Firma Krassa wird 1959 ein Konkursverfahren eröffnet, das Kalkwerk geht bankrott, das Geld ist vollständig verloren. Vorher hatte Benedikts Anwalt sein Mandat zurückgelegt, da ihm sein Mandant jahrelang nicht erlaubte, schärfer gegen den Schuldner vorzugehen, aber man hielt Krassa bis zuletzt »nicht für einen unanständigen Menschen« und wollte ihm trotz des Desasters nicht schaden.

Schwiegersohn Emil eilt zu Krassas Firmensitz nach Graz, um unter Umständen noch Mobilien sicherzustellen. Der einzige verbliebene Wert in der Konkursmasse ist ein kleiner, halb im Sand versunkener Bagger.

Ab Mitte der 1950er Jahre ist Gerda ehrenamtliche Mitarbeiterin der AHCR (Association for the Help of Retarded Children). Die AHCR in New York war kurz vor Weihnachten 1948 von engagierten Eltern gegründet worden, um eine Lücke im amerikanischen Gesundheitssystem zu schließen: die Obsorge für Kinder, die in ihrer Entwicklung verzögert, aber nicht im klinischen Sinn psychisch krank oder behindert sind. Für sie war weder im amerikanischen Bildungs- noch Gesundheitssystem Platz, viele der Kinder mit Verzögerungen in ihrer geistigen Entwicklung oder nur leichten, durch Trainingsprogramme kompensierbaren Behinderungen wurden vernachlässigt.

Von einer Kooperative von einigen Dutzend Eltern aus entwickelte sich die AHCR innerhalb weniger Jahre zu einer bedeutenden, landesweit agierenden Hilfsorganisation. Ab Anfang der 1950er Jahre wurden spezielle Förderprogramme für die Kinder entwickelt, aber auch ein inklusives Unterrichtsmodell mit anderen Kindern im Normalunterricht wurde angestrebt. »They are too part of the youth of this country«, lautete einer der Slogans der AHRC, der enorme Resonanz in den liberalen amerikanischen Medien fand und die Haltung der Öffentlichkeit gegenüber behinderten Kindern nachhaltig veränderte. Die AHCR verfügte in New York über zwei Diagnosezentren, eine Sprachschule, Stützpunkte für Spieltherapie, Vorbereitungskurse für den Berufseinstieg Jugendlicher und Elternarbeit. Die Agenda der AHCR erweiterte sich in kurzer Zeit auch auf die psychosoziale Arbeit mit vernachlässigten Jugendlichen und ihren Familien.

Die Arbeit mit Kindern und Jugendlichen gefällt Gerda, sie engagiert sich stark; die Stadt New York erscheint ihr jedoch zunehmend »heiß, dreckig, laut und anstrengend«, sie kommt sich selbst als »hässlich, unfähig, einsam und rejected« vor. An Susi schreibt sie in einem Weihnachtsbrief 1955:

Alte, süsse Sau – die Christmascards sind wunderschön (viel zu schön zum Wegschicken) und der Armagnac und das Parfum sind herrlich! Very, very sexy – beide.

[…] Von den Alten hab ich je einen Brief bekommen, seit ich aus Europa weg bin – und der war noch aus Seefeld. Nicht sehr nett. Ausserdem hat mir die Mutti den Artikel übers Grinsen eingeschickt, den ich so schlecht und sinnlos find, dass ich mich noch nicht entschliessen konnte, darauf zu reagieren. – Mir ist augenblicklich unbeschreiblich mies – ich bin wieder einmal in einem Zustand »stiller Verzweiflung«, den ich so hasse, besonders, weil ich weiss, dass er früher oder später zu einer Explosion führt, bei der aber nicht das Geringste herauskommt. Die Tatsache, dass Alfred momentan durch eine seiner Schweigeperioden geht und seit Wochen kein Wort mit mir redet (ohne »bös« zu sein), hilft mir nicht sehr. Das Einzige, was irgendwie hilft, ist das Malen – und ich mal, wie eine Wahnsinnige. Statt mich zu beruhigen, macht es mich aber nur ungemein tense und excited – and I seem to be unable to find any means of discharging this tension. Ich komm mir hässlich, unfähig, einsam und rejected vor – und zum grossen Teil stimmt das auch. The hell with analyses! […] Ich hab unbeschreibliche Sehnsucht nach Dir, ich brauch Dich dringendst, mit Deiner Verrücktheit und Deiner Wärme – und das Sich-mit-einem-Blick-Verständigen.*

* Gerdas Besuch in Schweden und Wien.

Silvio, Susi, Gerda und Alfred, New York, Mai 1957

Servus, Liebes, küss den Silvio von mir (falls Du mit ihm noch on speaking or kissing terms bist). Ich umarm Dich sehnsüchtig. Gerda

»Nur das Malen hilft«, schreibt Gerda, aus der »stillen Verzweiflung«, die sie bisweilen in New York überfällt und deren Ursachen sie nicht versteht. Robert Neumann hat die Verzweiflung mit grimmigem Witz in Form eines quasimedizinischen Befundes auf den Punkt gebracht hat: »Die Emigration, emigratio communis primaria, unterscheidet sich von anderen chronischen Krankheitsvorgängen erstens dadurch, daß der Patient sich des Befallenseins erst nach einer gewissen, individuell variierenden Inkubationsfrist bewußt wird. Zweitens kennt sie Zwischenperioden eines trügerischen Sichwohlbefindens, klinisch bezeichnet als Euphorie. Die, drittens, abwechseln mit für dieses Übel typischen Zuständen der Großen Verzweiflung, desperatio emigratica, Zuständen von heftig contagiösem Charakter, in denen Patient entweder, drittens A, die Einsamkeit sucht oder, drittens B, gleichartig Erkrankte aufspürend, Amok läuft und die Einsamkeit meidet. Viertens endet zu beschreibende species aus der Familie der fressenden Übel unweigerlich mit dem Tode.«

Im April 1957 wird Ilses drittes Kind, Ernst, geboren, ein, so Ilse an Gerda,

> *fröhliches, fettes, gut aufgelegtes Baby, das den Mund wie ein kleiner Fisch aufsperrt, Musik liebt und nur – als Erbteil – auch in der Nacht gefüttert, gewickelt und unterhalten werden will.*

Gerda gratuliert:

> *Liebstes Ilsekind –*
>
> *also vor allem nochmals innigste Gratulationen zum Juengsten [...]. Gib ihm einen zarten, tantenhaften Willkommenskuss von mir auf seinen weichen Schaedel und teilt ihm mit, dass die amerikanische Tant' ihm alles Gute wuenscht und es nicht erwarten kann, ihn persoenlich zu begruessen. Es waer ganz interessant zu wissen, wie der Juengling eigentlich heisst. – Jedenfalls hoff ich, dass alles glatt gegangen ist und relativ leicht und schnell, und dass Du nicht schon am zweiten Tag vom Spital nachhaus und in die Praxis gerast bist, sondern Dir eine Chance gegeben hast, Dich ein bissl auszuruhen.*

Ausruhen ist schwierig für Ilse. Kaum zwei Wochen nach der Geburt beginnt sie wieder zu arbeiten, an eine längere Karenz ist nicht zu denken. Die Praxis ist nur hundert Meter von der Wohnung entfernt. Eine »Tante« passt auf, zwischen den Patienten kommt Ilse und stillt das hungrige Kind, daheim oder bei schönem Wetter auf einer Bank im Hof des Gemeindebaus. Sie wird bewundert, aber nicht alle Mitbewohner im Gemeindebau finden das Verhalten »für eine Frau Doktor« angemessen.

Susi wohnt nach ihrer Heirat mit Silvio in der Rue Scheffer nahe bei Trocadéro, das Büro von *Radio Free Europe* in der Rue de la Paix und dann auf den Champs-Élysées ist leicht mit der Metro zu erreichen. Sie bleibt mit vielen ihrer schwedischen Freunde und mit Canetti in Kontakt. 1960 kündigt Canetti Susi das Erscheinen von *Masse und Macht* an und schreibt ihr voll Selbstbewusstsein über das Buch: »Ich brauche Dir nicht zu sagen, dass es über Erwarten gut geworden ist, nämlich großartig. Ich bin wirklich zufrieden damit, und irgendwann werde ich den Nobelpreis dafür bekommen. Zumindest habe ich ihn verdient.«

Ganz sicher ist sich Susanne über ihre Entscheidung, in Paris zu bleiben, nicht. In ihren Erinnerungen schreibt sie über ihre Zweifel:

> *Ungefähr eine Woche vor unserer Hochzeit wurde ich noch einmal vor eine Alternative gestellt: Ivar Anderson, Chefredaktör vom Svenska Dagbladet, rief mich im RFE Bureau in Paris an. Er erinnerte mich daran, dass er mir einige Jahre früher den ersten freien Reporterplatz bei SvD versprochen hatte. Jetzt hätte er endlich die Möglichkeit, mir eine feste Stellung anzubieten.*
>
> *Wenn ich dem Anderson nicht sofort nein gesagt hätte, wenn ich die Hochzeit abgeblasen hätte und zurück nach Schweden gefahren wäre? Ich bin sicher, dass ich eine sehr gute internationale Korrespondentin geworden wäre für Svenska Dagbladet (ungefähr wie Figaro hier) und ein sehr interessantes, sehr ermüdendes, kosmopolitisches Leben gehabt hätte. Wahrscheinlich nur mit Liebhabern, wahrscheinlich keine Zeit für ein Kind, sicher sehr angesehen im Norden, wahrscheinlich re-adoptiert von Österreich – –*

Ob eine »Re-Adoption von Österreich« geklappt hätte, mag man bezweifeln. Es ist aber sowieso anders gekommen. Susi blieb bei *Radio Free Europe* und in Paris.

Im Jänner 1960 kommt Susis Tochter Karina zur Welt. Im August schreibt Susi vom Urlaub am Meer einen Geburtstagsbrief an Schwester Ilse:

Liebste, alte Drecksau, seit mehr als einer Woche nehm ich mir vor, Dir zu Deinem Geburtstag zu schreiben und – voilà, heut ist schon der 16. – und erst jetzt komm ich dazu, Dir zu gratulieren und alles, alles Gute und Schöne zu wünschen. Man möcht meinen, dass ich nicht weiss, wo mir der Kopf steht vor lauter Arbeit, aber die Wahrheit ist, dass ich aus lauter Faulheit zu nichts komm, ein Zustand, den Du sicherlich kennst. Wir sind jetzt schon fast 2 Wochen hier, in einem winzigen Fischerdorf, zwischen Ozean und Meer und geniessen es unbeschreiblich, trotz Regen und widerlichem Wetter. […]

Dem Baby Karina, die weiterhin noch Deine herrlichen Strampelhosen trägt, geht's auch gut. Sie frisst wie eine Besessene, aber nur mehr – seit einer Woche – ein Mal am Tag an die Brust – hat schon zwei grosse Zähne und versucht verzweifelt, sich aufzusetzen und zu reden. Sie ist wahnsinnig herzig und ich bin begeistert von ihr. Ausserdem ist sie sehr brav und sekkiert relativ wenig. Der Silvio findet, sie schaut der Mutti wie aus dem Gesicht geschnitten ähnlich, aber sie hat seine grossen blauen Augen. Ich weiss nicht, ob Dir die Eltern von unserer schrecklichen Haus-Sucherei erzählt haben. Jedenfalls ist es uns jetzt endlich, nach eineinhalb Jahren von allem möglichen Malaise, gelungen, ein kleines Häusl ausserhalb von Paris zu finden, wohin wir im Oktober oder November ziehen werden. […]

Ich bitt Dich inständigst, die Eltern zu überreden, sich in Wien niederzulassen und aufzuhören, so herumzugondeln. Keiner kann das auf die Dauer aushalten, und besonders nicht in ihrem Alter und mit ihrer Bagage. Du kannst Dir wahrscheinlich die Ein- und Auspackerei vorstellen, mit dem Papsch im Bett wie ein Löwe brüllend jedes Mal, wenn die Mutti sich gerührt hat, und schnaubend vor Wut und Zorn im Berg von mehr oder weniger verdreckten Unterhosen und Nachthemden mit zermatschten Schokoladeresten. Beide, aber vor allem die Mutti, brauchten viel mehr Ruhe und irgend eine, wenigstens äussere Ordnung. Die Mutti hat eine Mordslust, in Wien zu bleiben, und ich find unbedingt, dass es das Gescheiteste wäre für beide. Also, mach ihnen die dafür notwendigen Vorstellungen. Sobald unser Haus halbwegs eingerichtet ist, können sie dann auch besser nach Paris kommen. Aber wir haben kaum mehr Mö-

bel als 4 Betten und einen Tisch! Und wann kommt's Ihr?! Ich hab eine schreckliche Sehnsucht nach Wien – zum ersten Mal seit 1938 – und bin grob entschlossen, eines Tages mit dem Silvio, der ja noch nie dorten war, aufzutauchen.

Ich hab ganz vergessen, Dir für die Lutscher zu danken. Im Moment, wo ich fest entschlossen war, die Karina mit Lutschern anzufüllen, wollte sie sie selbstverständlich nicht mehr, und jetzt hat sie endlich ihre Finger gefunden.

Servus blödes Vieh, grüss und küsse alle und sei umarmt Susie.

Das »kleine Häusl ausserhalb von Paris« wird ein Jahr nach der Geburt der Tochter bezogen. Es liegt am Waldrand von Chaville, einem Vorort von Paris, zwei Bahnstationen vor Versailles. Chaville hatte zu Beginn der 1960er Jahre noch dörflichen Charakter, das Haus liegt direkt am Wald. In den Grundrissen ähnelt es der Villa in der Himmelstraße, es ist eine Miniaturausgabe des Hauses ihrer Kindheit: mit Salon und großer Terrasse zum Garten, einem kleineren Esszimmer mit Klingel für die Köchin, die serviert und abträgt, dem großen Schlafzimmer im ersten Stock, das wie das mütterliche Schlafzimmer in der Himmelstraße räumlich in zwei Abschnitte gegliedert ist. An der Wand gegenüber dem großen Bett ein Porträt der Mutter von Carl Bunzl aus dem Jahr 1914 in Wien.

Die Woche ist der Arbeit für *Radio Free Europe* gewidmet, Susi bereitet die Kommentare der fremdsprachigen Journalisten auf und redigiert sie, besucht Pressekonferenzen und wertet die französischen Medien aus. Das Material wird mehrmals täglich per Fernschreiber an die Zentrale in München übermittelt, die entscheidet, was davon gesendet wird und was nicht.

In ihren Memoiren beschreibt eine neue Mitarbeiterin, Dolores Palà, die für das Free Europe Committee arbeitet, die erste Begegnung mit ihr: »Susie Ovadia [...] saß auf der Ecke von Allan Dreyfus' Schreibtisch. Als Connie uns wechselseitig vorstellte, war ich gebannt von dem, was sie gerade sagte, wahrscheinlich irgendetwas Ungeheuerliches, von der Art, wie sie es sagte, und von der erstaunlichen Schönheit, derer sie sich überhaupt nicht bewusst zu sein schien. Ein schwarzer, lässig geschnittener Haarschopf, Augen wie ein Tiger und offensichtliche Neugier auf mich und was ich in dem winzigen Kämmerchen machte, das Connie und Mademoiselle am Ende des Ganges okkupierten. Ich fand sie hinreißend.«

Mit den Schwestern wird die Politik des Senders nicht diskutiert. Im Zug, der sie von Chaville in die Redaktion und am frühen Abend vom Gare Saint-Lazare wieder zurück nach Hause bringt, pflegt Susi einen besonderen Zeitvertreib, den sie über viele Jahre unbeirrt beibehält. Sie löst das (äußerst knifflige) Kreuzworträtsel im *Harald Tribune*. Sie behauptet, nur wer dieses Rätsel lösen könne, sei a) intelligent und könne b) von sich sagen, dass er Englisch spreche. Ihr unentbehrlicher Begleiter auf den Zugsfahrten ist (neben exklusiven Kalbslederhandschuhen) ein Bleistift mit Radiergummi von Faber-Castell, Härte 2B.

Ilse richtet sich im Wirtschaftswunder der späten 1950er Jahre ein. Ein erster Renault wird angeschafft »mit 4 Türen, bequemen Polsterfauteuils, Innenbeleuchtung, Klimaanlage, 40 PS und natürlich auf abstottern«, die kleine Gemeindebauwohnung im Goethehof wird mit modernen skandinavischen Möbeln ausgestattet. Jährliche Urlaube führen die Familie nach Italien oder Jugoslawien und danach meist für zwei Wochen nach Kärnten. Auf Wanderungen besucht Ilse gerne die Pfarrhäuser in den Dörfern, um alte Totenbücher einzusehen. Sie studiert und exzerpiert die medizinischen Diagnosen und die Einträge über Todesursachen – von »Bauchbrand« ist da die Rede (wohl Bauchfellentzündung) oder von »Herzleid«.

Was wurde aus Ilses Schulfreundinnen im Billrothgymnasium, in dem sie 1936 maturierte? 1961, zum 25. Jahrestag der Matura, kontaktiert eine Mitschülerin fünfzehn von siebzehn ehemaligen Kolleginnen Ilses, die ihr kurze Lebensläufe schicken. Die Rücksendungen erzählen ihre Geschichten: Immerhin zehn Mitschülerinnen schlossen nach der Matura ein Studium ab, davon fünf Naturwissenschaftlerinnen (drei Ärztinnen und zwei Ingenieurinnen), zwei Pädagoginnen, eine Diplomkauffrau, eine Architektin und eine Kunsthistorikerin, fast alle waren berufstätig, nur noch die Hälfte der Jahrgangskolleginnen lebte 1961 (wieder) in Wien.

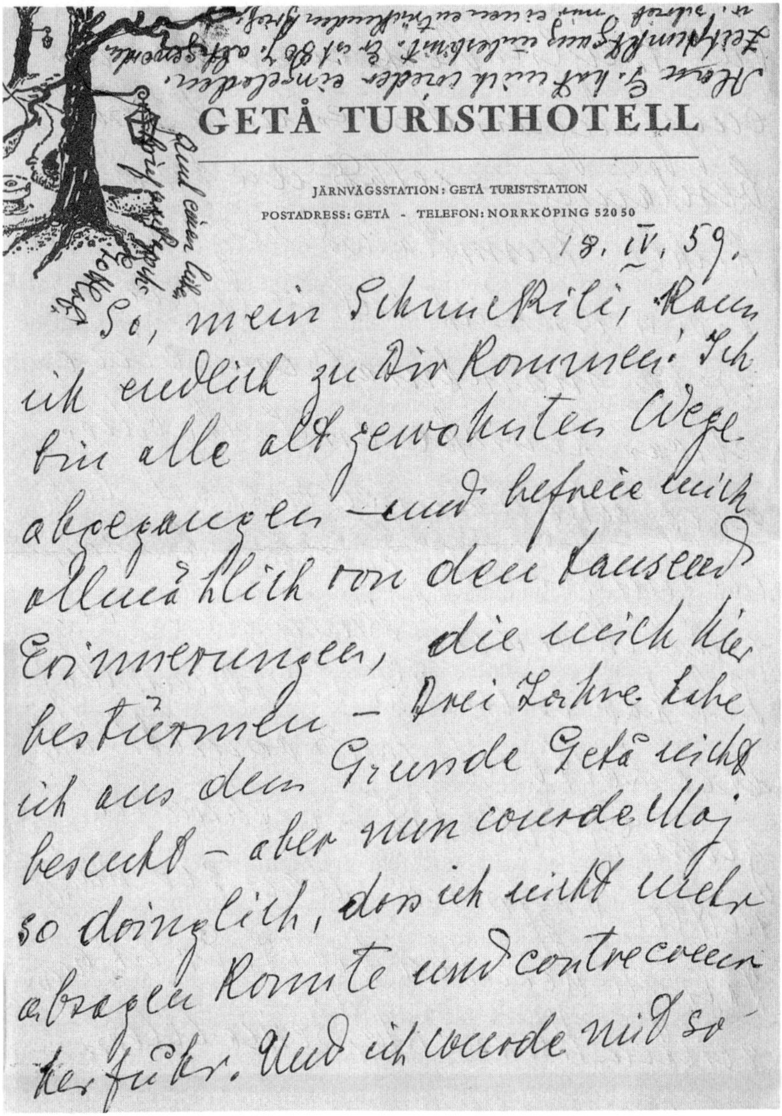

GETÅ TURISTHOTELL

JÄRNVÄGSSTATION: GETÅ TURISTSTATION

POSTADRESS: GETÅ - TELEFON: NORRKÖPING 520 50

18. IV. 59.

So, mein Schnuckili, kann ich endlich zu Dir kommen. Ich bin alle alt gewohnten Wege abgegangen – und befreie mich allmählich von den tausend Erinnerungen, die mich hier bestürmen – Drei Jahre habe ich aus dem Grunde Getå nicht besucht – aber nun wurde Maj so dringlich, dass ich nicht mehr absagen konnte und contrecoeur herfuhr. Und ich werde mit so

Brief von Irma Benedikt an Susi, 18. April 1959

»New York ist eine unbeschreibliche Monstrositaet«, schreibt Gerda im September 1959 an Ilse (»Du widerliches, verschlamptes, ueberarbeitetes, liebes Geschoepf«), nachdem sich die Schwestern bei Gerdas Europareise in Italien knapp verfehlt hatten,

> *ein scheusslicher, dampfender, stinkender, kreischender, moerderischer Hexenkessel, ein drohender, gefaehrlicher Dschungel. Wir sind grad in der Mitte von einer wahnsinnigen Hitzewelle zurueckgekommen, die – unter anderm – eine beispiellose Reihe von Verbrechen und Gewalttaetigkeiten ausgeloest hat, so dass man sich tatsaechlich auch am hellichten Tag fuerchten musste, allein auf der Gasse zu gehen. […] Ich komm mir sehr verloren und ziellos vor, wie ein Hendl, dem man den Kopf abgeschnitten hat. Ich wandle durch die Wohnung, die natuerlich sehr vernachlaessigt worden ist und seh, was alles zu tun ist; ich mach ununterbrochen Ordnung, raeum herum, setz die Pflanzen um, die in unsrer Abwesenheit wie die Wilden gewachsen sind, haeng Vorhaenge auf, usw., usw., aber es hat irgendwie alles keinen Sinn, befriedigt nicht und die Sauwirtschaft (die natuerlich ausschliesslich eine innere ist) existiert weiter.*

Zu Jahresbeginn 1961 schreibt Gerda einen eher launigen Brief über ihren Alltag in New York, diesmal an die Eltern in Schweden:

> *Meine sehr Geliebten –*
>
> *die Schwierigkeit, die ich mit dem Briefschreiben hab, ist die, dass es jedes Mal (also nicht sehr oft) in mir einen wuesten Konflikt erzeugt, denn es gibt immer zumindest fuenf andere Sachen, die ich gleichzeitig, anstatt, ausserdem, oder schon laengst vorher tun sollte – und das nimmt mir die notwendige Ruhe. Es ist eine sehr widerliche Situation, denn an sich schreib ich gern Briefe und vor allem geht Ihr mir so ab, dass ich jeden moeglichen Kontakt mit Euch haben will. Jedenfalls hoff ich, dass Ihr diese Erklaerung akzeptieren und mir meine Faulheit verzeihen werdet. Was ich denn so viel zu tun hab? Einen Mann (der auf seine stille Art sehr anspruchsvoll ist), Kinder (die dasselbe auf ihre laute Art sind), einen job,*

fuer den man endlose reports zu schreiben hat (das nimmt am meisten Zeit weg), Malerei (auf die ich nicht annaehernd genug Zeit verwend), einen Haushalt, fuer den dasselbe gilt wie fuer die Malerei; eine sogenannte Hausgehilfin, fuer die dasselbe gilt wie fuer den Alfred; sogenannte soziale Beziehungen, wegen denen man Stunden am Telephon und in der Kueche verbringen muss; und schliesslich eine Katze, die wie ein lebendiges schlechtes Gewissen um mich herumschleicht, nur um sich arrogant wegzudrehen, wenn ich sie streicheln will.

Ausserdem ist der heurige Winter wirklich unbeschreiblich graesslich. Seit Wochen und Wochen ist New York von tiefem, dreckigem, kohlschwarzem Schnee zugedeckt und jedesmal, wenn er halbwegs weggeschaufelt ist, kommt ein neuer Schneesturm. Alles waer sehr huebsch und sehr romantisch, wenn man sich's nur vom Fenster anschaun koennte und nicht eineinhalb Stunden auf einen trip verwenden muss, der normalerweise 20 Minuten dauert. Das Einzige was der Schnee tut, ist, dass er das Leben hier noch viel mieser, muehsamer und anstrengender macht, als es eh schon ist. Man wird auch so mued, von der Kaelte.

Alfred und ich waren beide krank, mit irgendeinem Virus, der bei ihm, wie gewoehnlich, im Magen gesteckt ist. Bei mir hat er sich genau zwischen meine Schulterblaetter placiert, hat weh getan und gestochen und auf nichts reagiert, weder auf Im-Bett-Bleiben, noch auf Malen, noch auf Arbeiten, oder Aspirin. Seit voriger Woche geht's uns wieder ganz gut, aber wir sind beide wirklich run-down und wenn uns jemand eine Reise nach Florida bezahlen wuerde, waeren wir ihm aeusserst dankbar. Den Kindern hat Gottlob nichts gefehlt, ausser dass sie je einen Schnupfen gehabt haben. […] Steve, grad 14, hat mich vorhin gefragt, ob ich ihm nicht den Gefallen tun will, auf ein paar Monate nach Europa zu fahren (damit er mich los ist). Ich hab gesagt, dass ich sehr gern dazu bereit bin, wenn er's mir zahlt … Zuhaus ist er faul, frech und widerspinstig (heisst das so?), aber in der Schule geht's ihm ausgezeichnet und wir kriegen begeisterte Berichte von seinen Lehrern. Wann und wo er lernt, wird ein ewiges Mysterium bleiben – zuhaus bestimmt nicht. Hier verbringt er hauptsaechlich viele Stunden am Clo, mit irgendeinem idiotischen Detektivroman. Aber das ist zumindest familiaer.

Seit Weihnachten hab ich kein Bild mehr verkauft, aber zwei oder drei Bilder sind on permanent exhibit (und sehr teuer) und Kritiker haben freundliche Commentare gemacht. Ich hab Probleme mit Verkaufen, weil ich die guten Bilder zu gern dazu hab und mich nicht von ihnen trennen mag und bei den schlechten genier ich mich. Es fehlt mir an Erfahrung und business spirit.

So viel ich weiss, ist der Paul Steiner jetzt in Wien, oder sollte bald dort sein. […] Wir haben eine merkwuerdig intime, unpersoenliche Beziehung zu ihm und seiner schoenen Frau. […] Unsre Sommerplaene sind vollkommen unbestimmt. Natuerlich wollen wir nach Europa kommen, aber im Augenblick schaut's nicht danach aus: Wir haben ueberhaupt kein Geld, nach Schulgeldern, Taxes, etc. Das ist aber jedes Jahr so und kann sich bis Juli, mit etwas Glueck, aendern: haltet Daumen. […]

Ich kuess Euch, umarm Euch und sehn mich sehr. Alles Innige Gerda

---

Die geplante Europareise kommt tatsächlich zustande, und anders als zwei Jahre zuvor in Italien gelingt es Gerda, Susi und Ilse, an einem verlängerten Wochenende im Juli in Chaville zusammenzukommen und einander »zu genießen«. Gerda bleibt länger, aber Ilse muss rasch zurück nach Wien. Susi schreibt ihr kurz nach ihrer Abreise, ebenso zärtlich wie besorgt:

Ilse, Ilse – liebste Ilse, ich denk so wahnsinnig viel und so oft an Dich und wenn ich Dir nicht zu Deinem Geburtstag gratuliert hab, wie die Sau, die ich schon bin (frag die Eltern!), so war das nur, weil ich fuer ein ueberlanges week-end eingeschneit war zu Haus und ueberschwemmt von diversen Faditäten, Kindern, Schwiegermuettern, eingeladenen und uneingeladenen Gästen und einer Horde von Flöhen. Die letzteren, die sich besonders gut mit den Myriaden von Chaville-einheimischen Muecken vertragen, haben wir noch immer. Die Kinder auch. […]

Dein weekend hier war irgendwie zu schnell und zu heiss und zu confused, als dass ich es ganz bewusst erlebt hätte und das tut mir noch im-

mer bitterlich leid. Du bist wie ein Titov-Blitz hier durchgeschossen gekommen und warst schon wieder weg, bevor weder der Silvio noch ich auch nur Möglichkeit gehabt hätten, Dich zu geniessen, so wie wir es ja eigentlich hätten verdienen sollen. Dass Deine Hauptabsicht (oder Dein Vorwand) war, die Gerdl zu geniessen, hätte das ja nicht ausschliessen brauchen. Aber so war schon wiederum alles vorbei, kaum dass es angefangen hat und Du hast wie ein armes, eingeschuechtertes Lamperl ausgeschaut, wie Du durch den Zoll in Orly durchgehatscht bist, verschlafen in jeder Hinsicht und herzerweichend in Dein Schicksal eingefuegt und so bereit, Dir alle Grauenhaftigkeiten dieser Welt stillsam gefallen zu lassen, als gäb's keine andere Lösung. Es gibt immer eine.*

Und ich nehm an, dass der Emil Dich vom Flugzeug abgeholt hat […] und dass Du, im Moment, wo Du wiederum zu Haus warst, auch Deinen Schafspelz abgelegt hast.

Nach der Karte zu schliessen, wart Ihr in einem paradiesischen Ort. Wir waren in einem Drecknest, wo es noch dazu erbaulicherweise zwölf Tage lang – oder fast die ganze Zeit, in der die Gerdl mit uns war – gegossen hat. Das einzig Gute an allem war der Cognak, dem wiederum die Gerdl und ich uns nächtlich bis 3 ergeben haben. Wir haben ihn sogar vom Hotel gestohlen, was eine gewisse Genugtuung war, die wir, herzklopfend wie schlimme Kinder, genossen haben.

Uns geht es ansonsten ganz gut. Seit unserem Paradekrach vertragen der Silvio und ich uns unberufen wie Turteltauben, was immer ganz angenehm ist, jedenfalls eine Zeitlang. […] Ich wuenscht ich könnt so warm und lieb und herzlich sein wie Du. Bei mir ist das alles kuehler und spielt sich mehr im Kopf als im Busen ab. Und ich wuenscht ich könnt Dir irgendwie zu spueren geben, mit welcher Einlebung und Nähe ich so viel und so oft an Dich und an Deine ganze Mischpoche mit Anhang denk. Ich wuenscht ich könnt Dir helfen, ein paar von Deinen Problemen zu lösen, und ich wuenscht Du könntest Dir ein paar von den meinigen am Buckel packen …

* Gemeint sein könnte der russische Kosmonaut German S. Titow, der 1961 mit Wostok 2 einen Flug ins Weltall absolvierte.

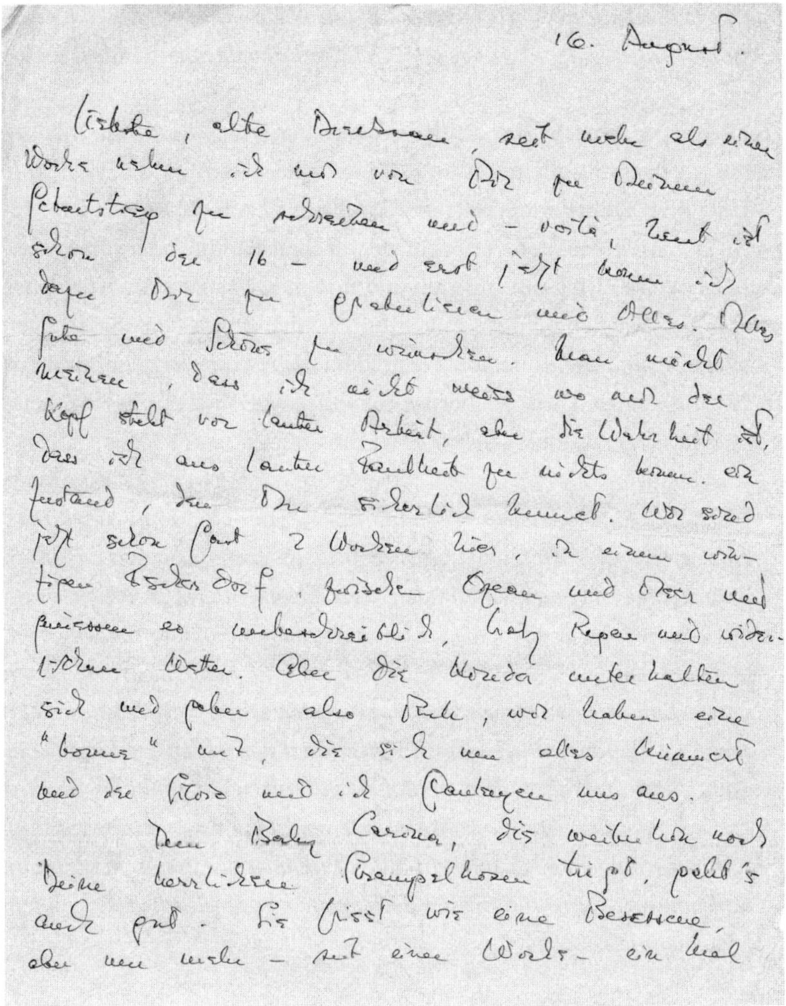
16. August.

Liebste, alte Drecksau, seit mehr als einer Woche nehme ich mir vor Dir zu Deinem Geburtstag zu schreiben und – voilà, heut ist schon der 16. – und erst jetzt komme ich dazu Dir zu gratulieren und Alles, Alles Gute und Schöne zu wünschen. Man möchte meinen, dass ich nicht weiss wo mir der Kopf steht vor lauter Arbeit, aber die Wahrheit ist, dass ich aus lauter Faulheit zu nichts komme, ein Zustand, den Du sicherlich kennst. Wir sind jetzt schon fast 2 Wochen hier, in einem winzigen Fischerdorf, zwischen Ozean und Meer und geniessen es unbeschreiblich, trotz Regen und widerlichem Wetter. Aber die Kinder unterhalten sich und geben also Ruhe, wir haben eine "bonne" mit, die sich um alles kümmert und der Fredi und ich faulenzen uns aus.

Dem Baby Carina, die weiterhin noch Deine herrlichen Strampelhosen trägt, geht's auch gut. Sie frisst wie eine Besessene, aber nur mehr – seit einer Woche – ein Mal

Brief von Susi an Ilse, 16. August 1960 (?)

Servus, Du schwesterliche Miesität, lass es Dir um Himmels (oder was immer) willen gut, gut, gut gehen. Ich küss Euch alle miteinander Susie

»Manchmal«, schreibt Susi an Ilse im Oktober 1962, »werde ich mir bewusst, wie irrsinnig allein ich bin in dieser Scheissstadt.«

Trotz ihres Daueraufenthalts in Paris bleibt sie schwedische Staatsbürgerin. Die Wochenenden verbringt sie mit ihrer Familie oder mit Freunden. Sie ist eine charmante und zuvorkommende Gastgeberin, wie es ihre Mutter war. Täglich geht sie mit ihren Hunden durch den weitläufigen Chaviller Wald. Die Rolle von Fedia, dem sibirischen Steppenhund aus ihrer Kindheit in Grinzing, übernimmt in Chaville Kismet, ein langhaariger, wilder Afghane. Susi schreibt über ihn an Ilse:

Wir haben einen »kleinen« Afghanhund, der mit 6½ Monaten schon so gross ist wie die Karina und unausstehlich lieb. Ausserdem, wie das schon immer so war bei meinen Hunden, weit davon entfernt zu bellen, wenn wer kommt, rast er allen, die bei uns hereinkommen, mit Freudengeheul und Schwanzgewedel entgegen und schreckt die Leute höchstens durch seinen Enthusiasmus weg. Aber er ist wunderschön, verfressen, unfolgsam, jagt die Katze durchs ganze Haus, wälzt sich in den dreckigsten Lacken, die er im Wald findet, frisst meine Pflanzen auf, gräbt die Blumen im Garten aus etc. etc. Obwohl die anderen Kinder Angst haben vor ihm, ist die Karina von einer unverfrorenen Frechheit mit ihm, schreit ihn an und holt sich sogar mit grösster Seelenruhe ihre Spielsachen aus seinem Maul heraus.

Auf den Wegen durch den Wald geht Kismet (wie später seine Nachfolger Django und Boy) nicht selten verloren, wenn ihn Susi von der Leine lässt und er in den Wald losstürmt. Die Suchaktionen sind aufwendig, mitunter verbringt er die Nacht im Wald und wird am nächsten Tag zurückgebracht.

1962 stirbt Ilses Tochter Irma bei einem Verkehrsunfall auf einer ungeregelten Kreuzung nahe der Wiener Reichsbrücke, der plötzliche Tod eines Kindes lässt die Beziehung zu ihrem Partner über lange Zeit in Trauer erstarren. Das Begräbnis ist ergreifend: Viele Patientinnen kommen, Irmas Schulklasse singt zwei Lieder, die Parte ist nicht in Schwarz, sondern in Irmas Lieblingsfarbe, Blau, gedruckt.

Die Schwestern helfen, eilen aus Paris und New York herbei. Ihre Briefe zeigen die Erschütterungen nur in den Randzonen der Texte, eingehegt von möglichst unsentimentalen Anmerkungen zum Alltag, sodass vieles nur zwischen den Zeilen gelesen werden kann. Die Distanz der Familienbriefe wird durch die Begegnungen und danach durch die Stimmen am Telefon ersetzt; schließlich kann man sogar zwischen den Städten durchwählen.

»Ich glaube an das Leben und an den Kampf«, hat Ilse einige Jahre zuvor in ihrem Theatertext notiert. Ihr »Leben und der Kampf« ist fortan die Arbeit mit den Patienten, zugleich ist sie Betäubung. Sie arbeitet rund um die Uhr, absolviert nach der täglichen Ordination Hausbesuche bis Mitternacht. Wichtig bleiben ihr die Frauen und ihre Gesundheit, eine ledige Mutter begleitet sie durch ihre elfte Schwangerschaft, an bürokratische Vorgaben der Ärztekammer, die die Verschreibung von Medikamenten beschränken will, hält sie sich immer weniger. Es dauert zwei Jahre, bis sie aus der Trauer und dem Arbeitsrausch wieder erwacht.

Nach einigen Jahren als Volunteer erhält Gerda zu Beginn der 1960er Jahre eine Anstellung im »Workshop« der AHCR, wie sie ihr Büro in der Second Avenue in Midtown Manhattan nennt. Sie arbeitet mit Jugendlichen in Gruppentherapien, hilft bei der Arbeitssuche und bei Problemen im Alltag. Sie besucht sie regelmäßig daheim, um auch mit den Eltern Kontakt zu halten. Die Fallgeschichten und Gruppensitzungen mit den Klienten werden genau dokumentiert und diskutiert, der von der AHCR verfolgte sozialpsychologische Ansatz der möglichst vollständigen Integration gefährdeter Jugendlicher ist neu.

Gerda betreut parallel einige Dutzend Klientinnen und Klienten und versucht, ihnen mit unkonventionellen, zum Teil einfach nur praktischen Hilfen im Alltag unter die Arme zu greifen. Mitunter bringt sie ihre Klienten zum Essen mit nach Hause und setzt dort die Gespräche mit ihnen fort, was Probleme mit der eigenen Familie schafft.

Anfang der 1960er Jahre wird Gerda Leiterin der Sozialabteilung (Chief of Social Service) in der AHRC. In einem Brief an die Eltern schreibt sie über ihre Tätigkeit im Workshop:

> *Eine der befriedigendsten Komponenten meiner Arbeit ist die Tatsache, dass sie mir ermoeglicht, Menschen fast immer sofort und konkret in einer Art behilflich zu sein, die ihnen ihr Leben leichter macht. Ich wuenschte zu Gott, ich koennte dasselbe fuer Euch tun.*

Über ihre Familie, ihre Arbeit, sich und ihre Katze berichtet sie den Eltern (mit der üblichen, zum familiaren Ritual gewordenen einleitenden Entschuldigung für das lange Schweigen) nicht ohne Humor:

> *Meine liebsten Lieben –*
>
> *es ist wieder einmal zu dem Punkt gekommen, wo meine Schuldgefuehle Euch gegenueber unertraeglich und ueberdimensional geworden sind und mir die Ohren sausen, von dem Wutgezische – hoechste Zeit, wie? Ich bitte also erst einmal viele tausend Male um elterliches Verstaendnis und Verzeihung, wenn's moeglich ist und dass Ihr mir glaubt, dass es in keiner Weise Gleichgueltigkeit ist, was mich vom Schreiben zurueckhaelt, obwohl ich einseh, dass es schwer ist, es anders zu interpretieren. Vielleicht werd ich es Euch irgendwann einmal erklaeren koennen – in the meantime, please take my word for it. […]*
>
> *Muckilein, unser Telegramm nach Deinem Geburtstag war die Reaktion auf eine wutentbrannte Karte vom Papa, in der er mich beschuldigt hat, Deinen Geburtstag »verschlafen« zu haben. Das konnte ich unmoeglich auf mir sitzen lassen, erstens weil's wirklich nicht wahr war und zweitens, weil Schlaf an sich ein grosses Problem fuer mich ist und ich ausserstande bin, irgendwas zu verschlafen. Die Zeiten haben sich geaendert*

[...] – Ich wollte Dir so gern einen langen, langen, warmen Tratschtochter-Brief schreiben und alle meine Sehnsucht und Zaertlichkeit hineinlegen und es tut mir leid, dass es nicht dazu gekommen ist. Ich hab so an Dich gedacht ... Unsre Plaene sind noch ganz unsicher, haengen von tausend Dingen – unter anderm vom Geld und von den sogenannten »Kindern«, ab.

Die »Kinder« sind junge Maenner mit tiefen Stimmen, die manchmal, wenn sie grad in der Laune sind, sehr freundlich und gentleman-like mit mir sein koennen, mich aber im Allgemeinen mit einer Herablassung, die an Verachtung streift, behandeln since I am »only a girl«. Oder, wie Steve sagt, »You aren't even a lady; you're just my mother«. Dem armen Kerl faellt das Lernen heuer sehr schwer, weil er den Kopf voll hat mit Maedeln und andern Dingen, die ja wirklich viel wichtiger fuer ihn sind, als die Renaissance. [...]

Alfred arbeitet und arbeitet und arbeitet. Voriges Weekend ist er endlich in sein neues Office uebersiedelt, was er schon am 1. Oktober haette tun sollen, aber nicht konnte, weil das Haus nicht fertig gebaut war. Es ist noch immer nicht fertig; das Foyer ist voll von Dreck, Farbtoepfen, Zementkuebeln und Arbeitern, die ununterbrochen Bier und Kaffee trinken, aber sehr nett sind. [...]

Und ich? Wenn man mich fragt, wie's mir geht, weiss ich jetzt nie, was ich drauf sagen soll – ich glaub, es geht mir sehr gut, trotz allem, was nicht in Ordnung ist. Ich bin von meiner Arbeit wie besessen und wie bei jeder Besessenheit ist etwas Quaelendes und Zwanghaftes dran. Andrerseits ist es begluekend und befriedigend. Ich bin offiziell ein social service worker, was heisst, dass ich kein social worker bin, Gott sei Dank. Meine Hauptarbeit besteht in Counseling – Beratung ist wahrscheinlich die beste Uebersetzung. Ich arbeit mit geistig zurueckgebliebenen jungen Erwachsenen, zwischen 17 und 25 Jahren alt und deren Eltern, individuell und in Gruppen. Es handelt sich drum, den Leuten zu helfen, persoenliche und Berufsprobleme zu loesen, sie in richtige, oder zumindest bessere, Wohnungen, Schulen oder Spitaeler unterzubringen und ihnen mit tausend Kleinigkeiten zu assistieren, die fuer sie zu schwierig sind. Ich hab grad ein neues Projekt angefangen, mit 30 Kindern zwischen 14 und 16, das vom Board of Education sponsored ist und vorlaeufig hoffnungsvoll ausschaut. Fuer mich ist diese Arbeit ewig stimulierend – der Nachteil ist nur, dass es so viel zu tun gibt, dass die Grenzen ausschliesslich von Erschoepfung oder Faulheit des Arbeiters gesetzt werden; in meinem Fall also, Erschoepfung. […]

Die Katze ist sehr alt, haesslich und zahnlos geworden, schleicht hinkend, mit ihren langen Haaren herum und erinnert mich irgendwie an die Lady Macbeth. Der Kanarie ist auch alt und voellig nutzlos.

So, genug fuer heute. Ich muss Nachtmahl kochen und wenn ich den Brief jetzt nicht fertig mach, wird er nie weggeschickt.

Steve schreit, er verhungert. Also, tausend innigste Kuesse. Gerda

Gerda geht eine Beziehung mit einem Kollegen (»Jerry«) bei der AHCR, ein, ihre Ehe mit Alfred nimmt ein Ende. Im Juli 1963 zieht sie aus der gemeinsamen Wohnung am Central Park aus und mietet sich über die Sommermonate ein Zimmer weit draußen an der Virginia Avenue in Long Beach direkt am Reynolds Channel.

Meine Geliebten – nicht viel, nur ein paar Zeilen, die, wenn nicht zur Beruhigung, vielleicht etwas zum Verstaendnis beitragen. Alfred und ich haben uns vorige Woche endlich, endlich entschlossen, uns bis auf Weiteres von einander zu trennen – das Resultat von einem unendlich qualvollen Jahr, von dem wir beide total erschoepft sind. Es ist einfach nicht mehr gegangen und wir haben uns gegenseitig nur aufgerieben. – Vor vier Tagen bin ich hier herausgezogen und wohn in einer Art Solhaell (nur nicht halb so schoene Gegend und kein Midagessen), wo ich durch ein bekanntes Ehepaar hingekommen bin, die auch hier sind.

Das Haus ist nett und freundlich, mein Zimmer – ein aeusserst jungfraeuliches Jungmaedchenzimmer, das eigentlich der Wirtstochter gehoert, einem schoenen, 13-jaehrigen Fratzen. Vom 2. bis 26. August hab ich bezahlten Urlaub, inzwischen fahr ich hin und her, was relativ bequem ist und nur circa eineinhalb Stunden dauert, wenn ich Glueck hab. Bisher hab ich noch nicht viel Gelegenheit gehabt, meine Ruhe und sogenannte Freiheit zu geniessen; ich fuehl mich nur leer und schrecklich ein-

sam und traurig und abgelehnt. Es ist alles noch zu neu und wenn ich an die Zukunft denk, hab ich hauptsaechlich Angst. Aber ich weiss, dass augenblicklich alles sehr uebertrieben ist. Nach einiger Zeit werd ich mich dran gewoehnen, einen eigenen Rasierapparat zu haben und mich nicht drauf zu verlassen, dass wer andrer fuer mich zahlt. – Die Arbeit rettet mich, so wie sie's seit Jahren getan hat. Ich verbeiss mich und vergrab mich in sie und geb mir keine Chance, an was andres zu denken. Voll zu Bewusstsein wird mir wahrscheinlich erst alles waehrend der angeblichen Ferien kommen, auf die ich gern verzichten wuerde. […] Bis vor einiger Zeit hab ich die Absicht gehabt, im Sommer nach Europa zu kommen, aber daraus ist nichts geworden, teilweise, weil ich mir's allein nicht leisten kann und mir's vom Alfred nicht zahlen lassen will. Ehrensache – bloed, nein? Ausserdem bin ich aber wirklich nicht im richtigen Zustand, Euch oder irgendwen zu besuchen; ich bin nervoes, irritiert und ungeduldig und kann mir nur zu gut ausmalen, wie sehr meine Geistesabwesenheit und Zerstreutheit andern auf die Nerven gehen muss. […] Ich bitt Euch, regt's Euch nicht auf und macht's Euch keine Sorgen um mich. Ich bin eine mehr als erwachsene Person und ich glaub, ich weiss ziemlich genau, was ich tu, und dass es letzten Endes gut ausgehen wird, auch wenn's augenblicklich schwierig ist. Ich wuenschte, es haette anders kommen koennen … Und schrei mich nicht an, Papa – dabei hat noch nie was herausgeschaut, ausser ein paar Fliegen fuer den Frosch. […]

Servus, meine Liebsten. Bleibt gesund und bitte habt mich lieb. Ich brauch's dringendst.

Alles Innigste.

Eure alte Gerda

Die Ehe mit Alfred wird im Oktober im Einvernehmen geschieden, Gerda bezieht eine kleine Zwei-Zimmer-Wohnung in der 24. Straße zwischen 9. und 10. Avenue in Chelsea, die Kinder bleiben bei ihrem Vater. Zu Jahresbeginn 1964 folgt sie kurzerhand einer Einladung der Schwester Susi (Ehemann Silvio hat gute Geschäfte gemacht) nach Paris, sie besucht auch kurz Schwester Ilse in Wien. Im März ist sie zu einer Voruntersuchung wegen einer Beinoperation im Spital, der frisch geschiedene Ehemann erkrankt an einer Gesichtslähmung. Darüber und über ihre neue Beziehung zu Jerry – er ist verheiratet – schreibt sie im März 1964 an Susi:

Susie, Liebes – es gibt überhaupt keine Entschuldigung für mein Benehmen und ich will uns beiden die üblichen Ausreden ersparen. Aber, gleichgültig, was sich abgespielt hat, seit ich Euch in Orly zum Abschied geküsst hab – und es war, weiss Gott, genug – hätte ich natürlich Zeit finden müssen, Euch zu sagen, wie unbeschreiblich wohl mir Eure Wärme und Liebe und Gastfreundschaft und Kinder und Viecher getan haben und wie sehr ich Euch für alles dankbar bin. Es ist herrlich, Familie zu haben, die man ausserdem gern hat und wo man das Gefühl haben kann, dass es auch umgekehrt so ist. Trotz gelegentlicher Irritationen und Ärgerlichkeiten. Du warst süss, Susie und – wenn schon für nichts andres – verdienst Du's für Deine Geduld mit mir, in den Himmel zu kommen. Und ich hoff, ich hab Euch nicht zu viel Cognac weggetrunken, aber das ist schliesslich eine Gelegenheit, die sich höchstens ein Mal in zwei oder drei Jahren ergibt. […]

Zwischen Alfred und mir hat sich nichts geändert, ausser, dass ihm scheinbar langsam wirklich die Lust auf mich vergeht. And I don't blame him. – Er benimmt sich sehr anständig, jetzt, und hat sogar meinen Doktor angerufen. Dabei ist er selber nicht in Ordnung – sein halbes Gesicht ist gelähmt durch einen Virus, so dass er aussieht wie ein Dr. Jekyll and Mr. Hyde in einem. Sehr erschreckend und unangenehm, aber wenigstens keine Schmerzen. Man kann nichts dagegen tun und so was kann zwischen 3 Wochen und 6 Monaten dauern.

An mir machen sie unzählige Tests, Cardiograms, Arteriograms, X-rays von Kopf bis Fuss, etc., etc., um zu einer definitiven Diagnose zu kommen, was ca. eine Woche dauern wird. Falls sie operieren, muss ich nachher noch 3 Wochen dableiben. […] Jerry, wenn er da ist, ist ein unersetzlicher Halt und eine wirkliche Stütze. Aber er kann eben nicht mehr sein, als er ist und ich hab hunderte Male (wenn ich nicht mit ihm bin) das Gefühl, dass das halt nicht genug für mich ist. Aber wenn wir beisammen sind, ist alles gut und jede Minute ist enorm wertvoll. Er kümmert sich sehr um mich und war eine wirkliche Hilfe mit den hunderten Sa-

chen die zu erledigen sind, wenn man ins Spital geht. Manchmal ist es so angenehm praktisch.

Du, ich hab's nicht zusammengebracht, den Eltern zu schreiben, dass ich im Spital bin. […] Und ich hab Angst, der Ilse was zu sagen, weil sie wahrscheinlich sofort mit unzähligen, medizinischen Weisheiten kommen und mich nur noch mehr verwirren wird. Hast Du einen intelligenten Vorschlag? Hier kommt ein ganzes Regiment von Ärzten direkt auf mein Bett zu und ich werd Schluss machen, weil der Brief sonst nie weggeht. Ich muss aufhören.

Servus, tausend Küsse mit viel Liebe. Gerda

Gerda bleibt eine Operation erspart, insofern traut sie sich im August auch einen Krankenbericht an die »Frau Doktor« in Wien zu schicken, deren »Beratung« sie ja fürchtete; an den Krankenbericht fügt sie einen Bericht über die anderen Dinge, die noch »viel komplizierter« sind, an.

Liebstes Ilsekind – ich weiss nicht, womit ich anfangen soll – beim Bedanken, Mich-Entschuldigen, oder was. Entschuldigungen fuer mein Nichtschreiben, fuer mein einfach Verschwinden, nachdem Du mich mit so ruehrender Grosszuegigkeit und Liebheit behandelt hast (ich werd nie vergessen, wie Du total abgehetzt von Deiner Arbeit noch im letzten Moment am Flugplatz erschienen bist), gibt's nicht, ausser Du akzeptierst besessene Arbeitswut, chronische Depression und spaeter alle moeglichen miesen Krankheiten, wie zum Beispiel die Sache mit den Beinen, die mich einigermassen erschreckt hat. Nicht einer von meinen Aerzten war »so gescheit«, das als eine Wechselerscheinung zu betrachten. Hingegen haben sie angenommen, dass es sich um einen abdominalen Aneurysmus handelt, den sie operativ entfernen wollten. Zu dem Zweck war ich im Spital, der Operationssaal war reserviert und die Chirurgen haben mit leuchtenden Augen ihre Messer geschleift. »Gott sei Dank« hab ich mir aber eine Woche, bevor ich hospitalisiert wurde, kochendes Wasser auf mein rechtes Bein gegossen, so dass ich eine grosse, offene Brandwunde hatte, die die Aerzte temporaer abgelenkt hat. Nach einer Woche Spital haben sie mich enttaeuscht und beleidigt nach Haus geschickt. Der An-

eurysm war eine falsche Diagnose; hingegen sind tatsaechlich Circulationsstoerungen und arteriosclerotische Veraenderungen in den Beinen – daher die Schmerzen, die damals ganz unertraeglich waren. Man hat mir irgendwelche Pillen verschrieben, die die Blutgefaesse ausdehnen sollen (glaub ich) und mir das Rauchen strikte verboten. Seit ich wieder normal rauch, aber die Medizin nehm, sind die Beine sowohl objektiv (bewiesen durch Tests), wie subjektiv (bewiesen dadurch, dass ich 3 Stunden lang, ohne besondre Beschwerden gehen kann) viel besser geworden, fast normal. Ausser, wenn das Wetter kalt und feucht ist. Das Ganze ist eine medizinische Perversion – aber, leg's zum Rest. –

Mit Hilfe von Meerwasser, Sonne und Sand ist die Brandwunde, von der der Chirurg schadenfreudig gesagt hat, dass sie bei der schlechten Circulation ohne einen komplizierten skin graft nie gut werden kann, solid geheilt; es ist nur eine schieche Narbe uebriggeblieben, die auch taeglich besser ausschaut – und ich kann nur sagen, ich wuenschte, das waer mein einziger Schoenheitsfehler. So viel ueber meine, most recent Krankheitsgeschichte, Frau Doktor.

Die andern Sachen sind viel komplizierter und ich werd noch viel mehr Glueck brauchen, um auch nur halbwegs gut dabei herauszukommen. Wie, ist mir raetselhaft. Seit Weihnachten hat sich nichts an meiner Situation geaendert, ausser, dass der Alfred und ich, wenn moeglich, noch weiter von einander entfernt sind und der Jerry und ich, wenn moeglich, einander noch naeher gekommen sind. Die totale Unsicherheit ueber die Zukunft besteht weiter und wenn ich dran denk wird mir schlecht vor Angst … Andrerseits passt mir aber das Alleinleben, trotz aller Nachteile, ganz gut (ich bin so ein Egoist) und das Zusammensein und Zusammenarbeiten mit dem Jerry ist so beglueckend, dass sich die taegliche Qual der Trennung, wenn er nach Haus muss, zu seiner Familie, auszahlt. Natuerlich ist es manchmal unertraeglich und ich werd verzweifelt, vor Eifersucht – auch wenn er mir hundertmal erzaehlt, dass er seine Frau nicht liebt. Momentan ist das so, wo wir beide auf unserm sogenannten Urlaub sind. Er sitzt mit dem verdammten Weib und den Kindern an einem Strand und sagt, dass er sich nach mir sehnt; ich sitz auf einem andern Strand, mit einigen gleichgueltigen Bekannten und sehn mich so, dass mir alles weh tut. Noch neun Tage, 14 sind schon vorbei gekrochen ... Aber ich hab mich doch ausgeruht, trotz der Unfaehigkeit, zu entspannen; vor allem hab ich mich ausgeschlafen, was ich dringendst gebraucht hab. [...] Wie Du ja weisst, ist der Steve in Frankreich und scheint sich dort sehr wohl zu fuehlen – er hat grosses Glueck gehabt mit der Familie, bei der er lebt. Ich glaub, dass die Susie ein bisschen entsetzt war, weil er so unbenediktinisch ist, aber vielleicht ist das ein Glueck fuer ihn. Gar so weit haben's die Benedikts nicht gebracht, zumindest nicht unsre Generation. Und der Papa auch nicht, mit seinem ganzen »Genie«. – Kuess alle, auch die Katz ...

1963 kehren die Eltern aus Schweden nach Wien zurück, sie wohnen zunächst als Dauermieter in Wiener Pensionen, dem »Baltic« in der Josefstadt oder dem »Atlanta« in der Währinger Straße, die Miete wird von den Töchtern entrichtet, später übersiedeln sie in eine kleine Wohnung in der Pilgramgasse und danach am Kaasgraben, alle in befristeter Untermiete. Eine Haushälterin wird von den Schwestern bezahlt, sie kommt mehrmals die Woche und kümmert sich um die beiden Alten. Kleinere und größere außertourliche Geldgeschenke ermöglichen eine Existenz, die sie zumindest im Kleinen an ihr Leben vor dem Krieg erinnert. Die Mutter schreibt an Susi:

Mein Suserle, mein sehr geliebtes, von der Mutti briefloses Kind!

[...] Die Zeit fliegt dahin mit kleinen Haushalts- und Wirtschaftssorgen, die mich durch ihre Ungewohntheit todmüde machen – durch tausend kleine Streitereien mit Papsch, die schnell verfliegen und durch die geheime Angst bis 1. April – der letzte Termin für unseren Auszug von hier – kein passendes Dach über unserem Kopf gefunden zu haben. – Jeder Tag bringt eine Unzahl neuer Annoncen und Papsch entschliesst sich sogar früher aufzustehen, um das eine oder andere Lokal zu besichtigen, aber entweder ist es zu klein oder zu gross oder zu teuer oder weder Gasthof noch Caféhaus in der Nähe oder, oder ...

Dabei streikt unsere Haushilfe, die 5 Mal in der Woche von Kaisermühl herkommt, jedes Mal erboster über die lange Tramwayfahrt, die tour-retour länger dauert als ihre Arbeit hier – ja, usw. usw. Sei mir nicht böse über diese Jammeriade aber sie erklärt Dir vielleicht mein Schweigen, das durch meine Taubheit noch intensiver wird. – Obendrein die Sehnsucht nach einer Freundin, die meine Situation versteht und mich ein wenig ablenkt von Papsch, dem trotz aller Liebheit jedes wirkliche Verständnis fehlt. – Und Ilse?! Sie ist so überanstrengt, dass ich kaum mit ihr rede – und ich fürchte sehr, dass es ihr fast leid tut uns überredet zu haben in Wien zu bleiben. Sie erstickt fast in Arbeit […].

Liebling Du, tu ich Dir weh damit, dass ich so offen schreibe? Aber es scheint ja auch die Sonne und es gibt wunderschöne Stunden z. B. wenn ich mit Papsch in der Oper oder in der Burg in der Proszeniumsloge sitze und mich um Jahrzehnte zurück träume oder wir bekommen einen Deiner lieben, lieben so gut geschriebenen Briefe […]

Draussen tobt ein Sturm u. ich hoffe Papsch kommt bald zurück von einem Konzert.

Millionen Küsse, Mumi

Schließlich beziehen sie eine Zwei-Zimmer-Wohnung an der Grinzinger Allee nahe dem Friedhof. Über ihr verändertes Leben in Wien schreibt die Mutter kurz vor Weihnachten an Susanne:

Mein sehr sehr Liebes.

Viele, viele warme Wünsche fliegen zu Euch während dieser vor Weihnachten so festlich bewegten Wochen! Es ist ein unerhörtes Gedränge und Gewoge von Menschen auf den Straßen hier und die Auslagen wirklich verführererisch anziehend. Aber ich muss alles nur platonisch betrachten, […] das ist recht bitter.

[Sei] innigst umarmt bedankt von Eurer herzensjungen Mumi

Das alte Ehepaar hat nur noch »wenig Berührung mit den Menschen hier«. 1965 schenkt Ilse den Eltern ihren ersten Fernsehapparat, der, so die Mutter voll Freude, *obwohl ich eine uralte Schachtel bin, schwerhörig und schwerfällig – den ganzen Tag auf den Kopf stellt und durch die Buntheit seines Programms eine gewisse geistige Verwirrtheit hervorruft.*

Der Vater schreibt und malt unverdrossen weiter, auch wenn sich weder Käufer finden noch Ausstellungen realisiert werden können. Ein Gedichtband *(Von Neuem blüht)* wird fertiggestellt, der erste und einzige des 81-jährigen, es entstehen weitere historische Dramen, über Perikles und Grillparzer, Goethes *Faust* wird neu verfasst *(Faust und die Mütter)*. Irma berichtet an Tochter Susanne:

Mein sehr geliebtes, liebes Kind,

wenn ich später auf diese in Wien verbrachten Wochen zurückschauen werde – so werde ich mich meiner gründlichst schämen. Denn ich komme zu nichts. Das einzig Positive ist das Zusammensein mit Ilse […] alles andere strengt mich lächerlich an und eine ewige Schlafsucht beherrscht mich. Natürlich beschäftigt mich Papsch ununterbrochen (wir bewohnen zwei kleine, sehr kleine ineinandergehende Kabinette) und sein bewundernswertes Lebenstempo geht mir furchtbar auf die Nerven. Im Gegensatz zu mir kann er unmöglich allein sein, so dass er, wenn nicht gerade etwas los ist, Kreti und Pleti ununterbrochen anruft. Dabei arbeitet unhörbar, unsichtbar etwas in ihm, denn nachts schreibt er und schreibt gut – momentan hat er »Die Nächte der Maria Antoinette« in Arbeit, die mir dann am Morgen, wo ich eigentlich noch ganz Chinesenweib bin – serviert werden. Dabei sind wir in ewiger Spannung, was eigentlich mit seinen Dramen geschehen wird. Eines liegt im Burgtheater, das andere im Volkstheater – überall sind mehrere Kompetenzen, die sich aber leider in den Haaren liegen und selbstherrlich sind.

Die Töchter sprechen dem Vater Brief um Brief Mut zu, aber alle Projekte enden in der Schublade, die Ablehnungsschreiben der Theaterdirektionen sind höflich formuliert, aber deutlich. Nach wie vor lebt der Vater über seine Verhältnisse, aus England erwartet er ein geheimnisvolles Erbe, das es nicht gibt, und hofft beständig auf eine (sehr) späte Karriere als Maler. In Dutzenden Briefen diskutieren die Schwestern die finanzielle Lage der Eltern, sie einigen sich auf eine monatliche Apanage, die der greisen Mutter das Altersheim erspart. Das Alter wird von ihr mit großer Gelassenheit hingenommen. An ihren Schwiegersohn Silvio schreibt sie nach Paris:

> *Ich komme mir vor wie ein Hendl, das man rupft, denn fast täglich wird mir etwas ausgerissen. Augen, Ohren versagen immer mehr ihren Dienst und nun fangen die Beine an, störrisch zu werden.*

Aber, so fährt sie fort, sie wolle »niemand etwas vorjammern«, sie sei dankbar für »jedes liebe Wort, das früheren Frohsinn und Selbstbewusstsein wieder hervorruft«. Und

> *dankbarst erinnere ich mich an die herrlichen Ausflüge in Kärnthen – es war wohl mein letzter wirklich schöner Sommer. Merci, merci, merci.*
> *In herzlicher Liebe Deine »Schwiegermutter« Irma*

1966 sollen alle Weihnachten gemeinsam mit ihren Familien in Wien feiern. Im November winkt Susi ab:

> *Ich hab keinerlei Ahnung, wie wir Weihnachten verbringen werden. Ich war jetzt mehr als drei Wochen lang zu Haus, und kann unmöglich irgendwas vom Bureau verlangen, was Freizeit anbetrifft. Ausserdem, so muss ich Dir ehrlich sagen, dass der Silvio kaum eine Familienreunion, auf ein week-end konzentriert, aushalten könnte. Ich bin nicht sicher, dass ich selber es ueberleben könnte, besonders wenn er dabei wäre. Allein die Sprachenprobleme machen mich schaudern – der Papsch wird wieder schwedisch mit ihm reden und die Mutti deutsch, er wird sich Wien anschauen wollen und der Alte wird wollen, dass er sich seine Bilder anschaut, die Karina wird heulen und noch aufsässiger sein als gewöhnlich, die Ariane wird sich bemitleiden (auf jeden Fall, sie ist in dem Alter), der*

Ernsti wird mit der Karina konkurrieren, wer frecher ist und am wenigsten isst und am meisten Bonbons frisst, ich werd zerspringen vor Nervosität, die Gerda wird sich zurueckgesetzt fuehlen (auf jeden Fall, sie ist auch in dem Alter), die Reise ist lang und saumässig teuer, es ist kalt in Wien und windig: Na, Du hast mehr Fantasie als ich …

Die Gerdl soll Weihnachten bei Euch und Neujahr mit uns feiern, und wir arrangieren irgendwas ein anderes Mal, ohne brennende Kerzen und das ganze Getu. Wenn Du intelligent wärest, wuerdest Du Dich mit der Gerda zusammen zu uns refugieren auf ein paar Tage lang und die hypochrondrischen Kaisermühler zum Teufel schicken und den Rest der Welt ebenfalls.*

Es kommt so. Gerda verbringt Weihnachten in Wien, sie und Ilse sind sich herzlich verbunden, und fährt dann weiter nach Paris zur Silvesterfeier, von der Susi berichtet:

*Langsam fang ich an, mich zu erholen von der Passage von der Gerdl, die sich hauptsächlich durch ganz formloses und sehr uebertriebenes Saufen bis ins Morgengrauen charakterisiert hat. Dabei ist nicht viel herausgekommen, ausser der Sache mit Jerry und meinem eigenen Gesere** mit dem Silvio. Mein Eindruck ist aber doch sehr stark, dass sie jetzt gluecklicher ist als fast jemals mit dem Alfred und dass ihr ihre Arbeit besonders gut tut, samt dem Erfolg, den sie damit hat.*

So unsentimental sich Susanne auch in ihren Briefen gibt, die Gedichte der Lyrikerin Mascha Kaléko (1907 bis 1975), so gesteht sie, kann sie kaum lesen, ohne dass ihr Tränen in die Augen steigen. Am Ende von Kalékos »Emigranten-Monolog«,*** geschrieben in New York 1945, heißt es fast im Stile Heinrich Heines:

* Ilse und ihre Familie wohnen im Stadtteil Kaisermühlen im 22. Bezirk.

** Gseres, Zores, Sorgen.

*** Vgl. vollständiger Text auf Seite 406.

Das wird nie wieder, wie es war,
Wenn es auch anders wird.
Auch wenn das liebe Glöcklein tönt
Auch, wenn kein Schwert mehr klirrt.

Mir ist zuweilen so, als ob
Das Herz in mir zerbrach.
Ich habe manchmal Heimweh.
Ich weiß nur nicht, wonach …

Die Schwestern und ihre Familien sind unterschiedlich, es gibt allerdings Familienähnlichkeiten zwischen ihnen, was die kleinen Dinge und Rituale im Alltag betrifft. Die Schwestern sind etwas abergläubisch: Während des Essens wird häufig Salz über die linke Schulter gestreut, ungern gehen sie unter Leitern durch. Wird ein Hendl serviert, dann muss nach dem »Wunschbein« gesucht werden: das kleine Gabelbein aus zwei miteinander verwachsenen Knöchelchen, die von zwei Spielern auseinandergebogen werden, bis das Bein bricht. Wer das längere Ende in der Hand hält, hat gewonnen.

Die Schwestern legen gerne Patiencen (eine Wiener Variante, die nur selten aufgeht, man darf deshalb drei Mal schummeln), zumindest Ilse und Friedl spielten sehr gerne Schach. An Sonntagnachmittagen, wenn die Eltern zu Ilse zu Besuch kommen, wird wie selbstverständlich nach dem Essen das Schachspiel hervorgeholt. Ilse zog rasch und konzentriert, sie rauchte dabei Kette und sprach nicht.

Susanne ist vielsprachig. Französisch spricht sie mit Akzent, Schwedisch, Deutsch und Englisch sind ihr näher. Einmal erzählt sie, dass sie nicht weiß, in welcher Sprache sie träumt; sie fürchte, *alle* Sprachen zu verlernen, indem sie nur noch zwischen ihnen übersetzt, ohne es zu merken.

Ihr Deutsch ist das der Vorkriegszeit. Sie sagt »chauffieren« und »parkieren« oder »fabelhaft«, »urassen«, »brodeln« und »Pfitschipfeil«; sie sagt »Feuermörder« und lässt sich erst durch die Nachschau im Wörterbuch davon überzeugen, dass die korrekte Bezeichnung im Deutschen »Brandstifter« ist.

Nach ihrer Scheidung wohnt Gerda allein (mit ihrer Katze Scotch) in dem Apartment in der 24. Straße. Ihre Briefe vor allem an die jüngste Schwester erzählen von ihrer »Angst vor der Zukunft«, vom »Whiskey mit Aspirin« und der – vergeblichen – »Hoffnung, nach Wien zurückzukehren«. Im Februar 1967 schreibt sie:

> *Ach Gott, mein Altes,*
>
> *[…] Bei mir hat sich garnichts geaendert, ausser, dass ich den Alfred ueberhaupt nicht mehr seh. Wenn's unbedingt noetig ist, fuehren wir hoefliche Telephongespraeche. Es scheint, dass jetzt von beiden Seiten jede Moeglichkeit einer reconciliation ausgeschaltet ist – and somehow this is a real relief. Ich flirt immer seltener mit der Idee, den job und den Jerry aufzugeben und wieder die Frau Dr. Corvin zu werden – soweit ich das je war. Neulich hab ich mir endlich eine book case gekauft (dabei sind alle meine Buecher in 300 CPW), der erste, ernste Schritt, mir eine eigene Wohnung zu nehmen. Jetzt haus ich ja wie eine Studentin mit meiner Katze, die schwarz und weiss ist und daher Scotch heisst, in einem moeblierten Apartment, was den grossen Vorteil hat, dass ich mich um nichts zu kuemmern brauch, ausser einmal in der Woche aufzuraeumen. Aber der Dreck und die Schaebigkeit beginnen langsam, mir sehr auf die Nerven zu gehen. Aber eine Wohnung is something so final, a real committment. And I'm not sure I want to commit myself.*
>
> *Mit dem Jerry bin ich so gluecklich, wie das halt moeglich ist, unter den Umstaenden. Das heisst, es ist alles perfect, bis er nachhaus gehn muss. Ich glaub, ich werd mich nie an diese taeglichen separations gewoehnen koennen und daran, jede Nacht allein zu schlafen. Aber vielleicht ist das wirklich die einzige Art, auf die ich mit jemandem leben kann. Something*

has become basically wrong with my ability to love and to tolerate being loved. Too much commitment?

*Manchmal, an den langen, einsamen Abenden mit der Katz und der Schreibmaschine und dem Telephon, das nicht laeutet, weil ich fast allen Kontakt mit sogenannten Freunden aufgegeben hab, glaub ich, dass ich gar nicht mehr lebe, dass ich in Wirklichkeit tot bin und in einer No Exit-Hoelle verdammt bin, zu existieren. Bis das Telephon dann endlich doch laeutet und Jerrys wunderbar volle, warme Stimme mich davon überzeugt, dass ich sehr lebendig bin. Einmal habe ich ihm von diesem Gedanken erzählt. Er wurde so zornig, dass ich geglaubt habe, er schlägt mich, und ich habe ihn geliebt dafür, dass er zornig wurde. Er ist einer der lebendigsten Menschen, die ich kenne, die ich jemals gekannt habe – zumindest wenn er bei mir ist. Er sagt, wenn wir nicht zusammen sind, ist er still, zurückhaltend, isoliert, außer bei seinen Kindern. Seine Ehe scheint sich immer mehr zu verschlechtern, und das macht ihm sehr zu schaffen. Auch er fühlt sich gefangen und hilflos. Wenn ich ihm doch helfen könnte. Aber dann frage ich mich über ihn, so wie ich mich über mich selber frage: Würden wir wirklich zusammenleben wollen, könnten wir es?**

Irgendwann hast Du mir geschrieben, dass Du glaubst, dass ich in Wirklichkeit Menschen sehr gern hab. Ich glaub, das war einmal wahr, aber es stimmt nicht momentan. Mir sind die meisten Leute unwahrscheinlich langweilig und eigentlich alle machen mich nach sehr kurzer Zeit nervoes. Ausser, ich arbeit mit ihnen, dann ist das alles anders. […]

Der Grund, warum ich soviel Tippfehler mach, ist, dass Scotch genau in der Mitte von meinem Schreibtisch liegen muss und sich nicht von der Stelle rührt, wenn der Schreibmaschinenwagen an sie heranrückt. Sie hat eine starke Persönlichkeit, weigert sich, sich als Katze zu sehen. In der Früh besteht sie darauf, zwei weiche Eier und ein Butterbrot und Damson-Zwetschkenmarmelade zu essen, und wir lesen gemeinsam die New York Times. Irgendwie erinnert sie mich mit ihren Eigenheiten an Deine

* Ab »Jerrys wunderbar volle, warme Stimme« im Original auf Englisch, Originaltext siehe S. 405.

Kismet. Jeden Abend, wenn ich heimkomme, setzt sie sich vor mich und kreischt mich an, und ich muss ungefähr zehn Minuten aufwenden, um sie zu beschwichtigen. […]*

Kuess die Karina und alles Innige fuer Dich. Gerda

Am 17. Oktober 1968 bricht in Gerdas Wohnung Feuer aus, Gerda war allein vor dem Fernseher eingeschlafen. Als die Couch Feuer fängt, erwacht sie und versucht zu löschen. Vergeblich, sie bricht an der Wohnungstür zusammen und erstickt fast. Gerda erwacht im Krankenhaus. Die Lungen sind geschädigt, sie bekommt eine Lungenentzündung und erleidet einen Herzinfarkt. Sie überlebt, aber, so erinnert sich ihr Sohn Steve, »even more depressed, less happy with everything«. Erst zwei Monate später wird sie aus dem Spital entlassen und zieht kurz vor Silvester um, Jerry und ihr Sohn haben ihr ein Apartment weiter westlich in der 24. Straße fast an der High Line und nahe dem Hudson River besorgt. Sie schreibt am 1. März 1969 an Susi:

Während ich krank war, war Jerry wunderbar; voller Mitgefühl, bereit, auf jede nur vorstellbare Art zu helfen. Er besuchte mich jeden Tag, aber das störte mich, weil ich das Gefühl hatte, er mache das vor allem, um sein schlechtes Gewissen zu beschwichtigen, nicht wegen eines echten Gefühls für mich. Vielleicht irre ich mich. Ich glaube, ich liebe ihn noch immer.

*Vor ungefähr einer Woche, sobald ich mich dazu in der Lage fühlte, habe ich an die Eltern geschrieben. Papa hat mich in mehreren König-Lear-Briefen beschuldigt, es sei mir ganz gleichgültig, was mit ihnen geschieht. Das stimmt nicht. Ich fühle mich furchtbar frustriert und hilflos, weil ich anscheinend nichts tun kann, um ihnen zu helfen (außer ihnen Geld zu schicken, was mir gerade jetzt unmöglich ist) – aber gleichgültig bin ich nicht.** – Wenn's mir halbwegs gut geht, kann ich ihnen was »vorquatschen«, aber mir war's viel zu schlecht dazu. Vielleicht wird ihn mein*

* Letzter Absatz im Original auf Englisch, Originaltext siehe S. 405 f.

** Bis hier im Original auf Englisch, Originaltext siehe S. 406.

letzter Brief versoehnen – aber ich bin nicht sicher. Er ist sehr wuetend und verletzt – was man verstehen kann.

Meine neue Wohnung ist viel schoener als die alte und vor allem hab ich viel mehr Platz. Ich hab ein separates Schlafzimmer, was eine reine Wonne ist und eine herrliche Aussicht: auf der einen Seite auf das Empire State Building, auf der andern Seite auf den Hudson River – and »on a clear day« I can see New Jersey. Der Nachteil ist, dass man ziemlich weit gehen muss, um sich ein paar Eier oder eine Milch zu kaufen – aber es ist nicht zu arg.

Und seit einer Woche hab ich eine maid […], die ein Mal in der Woche zum Aufraeumen kommt, was mir genuegt. Sie scheint freundlich und verlaesslich zu sein und ich hoff, sie bleibt mir treu. Sie heisst Claire Martelli und benimmt sich auch ansonsten wie ein Filmstar, was allright ist, solang sie was arbeitet. Sie kommt von Haiti und ihr Franzoesisch ist so schlecht, dass ich's verstehn kann – wie das Schwedisch vom Papa.

Ich hab enorme Sehnsucht nach Dir … Ich wuenschte, ich koennte kommen … Eure Waerme und generosity und die Katzen und der Kismet (lebt er noch?) taeten mir unbeschreiblich wohl. Vom Remy Martin (ich hab seit mindestens zwei Jahren keinen gehabt), garnicht zu reden […]

Servus, Altes. Ich kuess Dich und alle andern innigst. Und, bitte, sei mir nicht boes. (Das ist das erste Mal, dass ich irgendwem ueber die letzten Monate geschrieben hab.)

Alles, alles Liebe. Gerda.

Im Februar 1969 wird bei Ilse Lungenkrebs diagnostiziert, weit fortgeschritten und ohne Hoffnung auf Genesung. Es geht schnell, sie stirbt nach einer Notoperation am 6. Juni. In den letzten Wochen im Allgemeinen Krankenhaus – ein Sauerstoffgerät steht neben ihrem Bett – schreibt sie einige Gedichte, manche notiert sie auf ihrem ärztlichen Rezeptblock, sie werden in einem Kuvert an Emil in der Schublade ihres Kästchens am Krankenbett deponiert, ohne Begleitschreiben.

Ilse, Goethehof, Wien um 1966

Schnell geht die Zeit, schnell wie ein Wind
bald treffen sich die Kreise
und dann – oh Jubel mein Kind –
sind beide hier vereint.

Noch ist's nicht Zeit zur Ruh zu gehen,
der Teppich nicht fertig gewoben.

Vorbei – ich tauch in Vergangenes wie ins
betäubende Bad,
lässig, genießend, verweilend.
War's wirklich ich, die alles das erlebte,
so dumm, so wild, so schlecht und gut gewesen ist?
Heut hab ich graue Haare …

Zu ihrem Begräbnis am Grinzinger Friedhof kommen mehr als tausend Personen, darunter einige Freunde der Familie, einige alte Genossen von der KP, die Schwestern, die große Mehrzahl sind Patientinnen und Patienten.

Irma Benedikt stirbt am 15. Juli 1969 im neunzigsten Lebensjahr kaum sechs Wochen nach ihrer Tochter.

In ihren letzten Briefen ist Gerda nach dem Tod Ilses und der Mutter der letzten verbliebenen Schwester Susanne besonders nahe: Der Tod der Mutter (Gerda konnte nach einer erneuten Lungenentzündung nicht zu ihrem Begräbnis nach Wien kommen) löst Erinnerungen an sie aus, gute und weniger gute, die sie im Brief mit der Schwester teilt. Am 9. September 1969 schreibt sie:

> *Susiekind –*
>
> *den beiliegenden Briefanfang schliess ich nur bei, als einen Beweis, dass ich Dir schon vor einer Ewigkeit schreiben wollte. Inzwischen war ich – und bin's vielleicht noch immer – irgendwie wahnsinnig. Es ist ein Wunder, dass ich nicht in einem Spital gelandet bin; das hab ich meinen wirklich sehr guten Freunden zu verdanken, die sich phantastisch um mich gekuemmert haben, in jeder Hinsicht.*
>
> *Muttis Tod: Natuerlich war das kein Schock, aber es war trotzdem schrecklich traurig und hat alle moeglichen Erinnerungen in mir erweckt, zum Beispiel, wie sie mit Dir schwanger war und sich an meiner Hand angehalten hat, um auf einer Holzlatte einen wilden Bergfluss in Tirol, oder Gott weiss wo, zu ueberkreuzen, zum Entsetzen vom Papa, der natuerlich mit einem Wutanfall reagiert hat; wie wunderschoen sie ausgeschaut hat, wie sie zu einem Concordia-Ball gegangen ist und uns rasch Gute-Nacht gekuesst hat, mit einem herrlichen Parfum; wie ich ihr das Furunkel zwischen den Schulterblaettern ausgequetscht hab, und so weiter. Und dann*

waren auch die boesen Erinnerungen: Die Tatsache, dass sie sich in Wirklichkeit nie viel um mich gekuemmert hat (das ewige »Stiefkind«); dass sie der Langbein gesagt hat, sie kann mich bei sich behalten, wie ich aus Verzweiflung zur Grossmama gelaufen bin; die bitchiness vis-a-vis dem Alfred, etc.

9/13/69

Ich bin unterbrochen worden und komm erst heut zum Weiterschreiben. Ist heut nicht Dein Geburtstag? Oder ist er am 15.? Wie immer, Du weisst, dass ich Dir alles Innige wuensch und vor allem, dass Dein naechstes Lebensjahr weniger grauenhafte Erlebnisse enthaelt, als das Vergangene. Viel aerger kann's ja kaum mehr werden.

Ich kuess Dich, Euch. Alle innigst. Gerda

Im Kontrast zu den ausbalancierten Erinnerungen an die Mutter steht die Abrechnung mit dem Vater. Er sei, schreibt sie der Schwester Ende September in einem Brandbrief, ein purer Egoist.

Susie, weißt Du, ich war wirklich ziemlich schockiert von Deinem Brief. […] Du scheinst Dich auf eine phantastische Art mit ihm zu identifizieren: mit seinem Unglück wie mit seinem Bedürfnis, an jedermann unverschämte Ansprüche zu stellen.

Ich glaube, was mir so sehr zu schaffen macht, ist der Umstand, dass er nie, nie in seinem Leben auch nur eine verdammte Sache für irgendjemanden getan hat. Trotzdem erwartet, fordert er die Art Beistand, die man bestenfalls von Leuten erbitten kann, denen man sehr nahe war. […] Was Dich und mich betrifft, so wissen wir, dass er uns alles andere als ein guter Vater war, und an diesem Punkt ist es sinnlos, auch nur zu versuchen, sich an die endlosen Beispiele von Vernachlässigung und Zurückweisung zu erinnern. Was mir so bitter aufstößt (und das ist es, was mich lähmt): dass er beharrlich so tut, als hätte zwischen ihm und mir eine echte familiäre Beziehung bestanden und dass ich daher eine lausige Tochter sei, wenn ich ihm nicht die Unterstützung zukommen lasse, die ich ihm seinem Gefühl nach schulde. Ich glaube nicht, dass ich ihm ver-

dammt noch mal was schulde; wenn ich etwas für ihn tue, dann, weil ich es will und mir zum Trotz. Ich habe nur zwei Gefühle für ihn: das eine ist Hass, das andere Mitleid, weil seine Lage letztlich doch schrecklich ist. Natürlich stehen die beiden miteinander in Konflikt.

Ich habe jahrelange Analyse und quälende innere Kämpfe gebraucht, um einen Punkt zu erreichen, wo ich fähig war, unsere Eltern einigermaßen distanziert zu betrachten, ohne das destruktive Gefühl von Identifizierung, das unweigerlich zu all den giftigen Streitereien, verletzten Gefühlen und Tränen führte, wenn ich in ihrer Nähe war […] Ich glaube, es ist befreiend, Beziehungen in ihrem wahren Licht zu sehen. Du kannst dann, alle Konsequenzen bedenkend, selbst entscheiden, ob du sie akzeptieren oder sein lassen willst. Solange man allerdings zulässt, übermäßig hineingezogen zu werden, solange man erlaubt, dass etwas zu einer »Obsession« wird […], sitzt man in der Falle. Man kann weder klar denken noch wirklich nützlich sein, weil man so wütend darüber ist, dass man in die Falle gegangen ist.

*Ich kann Deine Ungeduld mit all dem spüren und sehe, wie Du erbittert Deine Augenbrauen zusammenziehst, weil Dir das alles wie zweitrangiger Blödsinn, Geschmus vorkommen muss, wo doch so viele praktische Probleme zu bedenken sind. […] Liebstes Kind, Du hast keine Vorstellung, wie sehr mir das alles zum Hals heraushängt. Ich würde alles opfern oder auf alles verzichten, würde ich nur in Frieden gelassen und hätte Zeit für meinen Beruf und dafür, mit meinen eigenen Problemen fertigzuwerden. Angesichts meines elendiglichen Gesundheitszustands – die Zwischenrippenneuralgie macht mir immer noch zu schaffen – ist das für mich ein sehr ernstes Problem. […]**

Weihnachten in Wien? Ja, aber … Das »aber« bezieht sich natuerlich wiederum nur auf das Geld und ich kann momentan beim besten Willen nicht wissen, ob ich mir so eine Reise leisten kann. Es ist nichts, was mich hier haelt, aber ich kann mir vorstellen, wie wuetend der Papa sein koennte, wenn er die Idee begreift, dass ich all dieses Geld auf einen pleasure trip ausgeb, statt es ihm zu schicken. […]

* Bis hier im Original auf Englisch.

Servus, Geliebtes. Kuess den Silvio und die Karina und den Kismet fuer mich.

Ich umarm Dich. Gerda.

Im letzten Brief an den Vater Ende September 1970 scheint Gerda trotz aller Distanz Frieden mit ihm geschlossen zu haben. Sie belügt ihn über ihren Gesundheitszustand – die Lungen sind »vollkommen« in Ordnung, das Herz könnte »ein bissl« besser sein – und berichtet in ihrem eigenen selbstironischen, ja schnoddrigen Stil über die Heirat ihrer beiden Söhne:

Mein geliebter Alter –

es ist so lang her, dass ich von Dir gehoert hab, aber ich weiss, dass auch ich ein faules Schwein war (und bin), fuer das es eine wirkliche Anstrengung ist, einen Brief zu schreiben. Alles ist eine Anstrengung: das Atmen, jede Bewegung, jeder Entschluss. – Relativ wohl fuehl ich mich nur, wenn ich im Bett lieg und vor mich hintraeum – ausser, dass die Traeume oft Alptraeume sind ... Ich war beim Doktor und er hat mir gesagt, was ich ohnehin weiss, dass ich ueberarbeitet bin und einen Urlaub brauch, und dass ich mehr essen soll und nicht so viel rauchen. Meine Lungen sind vollkommen in Ordnung; das Herz koennte ein bissl besser sein, aber es ist nicht zu schlecht; was mir fehlt, ist die Energie, die man zum Leben braucht. Lebenswillen? Ich bin unendlich muede und komm mir vor, als ob ich zumindest 95 Jahre alt waer.

Es ist bloed, Dir das zu schreiben, denn Du kannst nichts tun, um mir zu helfen und es ist nicht meine Absicht, Dir noch mehr Sorgen zu machen, als Du ohnedies hast. Ausserdem ist der Zustand nicht neu; er besteht schon seit ein paar Jahren und es geht trotzdem irgendwie weiter. Es war nur ein Versuch, Dir eine Erklaerung zu geben.

Ja, also jetzt wart ich drauf, Grossmutter zu werden. Der Michael hat im Mai geheiratet, der Steve im August. Die Frau vom Michael ist ein platin-blondes, kugelrundes Maedchen, mit grossen, braunen Kuhaugen. Sie kommt von Brooklyn, was ungefaehr den besseren Teilen der Leopoldstadt entspricht und sie ist eine angehende Buchhalterin (assistant bookkeeper). Sie ist [...] sehr praktisch, berechnend, aber irgendwie lieb. Sie ist in keiner Weise »mein Typ«, aber fuer den Michael scheint sie gut zu sein. Die beiden haben eine wirklich entzueckende Wohnung in Rhinebeck, wo der Michael arbeitet (und sie jetzt auch) und sie scheinen aeusserst gluecklich miteinander und mit ihrer Katze und ihrem Hund zu sein. – Die Hochzeit von Michael war teilweise eine Farce: die Zeremonie war orthodox-juedisch und wurde im letzten Moment fast abgeblasen, weil ich keinen hebraeischen Namen hab (oder, falls ich einen hab, ist er mir in der Eile nicht eingefallen). Der arme Rabbi war ganz verzweifelt, die Adele (die Braut) und ihre Mutter waren aufgeloest in Traenen und der Michael hat mich boes angeschaut. Zuletzt hab ich gesagt, dass ich mich grad erinnert hab, dass mein hebraeischer Name »Miriam« ist und damit waren alle zufrieden, obwohl »Miriam« per se kein juedischer Name ist, aber der Rabbi hat das irgendwie in Ordnung gebracht. Nachher hat es Unmengen von kosherem Essen gegeben und endlose Hora-Tanzerei, die mir zu anstrengend war. Im Grossen und Ganzen war's nicht so arg, wie ich mir's vorgestellt hab und die masslose Hysterie, die der Hochzeit vorhergegangen ist, hat sich in keiner Weise ausgezahlt.

Der Steve hat, was sich eine »gute Partie« nennt, gemacht. Der Vater von seiner Frau ist der Arzt in einem der reichsten Vororte von New York City (circa Hietzing). Ihre Eltern haben ein wunderschoenes Haus mit einem grossen Garten, swimming pool, tennis courts, etc. Die Anita ist ein huebsches Maedl, mit einem sehr grossen Busen, deren grosser Nachteil ist, dass sie ewig verknautscht ist und an Weltschmerz leidet. Aber sie hat eine Menge gelesen und viel davon verstanden (einschliesslich Thomas Mann) und ich glaub, dass sie Moeglichkeiten hat. Sie ist intelligent und hat Humor und will eine Schriftstellerin werden, aber momentan unterrichtet sie Tanzen. Sie ist ziemlich verrueckt, aber ich hab sie gern und ich hoff nur, dass der Steve und sie so gluecklich bleiben, wie sie momentan scheinbar sind. Sie wohnen in New York, nicht zu weit von mir – nur ein paar Haeuser von wo Alfred und ich jahrelang gelebt haben – und haben zumindest zwei von den Bildern, die ich letztes Mal hab mitgehen lassen, von Dir, auf ihren Waenden aufgehaengt. […]

Die Hochzeit vom Steve war hoch elegant – elegant à la Doebling, nicht Leopoldstadt – und ich hab keinen hebraeischen Namen gebraucht und keine Hora tanzen muessen. Ich hab ein wunderschoenes und sehr teures Kleid angehabt und hab mich recht wohl gefuehlt, besonders in dem Bewusstsein, dass mir bis auf weiteres keine Hochzeiten mehr bevorstehen.

Im Grossen und Ganzen war der Sommer heiss, einsam und anstrengend. [...]

Vielleicht wird es mir um Weihnachten herum gelingen, einen Sprung nach Europa zu machen. Ich sehn mich schrecklich nach etwas Familie und der Art von Quatscherei, die nur mit Verwandten moeglich ist. Ausserdem geht mir das ganze America stark auf die Nerven, mit seiner irrsinnigen Politik. Von New York City gar nicht zu reden. Es wird taeglich haesslicher, ueberfuellter, gefaehrlicher und verstunkener – ein greulicher Ort. Und wenn man ohnedies deprimiert ist, braucht man nur zum Fenster herauszuschaun, damit einem noch mieser wird.

Wie geht's Dir, Liebstes? Was macht der alte Oedipus? Von der Susie hab ich gehoert, dass Du schon seit einiger Zeit eine neue Sekretaerin hast. Die Susanne muss Dir sehr abgehen, stell ich mir vor. Ich denk oft drueber nach, wie Du lebst, wie Du Deine Tage verbringst, wer fuer Dich kocht, ob Du spazieren gehst, oder vielleicht manchmal Besuche machst oder empfaengst und wie Deine Zukunft ueberhaupt sein wird. Kommst Du mit dem finnischen Geld aus? Kann ich Dir irgendwie helfen?

Geh, sei lieb und schreib mir bald.

Ich kuess Dich innigst. Gerda.

Gerda stirbt nach einem Herzschlag am 4. Oktober 1970 in ihrem Apartment, sie wird von ihrem Sohn Michael kurz nach ihrem Tod an ihrem Schreibtisch gefunden.

Der Vater verbringt die letzten drei Jahre im Altersheim für Künstler (»Künstler helfen Künstlern«) in Baden bei Wien, er arbeitet nach wie vor täglich, korrespondiert mit alten Bekannten und telefoniert viel, an zwei Tagen pro Woche beschäftigt er eine Sekretärin; er schreibt vor allem an seinen Erinnerungen, das Manuskript wächst, wird aber nie abgeschlossen. Susi kommt häufig aus Paris, der Schwiegersohn Emil besucht ihn regelmäßig an den Wochenenden. Trotz aller politischer Divergenzen verträgt man sich jetzt. Man spielt Schach miteinander, so gut es noch geht.

An Tochter Susi schreibt er im April 1972 einen souveränen, heiteren Brief über ein Geschenk für Elfriede Ott, über eine neue Freundin, der er eigene Gedichte vorliest, und über die Ablehnung eines Dramas, das er der Comédie-Française (!) in Paris angeboten hat. Die Wut und Ungeduld früherer Tage scheinen verflogen.

Liebste Susi!

Das, was die Frau Ott sich wünscht, heißt Guerlain Shalimar. Ich bitte Dich, ihr das bald zu schicken, da sie ja so viel leistet ohne die geringste Gegenleistung. Ich weiß nicht, ob auch bei Euch ein Witterungsumschlag erfolgt ist, der einem sämtliche Nerven zur Koloratur veranlaßt. Für mich war wieder ein Mal eine schlaflose Nacht und suchen, suchen, suchen! Und zwar nach allem Möglichen, das ich dann in der Früh gefunden habe.

Übrigens hat sich, leider nur für ganz kurze Zeit, eine neue Freundin gefunden, mit dem schönen Namen Roberts, aus Wales, mit geradezu Verlegenheit schaffendem Interesse für meine Sachen. Sowohl für Poesie als auch für Dramatik und für Journalistik. Glücklicherweise fährt sie bereits Samstag wieder fort zu einem Vortrag in Wien und dann werden wir korrespondieren. Man fürchtet, daß sie, die ausgezeichnet aussieht und etwa fünfzig Jahre alt ist, an Krebs erkranken könnte. Sie hat mir bereits in der Früh gestern einen Besuch gemacht und die Polster gerichtet!!!! Da schaust!? So wie Du, liebt sie am meisten die Gedichte und ich mußte ihr eine ganze Reihe vorlesen. […]

Ein Krach mit der sonst so netten Schwester, die in unverschämtester Weise mich aus dem Halbschlaf zwingen wollte, sofort die leider immerhin beträchtliche Telephonrechnung zu bezahlen, und in Beschimpfungen ausbrach, als ich mich weigerte solchen Befehlen zu gehorchen. Jetzt trotzt sie und spielt die gekränkte Leberwurst.

Sehr nett war zum Teil ein Nachmittag mit Vorträgen und dem grandiosen Klavierspiel einer Frau Professor. Das Klavier schrie förmlich vor

Susi mit Vater Ernst, Baden bei Wien 1971

Begeisterung und sprang empor, wie es Wilhelm Busch so klassisch dargestellt hat. Dann kam ein sehr herziger, komischer Vortrag einer älteren Dame mit schwarzer Hose und weißer Bluse und alles wäre wunderbar gewesen, hätte nicht die Begleiterin so dreingehaut. Zuletzt kam noch ein Schauspieler aus dem Volkstheater mit völlig unmöglichem, aber immerhin lachhaftem Schmonzes.

Ja, mein Kind, so leben wir und ich arbeite nunmehr genau so wie in der Fichtegasse, am Boden liegend, und genieße die wirklich unglaubliche Erleichterung der Diktion, die Ruhe, mit der sich die Erinnerungen abschmirgeln und nur die gleichbleibende Todmüdigkeit unter Tags bleibt als Katzenjammer und Reue übrig. […]*

Besonders gefreut hat mich der Besuch von Wilhelm Waldstein, der sich sehr viel über Dreyfus erzählen ließ, von Einzelheiten, die ihm natürlich nicht bekannt waren. Die Hauptsache aber ist, dass die Comedie

* Redakteurswohnung Ernst Benedikts in der Zeit der *Neuen Freien Presse*.

Francaise in einem wirklich entzückenden Brief mir absagt, weil unter vielem anderen doch schon der Fall Zola einen großen Film produziert hat und weil die Comedie Francaise für zwei bis drei Jahre voll besetzt ist. Der Brief ist aber wirklich von der denkbar größten Politesse und von keinem Österreicher habe ich jemals einen so picksüssen Absagebrief bekommen. Immerhin!

Kuss Dein Papa

Ernst Benedikt stirbt 91-jährig am 28. Dezember 1973.

9

»AUCH ICH HABE EIN GUTES GEDÄCHTNIS«

Mitte Jänner 1985 erhält Elias Canetti Post aus Paris. Susi schreibt dem alten Freund:

Canetti – wie ich zuerst »Einen Besuch …« zu Augen bekam, bin ich so erschrocken, dass ich »Die Presse« vor mir selber versteckte.

Es hat mir lange Tage gebraucht, bevor ich mich überwinden konnte, es noch einmal zu lesen.

Aber die Evidenz ist da: Sie haben den Ernst Benedikt oberflächlich, bösartig kleinlich einfach abgetan. Sie haben ein verschmocktes Geschwätz geschrieben über einen Mann, den Sie verachteten, aber dessen Gastfreundlichkeit und Freundeskreis Sie doch ausgenützt und scheinbar auch genossen haben – […]

Im Feuilleton der Wochenausgabe der *Presse* war kurz zuvor ein Vorabdruck zum *Augenspiel*, dem dritten Band der Lebenserinnerungen von Canetti, erschienen, abgedruckt war – ausgerechnet – das Kapitel »Einladung bei Benedikts«. Es handelt von einem Abendessen bei Ernst Benedikt, zu dem Friedl Canetti mitgenommen hatte, und enthält eine zumindest despektierliche Darstellung ihres Vaters. Susanne war die Ausgabe von einem Wiener Freund geschickt worden, der die Charakteristik ihres Vaters als rufschädigend einschätzte.

Susanne teilte seine Meinung und fordert von Canetti mit Nachdruck

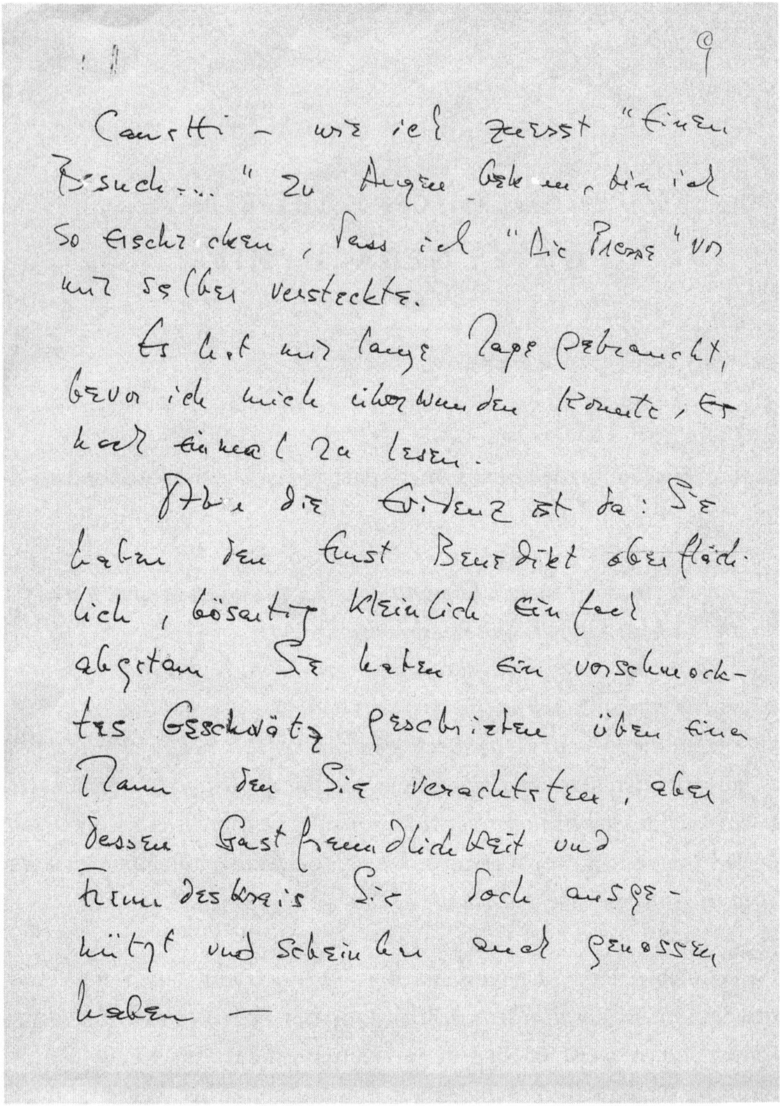

9

Canetti – wie ich zuerst "Einen Besuch ..." zu Augen bekam, bin ich so erschrocken, dass ich "Die Presse" vor mir selber versteckte.

Es hat mir lange Tage gebraucht, bevor ich mich überwinden konnte, es noch einmal zu lesen.

Aber die Evidenz ist da: Sie haben den Ernst Benedikt oberflächlich, bösartig kleinlich einfach abgetan Sie haben ein verschmocktes Geschwätz geschrieben über einen Mann den Sie verachteten, aber dessen Gastfreundlichkeit und Freundeskreis Sie doch ausgenützt und scheinbar auch genossen haben –

Entwurf eines Briefes von Susi an Elias Canetti, Jänner 1985 die Veränderung der Passagen über ihren Vater; auf der zweiten Seite des Briefes droht sie mit der Publikation ihrer Version der Dinge und der Offenlegung einiger privater Details. Die Reaktion Canettis ist zunächst belehrend und aggressiv. Er pocht in seinem Antwortbrief auf die Freiheit des Dichters, dessen eigentliche Aufgabe die »Wahrhaftigkeit in der Bewahrung seines Eindrucks« ist: Er habe alles, also auch ihren Vater, bloß »so dargestellt, wie ich es *damals* sah«. »Trotz des erbärmlichen Briefes«, schreibt Canetti, werde er ihr ein Exemplar des *Augenspiels* schicken; im Tagebuch fragt sich Canetti kurz nach Erhalt des Briefes allerdings weniger selbstbewusst und sorgenvoll: »Bin ich zu weit gegangen?«

Canettis Sorge ist berechtigt, er kennt Susi, und ihr Zorn über die Darstellung des Vaters ist groß. Die Berufung des Schriftstellers auf die »Wahrhaftigkeit in der Bewahrung des Eindrucks« ist für sie bloßes Gerede, sie repliziert kurz und unversöhnlich und besteht auf einer Änderung. Es folgen zwei weitere, kühl kalkulierte Briefe an den Leiter des Hanser-Verlages Christoph Schlotterer im Mai 1985, in denen die erfahrene Journalistin den Ton weiter verschärft:

> *Da Sie offensichtlich in Kontakt mit Canetti stehen, können Sie dem Herrn etwas von mir ausrichten. Und zwar: sollte eine eventuelle zweite Ausgabe vom Augenspiel das Kapitel über die Benedikts unverändert enthalten was meinen Vater anbetrifft, so werde ich seinem, dem Canetti seinem, Gedenken einmal genau so wenig Respekt zeigen. Schließlich kannte ich ihn viel länger […] als er meinen Vater gekannt hat. Auch ich habe ein gutes Gedächtnis, und, obwohl nicht den Nobel-Preis, viele Freunde unter Publizisten und Journalisten. […]*

Schlotterer verweist auf ein juristisches Gutachten, doch auch er scheint besorgt. Tatsächlich mobilisiert Susanne im Hintergrund Freunde und Kollegen in England und in den USA. Im Brief vom 31. Mai lenkt Canetti ein und kündigt die geforderten Änderungen an. Er überarbeitet alle Abschnitte über Susannes Vater für die zweite Auflage und die in Vorbereitung befindlichen Übersetzungen, sodass ein weit weniger kritisches Bild über ihn entsteht – ein in Canettis Schaffen einmaliger Vorgang.

In der zweiten Auflage des *Augenspiels* findet sich auf der letzten Seite die Notiz: »Der Text der ersten Ausgabe von 1985 wurde vom Autor revidiert.« Ein Satz, den zu lesen Susi Freude bereitete. Man wechselte in den folgenden Jahren noch einige Briefe, die Freundschaft war allerdings dahin.

Nach dem Fall der Berliner Mauer im November 1989 wird das Pariser Büro von *Radio Free Europe* neu strukturiert, das heißt verkleinert. Die Mission des Senders war im Grunde erfüllt, neue Ziele wurden formuliert. Susanne, 66 Jahre alt, wird 1990 in Pension geschickt. Die Pensionierung trifft sie unvorbereitet, nur wenige Dinge werden vom Büro, zuletzt in der Avenue Rapp, mit nach Chaville genommen, darunter ihre Schreibmaschine und ihr Bürostuhl, ein Büromöbel aus den 1950er Jahren mit Dreh- und Kippvorrichtung, sodass man beim Telefonieren bequem die Beine auf den Schreibtisch legen kann. In dieser Haltung – mit Spiralblock und Bleistift in der Hand – ist sie den Kollegen in Erinnerung. In Chaville steht der Stuhl in ihrer improvisierten Schreibstube im Souterrain des Hauses, in der sie viele Stunden verbringt. Sie beginnt, die Briefe und Dokumente ihrer Schwestern und Eltern zu ordnen, und korrespondiert mit ihren Neffen. Ihr Stil ist unverändert: klar, unsentimental, witzig.

Susanne lebt zurückgezogen, doch sie trifft regelmäßig Freunde im Chaviller Haus – und sie reist viel, besucht unter anderem China, Bhutan, Nepal und Peru, genießt die Reisen und die Erlebnisse, ohne darüber mehr als eine Postkarte zu schreiben. Wie seit ihrer Kindheit umgibt sie sich mit Hunden: mit afghanischen Windhunden mit elfenbeinfarbenem Haar, das täglich von ihr gebürstet werden muss, und schwarzen Riesenschnauzern aus einer englischen Zucht. Dazu kommen Katzen, sie begleiten Susanne und die Hunde beim täglichen Spaziergang durch den Chaviller Wald. Die abendliche Fütterung der Tiere ist ein lautes, zumeist fröhliches Unterfangen.

Ihre Tochter entfernt sich langsam von ihr, sie studiert Psychoanalyse und entdeckt ihr Interesse für das Hebräische und die jüdische Kultur; sie heiratet zur Überraschung der Mutter in der Synagoge. Susannes amerikanische Neffen, die Söhne Gerdas, kümmern sich wenig um die europäische Familiengeschichte. Sie werfen die alten Briefe und Dokumente, geschrieben in einer ihnen fremden Sprache, großteils weg. Der junge Neffe in Wien – eifriger Kraus- und Canettileser – will mit den alten Geschichten ebenfalls nicht viel zu tun haben; er kündigt ihr an, den umfangreichen Nachlass des Großvaters, der seit dessen Tod bei ihm in Wien lagert, einmal nächtens in den Donaukanal zu werfen. Susanne organisiert den Transport der Korrespondenz und der Bilder nach Paris, sie beginnt, die Tagebücher und Briefe Friedls zu transkribieren. Die vertraute IBM-Kugelkopfmaschine, die sie aus dem Büro mitgenommen hatte, wird durch einen »Ordinateur« ersetzt.

———

Bei einer ihrer letzten Reisen nach Wien – Susanne vermachte der Österreichischen Nationalbibliothek einige Unterlagen ihres Vaters, in Diskussion standen nach der Affäre um Kurt Waldheim neuerlich Fragen der Restitution und der Wiedergutmachung – unternahmen wir einen nachmittäglichen Spaziergang durch die Wiener City, er führte von der Oper bis zum Prater, entlang der Denk- und Mahnmäler zum Gedenken an den Holocaust: Wir kamen am Denkmal von Alfred Hrdlicka gegen Krieg und Faschismus bei der Albertina vorbei, am neu gegründeten Jüdischen Museum der Stadt Wien in der Dorotheergasse, am Gymnasium an der Stubenbastei mit seinem aufwendig beschrifteten Schultor und der Gedenktafel, die an die Opfer des Nationalsozialismus erinnert, weiter ging es zum Judenplatz, wo die mittelalterliche Synagoge ausgegraben und eben das neue Mahnmal für die österreichischen jüdischen Opfer der Schoah von Rachel Whiteread errichtet worden war, schließlich vorbei am älteren Mahnmal von Leopold Grausam am Morzinplatz, dem Ort des Gestapo-Hauptquartiers in Wien. Wir überquerten den Donaukanal, um in den zweiten Bezirk, die Leopoldstadt, zu wechseln: auch im Werd beim Karmelitermarkt, einem Bezirksteil, wo vor 1938 viele Juden lebten, eine Erinnerungs-Stele, diesmal aus Glas und Metall.

Was sie dazu sage, ob ihr etwas fehle, fragte ich Susi. »Vielleicht«, sagte sie, »ein kleines Denkmal für Karl Farkas.« Sie habe seine Lieder und Parodien immer gemocht. Vom Karmelitermarkt führte der Weg über die Praterstraße. In einer Seitengasse, der Czerningasse, wurde ein Jüdisches Altersheim gebaut. Ein schönes, ein recht großzügiges Heim mit guter Infrastruktur. Um die Ecke befinden sich das Sephardische Zentrum und die Tempelgasse. Der Bezirksteil zwischen Praterstraße und Donaukanal ist eine alte Fuhrwerkergegend, mit Garagen und Automechanikern. Am Anfang der Czerningasse blieb Susanne kurz stehen. Sie zeigte nach vorne auf ein Schild. Gegenüber vom Jüdischen Altersheim war vor einiger Zeit eine Werbetafel angebracht worden. Ein Geschäft für Autobestandteile machte mit einem auf die Straße ragenden, rund vier Meter langen Schild auf sich aufmerksam. Auf dem Schild war das Wort »Vergaser« deutlich zu lesen. Um eine solche Tafel installieren zu dürfen, sind mehrere Bewilligungen des Magistrats notwendig, unter anderem eine für die »Benützung des öffentlichen Raumes«, niemandem (auch mir nicht) war der furchtbare Doppelsinn des Wortes aufgefallen. Ohne ein Wort ging Susi weiter, das Gespräch über die Erinnerungskultur war beendet.

Im August 2014 reist Susanne mit ihrem Hund Tsampa, einem jungen tibetanischen Shih Tzu, und zwei Begleiterinnen aus Schweden, den Töchtern eines alten Freundes noch aus der Zeit der Emigration, nach Bordeaux.

Sie steigt im Stadtzentrum ab, im Hôtel des Quatre Sœurs (Hotel zu den Vier Schwestern). Einen Tag nach ihrer Ankunft erleidet Susanne einen Schwächeanfall, sie kommt ins Krankenhaus, Knochenkrebs wird diagnostiziert. Nach einigen Behandlungsversuchen in Pariser Krankenhäusern wird sie im Spätherbst nach Hause entlassen. Eine Pflegerin kümmert sich um sie und erleichtert die letzten Monate. Susanne stirbt im 92. Lebensjahr am frühen Morgen des 25. Dezember 2014.

Den Hund Tsampa haben die beiden Freundinnen mit nach Schweden genommen. Er war zur Drucklegung des Buches am Leben.

NACHTRAG

Du kommst spät.

Du hast dir aber auch Zeit gelassen – mit dem Buch. Ich bin inzwischen um einiges jünger als du.

Ich weiß: Ich bin älter, als du es je warst, junge Mutter, alter Sohn. Ich habe leider deine Stimme vergessen.

Du wirst es nicht glauben: ich auch! Alle Stimmen und meine eigene. Und deine – die jetzige, tiefe – hab ich nie gekannt.

Wir haben uns lange nicht gesehen.

Wir sehen uns jetzt auch nicht, aber so ist das halt. Die Stimmen verschwinden, dann werden die Gesichter Schemen, und irgendwann sind auch die Namen nur mehr Kürzel. Weißt du noch, was wir gesungen haben? Heile, heile Mäusespeck …

… in hundert Jahren ist alles weg.

Na ja, nicht alles kommt weg, manches bleibt schon. Wir vier Schwestern waren aber nichts Besonderes.

Was heißt schon besonders, ist das wichtig?

Also bitte, Beethoven war besonders, Semmelweis war besonders, Rosa Luxemburg war etwas Besonderes, aber nicht wir. Wir waren vier Schwestern, wir haben viel miteinander gestritten und noch mehr miteinander gelacht. Und als wir uns wegen Hitler nicht mehr sehen konnten, haben wir uns geschrieben. Vielleicht ein bissl öfter als andere, manche Briefe waren nicht schlecht, manchmal waren wir ein bissl betrunken. Ich wollte nie etwas Besonderes sein, nur nützlich. Aber frag mich lieber etwas, wenn ich schon da bin!

Wo hat sich deine kleine Schwester vor euch Großen im Garten in Grinzing versteckt?

Meistens hinter einem Fliederbusch links vom Haustor.

Wer war Lokmanis, der bei dir in Zürich übernachtet hat?

Alfred. Alfred Klahr, die Nazis haben ihn 1944 in der Nähe von Warschau erschossen, aber das habe ich erst später erfahren. Und jetzt ich, nur eine Frage: Warum hast du jetzt, nach so langer Zeit, das Buch gemacht – alter Mann?

Na ja, junge Frau: Irgendeiner musste eure Geschichte erzählen und die Dinge zusammentragen. Das war mir schon klar. Lange wollte ich derjenige nicht sein, aber dann hab ich bemerkt, dass ich der Einzige bin, der die Geschichte noch erzählen kann. Und ich denke, dass sie erzählenswert ist.

Wenn du glaubst und nichts Besseres zu tun hast. Aber versprich mir, dass das Buch nicht sentimental sein wird. Das passt nicht zu uns.

Versprochen, ja. Also nein.

ANMERKUNGEN

Die Briefe, Tagebucheintragungen und Dokumente der Schwestern Benedikt, die die Grundlage dieses Buches bilden, wurden in den letzten Jahren aus verschiedenen Beständen zusammengetragen, kopiert, gescannt und zum (kleinen) Teil transkribiert.

Die Transkriptionen (kursiv) und die wenigen Faksimiles geben nur unzureichend die enorme materiale Vielfalt des mehrere Tausend Seiten umfassenden Archivs, das durch Zusammentragen der Dokumente entstanden ist, und die sinnliche Qualität der Originale wieder: die verschiedenen Handschriften der vier Schwestern, die sich im Laufe der Jahrzehnte verändern, die unterschiedlichen Schreibwerkzeuge (vom Bleistift bis zu Schreibmaschinen mit unterschiedlichen Tastaturbelegungen), die verschiedenen Briefformate, die keineswegs einheitlichen Schreibrichtungen auf den Blättern, die nicht selten zur Ergänzung der fertigen Nachricht gedreht wurden, die haptische Qualität und Farbigkeit der Notizbücher und Briefpapiere, die heute fast vergessenen Luftpostbriefe, denen nichts beigelegt werden durfte und deren Klappen und Innenseiten zur Beschriftung dienten, und schließlich die Kuverts mit Adressfeldern, Poststempeln und Briefmarken, die zum Teil erhalten sind.

Bei der Transkription (kursiv) wurden offensichtliche Verschreiber korrigiert, längere, auf Englisch verfasste Dokumente wurden zur besseren Lesbarkeit übersetzt. Bei zweisprachig verfassten Briefen werden die übersetzten Passagen im folgenden Anmerkungsteil im Original wiedergegeben, um den Sprachwechsel zumindest an einigen Beispielen nachvollziehbar zu machen. Kurze englische Einschübe in auf Deutsch verfassten Briefen wurden belassen und nicht übersetzt.

KAPITEL 1

S. 33: *Die Volksschule in der Mannagettagasse …* Vgl. dazu: Viktor Fadrus: Das neue österreichische Schulbuch. In: Schulreform, 2. Jg. (1923), S. 353–375; Walter Kissling: Von »richtigen« und »falschen« Gelegenheiten. Gelegenheitsschriften für die österreichische Schuljugend und ihre begrenzte Sonderstellung in der Lehrmittelzulassung. In: Eva Matthes, Sylvia Schütze (Hrsg.): Schulbücher auf dem Prüfstand. Bad Heilbronn 2016,

S. 159–172 **S. 53:** *Die Wahrheit der k. k. Forschungsreise zu den Salomon-Inseln …* Karin Winter: Die k. u. k. Kriegsmarine, Arthur Krupp und ein toter Geologe auf Guadalcanal. Österreich auf der Suche nach Nickel in der Südsee. Wien 2002, S. 59 ff. (Dipl.-Arb.)

KAPITEL 2

S. 59: *»Der Vater aber ließ ihn nicht aus den Fingern …«* Franz Servaes: Grüße an Wien. Wien 1948, S. 108 **S. 60:** *»Der Vater las täglich die Neue Freie Presse …«* Elias Canetti: Die gerettete Zunge. München 1979, S. 36 **S. 60:** *auf privaten Visitenkarten »Abonnent der Neuen Freien Presse« vermerkt …* Siehe: Dietmar Goltschnigg (Hrsg.): Wolfgang von Weisl. Der Weg eines österreichischen Zionisten vom Untergang der Habsburgermonarchie zur Gründung des Staates Israel. Wien 2019, S. 34 **S. 60:** *»Es war, als ob Napoleon …«* Stefan Zweig: Die Welt von Gestern. Erinnerungen eines Europäers. Frankfurt/Main 1970, S. 129, 133 (= 1942) **S. 61:** *Damit wurde er zu einer der einflussreichsten Personen in der Monarchie …* Stefan Grossmann: Ein Journalist. In: Das Tage-Buch (13/1920), S. 434 **S. 61:** *»als bis ins Letzte jugendlich«* Hugo von Hofmannsthal: Brief an Ernst Benedikt. In: ders.: Gesammelte Werke, Prosa III. Frankfurt/Main 1952, S. 500 **S. 61:** *»journalistisches Genie«* Serveas, Grüße an Wien, a. a. O., S. 108 **S. 61:** *»Märtyrer«, der seine ganze Kraft für das Blatt und seinen Erfolg einsetzte …* Gustav Kolmer: Nachruf, Neue Freie Presse, 20. März 1920 **S. 61:** *Kraus lehnte bekanntlich ab …* Jens Malte Fischer: Karl Kraus. Der Widersprecher. Biografie. Wien 2020, S. 239 **S. 61:** *»Es gibt zwei schöne Dinge auf der Welt …«* Die Fackel (5/1899), S. 11 **S. 62:** *»despotisch«, »skrupellos«* The Times, 20. März 1930, zit. nach Fischer: Karl Kraus, a. a. O., S. 266 **S. 62:** *»ärgste[n] Tyrann, dessen Herrschsucht und Habsucht in Wien sprichwörtlich waren«* Albert Fuchs: Geistige Strömungen in Österreich 1867–1918. Wien 1949, S. 22 **S. 62:** *dem alle Minister ihre Aufwartung machen mussten, um im Blatt mit Milde beurteilt zu werden …* Grossmann: Ein Journalist, a. a. O., S. 436 **S. 62:** *»Der Tod des Herrn Benedikt …«* The Times, 20. März 1920, S. 15; Übersetzung aus: Die Fackel (544–545, 1920), S. 25 **S. 62:** *Diese Mesalliance …* Vgl. Fischer: Karl Kraus, a. a. O, S. 266 **S. 64:** *»junge Springinsgeld«* U. a. in: Die Fackel (588–594, 1922), S. 40, und (697–705, 1925), S. 15 **S. 66:** *»ebenso klug wie confus«* Stefan Zweig: Tagebücher, hrsg. v. Knut Beck. Frankfurt/Main 1984, S. 40 **S. 69:** *Als einzigen Verbündeten der zionistischen Idee …* Ernst Benedikt: »Was ich in der Neuen Freien Presse geleistet habe« (Typoskript, Q 18); Lucian O. Meysels: Wie ein mächtiger Traum. Theodor Herzl und Moriz Benedikt – Eine Studie der Gegensätze. In: Julius Kainz, Andreas Unterberger (Hrsg.): Ein Stück Österreich. 150 Jahre »Die Presse«. Wien 1998, S. 85; Goltschnigg: Weisl, a. a. O., S. 34 **S. 69:** *»Sozi« und »Nazi« war an den Schulmauern zu lesen …* Siehe die Erinnerungen von Hiltraut Ast: Kindheit zwischen den großen Kriegen. In: http://www.menschenschreibengeschichte.at (Zugriff: 6. Mai 2022)

KAPITEL 3

S. 71: *»Die Älteste, so schien es …«* Elias Canetti: Nachlass, Sign. K 10 (5.21), unpublizierte Passage aus »Einladung bei Benedikts« (Archiv, S. 122) **S. 73:** *»äfften wie Schmierenschauspieler das Zehenspitzengehen nach …«* Paul Steiner: Memoiren (Typoskript; Nachlass Susi Ovadia, H, S. 190 f.); auch Österr. Nationalbibliothek, Lit 181/10, Nachlass Ernst Benedikt **S. 75 f.:** *»… Das waren Mädchen nach meiner idealen Vorstellung.«* Steiner: Memoiren, a. a. O., S. 193 f. **S. 76:** *»Die beiden Schwestern und ich …«* Steiner: Memoiren, a. a. O., S. 214 f. **S. 78 f.:** *»Ich war mit dieser Anstellung wirklich sehr glücklich …«* Steiner: Memoiren, a. a. O., S. 230 f. **S. 79:** *»Sie liess ein Abendbrot …«* Steiner: Memoiren, a. a. O., S. 233 f. **S. 80:** *»Benedikt reichte mir die Hand …«* Steiner: Memoiren, a. a. O. S. 236 f. **S. 80:** *»Die Frau wirkte offen und schlicht …«* Elias Canetti: Das Augenspiel. Lebensgeschichte 1931–1937. München 1985, S. 253 ff. **S. 81:** *»Es stellte sich bald heraus …«* Canetti: Das Augenspiel, a. a. O., S. 260 **S. 81:** *Sie wolle schreiben lernen und seine Schülerin werden.* Canetti: Das Augenspiel, a. a. O., S. 255 **S. 81:** *»Friedl hatte Dostojewski mit Haut und Haaren gefressen …«* Canetti, Das Augenspiel, a. a. O., S. 262 **S. 81:** *»Diskordanz der Stimmen«* Canetti, Das Augenspiel, a. a. O., S. 284 **S. 82:** *das »leuchtende«, »das helle und anmutige Geschöpf«, das »den Übermut und die Leichtigkeit Wiens verkörperte«* Canetti, Das Augenspiel, a. a. O., S. 255, 263 f., 282 **S. 83:** *Auch Susanne hat in den Erinnerungen Canettis zwei Auftritte …* Canetti, Das Augenspiel, a. a. O., S. 237 ff., 282 **S. 86:** *»Soll ich seine Begegnung mit Friedl schildern? …«* Nachlass Canetti, 5. Jan. 1984, zit. bei Sven Hanuschek: Elias Canetti. München, 2005, S. 276 **S. 88:** *Ruth von Mayenburg … nennt ihn in ihrer Autobiografie … einen »Menschenfresser«* Ruth von Mayenburg: Blaues Blut und rote Fahnen. Ein Leben unter vielen Namen. Wien 1969, S. 110 **S. 88:** *»Es ist nichts als die Tätigkeit nach einem bestimmten Ziel …«* Hugo Thimig: Widmung für IB, Theatermuseum (KHM), HS_AM42776Th **S. 91:** *»wen sie in ein Gespräch über das Gute und Richtige verwickelte …«* Elias Canetti: Nachlass, Sign. K 10 (5.21), (I, S. 122)

KAPITEL 4

S. 94: *»Gerda löste … das Problem ihrer inneren Spannungen als Malerin.«* Steiner: Memoiren, a. a. O., S. 259 f. **S. 95:** *»Sie ist blond …«* Veza Canetti: Die Schildkröten. München 2002, S. 18 **S. 95 f.:** *»Diese Minute, wenn sie über die Grenze fahren …«* Veza Canetti: Die Schildkröten, a. a. O., S. 72 **S. 96:** *»von Veza ermutigt«* Hanuschek: Canetti, a. a. O., S. 279 **S. 96:** *Gersbergalm in Salzburg* Elias Canetti: Nachlass, Sign. 16.3.4., Aufzeichnung 25. Juni 1969, S. 12 (I, S. 78) **S. 101:** *»Sie reagierte denkbar schlecht …«* Steiner: Memoiren, a. a. O., S. 256 f. **S. 102:** *»Sie griff in ihre Tasche …«* Steiner: Memoiren, a. a. O., S. 259 f. **S. 103:** *»Gerda, die das Spital verlassen hatte …«* Steiner: Memoiren, a. a. O., S. 264 f. **S. 105:** *Die Universitäten in Wien waren in den 1930er Jahren …* Siehe dazu: Linda Erker: Die Uni Wien im Austrofaschismus: https://oeh.univie.ac.at/zeitgenossin/die-uni-wien-im-austrofaschismus (Zugriff: 6. Mai 2022); Klaus Taschwer: Die zwei Karrieren des Fritz Knoll. Wie ein Botaniker nach 1938 die Interessen der NSDAP wahrnahm – und das nach

1945 erfolgreich vergessen machte. In: Johannes Feichtinger, Herbert Matis u. a. (Hrsg.): Die Akademie der Wissenschaften in Wien 1938 bis 1945. Katalog zur Ausstellung. Wien 2013. S. 47–54; ders.: Hochburg des Antisemitismus. Der Niedergang der Universität Wien im 20. Jahrhundert. Wien 2015 **S. 106:** *Im März 1933 hatten drei Dutzend Randalierer …* Birgit Nemec, Klaus Taschwer: Terror gegen Tandler. Kontext und Chronik der antisemitischen Attacken am I. Anatomischen Institut der Universität Wien, 1910 bis 1933. In: Oliver Rathkolb (Hrsg.): Der lange Schatten des Antisemitismus. Kritische Auseinandersetzungen mit der Geschichte der Universität Wien im 19. und 20. Jahrhundert. Göttingen 2013, S. 147–171 **S. 106:** *»Die antisemitischen Exzesse … sind eine ernste Gefahr …«* Neue Freie Presse, 10. Mai 1933 **S. 107:** *Jüdische Studenten wurden … vor dem Medizinstudium gewarnt* Gerhard Wagner: Von der Hochschülerschaft Österreichs zur Österreichischen Hochschülerschaft. Kontinuitäten und Brüche. Wien 2010 (Dipl.-Arb.), S. 204 **S. 107:** *Die Beratung und Information über Sozialleistungen …* Wagner: Hochschülerschaft, a. a. O., S. 287 (Fn 936) **S. 107:** *»Gleichzeitig mit der wissenschaftlichen Ausbildung …«* Wagner: Hochschülerschaft, a. a.O., S. 206 **S. 107:** *»Es wird heute keinem Menschen mehr einfallen …«* Österreichische Hochschulzeitung, 20. Nov. 1937, S. 5, zit. nach Wagner: Hochschülerschaft, a. a. O., S. 209 **S. 108:** *eine Reihe marxistischer Fortbildungen …* Siehe Marie Tidl: Die Roten Studenten. Dokumente und Erinnerungen 1938–1945. Wien 1976 (Materialien zur Geschichte der Arbeiterbewegung) **S. 108:** *»Zur nationalen Frage in Österreich« von Alfred Klahr* Alfred Klahr (Pseudonym Rudolf): Zur nationalen Frage in Österreich. In: Weg und Ziel (3/1937), S. 126–133, und (4/1937), S. 173–181. Nachdruck in: Alfred Klahr: Zur österreichischen Nation. Wien 1994, S. 11–44 **S. 110:** *»ALLES DURCH DIE EINHEIT! …«* Zit. nach Wagner: Hochschülerschaft, a. a. O., S. 292 ff.

KAPITEL 5

S. 112: *Unmittelbar nach dem »Anschluss« am 12. März 1938 …* Ich folge der konzisen Darstellung von Lichtblau in: Albrecht Lichtblau: Integration, Vernichtungsversuch und Neubeginn. Österreichisch-jüdische Geschichte 1848 bis zur Gegenwart. In: Eveline Brugger, Martha Keil u. a. (Hrsg.): Geschichte der Juden in Österreich. Österreichische Geschichte. Hrsg. v. Herwig Wolfram. Wien 2006, S. 448–565, S. 520 **S. 112:** *Unter der Leitung von Adolf Eichmann …* Vgl. Gerhard Botz: The Jews of Vienna from the Anschluss to the Holocaust. In: Ivar Oxaal, Michael Polak, Gerhard Botz (Hrsg.): Jews, Antisemitism and Culture in Vienna. London 1987, S. 192 **S. 113:** *In vielen Details stimmen die fiktive Geschichte von Felberbauer …* Vgl. die Hinweise bei Hanuschek: Canetti, a. a. O., S. 288 **S. 126:** *Hanns Ferdinand Josef Kropff* Zu Kropffs NS-Karriere siehe Bernd Semrad: Die geistigen »Ariseure«. Die »Wiener Schule« der Werbeforschung im Dienste des Nationalsozialismus. Ein Werkstattbericht. In: Wolfgang Duchkowitsch, Fritz Hausjell, Bernd Semrad (Hrsg.): Die Spirale des Schweigens. Zum Umgang mit der nationalsozialistischen Zeitungswissenschaft. Wien 2004, S. 249–271, S. 262 ff. **S. 127:** *»Dienst der nationalsozialistischen Werbelehre«* Hanns Ferdinand Josef Kropff: Totalität der Werbung.

Ein Beitrag zur Vorbereitung ihrer Rationalisierung und zum Einbau in die neue Absatzlehre. Berlin 1939, zit. nach Semrad: Die geistigen »Ariseure«, a. a. O., S. 263

KAPITEL 6

S. 133: »*Wir haben unser Zuhause und damit die Vertrautheit des Alltags verloren …*« Hannah Arendt: Wir Flüchtlinge. Stuttgart 2016, S. 10 (= 1943) **S. 137:** *Die Schweiz hieß politische Emigranten und rassisch Verfolgte nicht willkommen …* Unabhängige Expertenkommission Schweiz – Zweiter Weltkrieg (Hrsg.): Die Schweiz und die Flüchtlinge zur Zeit des Nationalsozialismus. Projektleitung: Gregor Spuhler. Bern 1999, S. 44, 75, 78, 108 **S. 138:** *»Juden, politische Extremisten, Spionageverdächtige« galten als »unerwünschte Elemente«* Richtlinie der Polizeiabteilung des Eidgenössischen Justiz- und Polizeidepartements (EJPD), zit. nach: Unabhängige Expertenkommission Schweiz, a. a. O., S. 22 (Fn 63) **S. 138:** »*Wir haben nicht seit zwanzig Jahren mit den Mitteln der Fremdenpolizei …*« Zit. nach Gerhard Wanner: Flüchtlinge und Grenzverhältnisse in Vorarlberg 1938–1944. Einreise- und Transitland Schweiz. In: Rheticus (3/4, 1998), S. 234 **S. 138:** »*Wir haben Flüchtlinge zurückgewiesen …*« Bericht 22. August 1938; zit. nach Unabhängige Expertenkommission Schweiz, a. a. O., S. 142 **S. 139:** *… auch auf Verwandte konnte beim Visumsantrag hingewiesen werden* Zur Emigration in Schweden vgl. bes. die Arbeiten von Helmut Müssener: »Warum reden wir so wenig über die zurückliegende Zeit?« (Otto Binder). Österreicher im schwedischen Exil. Flucht, Aufnahme, Aufgabe, Probleme, Leistung. In: Irene Nawrocka (Hrsg.): Im Exil in Schweden. Österreichische Erfahrungen und Perspektiven in den 1930er und 1940er Jahren. Wien 2013, S. 51; ders.: Exil in Schweden. Politische und kulturelle Emigration nach 1933. München 1974; ders.: Ernst Moritz Benedikt. Österreicher und Jude im Exil. In: Edita Koch (Hrsg.): Exil 1933–1945. Forschungen. Erkenntnisse. Ergebnisse. IX. Jg. (1989), S. 5–16 **S. 142:** *»Da es sich um einfache Bewilligungen handelte …«* Steiner: Memoiren, a. a. O., S. 424 f. **S. 142:** *»Es war ein riesiges Schiff …«* Steiner: Memoiren, a. a. O., S. 426 **S. 144:** *Sie muss nicht wie viele Frauen im Exil für den Erhalt einer Familie sorgen …* Vgl. u. a. Traude Bollauf: Dienstmädchen-Emigration. Die Flucht jüdischer Frauen aus Österreich und Deutschland nach England 1938/39. Wien 2011 **S. 148:** *»Einer der Passanten aus jener Zeit …«* Robert Neumann: Ein leichtes Leben. Bericht über mich selbst und Zeitgenossen. München 1963, S. 110 f.; Steffen Pross: »In London treffen wir uns wieder«. Vier Spaziergänge durch ein vergessenes Kapitel deutscher Kulturgeschichte nach 1933, Berlin 2000, S. 135 f. **S. 148:** *In der Erwähnung des gar nicht so verkannten Genius … ist unschwer Friedl zu erkennen* Siehe Pross: »In London …«, a. a. O., S. 136 **S. 149:** *»Ein Romancier hat nach meiner Auffassung …«* Gustave Flaubert: Madame Bovary. Mit einem Nachwort von Karl Markus Michel. München 2002, S. 449 **S. 150:** »*Was nicht festgehalten wird, ist nichts …*« Paul Valéry: Windstriche. Aufzeichnungen und Aphorismen. Frankfurt/Main 2017, S. 80 **S. 153:** *… der erste Schritt auf dem Weg zur US-Staatsbürgerschaft* Zum Exil in den USA vgl. Dorothee Schneider: Crossing Borders. Migration and Citizenship in the Twentieth-

Century United States. Cambridge 2011, S. 204 ff. **S. 153:** *Observierungsprotokoll des Schweizer Geheimdienstes* Schweizerische Bundesanwaltschaft (u. a. C. 15.6, C. 8. 1720), ab 13. Feb. 1939 (o, 540 ff.) **S. 156:** *Rund 130 000 Menschen waren von Deutschland und Österreich in die USA geflohen …* Claus-Dieter Krohn: Vereinigte Staaten von Amerika. In: ders. (Hrsg.): Handbuch der deutschsprachigen Emigration 1933–1945. Darmstadt 1998, Sp. 450 ff. **S. 157:** *»We must ignore the tears …«* Zit. nach Krohn: Vereinigte Staaten, a. a. O., Sp. 453 **S. 157:** *»Hier sind wir und hier wollen wir bleiben …«* Hilde Spiel: Lisas Zimmer. München 1984, S. 184 (= 1965) **S. 161:** *»Daß sich die Exilanten wie in einem Traum gefühlt haben …«* Helmut F. Pfanner: Eine spröde Geliebte. New York aus der Sicht deutscher und österreichischer Exilanten. In: Exilforschung. Ein internationales Jahrbuch, Bd. 5: Fluchtpunkt des Exils und andere Themen. München 1987, S. 43 f. **S. 161:** *Wie bei vielen Immigranten und Immigrantinnen …* Alle Zitate in diesem Absatz nach Claudia Appelius: »Die schönste Stadt der Welt«. Deutsch-jüdische Flüchtlinge in New York. Essen 2003, S. 130–135 **S. 163:** *»Die Last, die auf den Schultern der Emigrantenfamilie …«* Frauen in der Emigration. In: Der Aufbau (9/1940), 1. März 1940, S. 4, zit. nach Irmela von der Lühe: »Und der Mann war oft eine schwere, undankbare Last«. Frauen im Exil – Frauen in der Exilforschung. In: Exilforschung. Ein internationales Jahrbuch, Bd. 14: Rückblick und Perspektiven. München 1996, S. 48 **S. 163:** *… die Selbständigkeit bedeutete für viele Frauen mitunter auch Freiheit …* Vgl. von der Lühe, »Und der Mann …«, a. a. O., S. 48 **S. 164:** *»Keine Vorsicht, kein Bedenken, keine Angst«* Zit. in: Hanuschek: Canetti, a. a. O., S. 278 **S. 174:** *Trude Stern … stammt aus gutbürgerlichen Verhältnissen in der Leopoldstadt …* Max Stern: Geschichte wird gemacht. Vom Lehrlingsstreit 1919 zum Freiheitsbataillon 1945. Wien 1988, S. 158 ff. **S. 176:** *Die Konsequenzen einer eventuellen Abschiebung als »unerwünschte Ausländerin« …* Unabhängige Expertenkommission Schweiz, a. a. O., S. 23, 89, 135 **S. 177:** *Maller war Kommunist aus Wien …* Siehe Stern: Geschichte, a. a. O., S. 54 **S. 178:** *Die Geschichte, die Lokmanis präsentierte …* Schweizerische Bundesanwaltschaft, a. a. O., S. 540 ff. **S. 184:** *Klahrs Deckung fliegt im August 1942 auf …* Stern: Geschichte, a. a. O., S. 151 **S. 185:** *Der kreative sinnliche Prozess des freien Zeichnens …* Sepp Hiekisch: Grenzgänger des Traums. Zum bildkünstlerischen Werk von Ernst Martin Benedikt. In: Ernst Martin Benedikt. Ausstellungskatalog Museum Bochum, hrsg. von Sepp Hiekisch. Bochum 1988, S. 23 f. **S. 185:** *»ein Akt der Emanzipation von seinem Vater«* Bruno Kreisky: Der Kampf um eine österreichische Liberalität. Erinnerung an Ernst Benedikt. In: Ernst Martin Benedikt. Ausstellungskatalog, a. a. O., S. 25 **S. 195:** *Emil … kommt 1941 in die Schweiz …* Zur allgemeinen Situation: Unabhängige Expertenkommission Schweiz, a. a. O., 116 ff.; zur Biografie: Interview mit Emil Huk (Hans Witek, Dokumentationsarchiv des Österr. Widerstandes), Jan., Feb. 1983, P, S. 9–265 **S. 198:** *»The only condition for the name change was …«* Nachricht von Steve Corvin, 9. Juli 2021 **S. 200:** *»Friedl trug, als Stevie Smith sie das erste Mal besuchte …«* Elias Canetti: Nachlass, Aufzeichnungen und Tagebücher, Sign. 23.6.4, S. 5 f., 10. März 1971 (I, S. 80) **S. 201:** *Smith wird Friedls ersten Roman … besprechen* Stevie Smith: The Moon in the River. In: Time and Tide, 4. März 1944, S. 204 **S. 208:** »›*Down and pray to your God*‹, *commanded Mr Crisp …*« Anna Sebastian: The Monster. London 1944, S. 217 **S. 208:** … *in die Figur sind auch deutlich erkennbar Canettis Züge eingewebt* Vgl. Peter J. Conradi: Iris Murdoch. Ein Leben. Wien 2002, S. 460, 464 **S. 211:** *The Monster wird … ausführlich (wohlwollend wie kritisch) rezensiert …* U. a. in Times Literary Supplement, 20. Jan. 1945, S. 15; Roger Lloyd, New Novels. In: Time and Tide, 30. Dez. 1944 **S. 213:** … *wie sich Canetti später erinnern wird …* Elias Canetti: Nachlass (Aufzeichnungen) Sign. 12a.6.1. (1. Feb. 1955), 24.2.1. (12. Okt. 1971) **S. 214:** *Bei Benedikt werden die Bilderzählungen …* Zit. nach Sepp Hiekisch-Picard: Grenzgänger, a. a. O., S. 20 **S. 214:** *»Für uns Juden … ist Zurückhaltung am Platz.«* Ernst Benedikt: Die Stellung der Juden in einem neuen Deutschland. In: Judisk Tidskrift, März 1944, S. 103, zit. nach Müssener: Exil, a. a. O., S. 486 **S. 214:** *Im Siebenbürgisch-Amerikanischen Volksblatt erscheint 1943 eine sentimentale Erinnerungsreise …* Ernst Benedikt: Erinnerungen eines Wiener Musikfreundes. In: Siebenbürgisch-Amerikanisches Volksblatt, 19. August 1943, S. 6 **S. 214:** *Auch der spätere Schwiegersohn Emil berichtet von einem Besuch …* In: Interview (Witek), a. a. O., S. 79 ff. **S. 216:** … *mit dem um sechs Jahre älteren Willy Goldman …* Valentine Cunningham: Willy Goldman. Author of East End My Cradle. A portrait of Jewish life in London. In: The Guardian, 6. Juli 2009

KAPITEL 7

S. 219: *Im Juni 1945, kaum vier Wochen nach Kriegsende …* Gerhard Baader: Die Centrale Sanitaire Suisse – ein Hilfswerk der Arbeiterbewegung. Zürich 2019, S. 168 ff.; Karl Schiffer: Über die Brücke. Der Weg eines linken Sozialisten ins Schweizer Exil. Wien 1988 **S. 225:** *»politisierende Wohltätigkeit« und »kommunistische Propaganda«* U. a. in: Die Tat, Zürich, 29. Sept. 1945; Ilse Benedikt: Drei Monate in Wien. Bericht über Wien der Delegierten der Centrale Sanitaire Suisse, Dr. Ilse Benedikt, in: Österreichische Nachrichten. Organ der Frei-österreichischen Bewegung in der Schweiz, Oktober/November 1945, S. 2 f. (O, S. 62 ff.; Q 1). **S. 229:** *Wie schauen Eure Pläne aus?* Die ersten zwei Absätze des Briefes im Original auf Englisch, im dritten Absatz Sprachwechsel: »What are your plans? Do you intend to stay in Sweden until heaven knows when? There will be work in abundance for you, Papsch, and people get their money and houses back, as far as I know. Do, for heaven's sake, think it over very carefully and seriously. Now there is an enormous amount to do there, they are looking for intellectuals and from all reports I have heard from Vienna, there is complete intellectual freedom, though very little food. This will, of course, change and I think now is the real chance for a man as active and many sided as you are Papsch!

But in any case, I should like to know what your plans are. As you know, England has not recognised the Austrian government yet, but as soon as they have (and they'll have to now at this world conference) we shall be able to get back from England. I would not go unless I had a visa to come back to England, which I think I shall get with the help of my publishers. But once I have got it, I shall go at once. In none of your letters have you ever mentioned the possibility. And Susi, has she no desire to go back? Gerda, I suppose wouldn't dream of leaving America. She has no reason to be angry with me. I have written her a long letter, which she has never answered, what on earth is the matter with her? I hate the way you never write properly, and I get vague hints about what is happening! I am sorry if this letter sounds bad tempered. All day long I've been laying on my stomach, painting the bloody furniture in my confounded room and thinking: Wenn mein Mütterlein mich sehen würde, sie würde ihren Augen nicht trauen …« **S. 238:** *»Sie leben nicht in diesem Land …«* Spiel: Lisas Zimmer, a. a. O., S. 81 f. **S. 238 ff.:** *»Liebeshaß auf Europa« … »Haßliebe zu Amerika«* Spiel: Lisas Zimmer, a. a. O., S. 79 **S. 242:** *Ihr Leiter, Charles Shaw, bestätigt …* Charles Shaw (CBS), To whom it may concern, 29. Mai 1945, L, S. 247 **S. 242:** *»in der ›hohen Literatur‹ als der wichtigste englische Romanautor …«* Veza und Elias Canetti: Briefe an Georges. Hrsg. v. Karen Lauer, Kristian Wachinger. München 2006, S. 194 **S. 242 f.:** *»Wenn Du je die ersten hundert Seiten des dritten Romans …«* Veza und Elias Canetti: Briefe, a. a. O., S. 193, vermutl. 25. April 1946 **S. 246:** *»Engel und Dämon«* Conradi: Murdoch, a. a. O., S. 452 **S. 246:** *»skrupellos und gefühllos«* Veza und Elias Canetti: Briefe, a. a. O., S. 204, Veza an Georges, 11. März 1946 **S. 246:** *»heiligen Sebastian«* Veza und Elias Canetti: Briefe, a. a. O., S. 231 **S. 246:** *»Der Sebastl lag im Bett …«* Veza und Elias Canetti: Briefe, a. a. O., S. 218 f., Aug. 1946, zit. auch in Hanuschek: Canetti, a. a.O., S. 366 **S. 246:** *Ihre knappen Kommentare über den Stil und die Fehler der Kollegin …* S 1.5, (J. C., V, 36–46) **S. 247:** *Friedl sei eine Proust'sche Odette …* Veza und Elias Canetti: Briefe, a. a. O., S. 332, 251, 339 **S. 255:** *Zögerlichkeit bei der Rückgabe von geraubtem jüdischen Eigentum* Siehe dazu Robert Knight (Hrsg.): »Ich bin dafür, die Sache in die Länge zu ziehen.« Wortprotokolle der österreichischen Bundesregierung von 1945–52 über die Entschädigung der Juden. Frankfurt/Main 1988; Brigitte Bailer: Überlebende des Holocaust in der Zweiten Republik – eine Skizze. In: Feindbilder. Hrsg. v. Dokumentationsarchiv des österreichischen Widerstandes. Wien 2015, S. 113–139 **S. 256:** *Im August 1946 sprach sich fast die Hälfte der Österreicherinnen und Österreicher …* Bailer: Überlebende, a. a. O., S. 120 **S. 256:** *»Ich wäre dafür … daß man die Sache in die Länge zieht …«* Knight: »Ich bin dafür«, a. a. O., S. 197 **S. 259:** *In einem mehrspaltigen Artikel im Neuen Österreich …* Geschichte einer Arisierung. Wie die Döblinger Villa Dr. Benedikts »verkauft« wurde. – Wo bleibt die Wiedergutmachung? In: Neues Österreich, 10. Juli 1946 **S. 262:** *»Für Fanny war diese Arbeit wie ein Schachspiel …«* Peter Weiss: Fluchtpunkt. Roman. Frankfurt/Main 1962, S. 258 **S. 267:** *endgültige Trennung von Nemes und Friedl* Weiss: Fluchtpunkt, a. a. O., S. 226–261 **S. 268:** *Canetti bezeichnet ihn in seinen Briefen als »Zwerg«* Conradi: Murdoch, a. a. O., S. 458 **S. 276:** *»Ich wohne mit ihr in einem ganz kleinen Zimmer …«* Veza und Elias Canetti: Briefe, a. a. O., S. 325; Elias an Georges Canetti, 4. April 1948. **S. 282:** *»Ziel jedes Beischlafes …«* (Ilse) Benedikt, Delsberg, Fischer: Probleme des Geschlechtslebens. Ärzte raten Frauen. Buchreihe »Stimme der Frau«. Wien 1949, S. 18 **S. 289:** *Der Text sei rätselhaft und nur schwer les-*

bar … Observer, 12. Feb. 1950 **S. 289:** *»chi-chi and spurious«* The Tribune, 17. Feb. 1950 **S. 289:** *»the unmistakable accent of a genius«* Time and Tide (Phillip Henderson), 4. Feb. 1950, S. 117 **S. 289:** *»She has more than fulfilled …«* The Listener (Angus Wilson), 9. Feb. 1950 **S. 290:** *Canetti bezeichnet es als ihr »großartigstes Werk«* Brief an Wilhelm Sternfeld, 18. Jan. 1964. In: Elias Canetti: Ich erwarte von Ihnen viel. Briefe. Hrsg. v. Sven Hanuschek und Kristian Wachinger. München 2018, S. 194 **S. 310:** 23 *Millionen Flugblätter jenseits des Eisernen Vorhangs* Vgl. https://www.hoover.org/sites/default/files/library/docs/story_of_radio_free_europe.pdf **S. 310:** »propaganda« und »surrogate free press« Susan D. Haas: Communities of Journalists and Journalism Practice at Radio Free Europe during the Cold War (1950–1995), University of Pennsylvania 2013, S. 34 (Diss.) **S. 310:** *»People forget what the Cold War was like …«* Zit. nach Haas: Communities, a. a. O., S. 47 **S. 313:** *»Ihre kommunistische Einstellung …« Observierungsprotokoll des Schweizer Geheimdienstes,* Schweizerische Bundesanwaltschaft (C. 8. 1720, 1. Dez. 1948–2. Nov. 1955), O, S. 591 ff. **S. 316 f.:** *Bestellung von Führungskräften bei Radio Free Europe* Vgl. Haas: Communities, a. a. O., S. 179

KAPITEL 8

S. 329: *»Schreibt's, schreibt's, schreibt's!«* Grußformel in Ilses Briefen an die Eltern **S. 348:** *»Die Emigration, emigratio communis primaria …«* Robert Neumann: An den Wassern von Babylon. Wien 1954, S. 257 f. **S. 352:** »Susie Ovadia… saß auf der Ecke von Allan Dreyfus' Schreibtisch …« Dolores Palà: The Way It Was. Bloomington 2015, S. 210 (Original auf Englisch) **S. 376:** *Bis das Telephon dann endlich doch laeutet …* Im Original Sprachwechsel in diesem Absatz: »Bis das Telephon dann endlich doch laeutet and Jerry's marvelously rich, warm voice assures me that I am very much alive. Once I shared these thoughts with him. He got so angry that I thought he was going to hit me; and I loved him for getting angry. He is one of the most alive people I know, have ever known – at least, when he is with me. He says that when we are not together he is silent, withdrawn, isolated, except with his children. His marriage seems to be deteriorating more and more, and he is very much troubled about it. He, too, feels trapped and helpless. I wish I could help him. But then I wonder about him, just as I do about myself: Would we really want to live together, could we?« **S. 376:** *Der Grund, warum ich soviel Tippfehler mach …* Im Original Sprachwechsel in diesem Absatz: »Der Grund, warum ich soviel Tippfehler mach, ist, dass Scotch genau in der Mitte von meinem Schreibtisch liegen muss and she refuses to budge when the typewriter carriage moves up to her. She has a lot of personality, refuses to see herself as a cat. In the morning, she insists on eating two boiled eggs and bread and butter and Damson Plum jam and we share the New York Times. She somehow reminds me of your Kismet with all her ideosyncrasies. Every night, when I get home, she sits down in front of me and literally screams at me and I have to spend about ten minutes appeasing her.« **S. 377:** *Während ich krank war, war Jerry wunderbar …* Im Original auf Englisch und Sprachwechsel nach zwei Absätzen: »While I was ill, Jerry was marvellous:

full of concern, prepared to help in every conceivable way. He came to see me every day but I resented this because I felt he was doing it primarily to alleviate his bad conscious, not out of any real feeling for me. Maybe I was wrong. I think I still love him.
I wrote to the parents a week or so ago, as soon as I felt capable of doing so. Papa has accused me in a number of King Lear letters that I am indifferent (es ist mir ganz gleichgueltig) to what is happening to them. This is not true. I do feel tremendously frustrated and helpless because it seems that there is nothing I can do to help them (except for sending money which I cannot do, right now) – but I am not indifferent. – Wenn's mir halbwegs gut geht, kann ich ihnen was ›vorquatschen‹ …«

KAPITEL 9

S. 391: *»Bin ich zu weit gegangen?«* Nachlass Elias Canetti, Sign. 20.10.1 (Tagebuch), S. 10, 6. Feb. 1985 (I, S. 104); Elias Canetti: Brief an Susanne Ovadia-Benedikt, Jan./Feb. 1985 (I, S. 27); siehe auch Canetti: Ich erwarte von Ihnen viel, a. a. O., S. 695 (E, S. 34) **S. 391:** *Im Brief vom 31. Mai lenkt Canetti ein …* Canetti: Ich erwarte von Ihnen viel, a. a. O., S. 695 **S. 391:** *… ein in Canettis Schaffen einmaliger Vorgang* Canetti: Das Augenspiel, a. a. O., S. 280.

Aus dem Englischen übersetzt von Brigitte Hilzensauer, Wien, wurden die Briefe und Briefpassagen auf den Seiten 39 f., 48 f., 50 ff., 54, 62 f., 155 f., 187, 198 ff., 201 f., 205 ff., 207 ff., 211 f., 215 f., 219, 228 ff., 266 ff., 319, 327, 352 f., 376 f., 381 f. und Friedl Benedikts Reportage »Diary of a Journey Home« auf den Seiten 291–300.

MASCHA KALÉKO, EMIGRANTEN-MONOLOG

Ich hatte einst ein schönes Vaterland, / So sang schon der Refugee Heine. / Das seine stand am Rheine, / Das meine auf märkischem Sand. // Wir alle hatten einst ein (sieh oben) / Das frass die Pest, das ist im Sturm zerstoben. / O, Röslein auf der Heide, / Dich brach die Kraftdurchfreude. // Die Nachtigallen werden stumm, / Sahn sich nach sicherm Wohnsitz um, / Und nur die Geier schreien / Hoch über Gräberreihen.

DANK

Ich bin vielen Personen und Institutionen für Hinweise, Anregungen und großzügige Unterstützungen zu Dank verpflichtet, unter ihnen Eva Blimlinger, Anita Dumfahrt (Zukunftsfonds der Republik Österreich), Verena Hochschwarzer, Monika Kaczek (Universität für angewandte Kunst), Manfred Mugrauer (Dokumentationsarchiv des österreichischen Widerstandes), Kristian Wachinger (Canetti-Stiftung).

Mein ganz besonderer Dank gilt Johanna Canetti, Fanny Esterházy, Steve Corvin, Karina Obadia, Verena Pawlowski, Christoph Winder und Maresi Strouhal. Das Buch gehört ihr.

REGISTER

Adler, Alfred 331
Adler, Günther 265
Alexander der Große 342
Alfert, Max 163
Allan, Mr. 192
Améry, Jean 237
Anderson, Ivar 350
Arendt, Hannah 133, 139
Arndt, Ernst 78
Arnim, Bettina von 48
Arschawski, Wladimir 311 f.
Arzt, Leopold 237
Attlee, Clement 277

Bach, Johann Sebastian 98, 171
Baker, Josephine 104
Baldwin, Stanley 68
Bambi (Kindermädchen) 12, 23 f., 26, 28, 37
Bauer, Gretl 226
Bauernfreund, Jakub 265
Beer-Hofmann, Richard 80, 160
Beethoven, Ludwig van 21, 33, 66, 72, 171, 396
B., Elsa 235
Benedikt, Adele geb. Krohn 15, 48 f., 54, 58, 63
Benedikt, Ernst 7, 11 f., 14, 16, 22, 39 f., 42 f., 54–56, 58 f., 63–70, 76 f., 79 f., 102, 112 f., 125–127, 129, 131 f., 175, 184 f., 213 f., 229, 238, 284, 332, 335 f., 340–342, 346, 386–389
Benedikt, Friedl 7, 11–13, 20 f., 25, 28, 30–32, 35–37, 39, 44, 53, 57 f., 64, 67, 71–73, 75–78, 80–89, 91 f., 94–97, 100–104, 113, 127, 132 f., 136, 143 f., 146–151, 153, 155 f., 163, 165, 168, 185, 187–192, 200–208, 210–213, 215–219, 227, 229, 231, 240–244, 246–254, 256, 260–271, 273 f., 276, 278–282, 284 f., 287–290, 300, 302–304, 306 f., 309, 311, 315, 317–323, 325, 327–329, 341, 374, 389, 393
Benedikt, Gerda verh. Grünwald (amerikan. Corvin) 7, 11–13, 20–22, 25, 28–33, 36 f., 39 f., 48, 53, 56, 58, 64, 67, 70, 72 f., 75 f., 78–80, 86, 89, 94, 101–105, 127, 132 f., 135 f., 141 f., 147, 152 f., 156–158, 161, 163–165, 169 f., 184, 186, 198, 200, 215–217, 228, 230, 234, 238, 240, 242, 247, 256, 284 f., 313, 316, 330–332, 338, 345–349, 355, 357 f., 361 f., 364 f., 367, 373, 375, 377 f., 380–383, 385, 393
Benedikt, Ilse verh. Huk 7, 11–13, 19–21, 25, 27 f., 31–34, 36, 44, 46, 56, 67, 70–73, 88–91, 93, 96–98, 100, 104 f., 107–111, 127, 132–134, 136 f., 144, 153 f., 157 f., 163–165,

167, 169–171, 173 f., 176–178, 180–184, 186–188, 192–198, 215–217, 219 f., 225 f., 228, 232–235, 237 f., 240, 244–246, 252, 255–261, 268 f., 271–274, 282–284, 287, 290, 297, 300, 305 f., 310, 313, 318, f., 321, 323, 329, 332, 334–336, 338–340, 342, 345, 349 f., 353, 355, 357 f., 360 f., 365, 367, 370 f., 373 f., 378–380
Benedikt, Irma 7, 11 f., 14, 16, 40, 42 f., 63, 65, 67, 80, 102, 126, 132, 175, 238, 276, 332–335, 339, 342 f., 355, 371 f., 380
Benedikt, Karl 54, 55
Benedikt, Moriz 7, 15 f., 48–50, 52, 54, 58–64, 68 f.
Benedikt, Susanne verh. Ovadia 7, 11–14, 19, 23, 25–27, 31–34, 38 f., 44 f., 47 f., 54, 57, 63, 67, 72 f., 81–84, 88, 105, 111, 128, 132 f., 138 f., 156, 158, 163, 165, 169, 175, 185–188, 197, 200, 205 f., 215 f., 218, 226, 230, 233, 238, 240, 242, 250–252, 256, 261, 268, 284 f., 290, 309–314, 316, 322 f., 327, 329–331, 333–336, 338, 340, 342–345, 347 f., 350, 352 f., 355, 357 f., 360, 365 f., 369–374, 377, 380 f., 385 f., 389, 391–394
Ben Gurion, David 69
Benson, Theodora 147
Berlioz, Hector 66
Bernstein, Leonhard 247
Bevin, Ernest 277
Bibza, Andreas 14
Bibza, Maria 14
Bismarck, Otto von 18
Bloch, Ernst 174
Borel, Dr. 181
Bosquet, Amélie 149
Bostoch, Stephen 202
Braque, Georges 251
Braun, Robert 175
Brecht, Bertolt 99, 174, 329
Broch, Hermann 80
Broda, Christian 109
Brown, J. F. 310
Bruckner, Anton 66, 214
Bunzl, Carl 352
Burger, Ernst 184
Busch, Wilhelm 387

Canetti, Elias 9, 15, 31 f., 39, 60, 71, 78, 80–88, 91, 94–96, 98–101, 105, 144, 147–149, 151, 155, 190, 192, 200–204, 206, 208–210, 212 f., 217 f., 228, 242–244, 246–249, 252 f., 260, 264 f., 267–269, 271, 274–278, 281 f., 284–286, 288 f., 290, 300, 303,–305, 311, 317 f., 320–325, 327, 329, 350, 389, 391, 393
Canetti, Georges 242, 246, 274–276, 318 f.
Canetti, Veza 15, 71, 81–83, 85 f., 94–96, 101, 113, 147, 155, 212 f., 246, 311
Carlyle, Jane Welsh 48
Carlyle, Thomas 48
Casparsson, Gunila 254
Cerny 144
Chagall, Marc 289
Chruschtschow, Nikita 338
Claudy, Lilly 225 f.
Collodi, Carlo 52
Corning, Hanson K. 154
Corvin, Adele 384
Corvin, Anita 384
Corvin, Michael 217, 313 f., 316, 383–385
Corvin, Steve 247, 356, 363 f., 369, 377, 383 f.
Crowder, Jenny 205, 305, 315
Crowther, Tom 306

Dante, Alighieri 52
Delug, Alois 15
Dies, Martin 157
Dimitroff, Georgi 196

Djilas, Milovan 338 f.
Dollfuß, Engelbert 237
Domes (Ärztin) 29, 35, 225 f.
Dostojewski, Fjodor Michailowitsch 81
Dreyfus, Alfred 387
Dreyfus, Allan 352
Dreyfus (Arzt) 320 f.
Dulles, Allen W. 173, 333

Ehrenpreis, Marcus 213
E., Hugo 140
Eichmann, Adolf 112
Einstein, Albert 69
Empson, William 201
Engels, Friedrich 93
Eugen, von Savoyen 18, 344

Farau, Alfred 331
Farau, Sylva 331
Farkas, Karl 394
Ferstel, Heinrich von 15
Feuchtwanger, Lion 99
Fey, Emil 90
Fiegl, Resi 34 f.
Figl, Leopold 226
Flaubert, Gustave 149 f.
Flesch-Brunningen, Hans 147
Foges, Wolfgang 102–104
Fontana, Mauritius 226
Forbes, Allan 306–309, 315, 317, 319, 321–325, 327, 336 f., 340 f.
Forbes, Jim 340 f.
Frank, Josef 175
Franz (Chauffeur) 44 f.
Franz Joseph I. 60, 62
Freud, Anna 141
Freud, Sigmund 69, 141, 147, 337
Frey, Adolf 261
Fried, Erich 147
Friedmann, Hans 108, 110
Frisch, Justinian 175
Fuchs 144

Gardiner, Alan 18, 20, 131, 143 f., 155 f., 192, 344
Gardiner, Heddie 20, 101, 136, 143, 156, 161, 165, 168, 190, 192, 230, 276, 285, 324, 332
Gardiner, Margaret 143, 148, 155, 168, 200, 212, 246, 311, 324
Gardiner, Rolf 143
Geyer, Emil 78
Gide, André 263
Giehse, Therese 174
Gigli, Benjamino 183
Gilbert, Robert 88
Gisevius, Bertha Augusta 43
Glöckel, Otto 33
Goethe, Johann Wolfgang von 33, 67, 77, 154, 371
Gogh, Vincent van 87
Golding (Journalist) 218
Goldman-Eisler, Frieda 216
Goldmann, Salome 73
Goldman, Willy 216, 243, 248, 265, 276 f., 286
Goldschmied (Mithäftling Ernst Benedikts) 122
Göring, Hermann 112
Goulding, Ossian 188, 309
Graham, Mary 21
Granichstätten (Ministerialrat) 257 f.
Grasberger, Rosine 21
Grate, Eric 176
Grausam, Leopold 393
Grillparzer, Franz 371
Grötzsch, Robert 162
Grünewald, Isaak 176
Grünwald, Alfred (amerikan. Corvin) 152, 156, 158, 165, 198–200, 215, 247, 313, 315,

324, 330 f., 347 f., 356, 363–366, 368, 373, 375, 381, 384

Hamperl, Annerl 46
Hanslick, Eduard 61
Harvey, Lilian 88
Haslinger (Hausangestellte Ilse Benedikts) 305
Hauptmann, Gerhart 83
Haydn, Joseph 306, 309
H., Cedric 240 f.
Heine, Heinrich 373
Helmer, Oskar 256
Herzl, Theodor 58, 60 f., 68 f.
Heymann, Werner Richard 88
Hill, Carl Frederik 214
Himmler, Heinrich 117
Hitler, Adolf 12, 32, 157 f., 171, 207 f., 210, 213, 396
H., Marika 241
Hochwälder, Fritz 153
Hofer, Peter 174, 198
Hoffmann, E. T. A. 251
Holewa, Hans 175
Hoover, J. Edgar 18, 56, 68
Horeischy, Kurt 108
Hrdlicka, Alfred 393
Huberman, Bronislaw 21, 66, 80, 214
Huk, Emil 195 f., 198, 214 f., 232, 238, 245, 258, 269, 287, 321, 336, 346, 358, 378, 385
Huk, Ernst (= Ernst Strouhal) 349, 373
Huk, Irma Susanne 306, 361
Huk, Martin 238

Ibsen, Henrik 61, 165
Iverus, Ivar 96–98, 135 f., 153, 337, 344

Jarno, Josef 55
Jerry (Partner Gerda Benedikts) 364, 366, 368, 373, 375–377
John, Herbert 89
Joseph II. 79
Josephson, Ernst 213
Joyce, James 185, 187

Kafka, Franz 68, 129, 149 f., 192
Kaléko, Mascha 373
Kallmus, Dora (Madame d'Ora) 104
Kaltenborn 160
Klahr, Alfred 108 f., 176–178, 180–182, 184, 195 f., 396
Klaudy, Lilli 30
Klebel (Sektionsrat) 257
Klee, Paul 251
Knight, Robert 256
Knoll, Fritz 105
Knott (Gärtner) 24
Koessler, Roland 175
Kolm (Kohn), Felo 174
Körner, Theodor 88, 226
Kosel, Hermann Clemens 11, 160
Kramer, Theodor 147, 206, 228
Krassa, Walter 261, 341 f., 344, 346
Krauland, Peter 257
Kraus, Karl 29, 60–64, 81, 160, 393
Kreisky, Bruno 174 f., 185
Kretschmayr, Heinrich 105
Krohn, Marie 49
Krohn, Samuel Moritz 49
Kropff, Hanns Ferdinand Josef 107, 126 f., 256–261
Krupp, Arthur 53
Kundratitz (Primar) 227
Kurosawa, Akira 267

Langbein (Haushälterin) 12, 50 f., 136, 381
Langbein, Hermann 184
Lasker-Schüler, Else 174
Lauder (Archäologe) 144

Lazarsfeld, Sofie 103, 283
Lederer, Georg 228
Lederer, Karl 108
Lenin, Wladimir Iljitsch 93
Leschetizky, Theodor 66
Levy (Verleger) 278
Lindell, Christina 335, 337
Liszt, Franz 48
Loeb (bzw. Löb) (Anwalt) 258, 260
Lokmanis, Ludwig (auch Ludwig Lobmaier bzw. Ludovico Lokmanis). Siehe Klahr, Alfred
Loos, Adolf 33
Lubitsch, Ernst 336
Lüdof, Frau von 253 f.
Ludwig, Emil 80
Luxemburg, Rosa 396

Maclaren-Ross, Julian 216
MacLaudite (Nachbarin Friedl Benedikts) 231
Mahler, Gustav 33, 66, 198
Major, Erich. Siehe Benedikt, Ernst
Malaparte, Curzio 277
Maller, Turl 174, 176–178, 195, 198
Mann, Julius 98, 168, 226
Mann, Thomas 80, 174, 200, 384
Martelli, Claire 378
Martin, Ernst. Siehe Benedikt, Ernst
Marx, Karl 93, 108
Marx, Marion 206
Masaryk, Tomáš Garrigue 68
Mayenburg, Ruth von 88
Meitner, Lise 175
Mesens, E. L. T. 229
Miller, Henry 263
Mindt, Theodor 176
Molden, Fritz 173, 235
Müller, Stefan von 64, 69
Münichreiter, Karl 91
Muralt, Dr. v. 170 f.
Murdoch, Iris 246

Napoleon I. 60, 342
Nelböck, Hans 105
Nemes, Endre 176, 240, 264–268, 274–278, 286 f., 311
Nemes, Helena geb. Hélène Exemplaroff 266, 287
Neumann, Heinrich 129
Neumann, Robert 147 f., 348
Niese, Hansi 55
Nietzsche, Friedrich 67
Nordin, Kerstin 288

Oprecht, Emil 174
Ott, Elfriede 386
Ovadia, Ariane 372
Ovadia, Karina 350–352, 360, 372 f., 377, 383
Ovadia, Silvio 311–313, 333 f., 336 f., 348, 350–352, 358, 365, 372 f., 383

Palà, Dolores 352
Pankhurst, Emmeline 68
Paryla, Karl 174
Paryla-Stöhr, Stefan 174
Perikles 371
Perutz, Leo 290
Pfanner, Helmut 161
Picasso, Pablo 251
Pipping, Aline »Kenny« 20, 47, 52, 111, 138, 166, 185
Pipping, Bertha Adèle 43
Pipping, Knut Theodor 43
Preiser, Otto 304, 305
Prinzhorn, Hans 266
Prokofjew, Sergej 72
Proust, Marcel 149 f., 247
Pulitzer, Joseph 59 f.

Rabelais, François 18
Rath, Ernst vom 114
Ravel, Maurice 72
Reibauer, Alois 175
Rein, Hermann 154
Riehl, Gustav 237
Roberts (Freundin Ernst Benedikts) 386
Rosen, Alexander (Sándor) 42
Rosen, Max von 52–54
Rothmund, Heinrich 138
Rücker, Fritz 175

Sahl, Hans 162
Schalek, Alice 160 f.
Schiele, Egon 33
Schiller, Friedrich 88
Schlesinger, Prof. 275
Schlick, Moritz 105
Schlotterer, Christoph 391
Schmidt, Frau 335
Schmutzer, Ferdinand 43
Schmutzer, Liesl 135, 225 f.
Schnitzler, Arthur 61, 69, 80
Schönberg, Arnold 33
Schramke, Peter 108
Schubert, Franz 12, 98, 214
Schulz, Bruno 290
Schuschnigg, Kurt 84, 237
Schwarzwald, Eugenie 73
Sebastian, Anna. Siehe Benedikt, Friedl
Semmelweis, Ignaz 396
Servaes, Franz 58
Seyß-Inquart, Arthur 56
Shakespeare, William 79
Shaw, Charles 218, 240, 242
Shaw, George Bernhard 18, 61
Sissermann, Hilda 72
Skobrdal (Hausmädchen der Benedikts) 40
Skrbensky (Legationsrat) 226
Smith, Stevie 200 f.
Sonne, Abraham 86
Speidel, Ludwig 61
Spiel, Hilde 157, 238
Spitzer, Daniel 61
Stalin, Josef 339
Steiner, Marianne 331
Steiner, Paul 9, 16, 60, 73, 75–80, 86, 94, 101 f., 104 f., 141–143, 152, 157, 265, 331, 357
Stein, Marianne 331
Stern, Max 174, 195, 198
Stern, Trude 174
Stramitzer, Georg 77 f.
Strindberg, August 61, 154
Swoboda, Emil 91

Tandler, Julius 106
Terramare, Gretl 30
Thimig, Hugo 88
Thoreau, Henry David 315
Titow, German S. 358
Tolstoi, Lew Nikolajewitsch 193
Tzanck (Arzt) 319

Urzidil, Johannes 162

Valéry, Paul 150
Varnhagen, Rahel 48
Verlaine, Paul 79
Voisier, M. 181

Waldheim, Kurt 393
Waldstein, Wilhelm 387
Walter, Bruno 80
Warburg, Fräulein 160
Warburg, Friedrich 187
Wassermann, Jakob 80
Weber, Karl. Siehe Maller, Turl
Weber, Toni 294
Wedgwood, Veronica 203 f., 286

Weisl, Wolfgang von 69
Weiss, Peter 176, 213, 240, 261–263, 267
Wells, H. G. 278
Werfel, Franz 174
Wessely, Paula 84
Whiteread, Rachel 393
Widholm, Arne 261, 275, 308
Wilder, Billy 336
Wilson, Angus 289
Wittgenstein, Ludwig 72
Wittgenstein, Paul 72
Wolf, Hugo 66
Wotruba, Fritz 294, 296
Wulff, Erwin 89

Zernatto, Guido 102
Zola, Émile 388
Zweig, Stefan 60, 66, 69 f., 141, 147